力久昌幸著

ユーロとイギリス

欧州通貨統合をめぐる二大政党の政治制度戦略

木鐸社刊

目次

序章　本書の課題と分析枠組 …………………………………… (11)
(1) イギリスのユーロ参加問題　(11)
(2) 歴史的制度論アプローチ　(13)
(3) EU加盟国の政治制度のあり方と欧州統合への態度　(15)
(4) 政治戦略と政治制度　(20)
(5) 多層ガヴァナンス　(24)
(6) 本書の構成　(29)

第1章　欧州通貨統合の実現へ向けた歩み …………………… (37)
(1) 為替相場の安定を求める動き　(37)
(2) 単一通貨導入へ向けた努力　(39)
(3) ユーロ誕生　(42)

第2章　欧州通貨統合と保守党政権 …………………………… (45)
(1) ヨーロッパの党　(45)
(2) サッチャー政権　(46)
(3) メージャー政権とマーストリヒト会議　(50)
(4) ERM脱落とマーストリヒト条約批准プロセス　(52)
(5) 欧州通貨統合脱争点化の画策　(54)
(6) 1995年保守党党首選挙　(57)
(7) 通貨統合をめぐる党内対立の激化　(60)
(8) 1997年選挙惨敗　(66)

第3章　欧州通貨統合と野党労働党 …………………………… (75)
(1) 欧州統合に対する消極的立場　(75)
(2) ERM参加反対論　(76)
(3) ERM参加賛成論への転換　(78)
(4) 欧州通貨統合に関する積極的立場　(81)

(5)欧州統合へのコミットメントとマーストリヒト条約批准プロセス　(84)
(6)政権奪回への道　(88)
(7)労働党欧州統合懐疑派　(92)
(8)1997年選挙における地滑り的勝利　(94)
(9)"Wait and See"　(96)

第4章　集権主義戦略
　　　　－保守党政権による憲政改革への抵抗－ ……………(101)
(1)イギリスの集権的制度編成　(101)
(2)小さな政府と集権主義戦略　(103)
(3)スコットランドとウェールズに対する権限移譲の拒絶　(104)
(4)サッチャリズムの洗礼　(108)
(5)欧州通貨統合と集権主義戦略　(111)

第5章　分権主義戦略
　　　　－ニュー・レイバーと憲政改革－ …………………(119)
(1)集権的制度編成へのコミットメント　(119)
(2)スコットランドとウェールズに対する権限移譲問題の浮上　(121)
(3)政策見直しと権限移譲への積極的立場　(124)
(4)ニュー・レイバー解釈　(129)
(5)新しい社会民主主義　(133)
(6)分権主義戦略の背景　(136)
(7)欧州通貨統合と分権主義戦略　(140)

第6章　ユーロ参加と労働党政権 ………………………………(149)
(1)政権交代による関係改善とアムステルダム条約　(149)
(2)ユーロ参加の先送り　(153)
(3)5つの経済的基準　(156)
(4)国内政治状況　(161)
(5)議長国就任とユーロ導入をめぐる影響力の周縁化　(163)

(6) 1999年欧州議会選挙　(170)
(7) ユーロ導入に向けた全国移行計画　(177)
(8)「ヨーロッパの中のイギリス」　(181)
(9) ユーロ参加をめぐる戦術的対立　(184)
(10) 2001年選挙と労働党政権の再選　(192)

第7章　ユーロ参加と野党保守党 (199)

(1) 1997年選挙惨敗のショック　(199)
(2) 1997年保守党党首選挙　(201)
(3) 2議会期にわたるユーロ参加の否定　(206)
(4) 親ユーロ保守党とUK独立党　(211)
(5) 1999年欧州議会選挙　(216)
(6)『常識革命』　(220)
(7)「ポンドを維持しよう」キャンペーン　(224)
(8) 2001年選挙における再度の惨敗　(227)

第8章　分権主義戦略の実施
　　　　－権限移譲と労働党政権－ (237)

(1) スコットランドとウェールズに対する権限移譲の準備　(237)
(2) スコットランドとウェールズにおける住民投票　(240)
(3) 権限移譲法案　(245)
(4) スコットランド議会選挙とウェールズ議会選挙　(248)
(5) 北アイルランド紛争と労働党　(255)
(6) ベルファスト合意　(257)
(7) 北アイルランド住民投票と議会選挙　(261)
(8) イングランド諸地域に対する権限移譲　(265)
(9) 大ロンドン市の復活とロンドン市長の誕生　(271)
(10) ユーロ参加と分権主義戦略　(276)

第9章　集権主義戦略の動揺
　　　　－権限移譲と野党保守党－……………………………(289)
(1)権限移譲反対キャンペーン　　(289)
(2)スコットランドとウェールズにおける住民投票敗北　　(294)
(3)スコットランド議会選挙とウェールズ議会選挙　　(296)
(4)北アイルランド紛争と保守党　　(300)
(5)北アイルランド和平プロセス　　(302)
(6)イングランド諸地域に対する権限移譲への反対　　(306)
(7)ロンドンをめぐる政策転換　　(312)
(8)ユーロ参加と集権主義戦略　　(316)

終章　ブレアの選択………………………………………………(325)
(1)本書の議論の要約　　(325)
(2)イギリスはユーロに参加するか？　　(329)
(3)欧州連邦の中のイギリス連邦　　(335)

あとがき ……………………………………………………………(343)

参考文献 ……………………………………………………………(347)
事項索引 ……………………………………………………………(363)
人名索引 ……………………………………………………………(367)

主な略語一覧

ASEM	Asia-Europe Meeting（アジア欧州会議）
BIE	Britain in Europe（ヨーロッパの中のイギリス）
CAP	Common Agricultural Policy（共通農業政策）
CBI	Confederation of British Industry（イギリス産業連盟）
CFSP	Common Foreign and Security Policy（共通外交安全保障政策）
CJHA	Co-operation on Justice and Home Affairs（司法内務協力）
DETR	Department of the Environment, Transport and the Regions（環境運輸地域省）
EC	European Community（欧州共同体）
ECB	European Central Bank（欧州中央銀行）
Ecofin	Council of Economic and Finance Ministers（経済相財務相理事会）
ECSC	European Coal and Steel Community（欧州石炭鉄鋼共同体）
ECU	European Currency Unit（欧州通貨単位）
EEA	European Economic Area（欧州経済領域）
EEC	European Economic Community（欧州経済共同体）
EMI	European Monetary Institute（欧州通貨機関）
EMS	European Monetary System（欧州通貨制度）
EMU	Economic and Monetary Union（経済通貨同盟）
EPC	European Political Co-operation（欧州政治協力）
EPLP	European Parliamentary Labour Party（欧州議会労働党）
ERM	Exchange Rate Mechanism（為替相場メカニズム）
ESCB	European System of Central Banks（欧州中央銀行制度）
EU	European Union
GLA	Greater London Authority（大ロンドン市）
GLC	Greater London Council（大ロンドン市）
GORs	Government Offices for the Regions（地域政府機関）
HC Debs	House of Commons Debates（下院議事録）
HL Debs	House of Lords Debates（上院議事録）
IGC	Inter-Governmental Conference（政府間会議）
IRA	Irish Republican Army（アイルランド共和国軍）
LDA	London Development Agency（ロンドン開発公社）
LFEPA	London Fire and Emergency Planning Authority（ロンドン消防・危機管理計画庁）
LGA	Local Government Association（地方政府協会）

LPACR	Labour Party Annual Conference Report	（労働党年次党大会報告）
LSE	London School of Economics and Political Science	（ロンドン大学政治経済学院）
MAD	Mutually Assured Destruction	（相互確証破壊）
MPA	Metropolitan Police Authority	（首都警察庁）
NATO	North Atlantic Treaty Organisation	（北大西洋条約機構）
NEC	National Executive Committee	（労働党全国執行委員会）
NHS	National Health Service	（国民保健制度）
PES	Party of European Socialists	（欧州社会党）
RDA	Regional Development Agencies	（地域開発公社）
RES	Regional Economic Strategies	（地域経済戦略）
RIIA	Royal Institute of International Affairs	（王立国際問題研究所）
SNP	Scottish National Party	（スコットランド国民党）
STV	Single Transferable Vote	（単記移譲式投票制）
TfL	Transport for London	（ロンドン交通局）
TUC	Trades Union Congress	（労働組合会議）
WEU	Western European Union	（西欧同盟）

ユーロとイギリス

欧州通貨統合をめぐる二大政党の政治制度戦略

序章　本書の課題と分析枠組

(1)　イギリスのユーロ参加問題

　近年，EU（European Union）が直面した課題の中で，最も重要なものを挙げるとすれば，それは単一通貨の導入をめざす欧州通貨統合に尽きるという主張に異論をはさむ者は少ないだろう[(1)]。ドイツ・マルク，フランス・フランといった各加盟国の通貨にとって代わる欧州単一通貨「ユーロ（Euro）」を導入する通貨統合は，国民国家の経済政策の柱とも言える金融政策，通貨政策に関する権限を，超国家的機関である欧州中央銀行に移譲することであり，欧州統合の進展にとって画期的な一歩となったことに間違いない。そして，1999年1月1日からの金融取引や企業間決済などへのユーロ導入，および，2002年1月1日からのユーロ紙幣と硬貨の流通を経て，欧州通貨統合はいよいよ現実のものとなったのである。

　さて，第二次世界大戦以降，半世紀以上にわたる欧州統合の歩みを説明するために，いくつかの理論的アプローチが提唱され，数多くの実証的ケース・スタディーがなされてきた。その大まかな傾向を指摘するとすれば，研究の焦点は，国際システム・レヴェル，あるいは，超国家レヴェルから，国家レヴェル，もしくは，国内政治レヴェルへと移行しつつあるように思われる（George 1996, 35-56）。

　言い換えれば，欧州統合の進展をシステム・レヴェルのグランド・デザインによって説明しようとする，ネオ・ファンクショナリズムなどのアプローチの限界が明らかになったために，加盟国の国内政治過程に目

配りをした，よりきめ細かなアプローチが主流を占めるようになったのである。特に，1990年代に入って，マーストリヒト条約の交渉，批准過程を通じて，多くの加盟国において欧州統合をめぐる活発な議論が展開され，いわば欧州統合の政治化（politicisation）が顕著になったために，国内政治過程に注目する必要が，いっそう増したと言えよう[2]。

　欧州通貨統合をめぐる国内政治過程を見る上で，非常に興味深いケースがイギリスである。なぜなら，マーストリヒト条約によって，財政赤字やインフレ率などに関する一定の基準を満たしたEU加盟国は，通貨統合に参加することになっていたのだが，イギリスは交渉の中で単一通貨の採用に関して除外条項（opt-out）を獲得したために，通貨統合の最終段階である単一通貨に参加するか，あるいは，独自の通貨であるスターリング・ポンドを引き続き使用するかという点について，判断を下す自由を持つことになったからである[3]。いわば，他の加盟国においては，通貨統合の是非をめぐる論争に公式に決着がつけられていたのに対して，イギリスにおいては，単一通貨が現実のものとなった際に，それに参加すべきか否かという問題が，重要な争点として残されることになったのである。そして，1999年1月1日のユーロ導入に際して，除外条項に基づきイギリスは参加を見送ることになった。

　こうして，イギリスはユーロ第一陣への参加を見送ったわけだが，そのことは今後イギリスがユーロ圏外にとどまり続けるということを意味したわけではなかった。それどころか，イギリスはユーロに参加するのか，また参加の時期はいつになるのか，という問題に関心が集中することになったのである。そこで，本書ではイギリスのユーロ参加問題を，特に国内政治過程に焦点を当てながら検討することにしたい。

　「イギリスはユーロに参加するか？」この問いに対して，ある程度説得力を持って何らかの解答らしき見通しを提示するためには，欧州単一通貨の争点をめぐる2大政党指導部の立場を検討することが不可欠である。

　これは1つには，議会制民主主義の枠組を持ち，連合政権ではなく単独多数政権が通常であり，強力な党規律をもとにした政党指導部による党内権力の掌握を特徴とするイギリスでは，政策決定における政権政党

指導部の重要性が非常に大きいからである。たしかにイギリスにおいても，政策決定に対するさまざまな社会経済勢力の圧力や，各省庁その他の公的機関の与える影響を決して無視することはできない。しかし，多元的政治過程を特徴とするアメリカやコーポラティズム的な政策決定過程を特徴とする一部のヨーロッパ諸国と比較すると，イギリスの政権政党指導部が有する影響力は格段に大きいと言えるだろう。それゆえ，政権を構成する現実的可能性を有している2大政党指導部の立場は，イギリスが単一通貨に参加するか否かという問題を取り扱う上で，詳細に検討される必要があるのである。[4]

以下においては，まず分析枠組の検討が行われ，歴史的制度論の立場から，欧州統合と政治制度との関連について注意が喚起される。そして，静的な制度論アプローチではなく，動的な制度論アプローチの必要が指摘された上で，特にアクターの政治戦略とアイディア（イデオロギー）に注目する立場が示される。さらに，国民国家レヴェルからEUレヴェル，地域レヴェルへという多層レヴェルへの権限拡散の流れについて，制度と戦略に焦点をあてる立場から検討が行われる。

(2) 歴史的制度論アプローチ

従属変数，もしくは，説明されるべき対象として，欧州通貨統合（ユーロ参加）に関する2大政党指導部の立場を置くとすれば，独立変数，もしくは，説明するための道具としてはどのようなものが考えられるだろうか。すなわち，どのようなアプローチ，あるいは，理論的立場に基づいて分析を行うべきなのか。

主なアプローチとして，次の4つのアプローチを挙げることができる。まず第一に，国際システム・レヴェルに注目するアプローチが考えられる。このアプローチによれば，公共政策などの政治的結果（political outcomes）は，国際システムにおける一国の位置がもたらす，さまざまな機会や束縛によって大きく左右されると見ることができる。

第二に，社会経済勢力の圧力活動に注目するアプローチを挙げることができる。政治学の歴史の中で，伝統的に多元主義と呼ばれてきたこの

アプローチによれば，政治的結果は，社会の中におけるさまざまな社会経済勢力による希少な価値の配分をめぐる闘争の帰結として見なされることになる。

第三に，アイディア，もしくは，イデオロギーの影響に注目したアプローチが考えられる。このアプローチによれば，政治的結果は，社会の中で有力なアイディアやイデオロギーの影響を強く受けることになると見なされる。

最後に，制度に注目するアプローチ，いわゆる制度論を挙げることができる。制度論によれば，公式の法制度や機構を中心として，それ以外の非公式のルール，慣行，標準手続などの行為規範などを含む，いわゆる制度の枠組が，政治アクターの目標，影響力，行動を規定し，それによって特定の政治的結果がもたらされると考えられている。

上に挙げた4つのアプローチは相互に排他的なものではない。たとえば，制度論者のG・ジョン・アイケンベリー（G. John Ikenberry）などは，最も有効な分析は，独立変数としての国際変数，社会変数，そして，制度変数の間の相互作用を解明するものだろうと述べている（Ikenberry 1988, 222）。また，同じく制度論の立場をとるピーター・A・ホール（Peter A. Hall）も，新たな経済政策が採用されるためには，経済的実行可能性，行政的実行可能性，政治的実行可能性の3つの要素が，ある程度満たされる必要があると述べて，国際システム，社会経済勢力，アイディア，制度のそれぞれが，政治的結果に対して影響を与えるとしているのである（Hall 1989, 370-375）。筆者もこれまでいくつかの論稿において，どれか1つのアプローチにこだわることなく，複数のアプローチの助けを借りながら，バランスのとれた説明を提示しようと努力してきた（力久 1994; 1996）。

しかしながら，本書においては，制度論の中で有力な位置を占めるようになった，いわゆる歴史的制度論（historical institutionalism）アプローチに従って分析を行うことにする。ただし，これは何も筆者が遅ればせながら制度論に改宗して，他のアプローチに対する制度論の全面的優位性を信じるようになったからではない，ということを強調しておかな

ければならない。

　そうではなくて，筆者が歴史的制度論の魅力に引きつけられるようになった大きな理由は，このアプローチのいわば理論的柔軟さ，言い換えれば，理論的抽象性が必ずしも高くないところにあると言ってよい。すなわち，制度論の理論的正しさを証明するために適当なケースを集めるのではなく，現実が先にあり，その現実を説明するための手だてを求めていた筆者にとって，まさに歴史的制度論は使い勝手の良い道具だったのである。

　歴史的制度論は他のアプローチが重視する説明変数を廃して，制度変数によって政治的結果をすべて説明しようとする野心を有しているわけではない。「制度は［政治的］結果の唯一の原因」ではなく，アクターやアイディアなどの他の要因の間の相互作用を媒介する一定の文脈を提供するものとして理解されているのである（Thelen and Steinmo 1992, 13）。その意味で，制度はさまざまな要因の間の相互作用に影響を与える媒介変数であると言うことができるだろう。

　歴史的制度論とは，単一の制度変数による単純な説明を行うのではなく，媒介変数としての制度をたよりとして，現実の政治状況の複雑さを反映したさまざまな変数の間の関係と相互作用を明らかにし，それによってもたらされた一定の政治的結果を説明することを課題にしていると言えよう。

(3)　EU加盟国の政治制度のあり方と欧州統合への態度

　歴史的制度論のアプローチに従って，欧州通貨統合に関する2大政党指導部の立場を分析することが本書の課題であるが，その作業を行う上で非常に示唆的であると思われるのが，EUに加盟している各国の政治制度のあり方と欧州統合への態度との関連である。

　多極共存型民主主義モデルを提唱したことで有名なアーレント・レイプハルト（Arend Lijphart）は，先進国の民主主義システムを研究する中で，多数決主義的（majoritarian）システムとコンセンサス・システムという2つの対照的なカテゴリーを抽出した（Lijphart 1984）。多数決主義

的システムは，小選挙区制，2大政党制，単独政権，権力集中などの制度的編成を典型的な特徴とする一方，コンセンサス・システムは，比例代表制，多党制，連立政権，権力分散などの制度的特徴を持つとされる。

多数決主義的システムとコンセンサス・システムとの基本的な相違は，システムを構成する政治制度のあり方が，前者は決定作成に対して主要な影響力を持つアクターが比較的限定されている，すなわち，集権的であるのに対して，後者は決定作成に対して主要な影響力を持つアクターが比較的拡散している，すなわち，分権的であるところにある。言い換えれば，多数決主義的システムは集権的制度編成を特徴とするのに対して，コンセンサス・システムは分権的制度編成を特徴とする政治システムなのである。

さて，集権的制度編成と分権的制度編成というカテゴリーを使って分類するとすれば，EUに加盟している各国の政治制度の集権度，もしくは，分権度はどのようにランク付けできるだろうか。上述の集権的制度編成と分権的制度編成とほぼ対応するカテゴリー，多数決主義と制度的多元主義（institutional pluralism）を使っているホセ・M・コロメール（Josep M. Colomer）は，①政党制のあり方，②議会制のあり方，③大統領の位置づけ，④地方分権の4つの基準をもとにして，先進国の民主主義システムの集権度，分権度の暫定的なランク付けを行っている（Colomer 1996）。

コロメールのランク付けを参考にして作成した表序-1は，1990年代前半におけるEU加盟国の政治制度のあり方を，分権度の高いものから順に並べたものである。表序-1の右端の計の欄を見ると，最も分権度が高いのは4ポイントのドイツであり，次いで，イタリア，フランス，オーストリア，スペイン，フィンランド，ベルギーがそれぞれ3ポイント，オランダ，ポルトガル，アイルランド，デンマークがそれぞれ2ポイント，スウェーデン，イギリスがそれぞれ1ポイント，最後にギリシアが0ポイントで最も集権度が高いとされていることがわかる。（残念ながらルクセンブルクは検討されていない。）

もちろん，コロメールが挙げた4つの基準以外にも，一国の政治制度

表序-1　集権的制度編成と分権的制度編成

	政党制	議会制	大統領	地方分権	計
ドイツ	0	2	0	2	4
イタリア	1	1	0	1	3
フランス	1	1	1	0	3
オーストリア	0	1	1	1	3
スペイン	0	1	0	2	3
フィンランド	2	0	1	0	3
ベルギー	2	1	0	0	3
オランダ	1	1	0	0	2
ポルトガル	1	0	1	0	2
アイルランド	0	1	1	0	2
デンマーク	2	0	0	0	2
スウェーデン	1	0	0	0	1
イギリス	0	1	0	0	1
ギリシア	0	0	0	0	0

(出典) Colomer 1996, 13.

の集権度，もしくは，分権度を測定する上で考慮に入れることのできる指標は，いくつもあるだろう。たとえば，憲法上の問題に関して裁判所がどの程度まで判断を下すことができるかとか，あるいは，特定の政策領域における独立した機関の存在（特に中央銀行の独立性の問題）といった指標を採用して，さらに詳細な分類を行うこともできるのである。しかし，比較政治学的な知的関心を触発するという点では，コロメールの4つの基準に基づく暫定的な分類でも，十分な役割を果たしていると言えるだろう。

表序-1に示されたEU加盟国の政治制度のあり方（集権的制度編成か分権的制度編成か）と欧州統合への態度には，興味深い関連があるように思われる。継続的に欧州統合に対して積極的な立場をとってきたEC（欧州共同体：European Community）原加盟国（ルクセンブルクを除く）5カ国のうち，ドイツ，イタリア，フランス，ベルギーの4カ国までが3ポイント以上を獲得して，分権的制度編成に分類できるのである。一方，欧州統合に対して比較的消極的な，もしくは，統合の動きにブレーキをかけるような立場をとってきたイギリス，ギリシアは，いずれも1ポイント以下で集権的制度編成に分類できると言えるだろう。また，

1995年に新規加盟を実現した3カ国のうち，統合に比較的積極的なオーストリア，フィンランドが3ポイントであるのに対し，消極的なスウェーデンが1ポイントであるのも，非常に興味深い関連と見ることができよう。

こうしたEU加盟国の政治制度のあり方と欧州統合への態度との関連について，どのような説明が考えられるだろうか。なぜ，分権的制度編成をとる国が統合に積極的な態度をとり，集権的制度編成の国が消極的な態度をとるようになると言えるのか。

制度論の基本的な前提として，制度の中に深く織り込まれているバイアスへの意識がある。すなわち，政治過程において制度がもたらすインパクトは，決して中立的なものではなく，ある特定の集団に対して不均等なほど大きな影響力を与えるのに対して，他の集団に対してはほとんど影響力を与えないというように，制度は社会の中における権力の不均等配分を助長すると考えられている。さらに，制度の中に織り込まれたバイアスは，特定の政策が採用されることを促進する一方，ある種の政策に対しては，その採用をブロックするように作用すると考えられる。また，制度が持つバイアスは，政治過程に参加するアクターのとりうる選択肢を制限したり，あるいは，特定の目標や行動を促すようなインセンティヴをもたらすとされる。

このような制度の持つバイアスに注目するならば，以下のようなロジックを想定できるのではないだろうか。

典型的な集権的制度編成の政治システム，すなわち，小選挙区制，2大政党制，単独政権，一院制，何らかの政治的影響力を持つ大統領の不存在，中央集権などの政治制度を特徴とするシステムにおいては，政治権力が与党指導部に圧倒的に集中することになる。こうしたいわば「選挙で選ばれた独裁者（elective dictatorship）」たる与党指導部は，政治過程を排他的にコントロールできる立場にあるのである。もちろん，現実の政治過程においては，さまざまなアクターが影響力を行使しようとしてしのぎを削っている。しかしながら，集権的制度編成のシステムにおいては，与党指導部は，どんなに不人気であり，どんなに非現実的なもの

であっても，他のすべてのアクターの立場を無視して，自己の求める政策や決定を貫徹することが，理論的には可能なのである。

集権的制度編成のシステムにおいて，このような排他的な政治権力を手にした与党指導部にとってみれば，欧州統合は飲み込むのが困難な苦い薬のようなものであると言えるだろう。なぜなら，欧州統合がいかに大きな利益をもたらすとしても，統合のプロセスは，超国家的機関に対する国家主権の（少なくとも部分的な）移譲を基本的な特徴とするために，与党指導部にとっては，とりもなおさず自らの手にした政治権力の削減を意味するからである。

この点をまぎれもなく明らかにするのが，EUの閣僚理事会における特定多数決制であろう。それまで国内の政治過程においては，理論的に自己の立場を貫徹することができる特権的な位置にあった与党指導部が，閣僚理事会における特定多数決制に基づく決定によって，自己の反対する政策が実施されるのを阻止できなくなったのである。これは排他的政治権力に慣れ親しんできた与党指導部にとっては，それまで経験しなかった，全く新しい事態であると言っていいだろう。こうして，集権的制度編成のシステムの下で強力な政治権力を有してきた与党指導部は，欧州統合によって不可避的にもたらされる主権の削減という事態に適応する上で，多大な困難を有していると見ることができる(7)。

一方，典型的な分権的制度編成の政治システムは，比例代表制，多党制，連合政権，二院制，何らかの政治的影響力を持つ大統領の存在，連邦制，もしくは，地方分権などを特徴とする。こうしたシステムにおいては，与党指導部が政治過程を排他的にコントロールするわけにはいかず，連立相手の政党，野党，大統領，地方政府，その他さまざまなアクターの立場を考慮に入れざるを得なくなる。言い換えれば，分権的制度編成のシステムにおいては，与党指導部が自己の立場を貫徹することは非常に困難であり，しかも，著しく非効率的な統治方法だと言うことができる。なぜなら，他のアクターが行使するチェック・アンド・バランスのために，与党指導部が自己の立場を貫徹しようとしても，それはそもそも公共政策として法制化されることが困難なばかりか，運良く法制

化されても，実施の段階で骨抜きになる可能性が高いのである。

こうして，分権的制度編成のシステムにおいては，与党指導部による政治権力の排他的な占有ではなく，他のアクターとの政治権力の共有が基本となる。図式化して言うと，集権的制度編成のシステムにおける与党指導部は，他のアクターとは，はっきりと区別される特権的な立場にあるのに対し，分権的制度編成のシステムにおける与党指導部は，有力ではあるが，あくまでも「同輩中の第一人者（primus inter pares）」にすぎないとすることができよう。

集権的制度編成のシステムの与党指導部とは対照的に，分権的制度編成のシステムの与党指導部は，欧州統合によってもたらされる超国家的機関に対する国家主権の移譲について，それほど受け入れ困難なものだとは見なさないだろう。なぜなら，すでに国内の政治過程において，他のアクターとの政治権力の共有に慣れ親しんでおり，分権的制度編成のシステムの与党指導部は，EUを通じた超国家レヴェルでの主権の共有という原則について，それを脅威であるとは見なさないからである。

集権的制度編成のシステムの与党指導部が毛嫌いする，閣僚理事会における特定多数決制にしても，分権的制度編成のシステムの与党指導部にとっては，それほど問題とはならない。たしかに，多数決においてしばしば敗北する事態は想定されるものの，基本的にギヴ・アンド・テイクを特徴とするEUの政治過程においては，失うものもあれば得るものもあるということが，はっきりと自覚されているのである。こうして，分権的制度編成のシステムの下で権力の共有に慣れ親しんできた与党指導部は，欧州統合による主権の共有という事態に適応する上で，有利な位置にあると言うことができよう。

(4) 政治戦略と政治制度

これまで述べてきたロジックの作用によって，EU加盟国の政治制度のあり方と欧州統合への態度との間には，少なからぬ関連があると考えることができる。そうすると，本書の課題とする欧州通貨統合をめぐる2大政党指導部の立場について，次のようなきわめて単純明快な議論を

提出できるかもしれない。すなわち，集権的制度編成が統合に対する消極的な態度をもたらし，分権的制度編成が統合に対する積極的な態度につながるとするならば，小選挙区制，2大政党制，単独政権，権限を著しく制限された上院，何らかの政治的影響力を持つ大統領の不存在，中央集権などの政治制度を特徴とする典型的な集権的制度編成のイギリスにおいては，2大政党指導部の双方が，通貨統合に対する否定的な立場を共有することになると予想できる[8]。

しかし，このような議論は，制度と政治的結果との間に直線的な関係を想定している点で，やや単純すぎるきらいがあるように思われる。たしかに，これまで制度論のアプローチに基づく分析は，ある国において，なぜ特定の政策が継続的に採用されてきたのかという問題，および，いくつかの国において，なぜそれぞれ異なる政策が採用されてきたのかという問題に対して，非常に説得的な説明を提供してきた。その際，特に強調されたのが，「経路依存性（path-dependency）」の概念である。経路依存性とは，「過去のある時点で行われた選択が，その選択にいたった当初の諸条件が後に変更されたにもかかわらずそのまま続いている現象を指す」（河野 2002, 56）。この経路依存性の概念に基づいて，特定の制度や政策の存続に関する説得的な説明が提出されてきた。

しかし，上記のような分析は，「政治的結果は制度編成から単純に『読みとることができる』ような印象をもたらすおそれがある」（Thelen and Steinmo 1992, 14）。

こうした静的な（static）制度決定論，もしくは，制度還元論の落とし穴を回避して，より動的な（dynamic）分析を行うためには，われわれは，制度によってすべてを説明しようとする誘惑に抗して，先に述べたように媒介変数として制度をとらえた上で，アクターやアイディア（イデオロギー）などの他の要因との関係や相互作用にも注目しなければならない。また，本質的に制度はいったん確立するとなかなか変化しない（sticky）と考えられているが，それでも制度が全く変化しないということはあり得ないので，制度変化を視野に入れた分析が望まれる。

スティーヴン・D・クラズナー（Stephen D. Krasner）は，制度変化に

ついて,「区切られた均衡 (punctuated equilibrium)」モデルを提唱している(9)。このモデルによれば,制度は長期にわたって安定した「均衡」の時期を持つことを特徴とすると見なされるが,戦争や恐慌などの危機的状況における急速な変化によって,「区切られる」とされる。そして,変化を遂げた制度は,再び安定した「均衡」の時期を迎えることになる (Krasner 1984, 240-244)。制度が安定している「均衡」の時期には,制度は政策などの政治的結果に大きな影響を与えるとされるのに対し,危機的状況において古い制度が崩壊した際には,新たに形成される制度のあり方は,政治的紛争の結果によって,大きく左右されるというわけである。

歴史的に発展してきた制度は,社会の中における権力バランスの微妙な変化や,個々の政治的紛争の結果をいちいち反映して変化するものではない,ということを強調する点において,「区切られた均衡」モデルは説得的であると言えるだろう。しかしながら,このモデルの問題点は,安定期においては,制度は独立変数であり政治的結果を説明するとされるが,危機的状況において制度が崩壊すると,制度は従属変数に変わり,新しく形成される制度の内容は,政治的紛争によって決定されるとしたところにある。言い換えると,制度が崩壊するまでは,「制度が政治を形成する」と議論されるのに対し,制度が崩壊するとロジックが逆転して,「政治が制度を形成する」とされるのである (Thelen and Steinmo 1992, 15)。制度と政治の関係をこのようにとらえるのは,やや機械的すぎるのではないか。

静的,機械的な制度論アプローチではなく,動的な制度論アプローチを構築するためには,制度とアクターの有する政治戦略との相互作用に注目することが必要と思われる。制度の枠組がアクターの政治戦略を大きく規定するというのが,制度論の基本的な主張であった。しかし,制度とアクターとの関係を,このように一方向(制度→アクター)に限る必要はない。アクターの有する政治戦略が,制度の枠組そのものの変革を含む場合(アクター→制度)も考えられるのである。そして,アクターの政治戦略に基づく制度変化は,クラズナーの指摘するように,危機

的状況において古い制度が崩壊し,劇的な制度変革がもたらされる場合に限らず,既存の制度の枠組の中で行われる政治紛争や戦略的マヌーバーによって,漸進的に変化がもたらされる場合をも考慮に入れるべきではないだろうか。

もちろん,アクターの政治戦略に基づく制度変化が,合理的なものと想定する必要はない。たとえば,特定のアクターの戦略的マヌーバーによって制度変化がもたらされたとしても,意図せざる結果として,制度変化が当該アクターの政治的利害に合致しない可能性も,十分考えられる。また,アクターの政治戦略に基づく漸進的な制度変化の場合,新しい制度の中に,かなりの程度,以前の制度が痕跡をとどめる可能性が高いと考えることもできるだろう(真渕 1994, 92-99)。

マルクス主義国家論と制度論との総合をめざしているボー・ロスシュタイン(Bo Rothstein)も,社会科学において古くから議論の焦点となり,しかも,最も重要な論争であると言える「作用/構造(agency/ structure)」論争にふれる中で,静的な制度論アプローチではなく,制度とアクターとの「弁証法的な」関係に注目すべきであるとしている。制度はいったん形成されるとなかなか変化しない,安定した「構造」であると言えるが,それでも,その安定性は相対的なものに過ぎない。それは特定のアクターの戦略的な「作用」によって,変化させることが可能なものとして見ることができるのである(Rothstein 1996, 23-27)。

アクターの政治戦略による制度形成が,長期的利益をもたらした好例として,ロスシュタインは,スウェーデンの社会民主労働党による労働組合が深く関与した失業保険制度(いわゆるゲント制)の導入を分析している。ゲント制によってスウェーデンの労働組合の組織率は非常に高いものになり,労働市場に対する労働組合の影響力も強化された。そして,このような労働組合の組織力と影響力の強化は,政治的に社会民主労働党の支持基盤の強化をもたらしたとロスシュタインは論じている(Rothstein 1990)。

アクター,および,その政治戦略に加えて重視さるべきアイディア(イデオロギー)と制度との関係について,これまで制度論は,制度の枠組

が政治過程におけるアイディアの浸透を大きく左右する結果として，特定の政策提案が採用される一方，他の政策提案は拒否される側面に注意を向けてきた。言い換えれば，制度の中に織り込まれているバイアスが，アイディアの拡散に対してフィルター，もしくは，ゲート・キーパーの役割を果たす点に注意が向けられてきたのである。

新しい経済理論などのアイディアの持つ影響力を誇張するジョン・メイナード・ケインズ（John Maynard Keynes）のような主張に比べれば，このような見方は，より洗練された現実的な政策形成過程を想定する点で，望ましいものだと言えるかもしれない[11]。しかしながら，同時にこのような見方は，新しいアイディアをブロックして，既存の政策の継続に貢献する制度の働きを強調しすぎるきらいがあるように思われる。イギリスにおけるケインズ主義からマネタリズムへの経済政策の転換を分析したホールの研究が明らかにしているように，制度編成のあり方によっては，政策の継続ではなく転換が促進される場合もあるのである（Hall 1992）。

さらに，アイディア（イデオロギー）と政治戦略との関係も，考慮に入れるべきであると思われる。ホールの言うように，特定の制度編成が政策転換を促進する場合は十分考えられるが，制度が政策転換をブロックしているときにも，制度変革を射程に入れたアクターの政治戦略の中に組み込まれることにより，アイディアは制度の妨害を乗り越えて政策として採用される場合もあると考えることができるのである。そして，基本的に制度編成が変化しない中で政策転換が実現する場合には，新たな政策はいわば「実験」としてとらえられるために，後に逆転される可能性があるのに対して，制度変革を伴った政策転換の場合には，制度自体の安定性を背景として，新しい政策が長期的に実施される可能性が高いと予想することもできる。こうして，アイディアと制度の関係を考える際にも，政治戦略の重要性が浮き彫りになるのである。

(5) 多層ガヴァナンス

近年，決定権限の多層レヴェルへの拡散を重視する多層ガヴァナンス

(multi-level governance）の議論が注目されている。ヨーロッパにおける決定権限の多層レヴェルへの拡散については，主として2つの動きによって促進されてきた。第一に，欧州統合の進展により，いくつかの政策分野の決定権限が，それまでの国民国家レヴェルからEUのレヴェルへと移譲されることになった。第二に，いくつかのヨーロッパ諸国における地域分権の進展が，それまで国民国家レヴェルで決定されてきた政策分野に関する決定権限の地域レヴェルへの移譲をもたらした。もちろん，決定権限の多層レヴェルへの拡散については，現在進行中のプロセスであり，現時点でその意義を評価するのは時期尚早かもしれない。EUへの統合の程度は政策分野ごとに大きく異なるし，EU加盟国における地域分権についても，大幅な分権が実現した国もあれば，中央集権的枠組にほとんど変化が見られない国もある。しかしながら，EUほど決定権限の多層レヴェルへの拡散が進展しているところはほかにはない，ということに疑いはないだろう（Hooghe and Marks 2001, xi-xii）。

さて，EUにおける決定権限の多層レヴェルへの拡散を考える上で興味深いのが，次の2つの視角である。

1つの視角は，いわゆる「国家中心モデル（state-centric model）」である。このモデルによれば，決定権限の多層レヴェルへの拡散，特にEUレヴェルへの権限移譲は，国民国家の自律性を侵すものではないとされる。むしろ，こうした動きが国家主権の維持，強化をもたらした側面に注意が向けられる。国民国家は究極的な決定権限を握っており，EUレヴェルや地域レヴェルへの権限移譲は，国家の追求する特定の政策目標の実現に貢献する限りにおいてなされるのである。欧州統合については，主として加盟国間の交渉によって進むために，その内容は各国間の最大公約数的なものにならざるを得ない。そして，統合をめぐる加盟国の立場は，多様なアクターの参加するそれぞれの国内政治の帰結であるとされる。一方，欧州統合をめぐる交渉に対して，欧州委員会や欧州議会などのいわゆる超国家的機関の影響力は限定されたものにすぎず，結局のところ，交渉結果は加盟国の国益および相対的な影響力を反映したものに落ち着くことになる。ただし，国家中心モデルは，政策形成のすべて

の側面を国家が独占していると主張するわけではなく，政策形成の全般的な方向性を規定する上での国家の影響力の重要性を指摘しているのである（Milward 1992），（Moravcsik 1998）。

　もう１つの視角は，「多層ガヴァナンス・モデル(multi-level governance model)」である。(13)この視角によれば，現在EUにおいて進行している決定権限の多層レヴェルへの拡散は，新たな統治形態（polity）形成のプロセスであると見ることができる。そこでは，政策形成に関する権限と影響力が，多層レヴェル（EU，国家，地域）の政府によって共有されることになる。国民国家の影響力は重要ではあるものの，もはや政策形成の全般的な方向性を規定するほど強力なものではなく，政策形成は３つのレヴェルの相互作用に基づくものになる。また，多層ガヴァナンス・モデルは，国内政治と国際政治の分離を否定し，政治的アリーナの相互接続にも注目する。つまり，多層レヴェルの政治的アリーナは，それぞれ完結したものではなく相互に接続している。地域レヴェルで活動するアクターであっても，国家レヴェルとEUレヴェルにおいて活動を行うことにより，広範かつ多様な協力関係を築くことになる。そして，国民国家は，もはや国内政治と国際政治の境界を管理するゲート・キーパーの役割を果たす存在ではなくなる。その結果，政策形成過程を見る際には，多層レヴェルで活動する多様なアクターの相互作用に注目する必要があるとされる（Hooghe and Marks 2001, 2-4）。

　以上のように国家中心モデルと多層ガヴァナンス・モデルの間には，政策形成の全般的な方向性を規定する上での国家の影響力に関して，かなり異なる見方がとられており，その点をめぐって活発な論争もなされている。(14)

　制度と戦略の相互作用に主たる関心を有する本書の観点からすれば，EUにおける決定権限の多層レヴェルへの拡散という現象自体が注目される。そして，この現象を説明する多層ガヴァナンス・モデルの議論の中で，本書にとって特に興味深いのが，次のような主張である。国家，または，国家の指導的立場にある政治家は，EUレヴェルや地域レヴェルからの圧力によって決定権限の多層レヴェルへの拡散を強いられている

側面はあるものの,それとは別に,自己の目的を追求する一環として,自ら国家レヴェル以外への権限移譲を押し進める場合もある。[15]

　それでは,なぜ国家の指導的立場にある政治家が,自らの影響力縮小を伴う国家主権の移譲に積極的になるのだろうか。国家中心モデルの立場からすれば,国民国家によるEUレヴェルや地域レヴェルへの権限移譲は,国家の追求する特定の政策目標の実現に貢献する限りにおいてなされ,しかも,権限を移譲された機関については,国家利益の侵害をもたらさないような組織形態がとられるとされる。しかし,民主主義国家においては,指導的政治家が自ら国家主権の移譲を望む場合も考えられる。独裁体制のリーダーとは異なり,民主主義体制のリーダーにとって,自らの手に権力を集中することが政権維持の必須条件ではない。むしろ,彼らにとって重要なのは,選挙に勝って再選されることであり,それは必ずしも権力集中と一致するわけではないのである。

　国家の指導的立場にある政治家が,主権の一部を超国家(EU)レヴェルと地域レヴェルへ移譲する理由としては,超国家的統合や地域分権へのイデオロギー的コミットメントの他に3つの理由が考えられる。

　第一に,権限移譲が国内外での交渉における国家リーダーの影響力を高める場合がある。国内政治と国際政治の接点に位置し,いわゆる2層ゲーム(two-level games)のプレイヤーである国家リーダーは,一方で,国際的な束縛を理由にして,国内政治上のさまざまな主体との交渉を有利に進めることができる。他方で,彼らは国内的な束縛を理由にして,国際交渉を有利に進めることもできると考えられるのである(Putnam 1988)。

　第二に,権限移譲を通じて特定の政策分野を国家権力の手の届かないところに隔離しておくことにより,万一政権交代によって野党が政権についた場合でも,政策変更の危険を免れることができる。政府与党は,しばしば反対党の政権下でも自らの政策が継続されることを望むが,それを実現する1つの方法として,特定の政策分野に関する権限を超国家レヴェルまたは地域レヴェルに移譲し,それを憲法や条約などの改正困難な法規範の中に埋め込むという手段があるのである。国家レヴェル以

外への決定権限の拡散は，権限移譲された特定の政策分野について，現政権の任期をはるかに超えた政策遺産（policy legacies）の確立をもたらす可能性がある。

　第三に，決定権限を国家以外のレヴェルに移譲することは，その分野に関する責任追求から国家リーダーを解放する。特に，国民の反発を呼ぶ不人気な決定が必要とされる場合，国家の指導的政治家は，その決定を国家以外のレヴェルでなされたものとして国民の前に提示し，それにより決定の責任から逃れようとする傾向がある。結果として国家主権の削減がもたらされたとしても，国家リーダーにとって，抽象的な主権の擁護よりも，目先の責任転嫁の方が優先することが，しばしば見られるのである。

　もちろん，国家の指導的政治家が，国家主権の一部を超国家レヴェルと地域レヴェルへ移譲することについて，手放しで歓迎するわけではない。近代以降の国民国家の歴史の中で，伝統的に国家リーダーは決定権限を自らの手に集中する傾向があると言うことができる。しかし，あらためて注意しなければならないのは，国家主権など国家の制度的枠組を維持することと，政権維持を中心とする国家リーダーの選好とは，必ずしも完全に一致するわけではなく，しばしば「ずれ」が見られるということである。そして，両者の間に「ずれ」が発生した場合には，国家リーダーは後者を優先すると考えられる（Hooghe and Marks 2001, 71-74）。

　以下，媒介変数としての制度の役割に注意しつつ，制度，アクター，アイディア（イデオロギー）という3つの要素の相互作用の結節点である政治戦略に重点を置きながら，欧州通貨統合（ユーロ参加）に関する2大政党指導部の立場を検討してみたい。特に，2大政党指導部の政治戦略が，多層ガヴァナンスとの関係でどのような内実を有するのか，そして，それはいかに形成されたのか，という点に注意が払われる。

　なお，制度，アクター，アイディア（イデオロギー），および，政治戦略の関係を整理した概念図を示すとすれば，図序-1のようになるだろう。

図序-1 制度,アクター,アイディア(イデオロギー),政治戦略の関係

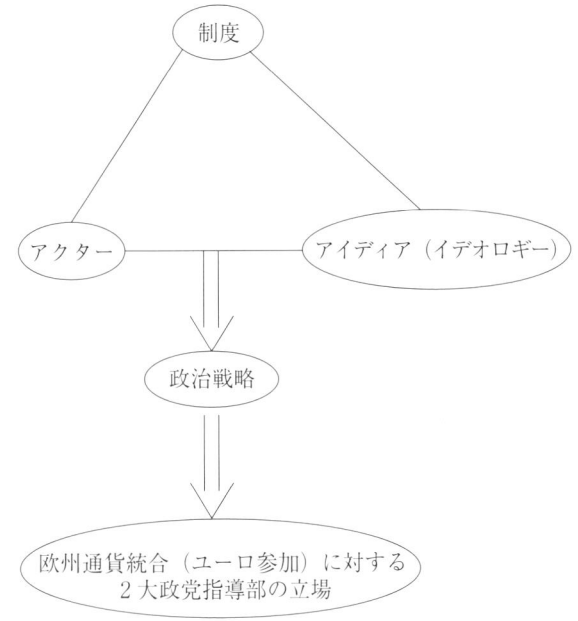

(6) 本書の構成

ここで,本書の構成を示しておくと,次のようになる。

第1章では,欧州通貨統合の実現へ向けた歩みについて,簡単な概観が示される。1960年代末に実質的な第一歩が示された通貨統合を求める動きは,決して順調に進んできたわけではない。しかし,1999年1月1日のユーロ導入,および,2002年1月1日のユーロ紙幣と硬貨の流通開始によって,EUの通貨統合は完成段階を迎えることになった。

第2章では,保守党が政権についていた1980年代から1997年選挙までの時期を対象として,欧州通貨統合の問題に関する保守党指導部の立場の変遷を概観する。この時期の保守党では,党内での欧州統合懐疑派と統合支持派との間の対立構図が確立し,保守党指導部は,通貨統合の問題に関して明確な立場をとることができず,非常に困難な状況に追い込

まれることになる。本章では，こうした状況の下で，通貨統合に対して批判的な色彩を強めていった保守党指導部の立場について検討する。

第3章では，労働党が野党であった1980年代から1997年選挙までの時期を対象として，欧州通貨統合の問題に関する野党労働党の立場の変遷を概観する。労働党の場合，当初，通貨統合はおろか，欧州統合をめぐるすべての問題に関して，消極的な立場が目立っていたが，1987年選挙以降の政策見直しの動きの中で，欧州単一通貨への参加を原則的として支持する立場が確立する。本章では，このような労働党指導部による通貨統合に対する積極的な立場の採用について検討する。

第4章および第5章では，制度，アクター，アイディア（イデオロギー），そして，政治戦略について冒頭に示された分析枠組に基づき，そして，多層ガヴァナンスとの関係に注目しながら，1980年代から1997年選挙までの時期について，欧州通貨統合に関する2大政党指導部の立場について考察がなされる。

第4章では，権限移譲を中心とする憲政改革の諸プログラムに対する保守党政権の対応を見た上で，集権的制度編成（制度），保守党指導部（アクター），新自由主義（イデオロギー），集権主義戦略（政治戦略）の関係が整理され，保守党指導部による欧州通貨統合への消極的態度の説明が提示される。

第5章では，野党労働党による権限移譲を中心とする憲政改革の諸プログラムの積極的追求を見た上で，集権的制度編成（制度），労働党指導部（アクター），新しい社会民主主義／ニュー・レイバー（イデオロギー），分権主義戦略（政治戦略）の関係が整理され，労働党指導部による欧州通貨統合への積極的態度の説明が提示される。

第6章では，1997年選挙での政権交代によって誕生した労働党政権が，1999年1月1日のユーロ第一陣への参加を断念した経緯について，経済的側面と政治的側面から考察が加えられる。そして，労働党指導部によるユーロ参加先送りの決断は，欧州通貨統合に対する野党期の積極的な立場からの転換を意味したわけではないことが示され，ユーロ参加に対する原則的支持の継続と次の総選挙後のユーロ参加を視野に入れたいく

つかの努力が検討される。

　第7章では，1997年選挙敗北により野に下った保守党指導部が，2議会期にわたるユーロ参加否定方針を採用して，欧州通貨統合に対する消極的な姿勢をいっそう強めた背景が検討される。また，ユーロ参加の是非を中心争点として強調する保守党指導部の選挙戦略について，1999年の欧州議会選挙と2001年の総選挙のケースを取り上げて考察する。

　第8章では，1997年選挙以降の労働党政権による分権主義戦略の実施過程について，特に中心となる権限移譲に焦点をあてながら概観する。労働党マニフェストに掲げられた憲政改革プログラムのすべてが実現したわけではないが，スコットランド議会とウェールズ議会の設立など，かなりの分野で大幅な前進がなされたことが確認される。そして，ユーロ参加の先送りにもかかわらず，労働党指導部による欧州通貨統合に対する積極的態度自体は維持されているために，野党期の分権主義戦略の基本的構図である多層ガヴァナンス促進へのポジティヴな立場が継続していることが示される。

　第9章では，野に下った保守党指導部が，1997年選挙から2001年選挙までの議会期において，権限移譲を中心とする憲政改革の諸プログラムに対して，どのような対応をとることになったのか概観する。そして，この時期に保守党指導部は，欧州通貨統合に対する消極的立場をさらに強める一方，権限移譲を中心とする憲政改革プログラムに対して概して否定的対応を見せることになり，多層ガヴァナンス促進へのネガティヴな態度によって特徴づけられることが示される。

　最後に，終章において本書の議論の要約が提示された上で，イギリスのユーロ参加の可能性，および，イギリスの政治制度の将来について，一定の展望が示される。

---

(1)　EUの訳語としては，一般に欧州連合が使用されている。しかし，「連合」という用語は，政府間協力方式に基づく伝統的な国際機関を想起させるために，直接選挙によって選出される議会を持ち，共同体法の優位や特定多数決制の採用など，伝統的な国際機関とは非常に異なる超国家

的要素を持つEUにはそぐわないように思われる (Kodama 1996)。
　一方,欧州連合に代わる訳語として欧州同盟が提唱されているものの,「同盟」という用語には軍事的色彩が強いために,こちらもEUにふさわしいかどうか,やや疑問が残る。そこで,暫定的に本書ではEUの訳語は使用せず,そのままEUとだけ表記する。
　なお,欧州通貨統合は「経済通貨同盟 (EMU: Economic and Monetary Union)」の一環として位置づけられた。経済通貨同盟は経済同盟と通貨同盟からなる。経済同盟は,単一市場,競争政策,地域政策,マクロ政策協調という4つの次元から成り立っており,通貨同盟は単一通貨・単一中央銀行制度をもって特徴づけられる (田中 2002, 3-4)。

(2)　サイモン・ヒックス (Simon Hix) とクラウス・H・ゲッツ (Klaus H. Goetz) は,国内政治を独立変数として,従属変数としての欧州統合の進展を説明する研究はかなり進んでいるが,欧州統合を独立変数として,国内政治の継続や変化を説明する研究は,まだまだ不十分であると主張する (Hix and Goetz 2001, 1)。筆者は,国内レヴェルの制度や政策に対する欧州統合のインパクトを検証する必要があるとする指摘は重要であるが,その先の段階として,欧州統合と国内政治の相互作用という双方向的な関心に基づく研究も必要ではないかと考えている。

(3)　1992年6月の国民投票において,マーストリヒト条約の批准を拒否する結果が出されたデンマークも,その後の交渉で通貨統合に関してイギリスと同様の除外条項を獲得し,1993年5月に行われた2回目の国民投票で条約批准が承認された。

(4)　政党システム論の観点から,欧州統合と国内政治の関係を分析した研究として (池本 2001) がある。

(5)　制度論の中で歴史的制度論とならんで有力な位置を占めているアプローチとして,合理的選択制度論 (rational choice institutionalism) を挙げることができる。合理的選択制度論は,制度が政治アクターの行動にどのような束縛を加え,政治的結果にどのような影響を与えるかという点についての関心を,歴史的制度論と共有している。しかし,2つの制度論アプローチは,政治アクターに対する制度の影響について,大きく異なる見方をとっている。すなわち,合理的選択制度論の場合には,制度は自己の利益を極大化しようとするアクターがとりうる戦略を制限するという形で影響すると見られているのに対して,歴史的制度論の場合には,制度は単にアクターの戦略に影響を与えるだけではなく,アクターの目標についても影響するという見方をとっているのである。言い換えれば,政治アクターの選好に関して,合理的選択制度論は,制度とは切り離された外在的な仮定 (自己利益の極大化など) を置くのに対して,歴史的制度論は,制度の枠組によって大きく影響を受けるとする制度内

在的な見方をとっていると言えよう（Thelen and Steinmo 1992, 7-10）。
　なお，歴史的制度論，合理的選択制度論，そして，社会学的制度論など，さまざまな制度論の議論を紹介したものとしては，(Hall and Taylor 1996)，(Kato 1996)，(待鳥 2002)，(伊藤 2002)，(河野 2002) などがある。
(6)　政党制のあり方は，政党の実質的な数（effective number of parties）をもとにして測定されている。政党の実質的な数(N)は，$N＝1／\Sigma(pi)^2$（pi＝政党の議席占有率）によって計算される。$N＞5$の場合2ポイント，$5≧N≧3$の場合1ポイント，$N＜3$の場合0ポイントが与えられる。議会制のあり方については，次のようなウエイト付けがなされている。対称的な二院制の場合，すなわち，2つの議院の権力に大きな相違が見られず，しかも，両院の党派構成がかなり異なる場合，2ポイントが与えられる。次に非対称的な二院制の場合，すなわち，第二院の権力が著しく制限されているか，あるいは，両院の党派構成がほぼ同じ場合には，1ポイントが与えられる。最後に一院制の場合には0ポイントとされる。大統領の位置づけについては，EU加盟国の中でアメリカのような典型的な大統領制をとっている国は存在しないので，それほど大きなウエイトが置かれているわけではない。しかし，大統領が直接選挙により選出され，かつ，法案の拒否権や議会の解散権など何らかの実質的な権限を有している場合には1ポイントが与えられ，そうでない場合には0ポイントとされる。最後に，地方分権については，公的支出のうち地方政府が占める割合によってウエイト付けされている。すなわち，全体の公的支出のうち地方政府が占める割合が20％を超えている場合2ポイント，10％から20％の間だと1ポイント，そして，10％を下回っている場合0ポイントとされる（Colomer 1996, 13）。
(7)　経済のグローバル化によって，国民国家の主権は以前ほどの重要性を持たなくなっている，あるいは，グローバル化によって国家主権は実質上掘り崩されているとして，集権的制度編成の政治制度を持つ国の政府も，国家主権の削減という事態にすでに慣らされているとする議論は，肝心な点を見落とさせる危険性を持っている。なぜなら，もしグローバル化によって，主権の実質的な削減を受け入れざるを得ないとするならば，集権的制度編成の国の政府は，欧州統合によるさらなる主権の削減に，なおさら反発を強めることになるだろうと推測できるからである。言い換えれば，経済のグローバル化にもかかわらずではなく，グローバル化による主権の削減ゆえに，集権的制度編成の国の政府としては，残り少なくなった主権を，是が非でも守りぬこうとするメンタリティーに陥りやすいと考えることができる。しかも，経済のグローバル化は，個々の国民国家の影響力の範囲外にある市場諸力によって否応なく進めら

れているのに対し，欧州統合のプロセスは，少なくとも条約の改正などの重要な事項に関しては，加盟国すべての承認が必要なために，集権的制度編成の国の政府は，統合の促進を拒否することができるのである。単純化して言うと，国民国家の政府は，グローバル化による主権の削減に対しては，なすすべがないかもしれないが，欧州統合の促進による主権の削減については，理論的にはそれを阻止することができる立場にある。このような場合，集権的制度編成の国の政府としては，積極的に主権の削減に同意することが必要な欧州統合の促進には，ネガティヴな態度をとりやすいと考えることができるだろう。

(8) もちろん，欧州統合に対する態度は，政治制度のあり方によってすべて決定されると論じるつもりはない。分権的制度編成のシステムをとっている国においても，政治制度以外の他の要因の作用によって，統合に否定的な態度をとる場合もあることは十分に考えられる。この典型的な例がスイスであろう。ヨーロッパの中で最も分権度の高い政治制度を採用していると言える連邦国家スイスでは，EUへの加盟はおろか，欧州単一市場へのアクセスをもたらすEEA（欧州経済領域：European Economic Area）への加盟でさえ，1992年12月の国民投票における否決以降，いまだに実現されていないのである。

(9) 「区切られた均衡」という訳語とその内容については，(真渕 1994)を参考にしている。

(10) 「作用／構造（agency/structure）」の論争とは，単純化すると，社会的結果をもたらす上で，アクターの自発的な活動（「作用」）を重視する立場と，アクターの活動を規定する外在的な枠組（「構造」）を重視する立場との間の論争であると言うことができよう（Giddens 1979, 49-95）。前者の立場に近い議論としては，いわゆる多元主義理論，後者に近いものとしては，マルクス主義の中でも経済還元論的な議論を挙げることができるだろう。

(11) 「経済学者や政治思想家のアイディアは，それが正しいときでも誤っているときでも，一般に理解されているよりもはるかに強力なのである。まさに世界はアイディアそのものによって支配されているのである」（Keynes 1936, 383）。

(12) 多層ガヴァナンスについて検討する前に，ガヴァナンス概念について若干見ておく必要があるだろう。政治学において比較的最近登場した概念であるガヴァナンスは，新しい概念に例外なく見られるように，その定義が論者により異なり，多種多様であるという特徴を有している。しかしながら，本書ではデーヴィッド・リチャーズ（David Richards）とマーティン・J・スミス（Martin J. Smith）の定義に従って，ガヴァナンスを次のようにとらえておくことにする。「'ガヴァナンス'とは，近年

変わりつつある政策過程の特質に焦点をあてるために使用される記述的ラベルである。特に，ガヴァナンス概念は公共政策形成に関係する領域や主体のかつてないほどの多様性を意識させてくれる。それゆえ，ガヴァナンス概念は，われわれに政府中枢を越えて政策形成過程に関係するすべての領域と主体を考慮に入れることを求めるのである」(Richards and Smith 2002, 2)。こうしたリチャーズとスミスの定義に明らかなように，ガヴァナンスという概念は，国民国家の政府中枢からの権力の拡散という近年の傾向を記述し，説明するために作られた道具として見ることができる。その意味で，政策形成に関する権限と影響力が，多層レヴェル(EU，国家，地域)の政府によって共有されるとする多層ガヴァナンスの議論は，ガヴァナンス概念の論理的発展の1形態であるとすることができよう。

(13) 梶田孝道は「3空間併存モデル」を提示して，EU，国民国家，地域(民族)という3つのレヴェルでの「統合」と「分裂」を分析しており，多層ガヴァナンス・モデルとの問題関心の共通性が見られる。しかしながら，梶田の3空間併存モデルは，民族や文化に着目する国際社会学のアプローチであると言えるのに対して，多層ガヴァナンス・モデルは，政治制度や政治過程に焦点をあてる政治学的アプローチであるという違いがある(梶田 1993)。

(14) 国家中心モデルの立場をとるわけではないが，多層ガヴァナンスの議論が政策形成過程における国家の影響力の衰退を強調しすぎる点を批判する研究としては，(Bache 1999)や(Bache and George 2000)などがある。

(15) 同様のケースは，超国家(EU)レヴェルや地域レヴェルなど国家レヴェル以外でも考えられる。たとえば，欧州委員会が決定権限のEUレヴェルへの移譲を求めない場合も考えられるし，地域政府リーダーが権限移譲を求めない場合も想定されるのである。

第1章　欧州通貨統合の実現へ向けた歩み

(1)　為替相場の安定を求める動き

　さて，欧州通貨統合に関する2大政党指導部の立場を検討する前に，通貨統合の実現へ向けたこれまでの歩みに関して，簡単にながめておくことにしよう。

　欧州統合の初期段階においては，通貨統合をめざす動きは，あまり目立ったものではなかった。ECSC（欧州石炭鉄鋼共同体：European Coal and Steel Community）を設立したパリ条約やEEC（欧州経済共同体：European Economic Community）を設立したローマ条約においては，金融政策や通貨政策に関する記述はきわめて限られていたし，単一通貨の導入という目標も示されていなかった。当時は，ドルを基軸通貨としたブレトン・ウッズ体制による固定相場制の下で，為替相場が安定していたために，ヨーロッパにおいて地域的に安定した通貨圏を構築する必要性が，あまり感じられなかったのである。

　1960年代後半から通貨統合に対する関心が高まったが，これにはブレトン・ウッズ体制が動揺をきたし，次第に為替相場の不安定に対する不安が拡大していたことが反映していた。1969年12月にハーグで開催されたEC首脳会議において，通貨統合へ向けた実質的な第一歩がしるされた。この会議において，欧州委員会によって作成された，いわゆる「バール・プラン」が検討され，通貨統合の目標に対するECのコミットメントが確立されたのである。このイニシアティヴを受けて，ルクセンブルク首相のピエール・ヴェーナー（Pierre Werner）を委員長とする「ヴェ

ーナー委員会」が設置され，1980年までに通貨統合を完成するという，野心的な「ヴェーナー・レポート」がまとめられることになった。ただ，単一通貨の導入が望ましいとされていたものの，ヴェーナー・レポートにおいて想定されていた通貨統合の完成段階とは，各国通貨間の為替相場の不可逆的な固定であった。

ヴェーナー・レポートに触発されて，EC加盟国通貨の為替相場の相互変動幅を±2.25％以内に維持する，いわゆる「スネーク」が1972年4月に発足した。しかしながら，ブレトン・ウッズ体制の崩壊に伴う変動相場制の登場と石油ショックによるインフレによって，スネークは失敗に終わった。主要国通貨が次々とスネークから脱落した結果，1970年代後半には，スネークはドイツ・マルク圏の別名に過ぎない存在になっていたのである。ちなみに，イギリス・ポンドはわずか数カ月間スネークに参加した後，脱落を余儀なくされている。

スネークの失敗後も通貨価値の安定を求める模索が続けられた結果，1979年3月にスネークに代わってEMS（欧州通貨制度：European Monetary System）が発足することになった。これは通貨統合へ向けた努力の再開を求めた欧州委員長ロイ・ジェンキンズ（Roy Jenkins）の呼びかけに応じて，西ドイツのヘルムート・シュミット（Helmut Schmidt）首相とフランスのヴァレリー・ジスカールデスタン（Valery Giscard d'Estaing）大統領がイニシアティヴをとった結果，実現したのであった。

EMSの構成要素としては，加盟国通貨間の為替相場の安定をはかるための介入制度である為替相場メカニズム（ERM：Exchange Rate Mechanism）と，ERMを有効に機能させるための信用供与制度，および，加盟国通貨が特定の比率で組み込まれたバスケット型の通貨である欧州通貨単位（ECU：European Currency Unit）の3つが挙げられる。EMSの中心的要素であるERMにおいては，加盟国通貨の相互変動幅が±2.25％以内とされ（「弱い」通貨に対しては±6％以内の変動幅が設定された），為替相場がこの変動幅を越えようとした場合には，加盟国の中央銀行は積極的に市場介入することが義務づけられていた。そして，通貨価値の維持が困難であることが明らかになった際には，最後の手段として，加

盟国間の合意による平価の変更が認められた。スネークの際とは異なり，EMSの発足の際には，イギリスはその中心的要素であるERMに参加しないという決定によって，実質的に不参加の姿勢を示すことになった。

　EMSが発足してしばらくは，ドイツ・マルクに対する他の通貨の切り下げという形での平価の変更が相次ぎ，安定した通貨圏の実現という目標を達成するにはほど遠かった。しかし，1987年以降，1992年，1993年の通貨危機までは，それまで見られなかったような安定した時期が続き，EMSはインフレ抑制に大きく貢献したと評価されるまでになった。

(2)　単一通貨導入へ向けた努力

　EMSによる安定と域内市場統合の完成をめざす動きを背景として，再び通貨統合に対する関心が高まった。そして，それを大きく後押ししたのが，いわゆる「ドロール・レポート」である。

　1988年6月のハノーヴァー欧州理事会において，欧州委員長ジャック・ドロール（Jacques Delors）を委員長として設置された「ドロール委員会」が作成したレポートは，次のような3つの段階を経て通貨統合を達成することを提唱していた。まず第一段階では，ERM未加盟国（イギリス，スペイン，ポルトガル，ギリシア）のERM加盟と，ERMで認められる為替相場の変動幅の縮小が求められる。第二段階では，金融・通貨政策の最終的な責任は依然として各国中央銀行にとどまるが，欧州中央銀行制度（ESCB：European System of Central Banks）が創設され，各国の金融・通貨政策の調整が行われる。第三段階は，EMU（経済通貨同盟）完成に向けた最終段階で，各国通貨間の為替相場が不可逆的に固定され，金融・通貨政策はESCBが一元的に実施することになる。そして，最終的にECUを発展させた単一通貨が発行される。

　マーストリヒト条約に関する最終的な交渉が行われた1991年12月のマーストリヒト欧州理事会においては，通貨統合に関して，基本的にドロール・レポートが提唱する3段階アプローチが採用された。マーストリヒト条約に定められた通貨統合についての主要な点を挙げると，次の通りである。①EMUの第二段階は1994年1月から開始され，欧州中央銀

行の前身としての欧州通貨機関(EMI: European Monetary Institute)が設立される。(第一段階はすでに1990年7月に開始されていた。) ②1996年末までに財政赤字の割合やインフレ率などに関する収斂基準(convergence criteria)[(1)]を満たした国が7カ国以上あれば，特定多数決によって，それらの国は1997年から第三段階に移行する，すなわち欧州中央銀行が設立され，単一通貨が発行されることになる。③1997年に第三段階が開始されなかった場合，1999年から自動的に第三段階が開始され，単一通貨導入のための収斂基準を満たした国から第三段階に移行する。④単一通貨への参加に関して消極的な立場をとってきたイギリスは，第三段階への移行について，参加しない権利，いわゆる除外(opt-out)条項を獲得した。

しかしながら，通貨統合への道が決して容易なものでないことは，2度にわたってERMを大きく動揺させた通貨危機によって明らかになった。マーストリヒト条約の批准をめぐるデンマークの国民投票における「No」の結果によって，通貨統合の将来に対する不安が広がり，1992年9月には，外国為替市場における投機の動きに翻弄されたイギリス・ポンドとイタリア・リラが，ERMから離脱せざるを得なくなったのである。さらに，1993年8月には，今度はフランス・フランが投機の主な標的となり，ERMが崩壊の危機にさらされた結果，ERMにおける変動幅が±2.25%から±15%へと大幅に拡大されることになった。

欧州通貨統合に批判的な人々は，ERMをめぐるこのような困難を取り上げて，通貨統合の実現可能性に大きな疑問を投げかけたが，実際には，ERMの変動幅の拡大は，為替相場における投機の圧力を緩和する上で大きな働きをすることになった。そして，為替相場が安定するようになると，通貨統合を実現するために収斂基準をクリアする努力が，各国で行われるようになったのである。なお，国民投票においてマーストリヒト条約の批准が拒否されたデンマークは，その後の交渉で通貨統合に関してイギリスと同様の除外条項を獲得し，1993年5月に行われた2回目の国民投票で条約批准が承認された。

マーストリヒト条約で規定されていたEMUの第二段階は，予定通り

1994年1月にEMIがフランクフルトに設置されることにより開始された。EMIは，EMUの第三段階への移行に必要な加盟国の経済政策や通貨・金融政策の協調を強化するとともに，マーストリヒト条約で示された収斂基準について，加盟国の達成状況を調査する役割を与えられていた。

EMUの第三段階への移行については，加盟国の経済状況の低迷のために，1997年に開始することは断念されたが，1995年12月のマドリード欧州理事会において，1999年から第三段階を開始するというコミットメントが再確認された。同時に，新しい欧州単一通貨の名称も「ユーロ」に決定された。さらに，1996年12月のダブリン欧州理事会では，EMUの第三段階に進んだ各国の財政政策について，ある程度規律を保つための「安定成長協定（Stability and Growth Pact）」に関する合意が成立し，ユーロ紙幣のデザインも発表されたのである。

また，ユーロに参加する国々の経済政策の協調を，いっそう緊密化することを求めていたフランスの要請を受けて，1997年12月のルクセンブルク欧州理事会において，単一通貨参加国の経済政策を調整する「ユーロ評議会」（ユーロ・グループもしくはユーロXとも呼ばれ，各国の財務相によって構成される）の設立が合意された。ただし，ユーロ評議会は，欧州中央銀行が担当する単一通貨に関する通貨・金融政策に対する影響力はなく，もっぱら非公式の協議機関としての位置づけがなされた（田中 2001, 112-114）。

結局，マーストリヒト条約の収斂基準に関して各国の達成状況を調査したEMIの報告を受けて，1998年5月にブリュッセルで開かれた経済相財務相理事会（Ecofin: Council of Economic and Finance Ministers），および，欧州理事会において，EUに加盟する15ヵ国のうち，ドイツ，フランス，イタリア，スペイン，オランダ，ベルギー，ポルトガル，オーストリア，フィンランド，アイルランド，ルクセンブルクの11ヵ国が，1999年1月から開始されるEMUの第三段階に参加することが正式に決定された。これら11ヵ国によって，いわゆるユーロ圏が発足し，実現が危ぶまれてきた欧州通貨統合は，完成へ向かって大きく前進することになったのである。

一方，イギリスは，スウェーデン，デンマーク，ギリシアとともに，単一通貨導入の第一陣からは外れることになった。イギリスとデンマークはマーストリヒト条約の除外条項に基づくEMU第三段階に参加しない権利を行使し，スウェーデンも不参加の意思を表明したのである。これに対して，ギリシアは参加の意思を持っていたものの，マーストリヒト条約の収斂基準を満たしていなかったために，単一通貨導入の第一陣から外されることになった。その後，ギリシアは収斂基準をクリアし，2001年1月からユーロに参加した。ギリシアの参加によって，ユーロ圏は12カ国に拡大した。

(3) ユーロ誕生

　1999年1月1日にユーロが誕生することになったわけだが，これは実際にユーロの紙幣や硬貨が一般の取引で使用されるようになったわけではない。ユーロ紙幣や硬貨の導入は2002年1月1日に設定されていたので，それまでの3年間は，各国通貨からユーロへの移行期間とされ，ユーロは，「見えない通貨（非現金形態）」として，金融機関の間の決済，為替相場，株式や債券，クレジット・カード，小切手，預金などに，計算上の通貨（決済単位）として使われることになった。

　そして，ついに2002年1月1日にユーロの紙幣と硬貨の流通が開始された。ユーロ紙幣および硬貨の片面については，ユーロ圏12カ国において，いずれもデザインが共通になっている。紙幣には門，窓，橋などヨーロッパの文化的遺産を象徴する建築物が描かれているが，ある特定の国に偏るのを防ぐために，いずれも実在しない架空の建築物となっている。硬貨については，表面が共通でヨーロッパの地図が描かれているが，裏面は各国がデザインを決めている。

　ユーロ紙幣と硬貨の流通総額は，紙幣が7種類で約150億枚，硬貨が8種類で約500億個に達し，史上最大の通貨切り替えに導入時の混乱を予想する声もあった（田中 2002, 12）。しかしながら，一部で偽札騒動などもあったものの，概して大きな混乱もなく，きわめてスムーズな通貨切り替えプロセスが進行したことにより，基本的にユーロ現金の流通は成

功であると評価された。ユーロ現金の流通開始からしばらくの間は，ユーロとドイツ・マルクやフランス・フランなどそれまで使われていた通貨が並行して流通していたが，比較的早い段階で既存通貨の流通は停止され，ユーロへの一元化が達成された。

これまで見てきたように，1960年代末から開始された欧州通貨統合の歩みは，決して順調なものではなかった。1970年代や1990年代に引き起こされた欧州通貨危機によって，通貨統合が一時不可能になったと思われたこともあったのである。

しかしながら，現在のEUにおいては，域内市場統合の完成から欧州通貨統合への完成へ向けて前進するという目標に関して，主要加盟国の間に堅い決意があると言ってよいだろう。特に，技術的，経済的に日本とアメリカに水をあけられて，地盤沈下状況にあったヨーロッパにとって，域内市場統合と欧州通貨統合の実現こそが，ヨーロッパを復活させる切り札であるという点で，各国の思いは一致していたのである。近代国家が成立して以来守られてきた国家の通貨主権を，EUという超国家レヴェルの機関に移譲する欧州通貨統合は，世界の歴史の中でも全く新しい一歩を示すものであり，今後の展開が注目されている。[3]

---

(1) 収斂基準は，基本的に次の４つから成り立っている。①物価安定。前年の消費者物価上昇率が，最も低い３カ国の平均値プラス1.5％以内であること。②政府財政。財政赤字がGDPの３％以内であること，および，政府借入残高がGDPの60％以内であること。（※政府財政の基準に関しては，厳格な解釈を緩める余地がある。）③為替相場の安定。通貨価値に関してERMにおいて過去２年間切り下げることなしに通常の変動幅の中に収まっていること。④金利。前年の長期金利が，物価上昇率が最も低い３カ国の平均値プラス２％以内であること（Crawford 1996, 153-154）。

(2) 安定成長協定の主な目的は，通貨統合参加国における不健全財政を防止することであるとすることができる。健全財政を金科玉条とするドイツの強い要求を受け入れて合意されたこの協定によれば，財政赤字がGDPの３％を超えて，しかも，赤字削減のために必要な対策がとられなかった場合には，当初はEUに対する供託金が要求されるが，財政赤字が

引き続き3％を超える状況が継続した場合には，最大でGDPの0.5％の罰金が科されることになっていた。ただし，不況によって経済成長率がマイナス2％を越えて悪化した場合，あるいは，それ以外でも自然災害や戦争などにより経済状況が特殊であると判断される場合には，罰金を免れる可能性も認められていた。ちなみに，ドイツが厳格なルールを定めた安定成長協定の制定を強く求めた理由は，安定した通貨であるドイツ・マルクを失うことに不安を抱いていたドイツ国民を安心させるために，ユーロをドイツ・マルクと同様に安定した通貨にすることを求めたからであった（Pitchford and Cox 1997, 63-65）。

（3） 欧州通貨統合への歩みに関しては，以下の文献を主に参考にしている。(Crawford 1996), (Johnson 1996), (Pitchford and Cox 1997), (Taylor 1995), (Tsoukalis 1996), (田中 2001), (田中 2002)。

第2章　欧州通貨統合と保守党政権

(1)　ヨーロッパの党

　世界的強国としてのイギリスの地位に対するコミットメントという，ベンジャミン・ディズレーリ（Benjamin Disraeli）以来のナショナリズムの伝統を持つ保守党が，第二次世界大戦以降かなりの間，「ヨーロッパの党」という称号を誇りにしてきたと言えば，やや奇妙に聞こえるかもしれない。しかしながら，戦後の欧州統合の歩みにおいて少なからぬ意味を持つ，1948年のハーグ欧州大会の議長をつとめたのは，野党保守党党首のウィンストン・チャーチル（Winston Churchill）であり，1961年に最初のEC加盟申請を行ったのは，保守党首相ハロルド・マクミラン（Harold Macmillan）であった。さらに，保守党首相エドワード・ヒース（Edward Heath）の下で，イギリスは1973年にEC加盟を達成したのである。

　このような「ヨーロッパの党」としての保守党のイメージからすれば，欧州通貨統合に対して比較的前向きな態度が予測されるかもしれない。しかしながら，1970年代初頭のスネークへの参加を早々に放棄したことや，1970年代末の為替相場メカニズム（ERM）への参加を拒否したことにあらわれているように，通貨統合に対する保守党指導部の態度は，必ずしも積極的なものではなかった。1980年代の前半を通じてイギリスと他の加盟国との関係を困難にしたEC予算に対する過剰負担削減問題が解決し，さらに，1980年代中頃から域内市場統合の完成をめざす動きが本格化して，欧州統合の流れが市場の自由化の方向に進み始めたことは，

保守党政権にとって歓迎すべきことであったが，1980年代後半には，ERM参加問題が党内対立を深刻化させていくことになる。本章では，保守党が政権についていた1980年代から1997年選挙までの時期を対象として，欧州通貨統合の問題に関する保守党政権の立場の変遷を見ていくことにする。(1)

(2) サッチャー政権

ERM参加をめぐる対立の焦点は，首相のマーガレット・サッチャー（Margaret Thatcher）と蔵相のナイジェル・ローソン（Nigel Lawson）との間の対立であった。経済アドヴァイザーを務めるアラン・ウォルターズ（Alan Walters）の強い影響の下に，新自由主義イデオロギーを奉じるサッチャーは，通貨価値は変動相場制の下で市場によって決定されるべきであり，一種の地域的固定相場制であるERMへの参加は，市場諸力の作用を歪めることになるという立場をとっていた。これに対して，ローソンは，基本的には新自由主義イデオロギーを奉じながらも，為替相場の大幅な変動は健全な経済政策の実施を困難にするとして，ビナイン・ネグレクト（benign neglect）は選択できないという立場をとり，しかも，インフレ抑制という目標を達成する上で，金融政策の運営に対するERMによる規律が，大きな役割を果たすと考えていたのである（*HC Debs*, 19 March 1985, 789)。(2)

1980年代の末には，ローソンに加えて，外相のジェフリー・ハウ（Geoffrey Howe）や，イングランド銀行，大蔵省，外務省の上層部がERM参加に肯定的な姿勢を見せるようになったために，サッチャーもこの問題について何らかの譲歩を余儀なくされることになった。ERM参加を求めるローソンとハウの圧力によって，サッチャーは1989年6月のマドリード欧州理事会の場で，主要加盟国による為替管理の撤廃，イギリスのインフレ収束，域内市場統合の促進，金融部門の自由化，競争政策についての合意などの条件が満たされれば，イギリスはERMに参加するという立場を明らかにしたのである（*The Economist*, 1 July 1989, 37)。

しかしながら，これはサッチャー自身がERM参加のメリットを信じる

ようになったからではなかった。ERMに対して批判的なコメントを続けていたウォルターズを、アドヴァイザーから解任すべきであるとローソンが要求したにもかかわらず、サッチャーはウォルターズを解任しようとはしなかったのである。その結果、ローソンは抗議の姿勢を示して、1989年10月に蔵相を辞任した。

　ローソンの辞任によって、ERM参加を求める閣内の圧力は減少したわけではなかった。新たに蔵相に就任したジョン・メージャー（John Major）と外相に就任したダグラス・ハード（Douglas Hurd）は、前任者のローソンとハウと同様に、サッチャーにERM参加を強く進言するようになったのである。結局、蔵相と外相のねばり強い圧力の結果、1990年10月にイギリスはERMに参加することになった。しかしながら、この時期のERM参加は、イギリスにとって幸運なものではなかった。ERM参加がドイツ再統一のプロセスと重なったために、イギリスはドイツの高金利の影響をもろに被る結果になったのである。しかも、ポンドの対ドイツ・マルク平価が非常に高いレヴェルに設定されたので、不況下にあったにもかかわらず、イギリスはドイツの金利よりもさらに高い金利でポンドの平価を維持しなければならない羽目に陥った。[3]

　ERM参加でさえ容易に受け入れる用意のなかったサッチャーにとって、ドロール・レポートの提唱した単一通貨の導入をめざす欧州通貨統合は、とうてい受け入れることのできない問題であった。通貨統合は、一方で金融政策に関する権限の欧州中央銀行への移譲をもたらし、他方でヨーロッパ連邦の創設へ向けた政治統合の動きを加速することになり、国民国家の主権に対して取り返しのつかないダメージを与えるとサッチャーは論じたのである。

　欧州通貨統合に反対するサッチャーの立場は、1989年6月の欧州議会選挙へ向けたマニフェストの中に強く反映することになった。「経済通貨同盟（EMU）は主権の根本的な移譲をもたらすだろう」。それは単に欧州中央銀行による金融政策や通貨政策の実施をもたらすのみならず、加盟国の財政政策に対する、ヨーロッパ・レヴェルでの相当程度の中央統制をもたらすとされた。その意味でEMUは、「まさにヨーロッパ連邦

の創設を意味している」。さらに，EMUは「現実的で望ましい」アイディアとはとても言えず，「非現実的で有害な」アイディアであるとされた。なぜなら，EMUは，「1992年までに単一市場を完成する」という最も重要な任務から，人々の関心をそらす影響を持つからであると述べられていたのである（The Conservative Party 1989, 34-35）。

　こうした欧州通貨統合に対するサッチャーの批判的な立場によって，この問題をめぐる加盟国の中でのイギリスの孤立が明確になっていったが，単に反対を唱え続けるだけでは通貨統合へと向かう流れを止めることはできないとして，ドロール・レポートに対する対案が検討されることになった。

　ドロール・レポートに示されたEMUに対するイギリスの対案の1つとして，ローソン蔵相が1989年9月に提案した競争通貨構想がある。その内容を簡単に述べると，次のようなものであった。まず，加盟国は，それぞれ自国の市場ですべての加盟国の通貨を法定通貨と認め，その自由な流通をはかる。どの通貨が使用されるかは市場の選択に任される。通貨の相互流通が浸透すれば，良貨が悪貨を駆逐する過程を通じて，最終的に市場で最も使用される通貨が，共通通貨として生き残ることになる。さらに，この競争通貨構想をベースにして，ローソンの後を継いだメージャー蔵相は，1990年6月にハードECU構想を明らかにした。これによると，各国通貨と並存する形で，ハードECU（各国通貨のバスケット通貨としてのECUとは異なる）を共通通貨として発行する。ハードECUは，加盟国の通貨に対して，いかなる時にも切り下げられない最強通貨であるが，この使用が広がって行けば，将来的に単一通貨として採用することも検討されるというものであった。

　このように，遅ればせながらイギリスも通貨統合の問題を真剣に検討しているという姿勢を示した点で，これらの提案は一定の評価ができるかもしれない。しかし，提案された時期がいかにも遅かった上に，ハードECUが最終的に単一通貨に発展するのかどうかという点について，否定的なトーンをとるサッチャーと肯定的なトーンをとるメージャーとの間に，看過され得ない解釈の違いも存在していた。結局，他の加盟国か

ら単なる時間稼ぎの戦術ではないかという疑いをかけられて，イギリスの提案はあまり聞き入れられることはなかった（Jenkins 1990）。

競争通貨構想やハードECU構想などの提案，そして，ERM参加の決定にもかかわらず，欧州通貨統合に対してあくまで反対するというサッチャーの立場は，1990年10月のローマ臨時欧州理事会の場で明らかにされた。ローマ会議では，EMUの第二段階を1994年1月から開始することが決定されたが，その採決において，サッチャーはただ1人反対を唱えて孤立する憂き目にあったのである。しかし，欧州理事会の場で孤立することに，ほとんど慣れっこになっていたサッチャーは，単一通貨の導入についてイギリス議会の承認を求めることは，将来にわたって決してないと会議後の記者会見で言い切った。そして，欧州通貨統合を実現しようと努力している他の加盟国のリーダー達は，「空想の世界に住んでいるとしか考えられない」と述べたのである（*Financial Times*, 29 October 1990）。

帰国後，下院に対して行ったローマ会議の報告において，サッチャーは，内閣の公式の立場としては，欧州通貨統合は将来の世代が決定する問題であるとしたが，彼女が非妥協的な反対の立場をとっていることは明らかであった。「現在提案されている経済通貨同盟は，われわれが全面的かつ絶対的に拒否しているヨーロッパ連邦に対する裏口となる」。「われわれはポンドの背後に存在している偉大な歴史の下にある方が，単一通貨の下にあるよりも，よりよい貿易を行うことができるだろう」（*HC Debs*, 30 October 1990, 877-879）。

欧州通貨統合に対する反発を明らかにした上で，サッチャーは，欧州委員会が国家主権を削減する策謀を行っていると激しく攻撃することになった。「ドロール委員長は記者会見の場で，次のことを望むという発言をしている。欧州議会が共同体の民主的会議体［下院］となること。そして，欧州委員会が行政府となり，閣僚理事会が上院となること。このような立場に対する答えは，『No！No！No！』である」（*HC Debs*, 30 October 1990, 873）。

ローマ会議や帰国後の下院に対する報告において明らかにされた，欧

州通貨統合に対するサッチャーの否定的な立場は，欧州統合の深化に反感を抱くようになった保守党の欧州統合懐疑派（Euro-sceptics）から熱狂的な支持を受けたが，欧州統合支持派（Euro-enthusiasts）には，深刻な懸念をもたらすことになった。そして，統合支持派の重鎮であった副首相ハウによる抗議の辞任をきっかけとして，サッチャーのリーダーシップに対する公然たる挑戦がなされ，サッチャーは退陣を余儀なくされた。サッチャーの後任には，欧州統合の問題について，より柔軟な立場をとっていると見られたメージャーが就任した。[6]

(3) メージャー政権とマーストリヒト会議

サッチャーの後を受けて首相に就任したメージャーは，欧州統合に関して，それまでサッチャーがとってきた対決的なアプローチに比べると，より協調的な姿勢を示すようなった。そのような姿勢を明らかにしたのが，メージャーが1991年3月にドイツのボンで行った演説である。この演説の中で，メージャーは次のように述べていた。「私は，われわれが存在すべきところ，すなわちヨーロッパのまさに中心（at the very heart of Europe）に，イギリスが位置を占めることを望む」（*The Guardian*, 12 March 1991）。

しかしながら，欧州統合に関して協調的な姿勢をとることにより，交渉を有利に進めようとしていたメージャーの足かせとなったのが，保守党の中で広がりを見せつつあった欧州統合懐疑派の勢力である。国家主権の擁護を最優先する統合懐疑派にとって，欧州通貨統合を推進する動きは，断じて受け入れられないものであった。さらに，退陣を余儀なくされたサッチャーも，1991年11月の下院の審議において，通貨統合に対する反対の立場を明確にし，単一通貨や欧州中央銀行の創設をめぐって国民投票を実施することを要求していた。「われわれの目的は議会主権を維持するというものでなければならない」。「単一通貨［への参加］が，この国の利益になるとは考えられない」（*HC Debs*, 20 November 1991, 290-298）。

欧州通貨統合に断固として反対する統合懐疑派の存在のために，欧州

第2章 欧州通貨統合と保守党政権　51

統合の将来の問題について結論を出すことになっていた1991年12月のマーストリヒト欧州理事会に、メージャーは非常に困難な課題を抱えて臨むことになった。一方で、もしサッチャー時代のように、欧州統合の動きに必要以上のブレーキをかけていると見なされたら、保守党の欧州統合支持派の批判を招くばかりか、他の加盟国がイギリスを除外して通貨統合やその他の統合の試みを先に進めるおそれがあった。他方で、もし欧州委員会や他の加盟国に対して譲歩しすぎたと見られれば、党内の統合懐疑派が公然とメージャー批判を開始して、保守党の党内紛争というイメージを有権者に植え付けるために、差し迫っていた総選挙において保守党政権の再選が困難になると予想されていたのである[7]。

　結果として、メージャーはマーストリヒト会議において、欧州通貨統合について貴重な妥協を獲得するのに成功したと言えるだろう。マーストリヒト条約においては、EMUに関して、基本的にドロール・レポートが提唱する3段階アプローチが採用されたが、EMUの第三段階への移行について、イギリスは、議会による承認が得られなければ参加しないという、いわゆる除外条項を獲得したのである。この除外条項という譲歩を獲得したことによって、メージャーは、通貨統合を懸念する保守党の統合懐疑派に対して、イギリスは単一通貨に参加しない権利を確保したので、心配するにはおよばないと論じることができるようになった[8]。なお、マーストリヒト会議においては、共通社会政策についても、イギリスに対して単一通貨と同様の除外待遇が認められた。

　マーストリヒト会議においてメージャーが獲得した除外条項は、長期的に見れば、統合に積極的な国と消極的な国が分離する2段階のヨーロッパ（two-tier Europe）、および、その中でイギリスが第二集団におとしめられる事態をもたらすおそれがあったと言える。しかしながら、短期的に見れば、この妥協のおかげで、保守党は1992年選挙を比較的団結した形で戦うことができた。

　1992年選挙においては、欧州統合の問題が大きな争点となることはなかったが、保守党の選挙マニフェストは、保守党が以前からヨーロッパの党であったことを強調し、マーストリヒト条約をイギリスと他の加盟

国の双方にとって成功であったと誇っていた。しかし，マニフェストの重点は，おそらく統合懐疑派を安心させるため掲げられていた，欧州統合の行き過ぎに対する警告にあったと言ってよいだろう。「われわれはイギリスのビジネスにダメージを与えるようなローマ条約の改正を許さない」。「われわれは諸問題をできる限り加盟国に任せなければならないという原則[いわゆる補完性原理]に反するような欧州委員会の提案を許さない」(The Conservative Party 1992, 4)。

(4) ERM脱落とマーストリヒト条約批准プロセス

　深刻な景気後退の最中であったにもかかわらず，大方の予想を裏切って，保守党は1992年の総選挙において勝利をおさめた。しかし，保守党指導部が総選挙勝利によって安定した政権運営が可能になると期待したとすれば，それは欧州通貨危機によってもたらされたERMからのイギリスの脱落によって，大きく狂わされることになった。

　1992年6月に行われたデンマークの国民投票において，僅差でマーストリヒト条約の批准が拒否された。これによって通貨統合の実現に対する外国為替市場の信頼が大きくダメージを受けた結果，イギリス・ポンドやイタリア・リラといった，ERMにおいて比較的弱いと見なされた通貨に対する投機筋の売りが強まった。さらに，9月に予定されていたマーストリヒト条約批准をめぐるフランスの国民投票の行方に暗雲が立ちこめていたことも，ポンドに対する売り圧力を強化したと言えよう。結局，ERMにおいて認められていた変動幅の下限を支えきれなくなった結果，ポンドはリラとともに1992年9月にERMから脱落することを余儀なくされた。

　デンマークの国民投票における「No」の結果と欧州通貨危機に伴うポンドのERM脱落は，総選挙以前には鳴りを潜めていた保守党内の統合懐疑派を大きく力づけることになった。そして，統合懐疑派の攻撃の焦点は，EMUをその中心とするマーストリヒト条約の批准に集中することになる。総選挙直後の1992年5月に行われた第二読会では，労働党の棄権，第三党である自由民主党の賛成に助けられて，保守党指導部は，さ

したる困難もなしにマーストリヒト条約の批准に賛成する動議を採択することができた。しかし，1992年11月の第三読会では，労働党が反対投票にまわったこともあったが，マーストリヒト条約の批准についての審議再開を求める動議は，26人もの統合懐疑派保守党議員の反対投票のために，わずか3票差で辛うじて可決されたのである（*HC Debs*, 4 November 1992, 381-385）⁽¹¹⁾。下院においてこのようなきわどい投票結果が出たために，保守党指導部は，マーストリヒト条約の批准を，デンマークが2度目の国民投票で条約の批准を達成するまで延期することを余儀なくされた（*Financial Times*, 6 November 1992）。

1993年5月に実施されたデンマークの2度目の国民投票における「Yes」の結果にもかかわらず，マーストリヒト条約批准に反対する統合懐疑派のエネルギーには，衰えが見られなかった。条約の批准をめぐって国民投票を行うべきであるとする統合懐疑派の要求は退けられたが，マーストリヒト会議における大きな成果として喧伝されていた共通社会政策からのイギリスの除外の問題が，実は最終段階で保守党指導部を悩ませることになったのである⁽¹²⁾。

これには統合懐疑派の非常にシニカルな計算が働いていた。すなわち，もし統合懐疑派が，労働党や他の野党とともに，共通社会政策からのイギリスの除外を削除する動議に賛成して，それが可決されれば，保守党指導部は，共通社会政策への参加を容認するか，あるいは，条約批准そのものをあきらめるかの厳しい二者択一を迫られたのである。統合懐疑派は，保守党指導部は共通社会政策に組み込まれるぐらいなら批准を反故にすることを選ぶと期待していたのであった。こうして，メージャーは，野党の中の欧州統合支持派をあてにすることができないばかりか，保守党内の造反分子を押さえつけることもままならなくなっていった。

そして，クライマックスは1993年7月にやってきた。7月22日に下院は2つの動議について投票を行った。1つは共通社会政策からの除外を削除する労働党の修正案，もう1つは共通社会政策からの除外を確認する政府の動議であった。保守党指導部は前者については可否同数（317票対317票）ながら，議長裁定で否決することができたが，自ら提出した動

議については，予想を超える統合懐疑派の造反（反対23人，棄権1人）によって，316票対324票で否決の憂き目にあったのである。

　この投票結果にショックを受けたメージャーは，すぐさま政府の信任投票を翌日に行うことを下院の場で発表した（*HC Debs*, 22 July 1993, 602-611）。いわば核戦略における「相互確証破壊（MAD：Mutually Assured Destruction）」にも匹敵する戦術を，保守党指導部はとることになったである。もし統合懐疑派が信任投票でも反対に回れば，下院の解散，総選挙が行われることになるが，この頃の保守党の支持率がきわめて低迷していたことから，選挙に惨敗することは，統合懐疑派にとっても火を見るより明らかだった。このような保守党指導部の「核の脅し」に対して，統合懐疑派も屈服することになり，7月23日の信任投票では，保守党は1人の棄権者を出すだけにとどまって，政府は信任されたのであった（*HC Debs*, 23 July 1993, 719-723）[13]。こうして，イギリスにおけるマーストリヒト条約の批准は，マーストリヒト会議が終了してほぼ20カ月を経た，1993年8月にようやく完了した。

　さて，1992年9月のポンドとリラのERM脱落によって，欧州通貨危機が収束に向かったわけではなかった。ERM残留通貨のうち，弱い通貨が投機筋に集中的に狙われる事態が繰り返されるようになったために，通貨安定をめざして形成されたERMそのものの存続に，疑問が投げかけられるようになったのである。そして，1993年7月から8月にかけて，ERMの主要通貨であるフランス・フランに対する大規模な投機を抑えきれなくなった結果，それまでのERMにおいて認められていた±2.25％の変動幅が，一挙に±15％へと拡大されることになった（*Financial Times*, 2 August 1993）。

(5) 欧州通貨統合脱争点化の画策

　変動幅が一挙に拡大されたことにより，それまで14年間継続してきた形でのERMには，終止符が打たれることになった。先に屈辱的なERM脱落を強いられたメージャーは，ERMの本質的な問題点が解決されない限り，イギリスだけでなく，他の加盟国にとってもERMを支え続けるこ

とは不可能であるとした自己の立場の正しさが証明された，と勝ち誇った。そして，保守党指導部は，ERMの大幅な変質によって，マーストリヒト条約に明記されていたEMUも，事実上頓挫することになったと判断したようである(14)。これはマーストリヒト条約の批准において，統合懐疑派の抵抗活動に悩まされていた保守党指導部にとっては，天の助けと思われたに違いない。なぜなら，通貨統合という要を失えば，統合懐疑派が反発する欧州統合の深化をめざす流れが，一時ストップすることを余儀なくされると考えられたからである。

　欧州通貨危機によって，通貨統合の実現を求める動きが大きなダメージを被ったのを受けて，メージャーは，『エコノミスト（*The Economist*）』に寄稿した論説の中で，今後は単一通貨の実現などの統合の深化ではなく，北欧や東欧の諸国の早期加盟による統合の拡大をめざすべきであると主張した。「私は1990年代末までに通貨統合を実現するというヨーロッパの願望は，非現実的であると常々考えてきたが，［EMUに関して］人為的なタイム・テーブルを設定するという愚行は，今やヨーロッパ中の多くの人々の前にはっきりと示されることになった。現在の状況において，EMUの実現は不可能というのは，紛れもない事実である」（Major 1993, 24）。

　しかしながら，事態は必ずしもこのような保守党指導部の楽観的な予測通りにはならなかった。ERMの形骸化によって，外国為替市場において大幅な混乱が生じるとする大方の予想に反して，ERM参加通貨の為替相場は，1993年7，8月の欧州通貨危機から急速に回復して，安定するようになったのである。皮肉なことに，ERMの変動幅の拡大は，為替相場における変動を促進するのではなく，投機の圧力を緩和することによって，為替相場の安定に貢献する上で大きな働きをすることになったようである（*International Herald Tribune*, 25 April 1994）。そして，ERM参加通貨の間の為替相場が安定するようになると，マーストリヒト条約のタイム・テーブルに従って，EMUを実現しようとする努力が再開された。そして，EMUの第二段階は，予定通り1994年1月に開始されたのである。

　こうして，いったん完全に脱線したかに見えた欧州通貨統合の列車が，

再び単一通貨の導入という目標へ向けて走り出したために，通貨統合に反発する統合懐疑派の活動が保守党指導部を悩ませることになる。特に，個々の下院議員の脱党に加えて，保守党支持率の低迷を反映した補欠選挙での相次ぐ敗北により，1992年選挙直後には野党を21議席上回っていた議席数が急速に減少し，保守党指導部の立場は大きく弱められることになった。この結果，少数の統合懐疑派が，野党と戦術的な協力関係を築くことにより，下院での投票において，保守党指導部に敗北をもたらすことが著しく容易になったのである。こうした保守党の議席数減少に伴う下院での政党勢力配置の変化を背景にして，統合懐疑派は，これまでになかったような影響力，もしくは，脅威を保守党指導部に対して行使することができる立場に立ったのである。

1994年5月1日には，統合懐疑派と同様の考えを持つ閣僚のマイケル・ポーティロ（Michael Portillo）が，テレビ・インタヴューにおいて，単一通貨へ参加するか否かの決定を先送りするという内閣の立場に矛盾して，単一通貨に原則的に反対する見解を示した。「イギリス国民は[EUの]政治統合を求めていない。しかし，もしわれわれが単一通貨に参加すれば，それは政治統合を大きく進めることになるだろう。[EMUが実現すれば]経済的な決定が中央集権的に行われることになるが，そうした決定はいかなる国においても主権と独立の重要な一部を成しているのである」(*The Times*, 2 May 1994)。

こうした内閣の連帯責任制を逸脱するようなポーティロの発言に対して，メージャーは不快感をあらわにしたが，閣僚からの更迭などのドラスティックな手段はとらずに，単一通貨に関する内閣の立場を，ポーティロは全面的に支持しているという趣旨の声明を出すにとどまった (*Financial Times*, 4 May 1994)。一方，欧州統合支持派の中心人物ケネス・クラーク（Kenneth Clarke）蔵相は，長期的な目標としては単一通貨を支持するとしながらも，短期的，中期的にはその実現の可能性は薄いとして，統合懐疑派と統合支持派の対立を緩和するために，この問題の脱争点化をはかるメージャーの努力をバック・アップする姿勢を示していた (*Financial Times*, 6 July 1994)。

(6) 1995年保守党党首選挙

　欧州単一通貨へ参加すべきか否かという原則的な対立に加えて，単一通貨への参加をめぐって国民投票を実施すべきであるとする統合懐疑派の要求が，保守党指導部をさらに悩ませることになった。保守党の著名政治家の中でも，単一通貨の是非を問う国民投票を実施すべきであるという要求を声高に主張するようになったのは，ERM脱落をきっかけとする保守党政権の支持率低迷の責任を負って更迭された元蔵相のノーマン・ラモント（Norman Lamont）であった。ラモントは，欧州通貨統合について統合懐疑派の立場をとることを明確にする一方，単一通貨への参加は政治的にも経済的にも重要な問題であるために，この問題を国民投票にかけるべきであると主張したのである（*Financial Times*, 15 February 1994）。

　閣僚の中でも統合懐疑派の立場に近いジョン・レッドウッド（John Redwood）などは，単一通貨への参加をめぐる国民投票の実施に好意的な反応を示したが，統合支持派に近いマイケル・ヘーゼルタイン（Michael Heseltine）やケネス・クラークなどは，否定的な考えを明らかにした（*The Independent*, 16 February 1994），（*Financial Times*, 9 May 1994）。こうした保守党内閣の亀裂が拡大するのをなんとかして抑えるために，メージャーは，一方で，基本的には国民投票に否定的な考えを持ち続けているとしながらも，他方で，単一通貨への参加は将来の議会が取り扱う問題であるので，現時点で国民投票の実施を否定する必要はないとして，将来的な実施の可能性を残すという妥協的な姿勢を示さざるを得なくなった（*HC Debs*, 10 May 1994, 150）。

　1994年6月の欧州議会選挙に向けたマニフェストにおいては，欧州通貨危機などのマーストリヒト会議以降の出来事によって，EMUに関して保守党政権が獲得した除外条項の正しさが示されたと述べられていた。そして，この除外条項に基づいて，「欧州単一通貨に参加するか否かについて独自の決定をする権利を維持する」とされ，単一通貨に参加する可能性を閉ざすような統合懐疑派の要求は退けられたのである（The Conservative Party 1994, 17)。しかし,欧州議会選挙マニフェスト作成にあたって,ダグラス・ハード外相が保守党欧州議会議員を集めて開いた検討委員会の場においては,統合懐疑派の下院議員や活動家によるEUに敵対的な発言が,保守党の欧州議会選挙キャンペーンに悪影響を与えることを懸念する声が相次いだ(*The Guardian*, 11 November 1993)。このような欧州議会議員の心配を証明するかのように,1994年欧州議会選挙において,保守党は,前回の選挙結果をさらに下回る過去最悪の結果に終わることになる。[16]

下院での保守党の議席数減少に伴う統合懐疑派の影響力拡大という脅威を前にして,保守党指導部は,欧州統合の進展をできる限り妨害することによって,統合懐疑派の批判をかわそうとする努力を行うことになった。このような保守党指導部の画策の好例としては,北欧・中欧諸国に対するEUの拡大に伴う,閣僚理事会における特定多数決ルールの変更に対する抵抗や,ジャック・ドロールの後任の欧州委員長の選出において,ドイツとフランスの推薦を受けたベルギーのジャン・リュック・デハーネ(Jean-Luc Dehaene)首相を拒否したことなどを挙げることができる。

しかし,保守党指導部はこのような妨害活動を終始一貫して貫き通す覚悟がなかったために,統合懐疑派からかえって厳しい批判を浴びることになった。すなわち,特定多数決ルールの変更については,ほとんど実質的な内容を伴わない譲歩と引き換えに了承することになったし,欧州委員長の選出については,デハーネ首相を阻止することには成功したものの,代わりに選出されたルクセンブルクのジャック・サンテール(Jacques Santer)首相は,欧州統合に関して,基本的にデハーネと変わらない立場であることが明らかになったのである。

マーストリヒト条約批准プロセスを通じて,強い不満を抱くようになった統合懐疑派にとって,このような保守党指導部による中途半端な歩み寄りは,かえって不信を強める効果を持ったと思われる。たとえば,メージャーが特定多数決ルールの変更を阻止できなかったことに激怒した統合懐疑派のトニー・マーロウ(Tony Marlow)などは,下院の審議

において，公然とメージャーの退陣を要求したのである。メージャーは「この重要な政策領域［ヨーロッパ問題］に関して，何の権威，信用，もしくは，確かな政策も持っていないので，党と国家に方向性とリーダーシップを与えることのできる誰か別の人物に［首相の座を］譲ったらどうか」(*HC Debs*, 29 March 1994, 802)[17]。

また，蔵相更迭以来，統合懐疑派の中心人物として，メージャーに痛烈な批判を浴びせるようになったラモントは，1994年10月の保守党大会にあわせて開かれた右派の会合において，今後イギリスがとりうる選択肢の1つとして，EUからの脱退を真剣に検討すべきであるという挑発的な発言を行っていた。さらに，ラモントは，近い将来に単一通貨が実現する可能性はほとんどないとして通貨統合の脱争点化をはかるメージャーの画策を，「希望的観測」に基づくものにすぎないと批判したのである (*The Independent*, 12 October 1994)。

1992年9月のERM脱落をきっかけとして，メージャーの権威が失墜して以来，統合懐疑派は，メージャーにとって代わって，欧州統合の進展を断固として拒絶する新たな保守党党首を選出するための画策を重ねていた。そして，メージャーの追い落としをはかる統合懐疑派の動きが，まさに頂点に達したのが，1995年の春から初夏にかけての時期であったのである[18]。党首のよって立つ基盤を掘り崩す，このような統合懐疑派の画策に業を煮やしたメージャーは，ついに1995年6月22日，自ら保守党党首を辞任して党首選挙を実施し，そこで再選をめざす旨を発表することになった。このメージャーの「ギャンブル」の背景には，もし対抗馬が出現せずに無投票再選されれば，統合懐疑派の脅しが張り子の虎であったことを白日の下にさらすことができるし，たとえ，対抗馬が出現したとしても，大差で勝利を収めることにより，統合懐疑派の勢力に大きなダメージを与えることができるという計算が働いていた。

結局，ウェールズ相のジョン・レッドウッドが，閣僚を辞任してメージャーに挑戦することになった。そして，党首選挙キャンペーンにおけるレッドウッドの政策プログラムの中心には，「ポンドの廃止（単一通貨への参加）を拒絶する」という立場が鮮明にされていたのである（Redwood 1995, 11)。投票の結果,メージャーは保守党下院議員の約3分の2の支持を受けて再選された。約3分の1の保守党議員がメージャーを支持しなかった事実を重視する向きもあったが,党首選挙での勝利によって,短期的には党内におけるメージャーの立場は安定し,保守党指導部を批判する統合懐疑派の活動も鎮静化したかに見えた。

　しかしながら,欧州統合の進展に対して強く反発する統合懐疑派の立場が,党首選挙の結果によって容易に変わるはずもなかった。そして,保守党指導部は,統合懐疑派を懐柔するために,再び欧州統合に批判的なジェスチャーをとるようになっていった。ある意味で,党首選挙におけるメージャーの勝利は,保守党指導部に,統合懐疑派の立場に接近する機会を与えたと言えるかもしれない（Alderman 1996, 329）。なぜなら,党首選挙での勝利によって,保守党指導部は,統合懐疑派に対する懐柔策を,自らの権力基盤の脆弱さのあらわれではなく,国益に関する冷静な判断に基づいた現実的な政策であると主張できる論拠を手に入れたからである。

(7)　通貨統合をめぐる党内対立の激化

　党首選挙における再選により,少なくとも次の総選挙までは党首の地位を安泰にしたメージャーは,マーストリヒト条約のタイム・テーブルにのっとったEMUの実現に疑問を投げかけることによって,統合懐疑派を懐柔しようとする努力を再開した。

　1995年9月のマヨルカ欧州理事会の場で,メージャーは,1999年までにマーストリヒト条約の収斂基準を満たす国は,ごく少数にとどまるだろうと述べた。そして,もし予定通りに単一通貨が導入されれば,参加する国は少数にとどまらざるを得ないが,それによって単一通貨に参加した国と参加しなかった国とが分断されることになり,EUの団結に重大なダメージがもたらされることになるとして,単一通貨導入の延期が望ましいことを示唆したのである（*Financial Times*, 23 September 1995）。また,11月のロンドン市長（The Lord Mayor）の晩餐会の場でも,メージャーは,単一通貨に参加した国と参加しなかった国との間の分断の問

題が真剣に検討されない限り，1999年に単一通貨を導入することには反対するという立場を明確にした（*Financial Times*, 21 November 1995）。

しかし，欧州通貨統合に対する批判を強めることによって統合懐疑派の懐柔をはかるメージャーの努力は，統合支持派から反発を招くことになる。

統合支持派の中心人物クラーク蔵相は，イギリスはマーストリヒト条約の収斂基準を満たし，単一通貨に参加するEUの中核諸国の一員となる資格を得るだろうと述べて，単一通貨の実現によってもたらされるEUの分断の問題を声高に指摘するメージャーとは，対照的な立場を示したのである（*Financial Times*, 30 September 1995）。また，この時期，1999年の単一通貨の発足に不参加を表明すべきであるとする統合懐疑派の要求を，メージャーが受け入れるのではないかという観測が流れていたが，このような政策変更を未然に阻止するために，CBI（イギリス産業連盟：Confederation of British Industry）や銀行業界は，現時点で単一通貨への参加を否定することは，イギリス経済にダメージをもたらすという主張を明確にしていた（*Financial Times*, 6 November 1995），（*Financial Times*, 18 November 1995）。

こうした統合支持派の閣僚と経済界の圧力を受けたために，メージャーは，下院の審議において欧州通貨統合に関する政府の立場を問われた際に，総選挙後の次議会期中に，イギリスが単一通貨に参加する可能性を否定しないという方針に変わりがないことを明言せざるを得なかった（*HC Debs*, 7 December 1995, 487-488）[19]。

閣内の統合支持派，特にクラーク蔵相とヘーゼルタイン副首相によって，1999年の単一通貨発足時での参加の可能性を否定する道を阻止されたメージャーは，単一通貨への参加をめぐって国民投票を実施するという立場をとることによって，統合懐疑派やEUに対する批判を強めていた保守党系マス・メディアの攻撃を懐柔しようとする努力を見せた[20]。そして，統合支持派の閣僚も，この点に関しては譲歩することもやむを得ないとしたようである。最後まで反対の姿勢を見せていたクラーク蔵相も，ヘーゼルタイン副首相の説得によって折れることになった。結局，

1996年4月3日の閣議において，将来イギリスがEUの単一通貨に参加する場合には，国民投票を実施して国民の判断を仰ぐという方針を，保守党の政策として総選挙に向けたマニフェストの中に加えるという決定がなされたのである（*The Guardian*, 4 April 1996）。

なお，保守党指導部による国民投票の受け入れは，イギリスのEUとのかかわりをめぐって国民投票を実施することを求める資産家のジェームズ・ゴールドスミス（James Goldsmith）が結成した単一争点政党，国民投票党（Referendum Party）の脅威に対する反応として見ることもできる。保守党下院議員の間では，国民投票党に票を奪われるために，きたる総選挙において，保守党は接戦区で25議席を失うことになるという説が流布していたのである（*The Economist*, 16 March 1996, 29）。

ところで，単一通貨への参加をめぐって国民投票を実施するという決定は，一見，統合懐疑派の要求をそのまま受け入れたかのように見えるが，実際には，党内の統合支持派をなだめるために，いくつか条件が付けられていた。

第一に，単一通貨に参加するか否かの決定は，総選挙後の次の議会期以降になされるものとされていた。労働党に対して保守党の支持率が大きく引き離されている状況を考えれば，保守党が再選されて国民投票を実際に行う可能性は，それほど高いものとは言えなかった。

第二に，万が一保守党が政権を維持しても，実際に単一通貨に参加するという決定を保守党政権が行わない限り，この問題に関して国民投票を実施する必要はないものとされていた。これは統合懐疑派が要求していた，原則として単一通貨への参加の是非を問う国民投票とは異なっていた。しかも，イギリス国民の間で単一通貨への反対が優勢な状況では，近い将来に保守党政権が単一通貨への参加を決定する可能性は，きわめて低かったのである。

第三に，もしも，将来の保守党政権が単一通貨への参加を決定した場合には，1975年の国民投票の際に労働党政権によってとられた，内閣の連帯責任制の一時停止は行わないということが明言されていた。このことは，国民投票キャンペーンにおいて，保守党内閣は一体となって単一

通貨への参加を訴えるということを意味していた。それゆえ，たとえ統合懐疑派と同様の見解を持っていたとしても，保守党政権の閣僚は，単一通貨に反対するキャンペーンへの参加を禁止されることになったのである。

こうして，統合支持派は，単一通貨をめぐる国民投票に対していくつか条件を付けるのに成功した。しかし，それにもかかわらず，保守党指導部が国民投票の実施を受け入れたという事実それ自体，党内における統合懐疑派の影響力の増大を反映していたと見ることができるだろう。

単一通貨をめぐる国民投票を保守党指導部に受け入れさせた統合懐疑派は，次のステップとして，1999年の単一通貨の発足にイギリスは参加しないという立場を明確にすべしという要求を強めていくことになった。しかし，この点に関して再び統合懐疑派に譲歩すれば，クラーク蔵相やヘーゼルタイン副首相などの統合支持派閣僚の辞任が必至と見られていたために，メージャーとしても，この譲歩は受け入れ不可能であった。総選挙を間近にして，内閣の主要閣僚を失うことは，とりもなおさず保守党の敗北を確実にすると予測できたからである。このようなメージャーの苦境をさらに深刻化させるかのように，統合懐疑派の大蔵閣外相デーヴィッド・ヒースコート・エイマリー（David Heathcoat-Amory）は，政治的にも経済的にもイギリスに破滅をもたらす単一通貨への参加を否定しない保守党指導部の方針は誤っているとして，1996年7月に辞任を表明した（*Financial Times*, 23 July 1996）。

1996年10月の保守党大会を前にして，再び単一通貨の問題をめぐって，統合支持派と統合懐疑派の間の対立が明らかになった。このきっかけとなったのが，クラーク蔵相がBBCラジオのインタヴューにおいて行った発言であった。この中でクラークは，今世紀末から来世紀にかけて，EU加盟国のうち8カ国ほどが単一通貨に参加すると予測した上で，単一通貨へ参加するオプションを維持するという保守党政権の政策は，「まさにコモン・センスである」と述べた。そして，「最悪の政策は，イギリス政府が決断を先送りし，結局のところ［単一通貨に］後から遅れて参加することであろう。これほど情けないことはない」としたのである（*Fi-*

nancial Times, 23 September 1996）。

　これに対して，統合懐疑派の外務閣外相ニコラス・ボンサー（Nicholas Bonsor）は，クラークの立場は保守党の大勢からかけ離れていると批判した。ボンサーによれば，クラークは，単一通貨の導入はEUの政治統合の深化を必ずしも必要としないと考えているのに対して，保守党の大勢は，単一通貨はまさにイギリスにとって望ましくない政治統合の促進をもたらすと考えていたのである（Financial Times, 25 September 1996）。

　単一通貨の問題を中心とする欧州統合をめぐる対立が，保守党大会の場で噴出するのではないかという懸念を払拭するために，保守党指導部は，1999年の単一通貨発足時に参加する可能性を維持するという方針の下に，党が一致団結する必要を訴えることになった。メージャーは，単一通貨の運営にかかわる詳細を決定するEUの交渉において，イギリスが何らかの影響力を持つためには，現時点で参加を否定すべきではないという立場を，大会演説の中で繰り返した。こうしたメージャーの主張に対して，クラーク蔵相や外相のマルコム・リフキンド（Malcolm Rifkind）らが，それぞれ大会演説の中で力強い支持を与えていた（Major 1996），（Clarke 1996），（Rifkind 1996）。

　このようにメージャー首相を中心とする主要閣僚による訴えによって，この年の保守党大会は，外見的にはそれまでにない団結を見せることになった。しかし，これについては，総選挙が1年以内に迫っていたという事実の影響が大きかったと言えよう。ポーティロ国防相を筆頭にした統合懐疑派に近い立場をとる閣僚も，保守党大会の場では，党の団結が何よりも重要であると強調せざるを得なかったし，単一通貨への反対を声高に主張する統合懐疑派の下院議員や一般党員の活動も，一時鎮静化したかのように見えたのである。マス・メディアの中には，保守党政権が任期満了の1997年5月までもたずに，単一通貨をめぐる党内対立の悪化をきっかけとして，早期解散，総選挙を強いられるのではないかという見方もあったが，党大会の「成功」によって，任期満了選挙を予測する声が強くなった（The Observer, 13 October 1996）。

　しかしながら，保守党大会以降，一時的に活動を鎮静化させていた統

合懐疑派は，しばらくすると，再び単一通貨をめぐる政策転換を保守党指導部に対して強く迫るようになった。たしかに，総選挙が迫っていたために，党の団結の必要がそれまで以上に強く感じられるようになっていた。しかしながら，10月の保守党大会と11月の予算法案による所得税減税が，低迷する保守党支持率の回復をもたらさなかったために，統合懐疑派は，単一通貨をめぐる政策の劇的な転換がない限り，保守党が総選挙で勝利する可能性はないと論じるようになったのである。⁽²¹⁾

統合懐疑派の論理としては，有権者の間で，単一通貨への参加に対する反対が賛成をはるかに上回っている状況において，保守党が単一通貨へ参加する可能性を否定すれば，欧州統合に批判的な有権者の支持を得ることができるというわけであった⁽²²⁾。しかし，保守党指導部の側から見れば，このような統合懐疑派の論理は，とうてい受け入れ難かった。なぜなら，単一通貨への参加を否定することによって得られる有権者の支持と，統合支持派の主要閣僚の辞任によってもたらされる政治的ダメージを比較した場合に，果たして前者のメリットが後者のデメリットを上回るかどうか定かではなかったからである。

このような状況を背景として，保守党指導部は，欧州通貨統合に関する政府の政策に変化はないと強調する一方で，1999年に単一通貨が発足する可能性を疑問視することによって，統合懐疑派を懐柔するという画策を再開することになる。

下院の審議やインタヴューなどで，メージャーは何度となく，1999年の単一通貨の発足に参加する可能性を否定しないという立場を繰り返していた。特に1996年12月のBBCテレビ・インタヴューでは，もし統合懐疑派が単一通貨を拒絶することを執拗に求めるならば，「解散，総選挙を行わざるを得ないだろう」と述べたのである（*Financial Times*, 9 December 1996）。しかし，選挙での惨敗という威嚇を用いて統合懐疑派を抑えるという方策は，総選挙が迫る中で，単一通貨に関する政策変更がなければ惨敗は避けられないと信じるようになった統合懐疑派には，もはやその抑止力を失ったようである。それは，単一通貨への反対を保守党が公式に総選挙の公約として採用しないならば，個人的公約として掲げる

ことを明言する保守党下院議員の急増に顕著にあらわれた。これに対して，保守党指導部は，政府の役職にない一般議員については，総選挙において単一通貨を拒絶する個人的公約を掲げることを黙認することになった（*Financial Times*, 30 January 1997）。

また，1997年1月の閣議において，「単一通貨が1999年1月1日に安全に導入される可能性は，全くないわけではないが，非常に少ないものと思われる。もし，収斂基準が満たされなかったにもかかわらず単一通貨が導入された場合には，当然のことながら，イギリスはそれに参加しない」という立場が合意されたが，こうした単一通貨への参加の可能性を極小化する懐柔策にしても，大した効果はなかった。それどころか，逆効果であったと言えるかもしれない。BBCラジオ・インタヴューの中で，リフキンド外相が，どちらかと言えば保守党政権は単一通貨に「敵対的（hostile）」であると述べて，統合懐疑派をさらに懐柔する姿勢を示したところ，統合支持派のクラーク蔵相は，それは単なる失言にすぎないと片づけたのである（*International Herald Tribune*, 20 February 1997）。内閣の主要閣僚が，単一通貨の問題で深刻な対立に陥っているという印象が広がるのを抑えるために，メージャーは下院の場において，政府は単一通貨に対して敵対的な立場をとるものではなく，その発足に参加する可能性を否定しないという，それまでの立場を繰り返さざるを得なかった（*HC Debs*, 20 February 1997, 1040）[23]。

(8) 1997年選挙惨敗

1997年選挙は，前回の選挙とはうって変わって，欧州統合の問題が前面に押し出されることになった。そして，欧州統合の問題の中でも，特に中心的な位置を占めたのが，単一通貨への参加をめぐる欧州通貨統合の問題であった。単一通貨をめぐって保守党内部の対立が深刻化していた状況では，この問題に焦点が当てられるのは避けられなかったと言えるだろう。

先に見たように，すでに保守党指導部は，政府の役職にない一般議員に限って，単一通貨を拒絶する個人的公約を黙認するという譲歩を，統

合懐疑派に対して行っていた。これに対して，政府の役職についている者は，単一通貨の問題に関して，保守党選挙マニフェストに掲げられた政策にコミットしなければならないとされていた。マニフェストの中では，「われわれは，[単一通貨に関する]すべての事柄が明確になるまでは，単一通貨に関する決定について，あらゆるオプションを維持することが国益にかなっているものと信じる」と述べられていた (The Conservative Party 1997, 47)。

しかしながら，保守党政権の内部においても，単一通貨への参加に批判的な立場が広がっていたために，政府のメンバーに対する歯止めは有効性を発揮するはずもなかった。5月1日の投票日があと2週間と迫っていた重要な時期に，内務閣外相ジョン・ホーラム (John Horam) と教育雇用閣外相ジェームズ・ペイス (James Paice) が，単一通貨への反対を公約としていることが明らかになったのである(*Financial Times*, 16 April 1997)。

この事態に保守党指導部は困難な選択を迫られることになった。政府のメンバーはマニフェストの政策を支持しなければならないという原則からすれば，ホーラムとペイスは当然更迭されるべきであったが，選挙戦の最中に政府のメンバーを更迭することがもたらすダメージは計り知れなかった。これに対して，単一通貨に関する歯止めを外して，政府のメンバーがそれぞれ信じるところを明らかにする自由を認めれば，閣外相はおろか，閣僚の中にも統合懐疑派に近い考えを持つ者が多数存在していた状況を考えれば，この問題をめぐって有権者の目の前で保守党が空中分解する可能性が高かったのである。

このような困難な選択を前にして，メージャーは前回の選挙以降，彼のリーダーシップを特徴づけるようになった妥協的立場をとった。たしかに，予定されていた政見放送の内容を変更して，単一通貨への参加を否定しないという政府の立場を力強く訴えたメージャーを，リーダーシップの発揮として称賛する向きもあったが，政府の方針に違反するホーラムとペイスに対する処置は妥協そのものであった。すなわち，一方で，二人の閣外相の行いを「賢明なものではない」と批判したが，他方で，

政府の役職から更迭するという手段はとらなかったのである。

　保守党指導部がこうした妥協的姿勢をとらざるを得なくなったのを見て，他の閣外相の中からも，単一通貨への反対を明らかにする者が続出することになった(*The Guardian*, 17 April 1997)。選挙戦において保守党の支持率が少しも上向く傾向を見せなかったために，個々の保守党議員は，単一通貨をめぐる党内対立が，全体としての保守党に与えるダメージを無視してでも，自己の選挙区での生き残りを優先するようになったと見ることもできよう。世論調査において，単一通貨への反対が賛成を一貫して上回っていたために，単一通貨への反対の立場を明確にすれば，選挙での得票に有利であると考えられたのである。(24)

　投票日が近づくとともに，欧州統合の問題をめぐる保守党の混迷は，さらに深まっていった。記者会見の場で，将来，単一通貨の導入を決する下院での投票において，保守党が党議拘束を外して自由投票で臨む可能性はないかと問われたメージャーは，それに肯定的な回答を行ったが，この点について問われた統合支持派の主要閣僚クラークとヘーゼルタインは，メージャーから事前に何の打診も受けていなかったことを明らかにしたのである(*Financial Times*, 18 April 1997)。さらに，統合懐疑派に近い立場をとっていると目されていた内務相のマイケル・ハワード（Michael Howard）が，ITVのインタヴューの中で，総選挙後に予定されていたアムステルダム欧州理事会における決定によって，イギリスの国民国家としての生き残りが危険にさらされる可能性があると述べたのに対し，クラーク蔵相はそのような危険はないとハワードの主張を否定したのである。

　このように混迷を深める保守党を前にして，労働党党首のトニー・ブレアー（Tony Blair）は，メージャーは選挙戦のわずかな期間でさえ党を1つにまとめられないのだから，もし保守党が再選されたとしても，およそ統治の責任を果たすことは不可能であると厳しく攻撃した(*Financial Times*, 21 April 1997)。

　劇的な労働党の地滑り的勝利に終わった総選挙の結果，18年間にわたる保守党の統治に終止符が打たれた。1997年選挙において保守党が獲得

した得票率(30.7%)は，1832年選挙以来，保守党が上げた最低の得票率であり，まさに惨敗と言ってよいものであった[25]。保守党の惨敗の原因を挙げるとすれば，長期政権化による活力の喪失といった一般的な要因から，ブレアによる労働党の再生といった要因まで，さまざまな要因を考えることができると思われるが，欧州通貨統合をはじめとする欧州統合の問題が保守党にもたらしたダメージを過小評価することはできないだろう。一般に，イギリスの有権者は，一致団結した政党に手厚い支持を与えるのに対し，党内対立に陥った政党には厳しい制裁を加えると言われている。1992年選挙以来，1997年選挙キャンペーンの最中に至るまで，欧州統合の問題をめぐって，保守党は深刻な党内対立を繰り返していた。こうした党内対立の継続は，保守党が有権者の信頼を喪失する上で，大きな役割を果たしたと考えることができるだろう。

(1) EC予算に対する過剰負担削減問題と域内市場統合の問題については，(力久 1996, 306-330)参照。ちなみに，総選挙で保守党が政権に復帰した直後，1979年6月に行われた欧州議会選挙に向けたマニフェストにおいては，労働党政権によるERM不参加の決定が批判されていた。そして，このマニフェストの中では，保守党は，「ヨーロッパにおける通貨安定と加盟国の経済政策の密接な協力というEMSの目的を支持する」という立場が明らかにされた上で，ERMへの早期参加へ向けた努力が約束されていたのである(The Conservative Party 1979a, 16)。しかしながら，1984年6月の欧州議会選挙へ向けたマニフェストにおいては，以前のようなERM参加に対する積極的な立場は影をひそめることになった。ERM参加問題については，継続的に検討されていることが示されたが，「正しい状況の下でのみ参加すべきである」とだけ述べられていたのである(The Conservative Party 1984, 15)。そして，この「正しい状況の下でのみ参加する」という立場は，1989年6月の欧州議会選挙に向けたマニフェストにおいても繰り返されることになった(The Conservative Party 1989, 34)。
(2) 下院議事録(House of Commons Debates)については，以下(*HC Debs*)という略語を使用する。また，上院議事録(House of Lords Debates)については，(*HL Debs*)という略語を使用する。
(3) ERMにおけるポンドの対ドイツ・マルク基準相場は，1ポンド＝2.95マルクに定められたが，この相場について，ウォルターズをはじめとす

るマネタリストの経済学者達は，イギリス経済の実情からすれば高すぎると論じ，これによって公定歩合を操作する政府の行動の自由が著しく制限されるために，イギリスは1930年代以来の不況に突入するおそれがあると警鐘を鳴らした。その後の経過を見ていくと，この警告は的を射ていたように思われる。結局，イギリスは1992年9月にERMから脱落せざるを得なくなり，ポンドは急落することになるのである（Riddell 1991, 225）。

(4) 「競争通貨構想」，「ハードECU構想」については，以下を参照のこと。（吉永 1992, 77-78），（相沢 1992, 81-83），（藤井 1991, 165-187）。

(5) 下院の審議において，ハードECUが，将来，単一通貨に発展するのを認めるかどうかという点を問われた際に，サッチャーは，ハードECU構想の目的は，イギリスが金融政策についての権限を維持することにあるとして，将来的にポンドを廃して単一通貨を採用する可能性を否定する主張を行っていた（*HC Debs*, 21 June 1990, 1109）。ところで，欧州委員会副委員長でサッチャー政権の元貿易産業相であったレオン・ブリタン（Leon Brittan）は，欧州通貨統合のプロセスは「早い段階で欧州単一通貨を導入するものでなければならない」として，ドロール・プランに対するイギリスの対案を批判していた（*The Times*, 16 June 1990）。また，欧州統合に対して批判的な立場をとるサッチャーとの対立を深めつつあった副首相のハウは，ハードECUが単一通貨に発展する可能性を明確に認める主張をしていた（*The Daily Telegraph*, 4 July 1990）。

(6) ハウの辞任から保守党党首選挙，そして，サッチャーの辞任に至るまでの経過については，（力久 1996, 350-355）参照のこと。

(7) マーストリヒト条約のEMUをめぐる経済相財務相理事会の交渉において，大蔵大臣のノーマン・ラモント（Norman Lamont）は，1997年までにイギリスはEMUの第三段階に進む上で必要な収斂基準をすべて満たしているだろうと述べて，イギリスが単一通貨の発足時から参加する可能性を示唆した。これは交渉において最大限のバーゲニング・パワーを得るためには，イギリスが欧州通貨統合を少なくとも真剣に検討しているという姿勢を示す必要があると考えられたからであった（*The Daily Telegraph*, 23 September 1991）。しかしながら，このようなラモントの努力は，保守党の欧州統合懐疑派の怒りを買うことになり，ラモントは帰国してすぐに通貨統合に関する政府の立場は軟化したわけではないということを強調しなければならなくなった（*The Independent*, 25 September 1991）。このエピソードは，通貨統合をめぐって困難に陥った保守党指導部の立場を，あざやかにあらわしていると言えるだろう。

(8) マーストリヒト欧州理事会における議長国オランダは，EMUの第三段階に参加しない権利をすべての加盟国に与える，いわば一般的な除外

条項を規定する草案を用意していた。この草案にはイギリスと同様，欧州統合に消極的なデンマークが関心を示したが，他の加盟国が，通貨統合の要となるドイツにEMUの第三段階に参加しない権利を認めることを嫌ったために，結局のところ，除外条項はイギリスのみに適用されることになったのである（*The Economist*, 7 December 1991, 112, 118）。

(9)　欧州通貨統合について，保守党のマニフェストは，除外条項によってイギリスは，将来，単一通貨に参加するかどうか判断する自由を獲得したと誇る一方，欧州中央銀行などの通貨統合を実現する上で必要となる諸機関の構成をめぐる交渉については，他の加盟国と同等のフル・メンバーとして参加する資格を獲得したということが述べられていた（The Conservative Party 1992, 6）。

(10)　デンマークの国民投票が「No」の結果を出した後，マーストリヒト条約を根本的に再考して，欧州通貨統合のような統合の深化ではなく，加盟国の拡大や市場の自由化に重点を置くべきであるとする統合懐疑派の「新たなスタート（Fresh Start）」早朝動議に対して，84人もの保守党下院議員が賛同の署名をしている（Baker, Gamble and Ludlam 1993a, 166）。

(11)　なお，労働党は，基本的にはマーストリヒト条約批准に賛成の立場をとっていたが，共通社会政策からのイギリスの除外を批判する立場から，加えて，保守党の統合懐疑派の協力を獲得して，下院の投票において政府に屈辱を与えるという動機から，反対投票にまわる方針を採用したのである。

(12)　マーストリヒト条約の批准をめぐって国民投票を実施すべきであるとするサッチャーをはじめとする統合懐疑派の要求は，1993年7月14日の上院の投票において，445票対176票の大差で否決されている（*HL Debs*, 14 July 1993, 329-334）。なお，国民投票の実施の是非をめぐって行われた審議において，サッチャーは，「［私が交渉にあたっていれば］，この条約にサインすることは決してできなかっただろう」。マーストリヒト条約は，「相当程度の権限を不可逆的にウエストミンスター［イギリス議会］からブリュッセルに移譲し，［閣僚理事会における］多数決制を拡大することによって，われわれの古き良き議会，および，司法制度を掘り崩すことになるだろう」として，条約に対する敵意をあらわにしていた（*HL Debs*, 7 July 1993, 565）。

(13)　信任投票が可決された後，メージャー首相は統合懐疑派を影で支援する動きを見せていた3人の閣僚について，最大級の侮蔑的表現である「畜生ども（bastards）」とオフ・レコの場で述べたと言われている。3人の閣僚について明確な名前は示されなかったようだが，この時メージャーが考えていたのは，マイケル・ポーティロ（Michael Portillo），ピーター・リリー（Peter Lilley），ジョン・レッドウッド（John Redwood）の

３名であったというのが通説的理解である（*The Guardian*, 27 July 1993）。ちなみに，マーストリヒト条約批准プロセスにおいて示された欧州統合をめぐる保守党内の対立を分析した上で，穀物法の廃止や関税改革をめぐる過去の保守党の分裂の経験を検証し，将来的な保守党の分裂の可能性についてふれた研究として，次のような論文がある。(Baker, Gamble and Ludlam 1993b)，(Baker, Gamble and Ludlam 1994)，(Sowemimo 1996)。なお，(Garry 1995) は，近年の欧州統合をめぐる保守党内の対立が，いかにリーダーシップをめぐる権力闘争と結びついているかを示している。

(14)　欧州通貨統合に関して基本的に統合懐疑派と同様の考えを持っていると見られていたウェールズ相のジョン・レッドウッドは，ビジネス・リーダーとの夕食会において，マーストリヒト条約に記されたタイム・テーブルに基づいた単一通貨の導入は，ご破算になったと述べていた（*The Independent*, 1 October 1993）。また，メージャーもBBCのテレビ・インタヴューの中で，「今世紀中，および，その後もしばらくは」，単一通貨が実現する可能性はないという予測を示していたのである（*The Times*, 26 October 1993）。

(15)　この後も，下院の審議において何度となくメージャーは，単一通貨への参加をめぐって国民投票を実施する可能性を否定しないという立場を繰り返している（*HC Debs*, 12 December 1994, 620; 1 March 1995, 1069）。なぜメージャーは，積極的に国民投票を実施するという立場ではなく，将来的な実施の可能性を否定しないという消極的な立場にとどまったのかといえば，その背景には，ヘーゼルタインやクラークといった内閣の中の統合支持派が，国民投票の実施に反対していたという事実があった。世論調査において有権者の多数が単一通貨への参加に反対していたために，統合支持派としては，国民投票の実施は事実上単一通貨への参加を不可能にすると感じていたわけである。

(16)　労働党が得票率42.6％で64議席を獲得したのに対して，保守党は得票率26.9％で18議席しか獲得できなかった。なお，自由民主党は16.1％の得票率を上げて，欧州議会選挙で初めて議席（２議席）を獲得することに成功した（Butler and Butler 1994, 221）。

(17)　なお，保守党下院議員が議会において公然と保守党首相の退陣を要求したのは，1940年５月にＬ・Ｓ・エイマリー（L. S. Amery）が，ネヴィル・チェンバレン（Neville Chamberlain）の退陣を要求して以来のことであった（*HC Debs*, 7 May 1940, 1150）。

(18)　1995年６月12日には，統合懐疑派の象徴的存在になっていたサッチャーが，BBCテレビのインタヴューにおいて，欧州通貨統合に関するメージャーの立場を厳しく批判している。「[私が首相であったら] 単一通貨を受け入れることは決してないだろう。単一通貨は中央銀行やわれわ

れ自身による通貨に対するコントロールを奪うことによって，イギリスに害を与えるものなのである」(*Financial Times*, 12 June 1995)。

(19) なお，1995年12月のマドリード欧州理事会の場で，メージャーは，少数の国のみの参加をもって単一通貨が発足すれば，それはEUの域内市場に大きなダメージを与えるばかりか，東欧諸国に対するEUの拡大にも悪影響をもたらすと述べて，欧州通貨統合の延期を望む立場を再び示唆した。一方，蔵相のクラークは，次期総選挙に向けた保守党のマニフェストに，1999年の単一通貨の発足に参加することを否定する公約は含まれないだろうと述べて，メージャーとは対照的に通貨統合に前向きな立場を繰り返していた (*The Independent*, 16 December 1995)。

(20) 統合懐疑派や保守党系マス・メディアを懐柔するために，保守党指導部は，EUの制度改革を議題とする政府間会議に向けて作成された政府白書の中で，欧州統合の進展に対して批判的な立場を明らかにしている。1996年3月に出版された白書『諸国民のパートナーシップ (*A Partnership of Nations*)』においては，閣僚理事会で特定多数決が適用される政策領域を拡大することへの反対，欧州議会の権限を拡大することへの反対，および，積極的に統合を進めようとしている欧州司法裁判所の活動に対する懸念などが表明されていたのである。*Cm 3181, A Partnership of Nations: The British Approach to the European Union Intergovernmental Conference 1996* (London: The Stationary Office, 1996)。また，狂牛病を原因として1996年3月末に勃発したいわゆる「牛肉危機 (Beef Crisis)」において，EUはイギリス産牛肉に対する全面輸出禁止措置をとったが，これに対して保守党政権は，EUの輸出禁止措置の撤廃を勝ち取るための戦術として，5月から6月にかけて閣僚理事会の決定作成を妨害する非協力政策をとることになった。しかし，この非協力政策は，単なる交渉戦術としてではなく，保守党内の統合懐疑派を懐柔するという要素も色濃く持っていたと見ることができる (力久 1996, 393-394)。

(21) 予算が明らかにされた直後に行われたICMの世論調査によれば，保守党に対する労働党のリードは，前月の13ポイントから19ポイントに拡大していた。1996年12月時点での主要政党の支持率は，次の通り。労働党：50％，保守党：31％，自由民主党：15％ (*The Guardian*, 3 December 1996)。

(22) 1996年5月に行われたICMの世論調査によれば，単一通貨への参加に対する反対が賛成を2対1の割合で上回っていた。単一通貨への参加に関する有権者の態度は次の通り。賛成：29％，反対：64％，無回答：7％。興味深いのは，18才から24才までの若年層においては，単一通貨への参加に賛成が48％なのに対し，反対が44％と，賛成が反対を上回っていたことである (*The Guardian*, 9 May 1996)。

(23) なお,クラークとリフキンドは,単一通貨の導入という一般的な原則についてではなく,収斂基準を満たさないまま単一通貨が発足するという特定の状況について,政府は敵対的なのであるという共同声明を発表して,両者の亀裂の修復につとめることになった (*The Independent*, 21 February 1997)。

(24) 結局のところ,単一通貨への参加に反対するという個人的公約は,有権者の投票に大きな違いをもたらさなかったようである。単一通貨に反対した保守党候補者の得票率は,前回の選挙に比べて平均して11.5ポイントほど低下したのに対して,それ以外の保守党候補者の得票率の低下は,前者とほぼ同じ11.4ポイントにとどまったのである (*The Economist*, 10 May 1997, 37)。

(25) 1997年選挙での主要政党の獲得議席,得票率の結果は,次の通り。
労働党:418議席 (43.2%),保守党:165議席 (30.7%),自由民主党:46議席 (16.8%) (Butler and Kavanagh 1997, 255)。

第3章　欧州通貨統合と野党労働党

(1) 欧州統合に対する消極的立場

　インターナショナリズムを称賛する社会主義，もしくは，社会民主主義のイデオロギー的立場からすれば，労働党は欧州統合のプロセスを積極的に支持するのが当然のように思えるかもしれない。しかしながら，欧州統合をめぐる労働党の立場は，保守党に比べれば，はるかに消極的，もしくは，批判的であったと言っても大げさではないのである。

　ハロルド・マクミラン保守党首相がECに加盟申請することを明らかにした際に，当時の労働党党首ヒュー・ゲイツケル（Hugh Gaitskell）は，EC加盟は独立国家としてのイギリスの存亡にかかわる問題であるとして，非常に慎重な判断が必要であると主張していた。ゲイツケルの後任ハロルド・ウィルソン（Harold Wilson）は，EC加盟問題に対して，よりプラグマティックな立場をとっていたが，彼が最も重視していたのは，この問題をめぐる労働党内の激しい対立をいかにして抑制し，党の分裂を防ぐかというところにあった。ウィルソンの努力にもかかわらず，結局，労働党は分裂を余儀なくされたが，その際，分裂の大きな理由となったのが，欧州統合の問題であった。

　EC加盟賛成派の離党によって，労働党の大勢はEC脱退に傾くことになり，1983年選挙には，ECからの脱退が公約として掲げられた。しかしながら，EC脱退を公約として戦った総選挙での惨敗を契機として，労働党は新しく党首に就任したニール・キノック（Neil Kinnock）のリーダーシップの下，欧州統合に対する立場を積極的な方向に転換させていく

ことになる。

　通貨統合の問題についても，労働党の立場は，決して積極的なものとは言えなかった。欧州通貨統合について，ウィルソンは，近い将来にそれが実現する可能性は，包括的かつ完全な軍縮の実現と同程度であるとして，真剣な検討の対象とはしていなかった (*HC Debs*, 18 April 1975, 1460)。さらに，ウィルソンの後継首相に就任したジェームズ・キャラハン (James Callaghan) は，1979年3月のEMS（欧州通貨制度）発足に際して，EMSの中心的要素であるERM（為替相場メカニズム）に参加しないという決定によって，通貨統合の問題に消極的な姿勢を明確にしたのである。しかし，キノックの党首就任以降，労働党は通貨統合の問題に関して，大きな変化を見せるようになる。

　本章では，労働党が野党の地位に甘んじていた1980年代から1997年選挙までの時期を対象として，欧州通貨統合の問題に関する野党労働党の立場の変遷を見ていくことにする。

(2)　ERM参加反対論

　総選挙惨敗をもたらした急進的な左派政策へのコミットメントや，左右両派間の党内紛争を再び繰り返してはならないという固い決意を持つキノックの党首就任によって，EC脱退方針は労働党の政策から取り除かれた。そして，欧州統合に対する労働党の立場も柔軟になりつつある兆候が見られた。

　しかしながら，1984年の欧州議会選挙へ向けたマニフェストの論調では，労働党は基本的にEC加盟を受け入れるものの，加盟によってイギリスはさまざまな領域にわたって不利益を受けているとして，ECの根本的な改革を要求するとされていた。「イギリスは欧州議会の次の会期中，EEC加盟国としてとどまり，労働党はその中でイギリスにとって最善の利益を獲得するために努力を惜しまないであろう」(The Labour Party 1984, 9)。

　欧州通貨統合の問題については，非常に消極的な立場が示された。欧州議会選挙へ向けた加盟国の社会民主主義勢力の共同マニフェストにお

いて，経済金融政策におけるアメリカからのヨーロッパの自律性を高めるために，EMSの強化がうたわれていたにもかかわらず，その点については労働党は支持しないということが明確にされていたのである（Confederation of the Socialist Parties of the European Community 1984, 17)。また，影の貿易産業相ブライアン・グールド（Bryan Gould）は，ERMは「産業を活性化し失業を減らすような形で現実の経済に貢献しない」(Quoted in Grahl and Teague 1988, 80）として，イギリスの参加をにべもなく否定していた。

一方，党首のキノックは，ERM参加を全く否定したわけではなかったが，この問題について非常に慎重な態度をとっていた。「もしERMが大規模な，洗練された相互通貨支持の包括的手段によって支えられるならば，話は違ったものになるだろう。いいかえれば，もし各国の中央銀行が，金利の調整によってではなく，信用や通貨のスワップ取引によって，金融システムを安定化させるために協調して行動することに合意するならば，（そして，もしヨーロッパの貿易が，私が提示するような，より合理的な基盤に基づいて組織されるならば），ERMはイギリスに対して外国為替に関する貴重な安定を提供するかもしれない。しかし，現状のままでは，ERMはイギリスの必要にとって真に適したものとは言えない」(Kinnock 1986a, 13; 1986b, 166)。

こうした労働党の消極的な立場とは対照的に，左翼知識人の中には，単にEC加盟を既成事実として受け入れるのではなく，欧州統合を積極的に支持する立場に転向した上で，さらに通貨統合のメリットを率直に認める人々も出現していた。

たとえば，労働党左派の中心人物であるトニー・ベン（Tony Benn）の経済アドヴァイザーをつとめたフランシス・クリップス（Francis Cripps）は，すでに1982年の段階で，イギリス経済と他の加盟国経済との相互依存関係は，EC脱退を事実上不可能にするほど緊密なものになっているということを認めていた。そして，クリップスによれば，既存のECの枠組を通じた加盟国間の政策協調が重要であるとされた。特にクリップスは，外国為替市場における大規模な投機に対する防衛手段としての

EMSの枠組を高く評価し，EMSの中でも中心的な役割を担っているERMに対するイギリスの参加を主張するまでになっていたのである（Cripps and Ward 1983）。

しかし，1983年選挙以降の労働党の転換は，有権者の信頼を得られない非現実的なEC脱退方針を捨て去るという，選挙戦略上のいわばプラグマティックな計算に基づいていた。そのために，いったん目的が達成されると，労働党は欧州統合の問題に関して，なかなか積極的な立場をとろうとはしなかった。たとえば，域内市場統合の完成をめざす「単一欧州議定書（Single European Act）」の批准をめぐる下院での投票において，労働党は反対投票に回っていたのである。さらに，1987年選挙に向けたマニフェストの中でも，欧州統合に対する労働党の消極的な姿勢が示された。マニフェストの中でECに関連する部分は，わずか一段落のみであり，その内容も，欧州通貨統合の問題は全くふれられておらず，共通農業政策（CAP: Common Agricultural Policy）の浪費に対する批判や，イギリスの国内政策に対するECの介入に対する拒否といった，ネガティヴな主張が並べられていたに過ぎなかった（The Labour Party 1987, 15）。

(3) ERM参加賛成論への転換

1987年選挙での敗北以降，労働党が欧州統合に対する態度を，より積極的な方向に変化させつつある兆候が見られたが，そのような変化をもたらす上で無視できないインパクトを与えたのが，TUC（労働組合会議：Trades Union Congress）を中心とする労働組合運動であった。

1980年代の後半から，欧州統合のプロセスが，域内市場統合の完成をめざす動きによって加速されると同時に，欧州統合に対するTUCの態度も，次第に積極的なものになり始めた。1988年8月に発表されたTUCレポート『コストを最小化し，利益を最大化しよう（*Maximising the Benefits Minimising the Costs*）』の中では，域内市場統合は労働組合運動にとって巨大な挑戦であり，労働組合は，域内市場統合プロジェクトを自分達にとって利益をもたらすようにするために，積極的にかかわっていかなけ

ればならないとされていた (The Trades Union Congress 1988)。

さらに，1988年9月のTUC大会に招待されたドロール欧州委員長は，大会に対する演説の中で，域内市場の自由化にともなって適切な社会政策が行われなければならないと強調した。こうした域内市場統合の社会的側面を強調するドロールの立場は，TUC大会の代議員達から熱狂的な支持を受けることになった。

欧州統合に関する労働組合運動の転換に対応して，労働党においても，それまでの消極的な立場を変化させる動きが見られた。TUC大会を分析した論説の中で，労働党の外交問題担当スポークスマン，ジョージ・ロバートソン (George Robertson) は，労働党もTUCと同様に欧州統合に関して積極的な立場をとるべきであると訴えていた (Robertson 1988)。労働党の1988年党大会では，「イギリスは政治的にも経済的にも欧州共同体に統合されている」とした上で，「欧州委員長ジャック・ドロールの打ち出した新しい社会政策に関する問題提起を支持する」という決議が採択された (LPACR 1988, 180)。また，この大会においては，域内市場統合プロジェクトについても，その実現をめざす努力に，労働党も積極的に取り組むべきであるとする決議が採択されていた (LPACR 1988, 130-141)。

さらに，1987年選挙敗北を契機として，労働党は，政策プログラムの現代化をはかる，いわゆる「政策見直し (Policy Review)」を実施することになる。政策見直し文書の第一弾として発表された『挑戦に応えて変革を実現しよう (Meet the Challenge, Make the Change)』においては，ほぼすべての政策領域において，ヨーロッパ，ないし，ECとの関係が言及されていた。そして，その中では，ECの拡大，欧州政治協力 (EPC: European Political Co-operation)，制度改革の3つの問題が重視されていたのである。

ただし，通貨統合の問題について言えば，『挑戦に応えて変革を実現しよう』は，それまでの慎重な立場を維持していた。単一通貨の導入をめざす欧州通貨統合促進の動きが批判される一方，イギリスがEMSの中心的な構成要素であるERMに参加するためには，緊縮政策の役割を強調す

る現行EMSの根本的な改革が不可欠であるとされていたのである（The Labour Party 1989a, 14）。

1989年6月の欧州議会選挙において，労働党は初めて保守党を上回る議席を獲得した。労働党の欧州議会選挙マニフェストは，一方で，域内市場統合や共通社会政策を積極的に支持する姿勢が示されたが，他方で，欧州通貨統合やイギリスのERM参加の問題に関して，政策見直し文書を反映した慎重な立場が示されていた（The Labour Party 1989b）。また，欧州議会選挙へ向けた加盟国の社会民主主義勢力の共同マニフェストにおいては，ERMにまだ参加していない加盟国の早期参加を支持するとされていたが，この問題についての労働党の慎重な態度を反映して，個々の国の経済状況を考慮に入れた上で，金融市場に混乱をもたらさない形での参加が望ましいと述べられていた（Confederation of the Socialist Parties of the European Community 1989, 14）。

1989年秋頃から，労働党指導部はERM参加を求める立場を明確にするようになった。1989年10月のブリュッセル訪問の際に，影の蔵相ジョン・スミス（John Smith）は，欧州議会の社会主義グループに対する演説の中で，労働党は「ERMに対する早期加盟のための交渉を熱望している」ということを明らかにしたのである（*Financial Times*, 19 October 1989）。一方，1989年11月の下院審議において，キノックは，「われわれは熟慮を重ね，適切な条件の下に為替相場メカニズムへの加盟を実現しなければならない」と述べていた（*HC Debs*, 21 November 1989, 18）。

こうして，イギリスのERM参加支持の姿勢を明確にすることによって，労働党指導部は，この問題をめぐって深刻な対立に悩まされていた保守党と，欧州統合に積極的な姿勢をとる労働党との対比を際立たせていくことになる。そして，見落としてはならないのは，ERM参加を実現する上で満たされるべき条件として，ほとんど実現不可能な条件を並べるというような，以前の消極的な立場が影をひそめ，為替相場の安定や金利の安定といった，ERMの持つメリットを強調するような，参加に積極的な態度が見られるようになったことである。

1990年5月に発表された新たな政策見直し文書『未来に向かって

(*Looking to the Future*)』においても，ERMへの早期参加を求める立場が繰り返された。ERM参加は，「長期的な投資と着実な成長のための安定した枠組を提供するだろう。それゆえ，将来の労働党政権は，慎重，かつ，合理的な条件に基づいて，できる限り早い機会にイギリスの参加のための交渉を行うだろう」。そして，ERM参加の条件としては，イギリス経済の国際競争力にダメージを与えないとともに，インフレ抑制政策とも合致するような為替相場での参加，ヨーロッパにおいて安定した成長を実現するための加盟国による金融政策と財政政策の協調，および，地域政策の強化と，投機の危険に対処するための各国の中央銀行間の協力などが挙げられていた（The Labour Party 1990a, 7-8）。

(4) 欧州通貨統合に関する積極的立場

1990年10月の労働党大会の場で，影の蔵相スミスは，EMUの問題をとり上げ，この問題をめぐって保守党政権は内部で深刻な対立をかかえていると攻撃した。さらに，スミスは，政府内部の対立により，イギリスのERM参加が遅れをきたしていると批判し，ERMに対する早期参加を訴えたのである。「われわれは安定した為替相場の達成，公定歩合の引下げ，そして，持続した投資と低いインフレをもたらすような経済環境を確保することが重要であると考える。これは為替相場メカニズムへの参加によって達成されるだろう」（*LPACR* 1990, 29）。しかし，労働党大会が閉幕したその日，ついにサッチャーはERM参加を求める閣内の圧力に屈して，ポンドを公式にERMに組み込むことを宣言することになった。

このようなサッチャー政権の政策転換に対する労働党指導部の対応は早かった。労働党は，ERM参加の次のステップである欧州通貨統合の問題，すなわち，単一通貨の導入と欧州中央銀行の設立に関して，前向きな姿勢を見せるようになったのである。

実際には，『未来に向かって』の中で，近い将来，単一市場の完成やイギリスのERM参加が実現するという認識に立って，「EC加盟国の間での金融政策に関する密接な協力は，不可避であるし，望ましいものでもある」という立場がすでに示されていた。さらに，「EC加盟国の中央銀行

がお互いに協力する経験を深めれば」,何らかの形での欧州中央銀行の設立が可能になるということも示されていた。しかし,「不必要に強力で,何のコントロールの下にもない[独立性を有する]欧州中央銀行」に対しては,反対する立場がとられていた。『未来に向かって』の中では,「いかなる欧州中央銀行の制度も,政治的に責任を有するものでなくてはならない」という見方が明らかにされていたのである(The Labour Party 1990a, 8)。

差し迫っていたローマ欧州理事会において,欧州通貨統合の問題でサッチャーが再び11対1の孤立に陥ることを見越して,キノックは労働党の積極的な立場を示すために,下院の審議の中で,労働党が通貨統合を受け入れる上で必要とする条件を提示した。「もし共同体が加盟国の間での通貨同盟を達成しようとするならば,共同の成長戦略,財政政策の調整,そして,前例のないような規模での地域政策を準備する必要があるだろう」(*HC Debs*, 23 October 1990, 213)。

欧州通貨統合に対するこのような条件付きの支持は,労働党の財政問題スポークスマンのクリス・スミス(Chris Smith)の発言にも示されていた。スミスは1990年10月に,もし欧州中央銀行に対する民主的統制が確保され,その目標の中に地域政策の強化を含む経済成長の達成という項目が含まれれば,労働党は単一通貨の発行と欧州中央銀行の創設を受け入れる用意があると述べていたのである(*The Independent*, 18 October 1990)。

先に見たように,サッチャーは1990年11月に退陣を余儀なくされた。サッチャーの後を継いで首相に就任したジョン・メージャーは,イギリスの孤立を強めることになったサッチャーの対決的なアプローチを廃して,欧州統合の問題についてプラグマティックな対応をすることを明言した。しかし,メージャーは,自らの信念とともに保守党の大多数の立場を反映して,他の加盟国すべてが受け入れた社会憲章を拒否し続けた上に,党内における欧州統合懐疑派の声高な反対のために,欧州通貨統合に対する支持を明確にすることはなかった。これらの問題に対するメージャーの立場は,マーストリヒト会議においても変化することなく,

結局,イギリスは共通社会政策に関する議定書からはずれ,単一通貨の採用についても除外条項を獲得したのは,すでに見たとおりである。

メージャーの消極的なアプローチとの違いを際立たせるために,労働党は,マーストリヒト条約をめぐる交渉が進む中,欧州通貨統合に対して積極的な姿勢を見せるようになった。まず,1991年初頭に出された政策見直し文書『イギリスの機会(*Opportunity Britain*)』では,次のように述べられていた。「現在,欧州共同体は経済通貨同盟(EMU)と単一通貨の導入に向けて取り組んでいる。単一市場の影響や為替相場メカニズムに対するイギリスの参加によって,EC加盟国の間での金融政策上の密接な協力は,必然的なものであるし,望ましいものでもある」。「われわれはイギリスの利益を守ることを堅く誓い,通貨同盟へと向かう動きから,決してイギリスが取り残されることのないようにするだろう」(The Labour Party 1991a, 14-15)。

そして,1991年10月に出された政策文書の中で,労働党指導部は欧州通貨統合を受け入れる上での条件を明確に示した。この政策文書は,まず労働党の通貨統合に対するコミットメントを明らかにした。「ヨーロッパ経済の相互依存,現代産業の規模,ヨーロッパにおける通貨安定・経済の収斂・バランスのとれた発展の必要,これらすべての点からして,経済通貨統合への歩みを進める実践的な意義があると言えるのである」(The Labour Party 1991b, 14)。通貨統合受け入れに関する労働党の条件については,次のように書かれていた。

単一通貨発行の利益は,次の条件が満たされたときにのみ現実のものになるだろう。
(a) 通貨政策の運営,および,財政政策の調整を行う上で効果的な制度[欧州中央銀行]が存在すること。
(b) 共同体の中で経済パフォーマンスの実質的収斂が見られること。
(c) 収斂を促進・維持する手段として,共同体の地域政策が大幅に強化されること (The Labour Party 1991b, 4-5)。

特に(a)の制度の問題については,政策文書は経済相財務相理事会が欧州中央銀行の活動を監視して,その役員を民主的統制の下に置かなけ

ればならないとしていた。こうした労働党による通貨統合受け入れのための条件は、やや厳しいと見ることもできる。しかし、この政策文書に示された政策をもって、労働党は、他国が求めるから通貨統合を不可避のものとして受け入れるのではなく、イギリスとヨーロッパにとって利益をもたらすからこそ、原則として支持するという立場を明らかにして、単一通貨の採用に関して除外条項を獲得した保守党政権との立場の違いを鮮明にすることになった。

このような立場から、1991年11月のヨーロッパ問題をめぐる下院の審議の中で、キノックは、ECの第二集団に取り残されることはイギリスの利益にならないとして、保守党政権がマーストリヒト会議において獲得すると見られていた単一通貨に関する除外条項を厳しく批判したのである（HC Debs, 20 November 1991, 281-290）[3]。なお、TUCは、積極的な産業政策や地域政策の実施という条件を付けながらも、欧州通貨統合を基本的に支持するとして、労働党と同様の立場をとっていた（The Trades Union Congress 1992, 19）。

1987年選挙以降、急速な発展を見せた欧州統合に対する労働党の積極的な姿勢は、1992年選挙マニフェストの中にしっかりと書き込まれた。「労働党政権は、保守党によってその中にわが国がおとしめられたヨーロッパの第二集団から［第一集団へと］わが国を引き上げるだろう」(The Labour Party 1992a, 27)。

それまでの政策の発展を反映して、マニフェストの中では、労働党政権は共通社会政策からのイギリスの除外をすぐに終わらせ、欧州通貨統合をめぐる交渉については、欧州中央銀行に対する民主的統制の確保を第一の目標として、積極的に参加するということを約束していたのである。

(5) 欧州統合へのコミットメントとマーストリヒト条約批准プロセス

1992年選挙での敗北の責任をとって、キノックは党首の座を退くことになり、後任党首として、影の蔵相であったジョン・スミスが就任した。党首選挙において、欧州統合に批判的なブライアン・グールドではなく、

1971年の下院での投票において、党議拘束に反してEC加盟に賛成投票して以来、確固たる信念の下に欧州統合にコミットしてきたスミスが選出されたことは、欧州統合に積極的な姿勢をとるというキノック以来の政策ラインの継続を保証することになった。[4]

スミスの党首就任を受けて開かれた1992年労働党大会に提出されたNEC（労働党全国執行委員会：National Executive Committee）声明『ヨーロッパ：われわれの経済の将来（*Europe: Our Economic Future*）』は、欧州統合に対する労働党の積極的な姿勢を再確認していた。「われわれは、イギリスの将来はヨーロッパと密接に結びついているという信念を繰り返し明らかにし、ヨーロッパにおける密接な経済的政治的協力に対するコミットメントを再確認するものである」。そして、1992年9月の欧州通貨危機によって、ポンドがERMからの脱落を余儀なくされたにもかかわらず、NEC声明は、通貨当局間の国際的協力に基づく管理された為替相場システムを、原則として支持する立場を明らかにしたのである（The Labour Party 1992b）。

また、この大会では、NEC声明とともに2つの決議案が討議された。その中で、マーストリヒト条約は完全ではないにしても、現在のところ手にすることのできる最善の合意であるとする決議案が採択されたのに対し、マーストリヒト条約は失業を拡大するとして、条約批准反対を呼びかけた決議案は否決された（*LPACR* 1992, 36-49）。

1993年党大会においても、イギリスの経済や社会の枠組を形作る上で、EUにおける決定が次第に重要性を増していることを確認し、労働党は加盟国間での経済政策や社会政策の調整に向けて、さらに努力を傾けるべきであるとする決議が採択された（*LPACR* 1993, 225-230）。

1993年10月に出された政策文書『欧州共同体における経済的再生（*Economic Renewal in the European Community*）』の中では、「労働党は、EMUが欧州共同体全体の経済的パフォーマンスを著しく改善するものと信じ、その実現に向けた歩みを支持する」として、欧州通貨統合に対するコミットメントが変わっていないことが示された。ただし、通貨統合が実現するためには、マーストリヒト条約に示されていたインフレや財政赤字

などに関する収斂基準に加えて,経済成長や雇用など現実の経済パフォーマンスに関しても,加盟国の間で一定の収斂が見られなければならないとされていたが,このような条件付きの支持という点でも,以前からの政策的立場の継続を示していた (The Labour Party 1993, 5)。

しかしながら,このような欧州通貨統合に対する積極的な立場は,マーストリヒト条約批准プロセスにおいて困難に陥った保守党政権を助けることを必ずしも意味しなかったのは,先に見たとおりである。

当初,労働党指導部は,マーストリヒト条約の基本的な内容については支持するものの,保守党政権が獲得した共通社会政策からのイギリスの除外に反対するという立場から,条約批准をめぐる下院での投票において,棄権するという方針をとっていた。1992年5月の第二読会においては,この方針に従って労働党が棄権したために,マーストリヒト条約の批准に賛成する動議は,大した困難もなく可決された。しかし,デンマークの国民投票における「No」の結果を受けて,批准に反対する保守党の統合懐疑派の勢力が拡大する傾向にあったために,労働党が反対に回れば,条約批准という重要案件において,政府に致命的なダメージを与える可能性が生まれたのである。

1992年11月の第三読会において,労働党は,マーストリヒト条約の批准について審議再開を求める動議に反対投票を行った。条約批准をめぐる労働党指導部の戦術転換の背景には,単に政府に打撃を与えるという目的だけではなく,共通社会政策からのイギリスの除外を含んだ条約批准を拒否することによって,保守党政権に共通社会政策への参加を余儀なくさせるという計算が働いていた。

先に,下院での投票において労働党と共闘関係を結んだ保守党の統合懐疑派は,共通社会政策からのイギリスの除外を削除する動議が可決されれば,保守党指導部は,共通社会政策への参加を容認するのではなく,条約の批准を反故にするだろうと期待していたことを指摘した。これに対して,労働党指導部の側では,保守党政権は,条約の批准を優先させて,最終的に共通社会政策への参加を受け入れるだろうという判断をしていたのである (*Financial Times*, 20 April 1993)。

しかも，労働党の党内でも，欧州統合の深化に反発する統合懐疑派の勢力が，無視できない規模のものであったために，政府に反対投票するという戦術転換は，労働党指導部にとって魅力あるものであった。なぜなら，マーストリヒト条約批准をめぐる1992年5月の第二読会では，棄権に回るという指導部の方針に逆らって59人もの労働党議員が，反対投票を行ったために，労働党もマーストリヒト条約をめぐって党内対立を抱えていることが有権者の前に明らかになりつつあったからである（*HC Debs*, 20 May 1992, 597-600）。

　共通社会政策からのイギリスの除外を含んだ形での条約批准に反対し，政府に共通社会政策への参加を余儀なくさせるという戦術は，労働党の統合支持派と統合懐疑派を結束させ，党がいかに結束しているかを有権者にアピールする妙手であった。労働党の統合支持派と統合懐疑派は，マーストリヒト条約の批准という基本的な点については正反対の立場をとっていたが，両派ともに共通社会政策への参加を支持する点では同じであったために，指導部の方針を受け入れるのが容易だったのである。

　特に，統合支持派にとっては，一貫して欧州統合を支持してきたスミスが党首であったことが，大きな意味を持っただろう。スミスが党首の座にあったために，マーストリヒト条約をめぐる下院での投票をきっかけとして，労働党が欧州統合に否定的な立場に転換するのではないかという懸念が払拭されたのである（McSmith 1993, 232-233）。

　統合懐疑派と労働党との共闘に苦しめられたメージャーは，政府の信任投票という最終手段を使うことによって，1993年7月に，ようやく共通社会政策からの除外を含んだマーストリヒト条約の批准を達成した。共通社会政策への参加という目的は達成できなかったものの，政党間競合の観点からすれば，条約批准のプロセスを長期化させ，この問題をめぐる保守党内部の深刻な対立を白日の下にさらすことによって，労働党指導部は少なからぬポイントを上げたと言うことができるだろう。

　1994年5月にジョン・スミスが心臓麻痺によって急逝したために，労働党は党首を欠いたまま6月の欧州議会選挙を戦うことになったが，保守党の支持率低迷を反映して，前回の結果にさらに上積みするような躍進

を示した (Butler and Butler 1994, 221)。

　欧州議会選挙に向けた労働党のマニフェストにおいては，EU全体の経済パフォーマンスの改善に貢献する上で，欧州通貨統合は大きな役割を果たすだろうと述べられていたが，その実現にあたっては，マーストリヒト条約に掲げられた収斂条件だけではなく，経済成長や雇用にかかわる現実経済の指標について収斂が見られなければならないとされた (The Labour Party 1994, 10)。なお，欧州議会選挙へ向けた社会民主主義勢力の共同マニフェストにおいても，通貨投機の危険を軽減し，かつ，金融市場の中心としてのEUの強化をもたらすという観点から，「すべての加盟国が参加できる単一通貨を求める」ことが掲げられた (The Party of European Socialists 1993, 5)。

(6) 政権奪回への道

　スミスに代わって後継党首に選出されたトニー・ブレアは，党首選挙において発表した声明の中で，キノックによって開始され，スミスによって受け継がれた抵抗政党から統治政党へ労働党を再生させるプロジェクトを完成させることを誓っていた。それはヨーロッパ政策に関しても，欧州統合に積極的な立場を推進することを意味していた (Blair 1996a, 3)。

　党首に選出される直前のインタヴューにおいて，ブレアは，労働党が保守党のように小手先の政治的利益を求めてEUバッシングを行う過ちを犯すのではなく，基本的に親ヨーロッパの党としての立場を貫くことが重要であると強調していた (*The Times*, 6 July 1994)。1994年7月の党首就任演説においては，イギリスはヨーロッパの一員としてのコミットメントを明らかにして，EUの中で影響力を持たなければならないとされていた (Blair 1996a, 32)。また，10月の党大会においても，ブレアは，「私のリーダーシップの下では，ヨーロッパにおいてこの国が孤立したり，[ヨーロッパから] 切り離されたり，あるいは，取り残されるといった事態が起こるのを決して許さない」と誓約していた (*LPACR* 1994, 98)。

　ブレアのリーダーシップの下でも，キノック，スミス以来の欧州通貨統合に対する労働党の原則的な支持が受け継がれていることは，ブレア

がブリュッセルにおいて行った1995年1月のスピーチにおいて明らかにされた。

このスピーチにおいて，ブレアは，イギリスの再生に向けた労働党の政策プログラムにおいて，EUに対する建設的なアプローチが中心を占めることを明確にした。そして，欧州通貨統合の実現性を疑問視することによって，単一通貨をめぐる党内対立を回避しようとする保守党指導部の画策が厳しく批判された。「今日，ドイツから，ハーグ，ブリュッセル，パリ，マドリードに至るまで，人々は通貨統合と収斂条件について語っている」とブレアは述べて，イギリスも通貨統合をめぐる議論に参加することによって，影響力を獲得しなければならないとしたのである。さらに，単一通貨の導入を実現するためには，「インフレ率だけではなく，経済成長率や失業率についても，一定の収斂が必要である」という立場が再確認された上で，単一通貨への参加に関して国民的合意を得るためには，国民投票を実施することも選択肢として考慮に入れるということが明らかにされた（Blair 1995a, 5）。

1995年5月のRIIA（王立国際問題研究所：The Royal Institute of International Affairs）でのブレアのスピーチにおいては，統合懐疑派の攻撃に悩まされていた保守党指導部と労働党指導部の欧州通貨統合をめぐる立場の違いに焦点があてられた。

ブレアによれば，欧州通貨統合に関して現時点で判断が下されるべき問題とは，それがイギリスの国民国家としての存続と両立するかどうかという問題であった。「もし両立しないとすれば，いかに［単一通貨への参加が］経済的に賢明であるとしても，われわれはそれを拒絶すべきである。しかし，もしそれが，われわれが信じるように，両立するならば，われわれは［単一通貨にかかわる］制度や構造の形成にフル・メンバーとしてかかわった上で，われわれの経済的国益に基づいて，最終的に単一通貨に参加するかどうかの判断を下すことができるのである」（Blair 1996a, 287）。

保守党の統合懐疑派は，欧州通貨統合は単に経済的にイギリスにとって害をもたらすという理由からだけではなく，あるいはそれ以上に，国

民国家としての存続に対する脅威，議会主権の侵害などといった政治的憲法的理由から反対していた。このため，保守党指導部としては，通貨統合に関する判断は，経済的利害のみに基づいて下されるとすることは困難な状況にあった。一方，保守党の統合支持派は，通貨統合はEUの政治統合の促進とは直接的関係はないとして，統合懐疑派の政治的憲法的理由に基づく反対論を否定していたのである。ブレアのスピーチは，保守党内部の亀裂にまさにスポットライトをあてるものであった。[5]

このような欧州通貨統合に対するブレアの原則的な支持は，労働党の政策文書『人々のヨーロッパ (*A People's Europe*)』において確認された。

この中では，まず通貨統合がもたらす長期的なメリットが指摘された。「労働党は，長期的に見て，単一通貨の導入を通じた経済通貨統合へ向けた歩みが，ヨーロッパの人々にとって多大な利益をもたらすだろうということを信じている。特に，EMUは，現在185億ポンドと推定されている通貨取引コストを取り除き，外国為替リスクを軽減することによって［EUに対する］直接投資を拡大し，さらに，通貨投機を減少させることによって安定した経済環境の創造に貢献するだろう」。

このように通貨統合に対して肯定的な評価がなされた上で，すでに明らかにされていた，イギリスが単一通貨に参加する上で労働党が必要と見なす条件が示された。「イギリスが欧州単一通貨に参加するためには，ヨーロッパ全体を通じて，雇用，生産性，成長などの現実の経済パフォーマンスにについて収斂が見られなければならない。［単一通貨に参加の決定をなす際には］，単一通貨圏においてイギリスの産業が有効に競争できるという確信がなければならない」(The Labour Party 1995a, 4)。その他の条件としては，欧州中央銀行に対する政治的バランスとしての経済相財務相理事会の権限強化，および，単一通貨への参加に関する国民的合意の必要などが示されていた。

『人々のヨーロッパ』において示された欧州通貨統合に関する労働党の基本的立場は，EUの制度改革をめぐって1996年に開催が予定されていた政府間会議に向けた政策文書『EUの将来 (*The Future of the European Union*)』や，経済政策に関する労働党の基本的アプローチを示した『イ

ギリス経済の新たな将来（*A New Economic Future for Britain*)』において
も踏襲されている（The Labour Party 1995b, 7)，(The Labour Party
1995c, 16-17)。

　ところで，『EUの将来』では，EUの制度改革の問題について，現状維
持の立場をとる保守党政権とは異なり，いくつかの点で制度改革に肯定
的な主張が見られた。

　その中でも注目すべきなのが，閣僚理事会と欧州議会の改革について
の提案である。閣僚理事会については，民主主義的統制の確保に向けて，
その議事と投票結果を公開すべきであるとされ，また，社会，産業，地
域，環境のそれぞれの政策領域に関する決定について，特定多数決によ
る決定を拡大すべきであるとされた。一方，欧州議会については，加盟
国の議会と並んで，EUにおける民主主義の機能に関して重要な役割を
担っているということが確認され，共同決定手続きが適用される政策分
野の拡大，欧州委員会に対するコントロールの強化などが打ち出された
(The Labour Party 1995b, 11-12)。

　1996年5月に影の蔵相ゴードン・ブラウン（Gordon Brown）がドイツ
のボンで行ったスピーチにおいては，欧州通貨統合を原則的に支持する
労働党の立場が示された上で，単一通貨にイギリスが参加するために労
働党が必要と見なす現実経済の収斂という条件は，経済指標の機械的な
解釈に基づくものではないと強調された。

　単一通貨が実現するためには，現実経済について収斂が見られなけれ
ばならないが，もしそのような収斂が存在しないにもかかわらず，単一
通貨が発足したとすれば，競争力の弱い国で失業が増大するおそれがあ
る。このような危険を回避するためにも，現実経済に関する収斂が，単
一通貨への参加の前提条件とされたわけである。しかし，この場合の収
斂とは，必ずしも経済成長率，失業率，生産性などにおいて，各国が全
く同じレヴェルになることを意味するわけではないとされた。重要なの
は，これらについてのトレンドが，乖離する方向ではなく収斂する方向
にあることによって，単一通貨への参加が失業の拡大をもたらさないよ
うにすることであるとされたのである（Brown 1996, 7-8)。

また，ブラウンのスピーチに先だって，1996年3月に労働党経済政策スポークスマン，アンドリュー・スミス（Andrew Smith）がRIIAに対して行ったスピーチにおいては，収斂が持続的なものである必要が指摘された。すなわち，収斂についての判断は，ある一時点に関してなされるのではなく，景気循環のサイクルを通じてなされなければならないとされたのである（Smith 1996, 6）。なお，このスピーチの中で，スミスは，労働党とは対照的に，保守党政権が単一通貨を原則的に支持するか否かという問題に明確な立場を示せないことは，欧州通貨統合をめぐる交渉において，イギリスの影響力を著しく弱体化させていると厳しく批判することになった（Smith 1996, 2）。

　イギリスが単一通貨に参加するためには，現実経済の収斂という条件が満たされる必要があるとする立場は，1996年10月の労働党大会における影の外相ロビン・クック（Robin Cook）の演説にも反映していた。「単一通貨によって単一市場はいっそう円滑に機能するだろう」として，単一通貨導入のメリットが強調される一方，イギリスが単一通貨に参加するためには，イギリスの産業が単一通貨に参加する他の国の産業と互角に競争できるだけの競争力を持つことが重要であるとされたのである。「それゆえ，労働党は，イギリスが単一通貨に参加するためには，何よりもまず，生産，投資，雇用といった現実経済のパフォーマンスにおいて収斂が達成されなければならないと信じる」（Cook 1996, 5）。そして，党首ブレアの演説においては，単一通貨への参加の問題は，イギリスの経済的な国益をもとに判断が下されることが約束されていた（Blair 1996b, 4）。

(7)　労働党欧州統合懐疑派

　キノックからブレアに至る労働党指導部は，欧州通貨統合に関して基本的に前向きな立場をとってきたわけだが，保守党と同様に労働党の中にも，単一通貨への参加に反対する欧州統合懐疑派が存在したことも事実である。

　先に見たように，マーストリヒト条約の批准をめぐる審議において，

労働党下院議員の2割前後（59人）が，棄権に回るという指導部の方針に背いて反対投票を行った。マーストリヒト条約の批准に反対していた労働党統合懐疑派は，欧州通貨統合を実現するためには，相当厳しい緊縮政策を実施せざるを得ないが，それは失業を拡大し，福祉国家の維持を困難にするので受け入れられないと主張したのである。

このような労働党統合懐疑派の主張は，1996年3月に発表されたリーフレットの中で明確に示されていた。『ヨーロッパはうまく機能していない（*Europe isn't Working*)』と題されたこのリーフレットは，マーストリヒト条約の収斂基準を満たし，イギリスが単一通貨に参加するためには，120億ポンドの政府支出削減が必要であるが，それを実施すれば大規模な失業が引き起こされることになると主張していたのである（A People's Europe 1996）。このリーフレットには，50人もの労働党下院議員が名前を連ねていた。

統合懐疑派が単一通貨への参加に反対する動きを活発化させるのと並行して，労働党指導部が欧州通貨統合に対する態度を消極的な方向に変化させつつあるのではないか，というきざしが見られた。1996年10月のBBCテレビ・インタヴューにおいて，影の外相クックは，他のEU加盟国，特にドイツと比肩するほどの競争力を備えるまでは，平価の切り下げという選択肢を失うのは危険であるとして，イギリスが1999年に単一通貨に参加するのは困難であろうという見通しを示したのである（*The Guardian*, 28 October 1996）。

また，11月のフランス大統領ジャック・シラク（Jacques Chirac）との会談において，ブレアも1999年の参加について悲観的な見方を明らかにした（*The Guardian*, 16 November 1996）。

しかし，このようなクックとブレアの発言をもって，労働党指導部が統合懐疑派の圧力に屈したとするのは，やや単純に過ぎる見方であろう。なぜなら，両者とも明らかにしているように，1999年時点での単一通貨への参加は，「困難」であるが「不可能」ではないとして，単一通貨発足時における参加が否定されたわけではないからである。さらに，労働党は，保守党のように単一通貨に対して政治的憲法的理由に基づく反対論

は有しておらず,その導入を原則として支持するという立場も繰り返されていたのである。

しかも,労働党の有力政治家の中で,最も欧州通貨統合に消極的であると見られていたにもかかわらず,クックは,単一通貨が発足した後,イギリスが長期にわたって単一通貨に参加せず,独自の通貨としてのポンドを維持していくのは困難とする見方を示したのである。もし中長期的に単一通貨が成功した場合には,「イギリスはそれに参加せざるを得ない」。なぜなら,単一通貨の成功にもかかわらず参加しないとすれば,ポンドは通貨市場における投機の絶好の対象となり,イギリスに対する直接投資も減少するおそれがあるからである (*The Guardian*, 28 October 1996)。

また,1997年2月のITVテレビ・インタヴューにおいて,クックは,1999年の単一通貨の発足時に参加できなかった場合でも,単一通貨が安定した通貨であることが明確になれば,労働党政権は,2002年までに参加を決断することになるだろうという見通しを明らかにしていた (*Financial Times*, 3 February 1997)。

労働党指導部は,単一通貨への参加をめぐって国民投票を実施するという政策を1996年11月に採用した (*The Observer*, 17 November 1996)。しかしながら,このことをもって,欧州通貨統合に関する消極的な立場への転換と見てはならない。労働党指導部は,以前から単一通貨への参加については,総選挙か国民投票を通じて国民の合意を取り付けることを約束していたが,差し迫っていた総選挙までに単一通貨への参加をめぐって判断を下す可能性が減少していた以上,残された選択肢として,国民投票の実施が採用されるのは論理的な帰結であったからである。しかも,保守党の側がすでに国民投票の実施を約束していたために,重要な決定に関して国民の明示的な合意を取り付けるという民主主義的理由からしても,労働党としては,国民投票を実施するという立場をとらざるを得なかったと言える。[6]

(8) 1997年選挙における地滑り的勝利

1997年選挙に向けた労働党選挙マニフェストでは，マーストリヒト条約以降の欧州通貨統合に関する労働党の政策的発展が要約されることになった。

　まず，単一通貨への参加を判断する際には，経済的国益の観点が最優先されることが明確にされた。「イギリスが単一通貨に参加するか否かの判断は，イギリスの経済的利害に関する冷静な評価に基づいてなされなければならない」。その上で，1999年の単一通貨の発足にイギリスが参加するには，「相当程度の困難」が存在することが率直に認められた。そして，単一通貨へ参加する前提として，現実経済についての収斂が必要であることが示されたものの，現時点で参加の可能性を否定するのは，通貨統合プロセスに対するイギリスの影響力を無にするために賢明ではないとされた。最後に，イギリスが単一通貨へ参加するためには，3つの同意がなければならないということが示された。3つの同意とは，内閣の同意，議会の同意，そして，国民投票を通じた国民の同意であった（The Labour Party 1997, 37-38）。

　選挙戦の中で，保守党指導部が，党の公式の政策に反して単一通貨への反対を個人的公約として掲げる統合懐疑派に悩まされたのとは対照的に，労働党の側においては，統合懐疑派の動きは，ほとんど目立たなかった。これは1つには，労働党統合懐疑派の勢力が，保守党と比較すれば，少数であったことのあらわれとして見ることができる。それに加えて，世論調査において労働党が大差で保守党をリードしていたために，労働党統合懐疑派は，保守党統合懐疑派のように自己の選挙区での生き残りが危険にさらされていたわけではなかったことが，大きく作用していたと考えられる。

　いずれにせよ，単一通貨の問題をめぐって党内対立を深刻化させていた保守党と，相対的に団結を見せていた労働党とを比較対照することによって，ブレアは，この問題をめぐって統合懐疑派を抑えることのできないメージャーのリーダーシップ欠如を，厳しく攻撃した。そして，将来，保守党指導部が単一通貨への参加をイギリスの国益にかなうと判断することになっても，保守党の内部が大きく割れている状況では，それ

を達成するのは不可能であるとして，保守党はもはや統治政党としての資格を失っていると論じたのである（Blair 1997a）。労働党は1997年選挙において地滑り的勝利をおさめ，18年ぶりに政権に復帰することになった。

(9) "Wait and See"

1997年5月の総選挙時点での欧州通貨統合に対する2大政党指導部の立場を見ると，そう大きな違いはないように思われるかもしれない。すなわち，保守党選挙マニフェストの中では，イギリスが単一通貨に参加するか否かという問題について，基本的に"Wait and See"の立場を継続するとされていた。これに対して，労働党選挙マニフェストにおいても，単一通貨への参加の問題は，イギリスの経済的利害に基づいて判断されなければならないとされていたものの，1999年の単一通貨の発足にイギリスが参加するかどうかという点については，保守党の場合と同様に"Wait and See"の立場が示されていたのである（The Conservative Party 1997, 47），（The Labour Party 1997, 37-38）。

しかしながら，こうした政策の表面的な類似にもかかわらず，欧州通貨統合に対する2大政党指導部の立場を少し掘り下げてみると，そこにはかなりの相違が認められるということが，本書のこれまでの検討の中で明らかになっている。

欧州通貨統合に関する2大政党間の相違点を整理するならば，まず第一に指摘しなければならないのは，通貨統合の原則の問題に関して，保守党指導部と労働党指導部の間では明確な違いがあったということである。

保守党においては，イギリスが単一通貨へ参加するか否かの決定を先送りする"Wait and See"政策がとられていたが，欧州通貨統合の原則そのものをめぐる是非については，立場が明確にされていなかったのである。これはすでに見たように，保守党内部で通貨統合をめぐって深刻な対立が続いており，しかも，その中で次第に欧州統合懐疑派の勢力が増大したために，保守党指導部は，原則の問題で統合懐疑派を刺激するの

を恐れていたという背景があった。

　これに対して，労働党においては，イギリスがどの時点で単一通貨へ参加すべきかという具体的な問題に関しては，保守党と同様の"Wait and See"政策がとられていたものの，ニール・キノックが党首であった1990年代のかなり早い時期から，欧州通貨統合の原則の問題について，肯定的な立場を明らかにするようになったのである。こうした通貨統合に対する原則的支持は，キノックの後に労働党党首を務めたジョン・スミスやトニー・ブレアのリーダーシップの下でも，引き続いて労働党指導部の基本的な立場となった。

　第二に，2大政党の双方ともに，欧州通貨統合をめぐる統合懐疑派と統合支持派の間の対立を抱えていたのは事実だが，保守党の党内対立と労働党のそれでは少なからぬ違いがあったことを指摘できる。

　保守党においては，特に1992年選挙以降，単一通貨の導入に断固として反対する統合懐疑派の勢力が拡大し，それはマーストリヒト条約批准プロセスにおける保守党指導部への造反にあらわれ，さらには，1997年総選挙惨敗につながった保守党選挙キャンペーンの混迷をもたらすことになった。一方，労働党においても統合懐疑派は一定程度存在していたが，その勢力は保守党統合懐疑派に比べれば，はるかに弱体であったと言うことができる。しかも，労働党の統合懐疑派の多くは，1975年の国民投票キャンペーンにおいて，EC残留反対を訴えてきたヴェテランであるために，将来的には労働党統合懐疑派の先細りが予測されていたのである。[8]

　先に，欧州通貨統合の原則をめぐって，保守党指導部が明確な立場を示していないのに対して，労働党指導部は肯定的な立場をとっていたと述べた。このような違いが生じた背景として，それぞれの党内における統合懐疑派の勢力が，保守党と労働党では大きく異なっていたということを挙げることができるだろう。統合懐疑派の勢力の大きさのために，保守党指導部は，通貨統合の原則に関してあいまいな態度を続けざるを得なくされたのに対し，労働党指導部は，比較的弱体な統合懐疑派をそれほど恐れる必要はなかった。

第三に，たとえ単一通貨への参加問題に関して，2大政党指導部の間に何らかの類似（"Wait and See"）を認めることができたとしても，通貨統合以外の欧州統合に関連する政策領域については，相違が顕著であったことの影響を指摘できる。

　主な政策領域を挙げるだけでも，そのことは明瞭であろう。たとえば，保守党指導部は，一貫してEUレヴェルでの共通社会政策の実施に反対してきたのに対して，労働党指導部は，それを全面的に支持してきたという経緯がある。また，EUの制度改革の問題に関しても，保守党指導部は，閣僚理事会における特定多数決制による決定の拡大や，欧州議会の権限の拡大には反対する立場を明確にしていたのに対して，労働党指導部は，社会，産業，地域，環境のそれぞれの政策領域に対する閣僚理事会の決定について，特定多数決制の拡大を支持するようになったのに加えて，欧州議会の権限についても，共同決定手続きの拡大や欧州委員会に対する民主主義的統制の強化を求める立場を明確にしていたのである（力久 1996）。

　このように広範な政策領域において，2大政党指導部の立場は大きく異なっていたわけだが，こうした欧州統合全般に関する態度の違いは，通貨統合に対する立場に少なからぬ影響を与えたと考えられる。すなわち，欧州統合にかかわる数多くの政策領域においてネガティヴな態度をとる保守党指導部が，単一通貨への参加については中間的な"Wait and See"政策をとったとしても，その場合の"Wait and See"には，他の政策領域におけるネガティヴな態度が反映せざるを得ない。実際，保守党指導部による"Wait and See"の採用は，通貨統合をめぐる党内対立の激化を避けるための単なる時間稼ぎにすぎなかったことは，先に見たとおりである。これに対して，労働党指導部の場合には，欧州統合にかかわるかなりの政策領域においてポジティヴな態度をとってきたために，単一通貨への参加について中間的な"Wait and See"政策をとっていても，その場合の"Wait and See"には，かなり前向きな要素が含まれることになったと言えるだろう。

　以上，3つの側面からの検討をふまえてみると，同じ"Wait and See"

の立場とはいっても，保守党指導部と労働党指導部では実質的に大きな違いがあったと言うことができるだろう。やや誇張して言うならば，保守党指導部の"Wait and See"は，単一通貨不参加の立場に限りなく近かったのに対して，労働党指導部のそれは，将来のある時点での単一通貨参加を想定したものであったと解釈することができるのである。

このような議論が妥当性を持つとするならば，次に当然の疑問として浮上してくるのが，欧州通貨統合をめぐる2大政党指導部の立場の違いは，どのような要因に基づいて生じてきたのかということである。そこで，以下においては，先に示しておいた視角，すなわち，制度，政党指導部，アイディア（イデオロギー）の間の相互作用に注意しながら，特に政党指導部の政治戦略，および，多層ガヴァナンスとの関係に焦点をあてることによって，通貨統合をめぐる2大政党指導部の立場の違いを説明する努力を開始しよう。

---

(1) 労働党年次党大会報告（Labour Party Annual Conference Report）については，以下（*LPACR*）という略語を使用する。

(2) 1990年12月のブリュッセル訪問において，キノックは，ドロールをはじめとする欧州委員会との会合の場で，加盟国経済の収斂，および，地域政策の充実を通じて貧困な地域の発展を促進するなどの条件が満たされれば，労働党は欧州通貨統合を支持するだろうと述べていた（*The Daily Telegraph*, 18 December 1990）。

(3) 労働党の欧州議会グループ，EPLP（欧州議会労働党：European Parliamentary Labour Party）の声明は，「域内市場統合と同様に，EMUへ向けた進展は，生産と金融に関するヨーロッパ化の論理的な帰結である」と論じた。そして，欧州通貨統合に伴って新たに設立される欧州中央銀行は，十分な政治的責任が確保されなければならず，かつ，ヨーロッパ大の安定した協調的な経済成長を実現するために，産業，地域投資の促進に貢献するものでなければならないとされていた（The Labour Party 1990b）。

(4) グールドは，労働党が欧州通貨統合を基本的に支持するようになったことに対して，批判的な見方を明らかにしていた。彼によれば，マーストリヒト条約に基づいて通貨統合が実現すれば，それはイギリスにとって恒常的な経済停滞をもたらすだろうとされたのである（*The Times*,

8 May 1992)。

(5) ブレアは下院議員，地方議員，一般党員，青年組織といった党のあらゆるレヴェルにおいて，労働党は保守党に比べてはるかに欧州統合に積極的であると述べた上で，労働党の中の少数の統合懐疑派にしても，その基本的な批判の根拠は，「憲法上の原則に基づくものではなく，経済的な実効性に基づくものなのである」としている (Blair 1996a, 287)。労働党統合懐疑派下院議員のリーダー格，オースティン・ミッチェル (Austin Mitchell) も，筆者とのインタヴューにおいて，この見方に同意している (Interview with the Author, 20 May 1997)。なお，1995年の労働党大会における演説の中で，ブレアは，保守党の一部がイギリス経済にとって破滅的なEU脱退につながる主張を行っていると批判した。そして，イギリスは，ヨーロッパにおいてリーダーシップをとるべき立場にあり，将来の労働党政権はそれを実現すると約束していた (Blair 1995b, 15-16)。

(6) 興味深いことに，労働党指導部が国民投票の実施を受け入れたことは，保守党指導部に対する統合懐疑派の圧力を増大させたようである。なぜなら，それまでは単一通貨の採用をめぐる国民投票の実施に明示的にコミットしているか否かという点に関して，保守党と労働党の間で差異があったが，労働党指導部の転換によって，2大政党間の相違が明らかなものではなくなったからである。これ以降，保守党の統合懐疑派は，労働党との違いを際立たせるためにも，1999年時点での単一通貨への参加を否定すべしという要求を強めていくことになる。

(7) 単一通貨へ参加する上で特に検討されなければならない点として，労働党指導部は次の5つを挙げている。①各国の間で景気循環サイクルがどの程度同調しているか。②安定成長協定の適用に関して十分な柔軟性があるか，また，経済的ショックに対処する上で労働市場は十分に柔軟か。③雇用に対するダメージはあるか。④イギリス企業の投資にはどのような影響があるか，また，イギリスに対する海外からの直接投資にはどのような影響があるか。⑤イギリスの金融セクターへのインパクトはどのようなものか (*Financial Times*, 20 February 1997)。

(8) 2大政党の所属議員の欧州統合に対する立場については，次のような見方がよくとられている。すなわち，保守党の場合には，比較的当選回数の少ない若手議員（「サッチャーの子供たち」）の間で欧州統合に懐疑的な立場が多く見られるのに対して，労働党の場合には，若手議員の間で欧州統合に積極的な立場が広がっているというのである。このため，保守党においては選挙による世代交代の効果として，統合懐疑派の勢力拡大が見られるのに対して，労働党においては，選挙を経るごとに統合支持派が勢力を強めていくという対照的な傾向があるとされる。

第4章　集権主義戦略
－保守党政権による憲政改革への抵抗－

(1)　イギリスの集権的制度編成

　序章において確認したように，イギリスの政治制度は，EU加盟国の中でもギリシアに次いで集権度が高く，集権的制度編成として特徴づけることができた。小選挙区制，2大政党制，単独政権，上院の権限の弱さ，大統領の不存在，中央集権などの政治制度を持つイギリスにおいては，政治権力が限りなく集中することになり，しかも，理論的には，それに対するチェック・アンド・バランスが存在しないという特徴が見られるのである。

　こうしたイギリスの集権的制度編成を支えてきた憲法理論が，いわゆる議会主権（Parliamentary Sovereignty）ドクトリンである。19世紀末から20世紀初頭にかけて，憲法学者のA・V・ダイシー（A. V. Dicey）によって定式化された議会主権ドクトリンによれば，イギリスにおいては「議会の中の国王（King in Parliament）」が最高権力を持つとされており，それに対する法的なチェック・アンド・バランス（裁判所による違憲立法審査など）は想定されていない。

　しかも，「議会の中の国王」とは，議会制民主主義が確立して以降，実質的に議会の中の多数党（政府与党）を意味するために，議会主権ドクトリンは，与党指導部への権力集中を正統化するものであったと言うことができる。

　もちろん，与党指導部に対する無制限の権力集中が望ましいとされたわけではなく，一定のチェック・アンド・バランスが必要であることは

認識されていた。しかし，それは法的なものではなく，あくまでも政治的慣行や世論の圧力に基づく，事実上のチェック・アンド・バランスなのであった（Bogdanor 1996, xi-xxi）。

このようなイギリスの集権的制度編成を支えてきたのが保守党である。イギリスの長い議会政治の歴史の中で，保守党は自然な統治政党（Natural Party of Government）として，政権獲得を最重要目的としており，その目的を達成するためには，しばしばイデオロギー上の譲歩でさえも辞さなかったのである。その典型的な例が，第二次世界大戦後の社会民主主義的コンセンサスに対する見事なまでの適応であろう(1)。しかしながら，こうした社会経済面におけるイデオロギー的譲歩については，柔軟な対応を見せることもあった保守党であるが，議会主権ドクトリンに支えられたイギリスの集権的制度編成に対しては強固なコミットメントを有しており，それを改革しようとする憲政改革（Constitutional Reform）の動きに一貫して反対してきたのである。

なぜ保守党が集権的制度編成の維持に尽力してきたのか。その理由としては，保守党が歴史的に重視してきた基本的な価値である，「法と秩序を守るために国家は強力な存在でなければならない」，という立場の影響を考えることができる。なお，こうした強力な国家に対するコミットメントは，1970年代後半からのサッチャーによる新自由主義的改革の中にも受け継がれることになった。こうしたいわゆるサッチャリズムの特徴は，アンドリュー・ギャンブル（Andrew Gamble）の的確な表現によれば，「自由経済と強力な国家(The Free Economy and the Strong State)」と要約することができる（Gamble 1994）。

保守党はイギリスの集権的制度編成に対して強固なコミットメントを持っていたために，しばしば対抗政党（19世紀から20世紀初頭にかけては自由党，それ以降は労働党）が政権の地位について，政府の有する強力な権限を行使することさえ容認してきた。

しかしながら，こうした保守党の側での一見寛容な態度の背景には，選挙における強力な集票力を武器にして，対抗政党が政権を担う期間を最小限にすることができるという計算があった。そして，戦後のイギリ

ス政治を概観すれば,まさに保守党の計算が当たったと言うことができるだろう。すなわち,1945年選挙から1997年選挙までの約52年間において,保守党はほぼ35年間政権を担当したのに対して,労働党はその半分以下である17年間ほどしか政権の地位になかったのである。(2)

(2) 小さな政府と集権主義戦略

歴史的にかなり集権度の高かったイギリスの政治システムであるが,1979年選挙において誕生したサッチャー政権,および,その後を引き継ぐことになったメージャー政権という2つの保守党政権によって,さらに集権度が高められることになった。1979年以降の保守党指導部による集権化の動き(集権主義戦略)の中でも,特に注目されるのが中央地方関係に関する改革である。

もともとイギリスの中央政府と地方政府との関係は,詳細な法的規定によって規律されてきたというよりも,むしろ,何が中央政府の役割であり,何が地方政府の役割であるかということに関する相互の了解によって成り立ってきた側面が大きいとされる。しかしながら,こうした中央と地方の間の相互了解は,1979年以降,保守党政権の手でかなりのところ掘り崩されていったのである。

この背景には次のような理由があった。新しく政権についた保守党は,インフレ抑制をめざす新自由主義の経済政策を実施するため,および,イギリス経済を再生させる上で必要とされた政府の守備範囲の縮小,すなわち,「小さな政府」を実現するために,中央と地方を含めた公的支出全体の削減を求めた。そして,公的支出削減の目的を達成するために保守党政権が目をつけたのが,社会福祉にかなりの額を計上していた地方政府の支出であった。

しかしながら,特に都市部の地方政府の多くは,労働党それも左派の支配下にあったために,福祉切り捨てにつながる財政支出削減を要求する保守党政権に反発する動きを見せたのである。こうして,これまで中央政府と地方政府の間のパートナーシップを支えてきた相互了解は,もはや存在しないことが明らかになった。

このような状況に直面した保守党政権は，思い切った中央地方関係の改革を実施することによって，公的支出削減をめざす中央の意思を貫徹しようとした。[3]

第一に，地方政府の財政的な独立性を抑制する手段がとられた。たとえば，地方に対する中央からの補助金に厳格な統制を加えたり，あるいは，地方政府が設定する地方税の税率に関して，中央政府にその上限を定める権限を与える法律が作成されることになった。

第二に，保守党政権に対して敵対的態度を明確にしていた大ロンドン市（GLC : Greater London Council）や他の大都市圏の広域行政単位が，1986年に一気に廃止されることになった。大ロンドン市や他の大都市圏の広域行政単位は，当時すべて労働党によって支配されており，政府の経済政策や社会政策に対する反対勢力の牙城となっていたために，保守党政権にとって非常に目障りな存在だったのである。

第三に，それまで地方政府が責任をもって果たしてきた機能を縮小もしくは移転することにより，保守党政権の政策に対する地方政府の抵抗の弱体化がめざされた。これを実現するために，地方政府が果たす機能の一部が民営化されたり，あるいは，そうした機能を中央政府が任命する特殊法人（Quangos: Quasi-Autonomous Non-Governmental Organisations）に移転するなどの措置がとられたのである。

(3) スコットランドとウェールズに対する権限移譲の拒絶

中央地方関係における中央政府への集権化にあらわされた保守党指導部の集権主義戦略は，1970年代初頭にイギリス政治の重要なイシューとして登場し，1979年から18年間に及ぶ保守党政権の下で急速な広がりを見せたスコットランドとウェールズに対する権限移譲（Devolution）の要求に対する拒絶をもたらすことになった。

イギリスの集権的制度編成の変革をめざす憲政改革の中でも，根幹の位置を占める権限移譲は，一口で言えば，中央政府によって国政レヴェルで行使されている権限を，スコットランドやウェールズなどの準国家（sub-national）レヴェル，および，イングランドの広域行政圏などの地

域（regional）レヴェルの政府に移転することを意味する。しかも、この場合のスコットランドやウェールズの政府、および、イングランドの地域政府は、住民の直接投票によって選出されるというように、民主主義の原則に基づく政府が想定されているのである。

保守党は権限移譲に対して、以前から反対の姿勢をとり続けてきたわけではない。19世紀末にスコットランド省を設立したのは保守党政権であり、20世紀に入ってスコットランド担当大臣を内閣の閣僚の地位に引き上げたのも保守党政権であった。また、1960年代後半から1970年代にかけて、保守党は、直接選挙で選出されるスコットランド議会の設立を支持する姿勢を見せてきたのである。この立場は1975年に党首に選ばれたサッチャーによって引き継がれた。

しかしながら、その後、サッチャーを中心とする保守党指導部は立場を大きく転換し、権限移譲を中心とする憲政改革に対して断固として反対する姿勢をとるようになったのである（Burch and Holliday 1992, 392-393）。

スコットランドやウェールズへの権限移譲に対して、なぜ保守党指導部は反対の立場をとるようになったのか。その表向きの理由は、保守党が歴史的に重視してきた単一国家としての連合王国（United Kingdom）の枠組、すなわち、イギリス国家の存続が、権限移譲によって脅かされるというものであった。言い換えれば、スコットランドやウェールズに独自の議会を持つ政府を設立すれば、それは必ずやスコットランド独立、ウェールズ独立を求める勢力を活気づけることになり、結果として、イギリス国家の解体につながると論じられたのである。

たとえば、1992年選挙の保守党マニフェストにおいては、特に「連合王国（A United Kingdom）」という章が置かれ、その中でスコットランドやウェールズへの権限移譲が厳しく批判されていた。

なぜ権限移譲が問題であるかと言えば、それは増税や政治的不安定などをもたらし、スコットランドやウェールズの経済に悪影響を与えるばかりか、連合王国を構成する各地域間の対立を助長するからであると述べられていた。しかも、イングランドの各地域に対する権限移譲につい

ては、実際にそのような要望がまだ見られないにもかかわらず、地域政府を設立すれば、それは全く無駄であり、「保守党はそのような不必要な政府機構の設立には断固反対する」という立場が示された。そして、「連合王国のすべての部分に対して利益を与えてきた連合（Union）」を守るために、保守党は全力を尽くすことが約束されていたのである（The Conservative Party 1992, 47）。

同様に、1997年選挙の保守党マニフェストにおいても、「憲法（The Constitution）」という章が置かれており、労働党その他の野党が公約として掲げた、さまざまな憲政改革の提案に対する保守党の反対論が展開されていた。

「スコットランド、ウェールズ、北アイルランド、イングランドの間の連合は、わが国の安定に貢献している」として、イギリスの集権的制度編成の現状を肯定する立場が明確にされた。これに対して、スコットランドやウェールズに議会を設立する権限移譲は、これらの議会とウエストミンスター（連合王国）議会との間に危険な対立関係を生み出すことになり、長い間イギリスの平和と繁栄に貢献してきた連合を崩しかねないおそれがあるとされたのである[5]。最後に、「国民を相互に結びつけ、安定をもたらしてきた憲法や制度に手を付けることほど危険なことはない」として、憲政改革一般に対する保守党の反対の立場が明確にされていた（The Conservative Party 1997, 50-51）。

また、1970年代末に権限移譲に反対する労働党下院議員タム・ダリエル（Tam Dalyell）によって提出された、いわゆる"West Lothian Question"も、権限移譲に反対する根拠として、保守党が利用することになった。"West Lothian Question"とは、要約すると次のような問題であった。

まず、権限移譲が実施されて、スコットランドにかなりの権限を持つ議会が設立されたとする。そして、イングランドの各地域では、そうした権限を持つ議会は設立されないままであったとすれば、スコットランドとイングランドとの間に、無視できない不公平の問題が生じるのである。一方で、スコットランド議会の設立によって、イングランド選出の下院議員は、スコットランド議会に権限移譲された政策領域について口

出しできなくなる。他方で、それまでと同様にスコットランドからも下院議員が選出されるために、スコットランド選出の下院議員は、イングランドに関係する同種の政策領域について、決定に参加できるという不公平が発生することになる（The Conservative Party 1996, 29）。

しかしながら、こうした表向きの理由の裏には、スコットランドやウェールズへの権限移譲は、これらの地域における保守党政権の支配力の低下をもたらすという懸念があったと考えられる。そもそも、スコットランドやウェールズにおいては、自然な統治政党としての保守党を、イングランドの利益を代表する政党であるとして批判的な見方が強かったために、保守党に対抗する勢力が歴史的に強かった。そして、そうした傾向は、1979年以降18年間続いた保守党政権の下で、飛躍的に強化されたのである。

表4-1は、スコットランドにおける保守党の困難な状況を、明確に示している。保守党が連続して勝利した1979年選挙から1992年選挙までの計4回の総選挙において、保守党と労働党の全国レヴェルでの得票率と議席数をスコットランドでの得票率と議席数と比べてみれば、そこには明らかな違いがあることに気づかされる。すなわち、この4回の総選挙

表4-1　総選挙結果（1979年-2001年）
全国レヴェルとスコットランド、ウェールズ

		全国		スコットランド		ウェールズ	
		得票率	議席数	得票率	議席数	得票率	議席数
1979年	保守党	43.9%	339	31.4%	22	32.7%	11
	労働党	37.0%	269	41.6%	44	48.6%	22
1983年	保守党	42.4%	397	28.4%	21	31.0%	14
	労働党	27.6%	209	35.1%	41	37.5%	20
1987年	保守党	42.3%	376	24.0%	10	29.6%	8
	労働党	30.8%	229	42.4%	50	45.1%	24
1992年	保守党	41.9%	336	25.7%	11	28.6%	6
	労働党	34.4%	271	39.0%	49	49.5%	27
1997年	保守党	30.7%	165	17.5%	0	19.6%	0
	労働党	43.2%	418	45.6%	56	54.7%	34
2001年	保守党	31.7%	166	15.6%	1	21.0%	0
	労働党	40.7%	412	43.9%	56	48.6%	34

（出典）Bogdanor 1997, 24, 27 ; Butler and Kavanagh 2001, 260-262.

において，全国レヴェルでは，保守党がかなりの得票率を上げて議席の過半数を獲得しているのに対して，スコットランドにおいては，労働党が高い得票率で過半数の議席を制しているのである。

ウェールズにおいても，表4-1に明らかなように，全国レヴェルの選挙結果とは対照的に，与党の保守党が弱小勢力にとどまる一方，野党の労働党が圧倒的な勢力を獲得しているのがわかる。そして，1997年選挙において，保守党は，スコットランド，ウェールズの両方で獲得議席ゼロという歴史的惨敗を喫したのである。

(4) サッチャリズムの洗礼

さて，サッチャーが党首に就任して以降の保守党，いわゆるサッチャリズムの洗礼を受けた後の保守党については，さまざまな解釈があるが，その本質を政党政治における統治術（statecraft）と見て，サッチャー以前の保守党と核心においてそれほど大きな違いはないとしているのが，ジム・ブルピット（Jim Bulpitt）である。

ブルピットによれば，統治術とは，総選挙に連続して勝利をおさめること，および，政権維持に必要な程度の統治能力を達成することにかかわる術（art）であるとされる。こうした統治術の側面に注目するならば，保守党は，サッチャリズムの洗礼を受けたことにより，新自由主義の原理原則に固執するイデオロギー政党に転換したわけではなく，総選挙勝利と統治能力の達成という統治術の2つの目標を，忠実に追求していたと見られるのである。そして，このように統治術が最優先されたために，保守党政権の統治は，決して政策的に首尾一貫したものにはならなかったという点に注意が喚起されることになる（Bulpitt 1986）

サッチャー以前の保守党とそれ以後の保守党との本質的な継続性を強調するブルピットに対して，アンドリュー・ギャンブルは，保守党の伝統的な統治術という側面に注意を払いつつも，サッチャリズムを選挙勝利と統治能力の達成を目標とする単なる統治術に帰すべきではないという立場をとる。

ギャンブルによれば，サッチャリズムとは，保守党が再びイギリス政

治におけるヘゲモニーを手に入れるために，選挙，イデオロギー，経済，政治という4つの分野において，好都合な環境を作り出そうとする政治的プロジェクトであるとされる。そして，そのような政治的プロジェクトとしてのサッチャリズムの目標は，主に次の3つであった。①保守党の勢力を回復する，②新自由主義のイデオロギー的優位を達成する，③国家の守備範囲を縮小しつつも，その権威と統治能力を回復させることによって，活力ある自由経済を創出する（Gamble 1994, 4）。

もちろん，保守党はこうした目標を達成するための詳細な立法プログラムを野党期に準備して，政権獲得とともに，そのプログラムを実施に移したというわけではない。しかしながら，サッチャリズム以後の保守党が，イデオロギーや原理原則を二の次にして，本質的には，あくまでも統治術の追求を優先したとするブルピットの議論について，ギャンブルはそれを妥当なものではないとする。

ギャンブルによれば，サッチャー以前の保守党とそれ以後の保守党との根本的な違いは，詳細な立法プログラムを持っていたかどうかという点ではなく，長期的な目標を達成するための戦略を持っていたかどうか，および，目標達成のために必要とあれば譲歩さえもためらわないプラグマティズムを持っていたかどうかという点にある（Gamble 1994, 6）。

換言すれば，以前までの保守党のように，状況に流されて統治を行うというのではなく，サッチャー以後の保守党は，長期的戦略や原則に関しては決して妥協を受け入れないが，ときに戦術的後退や妥協が必要になることを理解する政治的リアリズムを有していたと言えるだろう。[6]

保守党が政治的プロジェクトとしてのサッチャリズムを奉じるようになった背景には，経済に対する積極的な国家介入を基本とする戦後の社会民主主義的コンセンサスは，インフレの悪化，失業率の上昇，政府財政の絶え間ない増大といった，さまざまな問題を引き起こすようになったために，もはや維持されるべきではないという認識が，党内に広がったことがあった。そして，社会民主主義に代わって，自由市場経済と国家の守備範囲の縮小（小さな政府）の原則が重視されるようになったのである。

ただ，国家の守備範囲の縮小（小さな政府）は，必ずしも弱い国家（政府）を意味したわけではなかった。国家は市場の秩序を維持し，さらに，市場において供給されないような安全保障，法と秩序，物価安定，その他の公共財を供給するために，強力な存在でなければならないとされたのである。

　しかも，イギリス経済の自由化を推進し，活力ある自由市場経済を実現するためにも，国家は強大な力を持つ必要があった。なぜなら，戦後数十年にわたる社会民主主義的コンセンサスと福祉国家の経験によって，社会経済に対する広範な国家介入を当然のものとする見方が広がっていたために，そうした現状維持勢力による抵抗を排して自由化を押し進めるのは，容易な事業ではなかったのである。ギャンブルの言葉を使うならば，国家は，「市民たちに無理矢理にでも自由と企業家精神を植えつけなければならない」とされたのである（Gamble 1994, 42）。

　このようにして，自由市場経済と国家の守備範囲の縮小を達成するために，サッチャー以後の保守党指導部は，国家の手に強力な権限を集中させることによって，新自由主義的改革に抵抗する勢力を圧倒する集権主義戦略をとることになった。

　保守党政権による集権主義戦略の一環として，中央地方関係における権力バランスが中央に顕著に傾いた（中央集権化された）のは先に見たとおりだが，地方政府以外でも，戦後の社会民主主義的コンセンサスにコミットして，保守党政権に抵抗する姿勢を示した労働組合，大学その他の教育制度，医療制度などの諸制度が，次々に強力な国家の手で改革の俎上にのせられていくことになった。

　こうしたサッチャー以後の保守党指導部による政治的プロジェクトの根幹にある集権主義戦略にとって，スコットランドやウェールズに対する権限移譲は，まさに対極の位置にあった。

　すでに見たように，スコットランドとウェールズにおける保守党の勢力は，1979年選挙以降，衰退の一途をたどっていた。そのため，スコットランドやウェールズに対する権限移譲が実現すれば，広範な政策領域における権限を強化された中央政府を通じて，全国にあまねく広がる保

守党の支配力が，弱体化を余儀なくされることは明らかであった。権限移譲とは，ある意味で，保守党の支配から一定程度解放された地域を作り出す試みであったとも言えるだろう。

しかも，単に保守党の全国的な支配力が低下するというだけでなく，自由市場経済と国家の守備範囲の縮小というサッチャー以後の保守党の基本的な目標が，権限移譲によって妨害されるおそれも強かった。なぜなら，権限移譲が実施された場合，新しく設立されるスコットランド政府やウェールズ政府においては，労働党を中心とする勢力が実権を握ることが確実なために，保守党が追求する新自由主義的改革に対する抵抗勢力の有力な拠点となると予想されたからである。

このようにサッチャー以後の保守党指導部は，集権主義戦略を追求していく中で，スコットランドやウェールズへの権限移譲に対する拒絶の立場を硬化させることになったと見ることができる。要約すれば，保守党指導部は，中央地方関係における中央集権化，権限移譲に対する拒絶に典型的にあらわされているように，新自由主義的社会経済改革を主軸とする政治的プロジェクトを推進するために，イギリスの集権的制度編成やその支柱である議会主権ドクトリンを十分に利用し，それをさらに強化するような集権主義戦略を遂行したのであった。(7)

(5) 欧州通貨統合と集権主義戦略

それでは，このような保守党指導部による集権主義戦略の追求は，欧州通貨統合に対する保守党の態度に，どのような影響を及ぼすことになったと考えられるだろうか。

1979年選挙以降，保守党政権によって追求されてきた集権主義戦略の結果，イギリスの集権的制度編成は，その集権度をさらに高めることになったわけだが，こうしたイギリスにおける状況は，他のEU加盟国の状況とは対照的なものであった。

フランスやスペイン，その他ベネルクス諸国などのEU加盟国においては，その政治制度の集権度を高めるのではなく，広域行政単位としての地域政府を設立するなど，分権度を高める改革が行われてきた。これ

に対し，地方政府から中央政府への集権化が進み，しかも，地域レヴェルの政府が設立されなかったイギリスは，地域政府や地方政府の権限が着実に強化されてきた他のEU加盟国とは，全く別の方向へ進んできたと言うことができるのである。

加えて，こうした保守党政権による集権主義戦略の推進は，マーストリヒト条約における補完性原理の強調や，地域政府，地方政府代表により構成される地域委員会（The Committee of the Regions）の設置に示されているEUの中での地域政府，地方政府強化の動きにも逆行するものであった。

このようなEUにおけるイギリス保守党政権の特異性は，補完性原理をめぐる解釈の相違にもあらわれている。補完性原理とは，一口で言えば，問題の性質と問題解決に関する有効性に応じて，それを管轄する決定機関のレヴェル（EU，国家，地域・地方）が異なるべきであるとする原則である。言い換えれば，規模の効果から超国家的に取り扱われるべき問題はEUレヴェルで，一国の枠内で取り扱われるのがしかるべき問題は国家レヴェルで，そして，国家よりもさらに小さな単位で取り扱われるべき問題は地域・地方レヴェルで，というのが補完性原理についての通常の理解になっている。こうした補完性原理の理解に沿った形で，多くの加盟国では，EUの管轄する分野について主権の共有を受け入れる一方，国内においては地域政府や地方政府への分権を推進するという多層ガヴァナンスの状況が推進された。

これに対して，保守党政権による補完性原理の理解は，EUと加盟国との間の権限の配分に関して，国家主権の重要性を強調することによって，EUレヴェルで取り扱われる問題をできる限り抑制しようというものであり，国内における中央政府と地域・地方政府との間での権限の配分の問題は捨象されていた（Major 1997, 65）。

保守党の理解によれば，補完性原理は，EUから国家に権限を取り戻すための有力な根拠であったが，国内における地方分権とは関係ないものとされた。このように，補完性原理は，EUと加盟国との関係では，国家によるEUからの権限の回復を正当化する一方，国内においては，中央政

府に対する権限集中を免罪するものとなり，保守党政権の集権主義戦略に適した性格を与えられたのである（Wilks 1996, 162）。言い換えるならば，こうした補完性原理の理解を通じて，保守党政権は，EUにおける多層ガヴァナンスの進行を抑制しようとしていたと言えよう。

補完性原理の理解をめぐる保守党政権と他のEU加盟国との違いは，次のことを示唆しているように思われる。

図式化して言えば，他の加盟国が上位レヴェルのEUへの権限移譲と下位レヴェルの地域政府，地方政府への権限移譲に概ね前向きな立場をとっているのに対して，保守党政権はそれとは正反対に，EUレヴェルおよび地域・地方レヴェルから国家レヴェルへ権限を集中することを求める立場をとっているということである。つまり，保守党指導部の集権主義戦略は，単に国内において中央集権化を進めるだけでなく，超国家レヴェル（EU）から国家レヴェル（保守党政権）に権限を取り戻そうとする戦略でもあり，多層ガヴァナンスのプロセスを逆戻りさせるという，二重の集権化をめざすものであったと言えるのである。

EUから国家へ権限を取り戻すということは，端的に言えば，欧州統合の進展を阻止するのみならず，それまでの統合の成果を解消することさえ辞さないということを意味している。なぜ保守党政権の集権主義戦略が，このように欧州統合に対してネガティヴな立場を含むようになるのかと言えば，それはこの戦略が，統合の基本原理である主権の共有，もしくは，権力の共有という概念とは相容れない，主権の不可分性と権力の集中を唱える議会主権ドクトリンに基づいているからである。

議会主権（実質的には与党指導部への権力集中）を脅かす対抗権力の存在を許さない議会主権ドクトリンからすれば，国内において地域政府や地方政府に強力な権限を与えるべきではないとする論理は，超国家レヴェルにおいて，重要な政策領域における権限をEUに移譲することを認めない論理に，ごく自然に転化できるのであった。

かくして，保守党指導部によるイギリス国内における集権化を促進する立場とEUにおける統合の進展に抵抗する立場は，いわば集権主義戦略という同一のコインの表裏の関係にあると言うことができる。

保守党指導部の集権主義戦略は，単に欧州統合一般に対する抵抗を含むのみならず，特に欧州通貨統合に対する消極的な立場をもたらすことになったと考えられる。なぜなら，イギリスにおいては，中央銀行の独立性が先進国の中でもかなり低かったために，金融政策や通貨政策の実権は，実質上，蔵相を通じて与党指導部の手に握られており，通貨統合の実現は，それらの権限が，かなり独立性の高い欧州中央銀行に移管されることを意味したからである。(8)それは保守党指導部にとってみれば，それまで握っていた重要な権限をEUレヴェルに移譲することであり，国家レヴェルの大幅な弱体化を意味していたために，なかなか受け入れられるものではなかったと見ることができるのである。

　サッチャー以後の保守党指導部による集権主義戦略の追求が，欧州通貨統合，および，欧州統合一般に対するネガティヴな態度につながったとする本書の議論にとって，サッチャーがリーダーシップを握る以前の経験は，1つの有力な支持材料であると考えられる。

　サッチャーの前任者として，1965年から1975年まで保守党党首を務めたエドワード・ヒースは，イギリスのEC加盟を達成したことに示されているように，2大政党の歴代党首の中で，最も親ヨーロッパ的であったと言われている。実は，このヒースが党首であった時代には，先に述べたように，保守党指導部は，スコットランドやウェールズに対する権限移譲の問題について，かなり前向きな立場をとっていた。ヒースは，保守党が野党であった1968年5月に開かれたスコットランド保守党大会において，スコットランド議会を設立することを約束した（Burch and Holliday 1992, 393）。そして，こうした権限移譲に関するヒースの約束は，その後の総選挙における保守党マニフェストの中で，明確に示されることになったのである（The Conservative Party 1970, 128），（The Conservative Party 1974, 234-235）。

　しかしながら，サッチャーの保守党党首就任，および1979年選挙による保守党の政権復帰とともに，このような権限移譲に関するヒース時代の立場は，180度転換されることになり，それに代わって集権主義戦略が追求されたのである。

つまり，保守党指導部は，権限移譲に対する前向きな立場など国内において分権的な政策をとった際には，欧州統合に比較的積極的になったのに対して，地方政府の弱体化や権限移譲の拒絶など集権的な政策をとった際には，欧州統合にかなり消極的になったと言うことができる。

前者の場合には，権限移譲を通じた国内における権力の共有に寛容な立場が，欧州統合を通じた超国家レヴェルでの主権の共有に寛容な立場につながったと見ることができるのに対して，後者の場合には，国内において権力の排他的占有に固執する立場が，超国家レヴェルによる主権への介入を許さない立場につながったと見ることができるだろう。

単純化すれば，保守党指導部が，他のアクターとの権力の共有に寛容な立場をとるか，非寛容な立場をとるか，ということが，その欧州通貨統合，および，欧州統合一般への立場の違いにつながったと論じることができる。

そして，サッチャー以後の保守党指導部による権力の共有に非寛容な立場は，地方政府の弱体化や権限移譲の拒絶だけでなく，小選挙区制の改変を求める選挙制度改革への反対にも及ぼされることになった。なぜなら，小選挙区制の下では，保守党は40％をわずかに越える得票率で，議席の過半数を獲得して単独政権を維持できたのに対して，選挙制度に何らかの比例代表制が導入されれば，保守党はもはや単独で政権を維持することはできず，政権に参加するためには，他の政党と連立を組むという形で権力の共有を余儀なくされるからである。このように，選挙制度改革に反対し，小選挙区制に固執する立場も，欧州通貨統合，および，欧州統合一般に対するネガティヴな立場につながることになったと言うことができるだろう。

最後に，序章において提示した，制度，アクター，アイディア（イデオロギー），政治戦略の関係についての概念図，図序-1に従って，集権的制度編成（制度），保守党指導部（アクター），新自由主義（イデオロギー），集権主義戦略（政治戦略）の関係を整理してみると，図4-1のようになる。制度としての集権的制度編成を前提として，アクターである保守党指導部が，新自由主義イデオロギーの影響を受けながら，多層

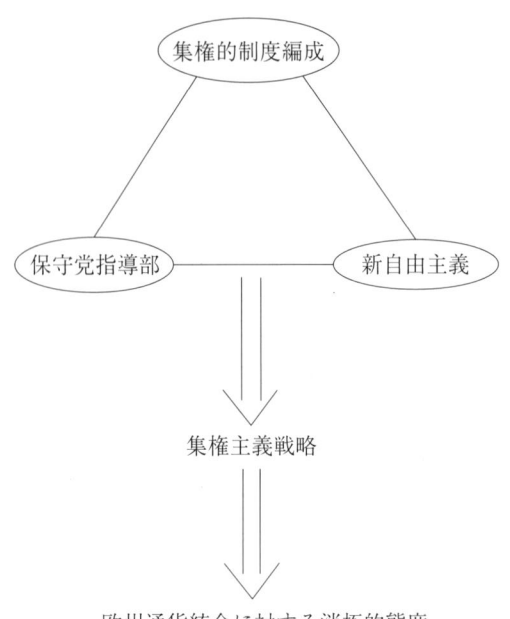

図 4-1　保守党と欧州通貨統合

```
           集権的制度編成
          /           \
    保守党指導部 ── 新自由主義
              ↓↓
          集権主義戦略
              ↓↓
     欧州通貨統合に対する消極的態度
```

　ガヴァナンスに抵抗する集権主義戦略を追求した結果，欧州通貨統合に対する消極的態度がもたらされた，ということを図4-1は示しているのである。

---

(1)　なお，戦後のコンセンサスをめぐる論争については，(梅川 1997, 165-188) を参照。

(2)　保守党が政権についていた期間は，次のようになっている。1951年10月～1964年10月，1970年6月～1974年2月，1979年5月～1997年4月のほぼ35年間である。一方，労働党が政権についていた期間は，次のようになっている。1945年7月～1951年10月，1964年10月～1970年6月，1974年3月～1979年5月のほぼ17年間である(Butler and Butler 1994, 21-47)。

(3)　マネタリズムに基づいて財政統制を追求する保守党政権は，当初，地方政府に対する「一方的な統制と直接的な介入」を繰り返し，その結果，

「中央政府による介入の果てしない泥沼化」が帰結したとされている（豊永 1998, 49）。
(4) なお，われわれが通常「イギリス」と呼んでいる国家の正式名称は，「グレート・ブリテンと北アイルランド連合王国（The United Kingdom of Great Britain and Northern Ireland）」であるが，本書においては，特に「連合王国」という表現が適当である場合を除き，慣用表現である「イギリス」を使用している。
(5) ジョン・メージャーは，スコットランドやウェールズに対する権限移譲を攻撃する演説の中で，もし権限移譲が実施されたならば，イギリスにおいて「民主主義の単一の焦点がなくなってしまう」という点を，反対理由として挙げている（Major 1997, 55）。これは，イギリスの集権的制度編成への保守党指導部のコミットメントを，メージャーが図らずも示したものとして理解できるのではないだろうか。全国レヴェルの議会が民主主義の単一の焦点でなければならないとする立場をとることは，イギリスの集権的制度編成，および，それを支える議会主権ドクトリンを全面的に支持することを意味する。そのような立場は，政治権力に対する制度的チェック・アンド・バランスや権力の共有，パートナーシップを重視する多元的，分権的な民主主義観とは対照的な立場であると言うことができるだろう。なお，保守党欧州統合懐疑派下院議員の中心人物の1人で，スコットランド出身のテディー・テイラー（Teddy Taylor）は，筆者とのインタヴューにおいて，過去数百年にわたるイングランドとスコットランドの連合は，スコットランドに多大な利益をもたらしてきたが，権限移譲の実施は，そうした貴重な連合を危険にさらすという見方を示している（Interview with the Author, 3 June 1997）。
(6) サッチャーが退陣して以降の保守党においても，政治的プロジェクトとしてのサッチャリズムの基本的な方向性が維持されたと見ることができる。特に，イデオロギー面に関して言えば，保守党においては，もはや以前のような社会民主主義的コンセンサスへ回帰するような姿勢は見られず，経済の自由化を最重要視する新自由主義の理念が，その社会経済政策に貫徹しているとすることができる（Gamble 1996）。
(7) 個々人の選択の自由を拡大し，経済の自由化を押し進めようとしたサッチャー以後の保守党指導部が，国家権力を大幅に強化する集権化を行ったのは，1つのアイロニーとして見ることもできる。この点については，次のような指摘があてはまるだろう。「非介入主義的政府にとっての問題は，介入から非介入への転換を行うためには，それまでなされてきたやり方を変えるために，まず介入しなければならないということである」（Bogdanor 1996, 25）。
(8) イギリスの中央銀行であるイングランド銀行については，人事面，財

政面，機能面のすべてにおいて独立性を有していないために，そのときどきの政府の経済政策に左右されてきたとする見方が一般的であった（相沢 1992, 187-191）。しかしながら，1997年選挙によって成立した労働党政権のゴードン・ブラウン蔵相は，公定歩合を設定する上での決定権をイングランド銀行に委ねる改革を断行した。これによって，金融政策という機能面におけるイングランド銀行の独立性が，飛躍的に高まることになった（*The Guardian*, 7 May 1997）。

第5章　分権主義戦略
－ニュー・レイバーと憲政改革－

(1) 集権的制度編成へのコミットメント

　集権的制度編成として特徴づけられるイギリスの政治制度に対して，保守党が歴史的に強固なコミットメントを有していること，および，そのコミットメントが，サッチャー以降の集権主義戦略の追求によって，さらに強化されたことについては，前章で見たとおりである。

　これに対して，実は労働党の側も，議会主権ドクトリンや，それによって支えられている集権的制度編成にコミットしてきたという経緯がある。その意味で，保守党と労働党という2大政党の間には，近年に至るまで，イギリスの集権的制度編成へのコミット，および，それを変革しようとする憲政改革への消極的態度という点に関してコンセンサスが存在していたと言うことができよう。

　強力な国家という価値を重視し，しかも，長期間政権にあって，強大な国家権力を行使する経験を十分に積んだ保守党が，集権的制度編成に強いコミットメントを持つのは容易に理解される。これに対して，比較的短期間しか政権につくことができなかった労働党は，どのような理由から，集権的制度編成にコミットするようになったのであろうか。

　労働党の思想的基盤に大きな影響を与えたフェビアン協会の基本的な立場は，革命のような急進的な変革を排して，漸進的な改革を実施することの重要性を強調するものであった。いわゆる「漸進主義の不可避性 (Inevitability of Gradualness)」である。しかも，そうした漸進的な改革の内容は，端的に言えば，社会経済に対する国家介入の増大であった。マ

ルクス主義者のように急進的な変革を求める人々が，既存の国家を支配階級の道具として警戒の目で見たのに対して，フェビアン協会の人々は，そのような警戒心を全く有していなかった（Leach 1996, 154）。

フェビアン協会の漸進主義の思想的影響を強く受けた労働党は，既存の国家機構をラディカルに変える変革の路線ではなく，それを利用することによって，社会経済に対する国家介入を拡大するという改革の路線をとるようになった。いわば，労働党はイギリスの集権的制度編成を与件として受け入れていたのである。

こうして，労働党が政権についた際には，国家機構のラディカルな変革をめざして，憲政改革に乗り出すことはなかった。あくまでも社会経済の領域において，国家権力を利用した改革がなされるにとどまったのである。

労働党は，戦前にラムゼイ・マクドナルド（Ramsay MacDonald）のリーダーシップの下で，2度にわたって政権についたが，このときの労働党政権は，憲政改革の問題について，保守党と全く同一の立場をとった。さらに，労働党は，第二次世界大戦直後に，クレメント・アトリー（Clement Attlee）のリーダーシップの下で政権を獲得し，主要産業の国有化や国民保健制度（NHS：National Health Service）の設立など，社会経済面で大幅な改革を行い，戦後の社会民主主義的コンセンサスの基礎を築いた。しかし，このアトリー政権にしても，政治制度にまで改革の手を伸ばそうとはしなかったのである（Marquand 1988, 184-185）。

イギリスの集権的制度編成への労働党のコミットメントは，戦後しばらくの時期に関して言えば，ある程度意味があったと評価できるかもしれない。第二次世界大戦が終了した1945年から，サッチャー政権が登場した1979年までの時期を取り上げてみれば，保守党が17年間政権についていたのに対し，労働党の側も同じく17年間政権を維持することができたのである。イギリスの集権的制度編成は，政権についた政党指導部に対して，強大な権力を与える仕組みになっているが，少なくとも1970年代までの時期に関する限り，労働党は保守党と同様にそうした強大な権力を享受してきたのである。

(2) スコットランドとウェールズに対する権限移譲問題の浮上

 ところが，サッチャー政権が登場して以降，それまでの2大政党による権力の寡占状況が，保守党による権力の独占状況に置き換えられる気配が見られた。これは，労働党指導部に大きな影響を与えることになった。すなわち，イギリスの集権的制度編成は，もはや労働党にとって大きな利益をもたらすものではないということが，意識されるようになったと考えられるのである。

 労働党指導部による集権的制度編成へのコミットメントの再検討，および，それをふまえた上でのさまざまな憲政改革の提案に対する消極的立場から積極的立場への転換（分権主義戦略）の中でも，非常に重要な位置を占めたのが，スコットランドやウェールズに対する権限移譲の問題であった。

 労働党は，20世紀初頭に新しい政党として誕生した頃には，スコットランドに対する自治権の拡大に耳を傾ける姿勢を見せたこともあった。しかし，1920年代に2大政党の一方の雄として足場を固めてからは，ほとんど権限移譲の問題を真剣に取り上げようとしなくなった（Brown, McCrone and Paterson 1996, 17）。いまや政権形成の可能性を持つようになった労働党にとって，イギリスの集権的制度編成は，問題であるどころか，政権をとって全国レヴェルでの社会経済改革を進める上で，非常に都合のよい道具であると思われるようになったのであった。

 しかしながら，労働党は権限移譲の問題をいつまでも無視するわけにはいかなかった。1960年代から，すでに補欠選挙における勝利などで注目されるようになっていたが，イギリスからの分離独立を求めるスコットランド国民党（SNP：Scottish National Party）やウェールズ国民党（プライド・カムリ：Plaid Cymru）などの民族主義政党の勢力が，1974年に行われた2回の選挙において，飛躍的に拡大する傾向が見られたからである。[2] 特に，スコットランド国民党の勢力は，めざましい躍進を示し，スコットランドにおける得票率に関して言えば，労働党に次ぐ支持を集めるようになったのである。

1974年2月選挙において政権についた労働党は，こうした民族主義政党の躍進という脅威に対して，スコットランドとウェールズに対する権限移譲の実施によって対応しようとした。そして，1974年に行われた2度目の総選挙（10月選挙）の労働党選挙マニフェストにおいて，スコットランドとウェールズに住民の直接選挙に基づく議会を設置するという公約がなされたのである（The Labour Party 1974, 251）。

　ただし，このとき労働党によって約束された権限移譲の内容は，きわめて控えめなものであった。経済政策に関する権限や独自の課税権などは，権限移譲の中身には含まれていなかったのである。それにもかかわらず，労働党は権限移譲の問題をめぐって，深刻な党内対立を抱えることになった。一方の側に，大幅な権限移譲を求める勢力が存在していたのに対して，他方の側には，いかなる形での権限移譲にも反対する勢力があったために，控えめな権限移譲によって，民族主義政党の脅威をかわそうとする労働党指導部のもくろみは，政権崩壊という思わぬ結果を引き起こすことになったのである。

　権限移譲に反対する労働党の反対派の論拠として，権限を移譲することによって，先に紹介した労働党下院議員タム・ダリエルが"West Lothian Question"で示したような不公平の問題が，スコットランドやウェールズとイングランドとの間に生じるというものがあった。

　しかしながら，彼らにとってこうした制度的不公平の問題に加えて重要であったのは，権限移譲が実現すれば，さまざまな公共サーヴィス，特に福祉国家に関連するサーヴィスについて，全国的に一定の水準を維持することが難しくなるという実質的不公平の問題であった。

　労働党左派が大勢を占める反対派の人々にとっては，スコットランドやウェールズの労働者とイングランドの労働者の抱える問題には何の違いもなく，それらはスコットランドやウェールズに対する権限移譲によってではなく，労働党政権が全国レヴェルで実施する「進歩的」政策によってのみ，解決できるとされたのである（Bogdanor 1996, 209-210）。言い換えれば，権限移譲が実施された後，スコットランドやウェールズでスコットランド国民党や保守党が実権を握り，労働党政権の諸政策が拒

否される事態を，彼らは恐れていたと見ることもできるだろう。

このように労働党左派は，政府与党に強大な権力を与えるイギリスの集権的制度編成を利用して，急進的な社会経済改革を実現することを求めていたために，それを妨害する潜在的可能性を有していた権限移譲に反発した。ちなみに，労働党左派とサッチャー以降の保守党は，広範な政策領域において正反対の位置にあったわけであるが，少なくとも集権的制度編成やそれを支える議会主権ドクトリンを尊重するという政治制度に関する限り，共通の見方を持っていたと言えるだろう。

さて，労働党政権が下院に提出した権限移譲に関する最初の法案は，権限移譲に反対する労働党下院議員の妨害工作と保守党の反対によって，廃案に追い込まれてしまった。そして，再び下院に提出された権限移譲に関する2度目の法案は，自由党の賛成を得て何とか成立にまでこぎつけたものの，労働党内部の反対派の抵抗によって，重要な修正が加えられることになった。権限移譲を実現するためには，スコットランドとウェールズにおいて住民投票を実施し，投票総数のうち過半数の賛成を得ることに加えて，有権者総数の40％以上の賛成を必要とする，厳しいハードルが課されたのであった。

1979年3月に権限移譲をめぐる住民投票が行われたが，この住民投票キャンペーンにおいては，EC加盟をめぐる1975年の国民投票キャンペーンと類似したパターンが見られた。すなわち，労働党は，権限移譲賛成派と反対派の間で真っ二つに分かれたまま，キャンペーンを行う羽目に陥ったのである。

住民投票結果は，労働党政権にとって致命傷となった。ウェールズにおいては，有権者総数の11.9％が賛成，46.9％が反対という圧倒的多数で，権限移譲が否決された。スコットランドにおいては，投票した有権者のうち，過半数が賛成したにもかかわらず，有権者総数の32.9％しか賛成票を投じなかったために（反対は30.8％），修正条項の要件を満たすことができず，権限移譲は挫折に終わったのである（Butler and Butler 1994, 425-427）。

この結果に憤慨したスコットランド国民党は，すぐさま労働党政権の

不信任決議案を提出し，それが保守党その他の野党の賛成によって可決された。引き続き行われた解散，総選挙において，労働党は政権を喪失した。

(3) 政策見直しと権限移譲への積極的立場

権限移譲の是非をめぐる住民投票における挫折，および，それによって引き起こされた総選挙での敗北は，労働党指導部に冷水を浴びせた。その結果，権限移譲の問題に対する1979年以降の労働党の立場は，以前にも増して慎重なものになったのである。1983年選挙，および，1987年選挙での労働党マニフェストにおいては，引き続きスコットランドに議会を設置するという公約が掲げられていたが，その権限はかなり限定されたものが想定されていた。しかも，ウェールズに議会を設置するという以前の公約は，解消されていたのである（The Labour Party 1983, 31），(The Labour Party 1987, 11)。

しかしながら，1987年選挙敗北以降の大規模な政策見直しのプロセスにおいて，権限移譲に対する労働党指導部の姿勢が，積極的になりつつある兆候が見られた。まず，政策見直し文書の第一弾として出された『挑戦に応えて変革を実現しよう』において，イギリスの政治制度の現代化と民主化についての章が設けられた。その中で，中央から地方への分権を進める必要が力説された上で，権限移譲に特に重点が置かれていたのである。

スコットランドに住民の直接選挙に基づく議会を設置するという，それまでの政策が維持されたのはもちろん，スコットランドに影響を与える政策分野については，スコットランドにおいて決定がなされるべきであるという原則が示された。また，地域開発や産業振興を含めた広範な経済面について，権限移譲の実施が想定されていた。しかも，所得税の税率をある一定の範囲内で上下させる権限を，スコットランド議会に与えることによって，財政面での独立性の強化が図られていたのである。

ウェールズとイングランドの諸地域に対する権限移譲については，まだ政策見直しの途中ということで，それほど明確な立場は示されていな

かったが，少なくとも，ウェールズに住民の直接選挙に基づく議会を設置するという原則は提示された（The Labour Party 1989a, 57-58）。

続いて，1990年5月に出された政策見直し文書『未来に向かって』の中でも，課税権を含むかなりの権限を有するスコットランド議会の設置という約束が繰り返された。この文書で特に注目されるのが，労働党が政権を獲得して1年以内に，議会設置を達成するという文言が示されていたことである。こうしたところに，スコットランドへの権限移譲に対する労働党指導部の真剣なコミットメントがあらわされていたと見ることができる。そして，スコットランド議会ほど実現の時期を明確に示されていなかったものの，ウェールズとイングランドの諸地域（特にロンドン）についても，住民の直接選挙に基づく議会を設置することが約束されていたのである（The Labour Party 1990a, 42-43）。

なぜ労働党指導部は，1987年選挙以降，それまでとは打って変わって，権限移譲の問題，そして，特にスコットランドに対する権限移譲の問題に関して，これほど積極的な立場をとるようになったのだろうか。

まず第一に挙げられるのが，1980年代から1990年代にかけて，イギリスの全国レヴェルの政治状況とスコットランドの政治状況が大幅に乖離したことによる影響である。先の表4-1に明らかなように，保守党は1979年選挙から1992年選挙にかけて，全国レヴェルにおいて40％以上の得票率を上げ，連続4回の総選挙勝利を達成していた。しかしながら，スコットランドにおいては，保守党はせいぜい25％から30％程度の得票率しか上げることができず，獲得議席数では，労働党のはるか後塵を拝していたのである。しかも，スコットランドでは少数派であるにもかかわらず，保守党は，中央政府の権力を利用して，人頭税その他スコットランドの人々に非常に不人気な政策を次々と実施した。

こうした状況が，保守党政権の下で18年間にわたって継続することになったために，スコットランドの問題は，中央政府によって決定されるのではなく，スコットランドにおいて決定されるべきであるという声が次第に強くなり，それが労働党指導部に対しても，少なからぬ圧力として作用したと思われる。同様な事態は，ウェールズにおいても見られる

ことになった。

　第二に，スコットランド内部の政治状況の変化が，労働党指導部に与えた影響を挙げることができる。表4-1が示しているように，労働党は，スコットランドにおいて常にかなりの得票率を上げ，過半数をはるかに超える圧倒的多数の議席を獲得してきた。しかし，こうした労働党の支配的立場を揺るがすような脅威が生まれつつあったのである。一時期，沈滞したかに見えたスコットランド国民党が，再び勢力を盛り返す傾向が見られるようになった。1974年に行われた2回の選挙において，飛躍的に支持を拡大させたスコットランド国民党であったが，1979年選挙と1983年選挙においては，得票率，議席数ともに低迷する結果に終わった。しかしながら，続く1987年選挙以降，スコットランド国民党に対する支持は，再び上昇を開始した。[4]

　スコットランド国民党の支持拡大傾向は，それまでスコットランドにおいて圧倒的に優勢な立場にあった労働党にとって，懸念さるべき事態であった。スコットランドの多くの人々は，労働党政権の誕生を願って労働党に投票し続けてきたわけである。しかし，もし労働党が，引き続き総選挙において保守党政権の継続をストップできないのであれば，それまで労働党を支持してきた人々が，大挙して分離独立を訴えるスコットランド国民党の支持に回る可能性があった。こうしたスコットランド国民党の脅威に対抗するために，労働党指導部としては，スコットランドの自治権拡大を意味する権限移譲を強調せざるを得なくなったのである。[5]

　第三に，1979年の住民投票における挫折以降も，スコットランドでは草の根レヴェルにおいて，自治を求める根強い運動が継続していた影響を挙げることができる。その点で注目すべきは，住民投票の挫折と労働党政権の崩壊直後に活動を開始した「スコットランド議会を求める運動(The Campaign for a Scottish Assembly)」である。スコットランド議会を求める運動の目的は，政党間の争いによって挫折に終わった住民投票の経験を活かし，スコットランド議会を実現するために超党派の協力関係を作り上げるというところにあった。この運動に対して，労働党指導部

は，当初それほど真剣な対応を見せなかったが，スコットランド自治を求めて1988年に出された宣言「スコットランドのための権利の請求（A Claim of Right for Scotland）」に，広範な支持が集まるに至って，その姿勢を転換させることになる。

宣言の成功を受けて，1989年3月に発足した超党派の「スコットランド憲政会議（The Scottish Constitutional Convention）」には，労働党，自由民主党（自由党と社会民主党の合同により誕生，当時の正式名称は社会自由民主党）などの政党の代表に加えて，労働組合，教会，地方政府，その他広範な社会団体の代表が参加することになった(6)。なお，スコットランド議会に反対する保守党や，分離独立に固執するスコットランド国民党は，スコットランド憲政会議に参加しなかった（Marr 1995, 195-209）。

以上のような3つの要因の作用によって，労働党指導部は，1980年代末から1990年代にかけて，権限移譲の問題，それも特にスコットランドに対する権限移譲に関して積極的な立場をとるようになったと理解される。そして，そうした労働党指導部の立場は，1992年選挙や，続く1997年選挙におけるマニフェストの中で，明確に示されることになった。

まず，1992年選挙のマニフェストでは，労働党が政権を獲得すれば，早急にスコットランド議会を設立すると述べられた。議会設立のための立法については，超党派のスコットランド憲政会議において合意された内容を反映するという約束がなされた。

マニフェストに示された公約の中で，非常に重要であると思われるのが，スコットランド議会の選出方法を，小選挙区制ではなく，比例代表制の一種である付加議員制（Additional Member System）にした点である。付加議員制とは，ドイツ連邦議会の選挙制度（いわゆる比例代表併用制）に類似したシステムであるが，議員のうち一定部分を小選挙区制で選出するものの，それに名簿式比例代表制によって選出される議員を付加することによって，政党の得票率と議席数とが，ある程度比例するようにしたものである。さらに，マニフェストでは，スコットランド議会に対して，外交，防衛，マクロ経済など中央政府が責任を持つべき政策領域を除く広範な国内政策領域について，権限移譲を実施するという

原則が掲げられた。

　一方，ウェールズに対する権限移譲については，労働党が政権を獲得すれば，1議会期中にウェールズ議会を設立し，それまでウェールズ省の管轄であった権限や機能を移譲することが示された。なお，イングランドの諸地域については，ロンドンに新しい大ロンドン市を設立するという約束を除けば，権限移譲の実施は将来の問題として示されるにとどまった（The Labour Party 1992, 23-24）。

　続く1997年選挙のマニフェストでも，基本的に1992年選挙マニフェストにおける権限移譲の約束が踏襲された。ただし，新しく付け加えられた点として，権限移譲を実現するための立法を開始する前に，スコットランドとウェールズにおいて，それぞれ権限移譲の是非を問う住民投票を実施するとしたことがある。今回の住民投票では，前回の失敗の教訓を活かして，有権者総数の40％の賛成という特別のハードルを設けることはせず，投票総数の過半数の賛成で十分であるとされた。なぜ権限移譲立法を行う前に住民投票を実施する必要があるかと言えば，「人々による承認は，労働党の提案の正統性を強化し，議会での法案成立をスピード・アップするからである」という理由付けがなされた。

　マニフェストでは，特にスコットランドに対して，所得税の税率を変更する財政権限を含む立法権が与えられることになっていた。ただし，スコットランド議会の設置という原則についての是非に加えて，この財政権限の付与の是非について，住民投票において別個の承認を求めるとされた。換言すれば，住民投票は，スコットランドの人々に，議会を設立するかどうかという点について賛否を問うた上で，議会に財政権限を付与するかどうかという点についても，賛否を問うとされたわけである。

　この他，ウェールズ議会の選出方法についても，スコットランド議会にならって，付加議員制が採用された。また，イングランドの諸地域に対する権限移譲については，住民投票を実施して，権限移譲を求める声が十分に強いことが確認された地域については，将来議会を設立する措置をとるという約束がなされた[7]。ただし，例外的にロンドンについては，早急に住民投票による承認を経た後，議会に加えて直接選挙で選ばれる

市長を置くという政策が打ち出された（The Labour Party 1997, 33-35）。

（4） ニュー・レイバー解釈

　こうした権限移譲の問題に関する積極的な立場の採用は，広範な政策領域において大幅な転換をはかる労働党指導部の努力の一環として位置づけることができよう。そして，1987年選挙以降，ニール・キノックの下で進められた大規模な政策見直し，および，特に1994年７月のトニー・ブレアによる労働党党首就任を契機として推進されることになった，いわゆる「ニュー・レイバー（New Labour）」プロジェクトについては，これまでいくつもの解釈がなされてきた。[8]

　マイケル・ケニー（Michael Kenny）とマーティン・J・スミス（Martin J. Smith）によれば，ブレアとニュー・レイバーの解釈については，主なものとして次の４つがあるとされる（Kenny and Smith 1997）。

　第一の解釈は，ニュー・レイバーを，労働党指導部によるサッチャリズムの受容とみなすものである（Hay 1994 ; 1997）。この解釈によれば，ニュー・レイバーにおける健全財政へのコミットメント，市場経済に対する無批判的な称賛，保守党政権が実施した労働組合改革の容認，国有化に対するコミットメントの放棄（労働党規約第４条の改正），そして，普遍的な（universal）サーヴィスの提供という福祉国家の原則からの転換は，労働党指導部が，いわばサッチャリズムの主要な政策枠組を受容し，それまでの社会民主主義的コンセンサスに代わって，新たな新自由主義的コンセンサスに与するようになったあらわれであるとされる。[9]

　たしかに，ニュー・レイバーの経済政策には，少なからず新自由主義の影響が見られる。たとえば，ブレアは，労働党の経済政策について行ったレクチャーの中で，保守党の経済政策の骨格部分であるインフレ抑制，経済のサプライ・サイド改革，労働組合改革などについて，正しい政策であったと評価し，労働党が政権についた際には，それらの政策を継続し，かつ，発展させるということを明言していたのである（Blair 1996a, 82）。

　しかしながら，ケニーとスミスによれば，このような解釈は，キノッ

クやブレアの下で進められた労働党のイデオロギー的変化の一面に光をあてるものの，ニュー・レイバー・プロジェクト全体に対する適切な説明を提供するものではない。なぜなら，欧州統合に関連する政策領域において特に顕著なように，ニュー・レイバーの政策指向とサッチャリズムのそれとが，明確に相反する部分が少なくないからである。

両者の政策指向の違いをもたらした背景として，ニュー・レイバーが，新自由主義の価値とは異なる社会的公正やパートナーシップなどの価値を重視していることが指摘される。このような価値を重視するニュー・レイバーは，決して市場万能主義的な立場をとらない。ニュー・レイバーにとって，市場における自由競争は，それ自体が目的なのではなく，あくまでも目的を達成するための手段であると見なされているのである。

第二の解釈は，ニュー・レイバーを，労働党の伝統的な「労働主義(Labourism)」の立場を継承しているとするものである。「労働主義」とは，労働党がそもそも労働組合の利益を政治の舞台において守るために登場した側面に注目し，その伝統が支配的な影響力を持ち続けた結果，労働党は資本主義のラディカルな変革に乗り出すことなく，労働組合の利益の消極的な防衛に終始せざるを得なくなったという批判がなされる際に，よく用いられる概念である。[10]

この解釈からすれば，ブレアによるニュー・レイバー・プロジェクトの推進は，労働党の中で，労働主義の立場が，より急進的な社会主義的立場に対して，最終的な勝利を収めたことを意味するとされるのである。そして，それは資本主義に対する労働党の最終的な屈服をも意味したわけである。

しかしながら，労働主義の概念は，そのときどきの労働党指導部を批判するには，都合のよい道具であるが，労働党に関して意味のある分析を生み出さないという問題があることを指摘できる。資本主義のラディカルな変革を求めない立場を，すべて労働主義という概念でひとまとめにしてしまえば，労働党はその100年に及ぶ歴史の中で，労働主義以外の立場をとる指導部を持ったためしがないということにならざるを得ない。このような労働主義の概念を使用すれば，そのときどきの労働党指導部

第5章　分権主義戦略－ニュー・レイバーと憲政改革－

のイデオロギー的特徴や戦略的判断，そして，党内の勢力配置状況の変化などについて，注意深い分析がおろそかになる危険があると言えるのである。

　第三の解釈は，ニュー・レイバーを，1950年代に労働党党首であったヒュー・ゲイツケルによって開始され，1980年代にキノックによって大幅に進められた，労働党の現代化をはかろうとする努力の一環として位置づけようとするものである。たしかに，ゲイツケルやキノック，およびブレアといった労働党歴代党首は，労働党の時代遅れの政策や組織を改革して，国際環境やイギリス政治経済の現状に適合した新しい政策と組織を持たなければならないという点に関して，共通の問題意識を有していたのは事実である。さらに，ゲイツケルは，国有化に対する労働党のコミットメントの象徴であった規約第4条の改正を試みて挫折しているが，ブレアは，ゲイツケルが果たせなかった規約第4条の改正を，1995年の特別党大会において，見事に達成した（LPACR 1994, 287-308）。まさにゲイツケルがやり残した仕事を，ブレアが完成させたわけである。

　このように歴史的に見れば，ゲイツケル，キノック，ブレアの間の類似性は，疑う余地もない。しかしながら，労働党指導部の現代化努力の歴史的継続性をあまりにも強調することは，ニュー・レイバーの持つ「新しさ」を看過させるおそれがあるだろう。たとえば，ゲイツケルの時代に労働党の現代化を追求する修正主義，あるいは，社会民主主義のイデオローグ的役割を果たしたアンソニー・クロスランド（Anthony Crosland）は，ケインズ主義的マクロ経済政策や福祉国家関連支出の拡大を重視していたが，ブレアの時代には，こうしたクロスランド流の社会民主主義の核心までが，再検討の対象となったのである（Crosland 1956）。また，欧州統合の問題については，ゲイツケルは非常に懐疑的な立場をとっていたが，ブレアはかなり前向きの立場をとっている点も，大きな違いとして挙げられよう。

　このように，ニュー・レイバーを標榜するブレアにとって，ゲイツケルやクロスランドの立場は，乗り越えられるべき「オールド・レイバー」なのであった。言い換えれば，1970年代から1980年代にかけての社会経

済の大規模な変化，および，それと密接に関連するサッチャー政権の下での新自由主義的改革によって，1990年代の労働党現代化プロジェクトは，それ以前とは明確に異なる特徴を持つようになったと言うことができるだろう。

第四の解釈は，ニュー・レイバーを，得票極大化を求める労働党指導部の選挙戦略として見るものである。政党間競合に関するアンソニー・ダウンズ（Anthony Downs）の古典的研究に影響を受けたこの解釈によれば，労働党指導部は，1980年代初頭に掲げた左翼的な政策が有権者に拒絶された経験を反省し，より幅広い支持を獲得することのできるイデオロギー的に中道の立場をとるようになったと理解されるのである（Downs 1957）。

有権者に不人気であった一方的核軍縮政策やEC脱退政策の放棄，さらには，所得税などについての増税政策からの転換は，こうした選挙戦略の観点からすれば，よく理解できる。ブレア自身，労働党は今や「ラディカルな中道（radical centre）」に位置する政党になったことを誇るスピーチを行っているほどである（*The Guardian*, 12 April 1997）。また，キノックからブレアに至る労働党指導部は，政策を有権者に受け入れやすいものにするために，世論調査やマーケット・リサーチの手法を多用する傾向を強めている。

しかしながら，ダウンズ流の得票極大化をめざす選挙戦略の観点からだけでは，ニュー・レイバーの本質に迫ることはできないように思われる。なぜなら，たしかにニュー・レイバーの掲げる政策プログラムの少なからぬ部分は，有権者の多くの支持を得られるように作られているところもある。しかし，そうではない政策領域も見受けられるからである。

ニュー・レイバーが掲げる政策の中には，有権者の多数が求めているわけではないものも含まれている。たとえば，欧州統合や憲政改革に関するニュー・レイバーの立場は，必ずしも有権者の間で不人気なわけではないが，決して多数の支持を得ているわけではない。その意味では，こうした政策領域に関しては，ニュー・レイバーの立場は，選挙戦略とは別の論理によって形成されていると見てよいのである。

労働党の政策プログラムを形成する上で、ブレアはしばしば現実主義の重要性を訴えているものの、実際には、ニュー・レイバー・プロジェクトは、比較的一貫したアプローチに基づいて構成されており、そのために時に不人気な立場を掲げることもあると理解した方が、現実に即しているのではないだろうか。

ケニーとスミスによれば、上に挙げた4つの解釈は、それぞれニュー・レイバーの一側面に光を当てており、労働党の新しい政策プログラム形成の背景で作用している諸要素を指し示しているものの、ニュー・レイバーを理解する上で重要な政治経済の問題と労働党のエトス（ethos）について、十分な検討がなされていないとされる。[12]

たしかに、ニュー・レイバーを理解する上で、近年、飛躍的に進んだ経済のグローバル化やサッチャー政権による新自由主義的改革の結果、労働党が政権についた際の選択肢の幅が狭まったこと（政治経済による構造的束縛）、および、労働党の現代化を実施する際に障害となる党の伝統や党員の信念（エトスによる束縛）について、ブレアを中心とする労働党指導部がどのような認識を持ってきたのかという点についての検討は、少なからぬ意義を持っているだろう。

(5) 新しい社会民主主義

しかしながら、本書の関心からすれば、ニュー・レイバーに関して特に注目されるのは、イギリスの政治制度（集権的制度編成）に対して、ニュー・レイバーがどのようなスタンス、および、戦略を持っているのかという点である。換言すれば、権限移譲を中心とする憲政改革に対して、ニュー・レイバーがどのような立場をとっているのかが注目されるのである。

この点について、上に挙げたニュー・レイバーに関する4つの主要な解釈は、十分な検討を行っていないように思われる。「ニュー・レイバー＝サッチャリズムの受容」、「ニュー・レイバー＝労働主義の継承」、「ニュー・レイバー＝労働党現代化の一環」、「ニュー・レイバー＝得票極大化をめざす選挙戦略」という4つの解釈からは、政治制度や憲政改革に

対するニュー・レイバーのスタンスや戦略についての関心は発生しない。しかも，ケニーとスミスの重視する政治経済やエトスへの注目にしても，この点に対して十分な関心をもたらすものではないように思われる。

ニュー・レイバー・プロジェクトの中心人物の1人として，1997年選挙勝利に大きな役割を果たしたピーター・マンデルソン（Peter Mandelson）は，政策アドヴァイザーのロジャー・リドル（Roger Liddle）との共著の中で，ニュー・レイバーとオールド・レイバーの大きな違いとして，次の7つの点を挙げている。

　①民間セクター　　ニュー・レイバーは，中央集権化された計画と統制が，経済的成功をもたらすという考え方を否定し，ダイナミックな市場経済における活発な自由競争を歓迎する。

　②インセンティヴ　ニュー・レイバーは，利潤などのインセンティヴや報酬が，ダイナミックな市場経済の基礎となる企業家精神を育成する上で，重要な役割を果たしていることを認める。

　③公的所有　　　　ニュー・レイバーは，経済運営を行う際に，公的所有が不可欠であるという立場をとらない。

　④労働組合　　　　ニュー・レイバーは，労働組合を不当に優遇するようなことはしない。労働党と労働組合の関係についても，党大会における団体投票（block votes）にあらわされるような労働組合が団体として労働党に加盟する形ではなく，ヨーロッパ大陸の社会民主主義政党のような労働組合員が個人として労働党に参加する形に変えていく。

　⑤公的支出　　　　ニュー・レイバーは，国内総生産に占める公的支出の増大が平等な社会をもたらすという考え方を否定し，公的支出が効率的，かつ，生産的に使われることを重視する。

　⑥国家の役割　　　ニュー・レイバーは，社会経済問題を解決する上

で，中央集権国家が有効であるという考え方を否定し，分権化を通じて，さまざまな問題に対する人々の参加や自治を促進することを重視する。

⑦ヨーロッパ　ニュー・レイバーは，EUに対する明確なコミットメントによってのみ，イギリスは，一国の手に負えないさまざまな問題に取り組むことができると考える (Mandelson and Liddle 1996, 21-28)。

ニュー・レイバーとオールド・レイバーの相違点としてマンデルソンが挙げた7つの点のうち，実は①から⑤までの5つの点については，先に示したニュー・レイバーに関する4つの解釈によって，基本的に説明がつく。

すなわち，ニュー・レイバーは，サッチャリズムの影響や得票極大化をめざす選挙戦略の観点によって，社会経済に対する積極的な国家介入や労働組合の影響力を重視する立場から，できるだけ国家介入を限定して市場経済における自由競争を拡大し，かつ，労働組合に特別な影響力を認めない立場へと転換した。しかしながら，その目標や価値については，市場経済における歪みを是正し，社会正義を達成する上での国家の存在意義を認めるという形で，労働主義や過去の労働党現代化を受け継いでいると論じることができるのである。

しかしながら，⑥の国家の役割に関する分権化を通じた自治の拡大を重視する立場，および，⑦の欧州統合に関する積極的立場については，4つの解釈によっては説明がつかない。単なるサッチャリズムの受容ではなく，労働主義の継承でもない，そして，過去の労働党現代化の延長線上にあるのではなく，得票極大化をめざす選挙戦略でもない，そうしたニュー・レイバーの重要な側面が，国家の役割と欧州統合に対する立場にあらわされているのである。

言い換えれば，ニュー・レイバーを，サッチャリズムでもなく過去の社会民主主義とも異なる，まさに「新しい社会民主主義」とするならば，その「新しさ」は，これら2つの問題についての立場にあらわされていると言うことができる(13)。そして，ブレア自身も，国民国家の将来につい

て行ったレクチャーの中で，国民国家内部における分権化の促進（権限移譲）と国民国家相互の間での協力の促進（欧州統合）という2つの目標が，ニュー・レイバーにとって大きな重要性を持っているということを語っていたのである（Blair 1996, 259）。

(6) 分権主義戦略の背景

　新しい社会民主主義としてのニュー・レイバーの中心的要素の1つである，国家の役割に関する以前とは異なる見方，一口で言えば，権限移譲を中心とする憲政改革に対する積極的な立場を，どのような理由から労働党指導部は採用するようになったと考えられるだろうか。

　ちなみに，権限移譲以外の憲政改革にかかわる労働党の立場を整理しておくために，1997年選挙での労働党マニフェストを概観しておくことにしよう。

　まず，イギリスの統治システムの現状は，中央集権化され，非効率であり，官僚主義的であるという認識が示され，集権的制度編成を改革する労働党の立場が明確にされた。

　次に個別政策についてであるが，まず上院改革については，第一段階として，世襲貴族の出席・表決権の廃止が示された。そして，第二段階としての将来的な上院改革を検討するために，両院の代表によって構成される委員会を設置するとされた。下院の選挙制度の問題については，選挙制度改革の是非を問う国民投票が約束され，その中で現行の小選挙区制に対する対案として，どのような種類の比例代表制を勧告するのかという問題を検討する独立委員会の設置が示された。さらに，開かれた政府を実現するために，情報公開法の制定が誓約された。地方政府に関しては，地方経済，社会，環境を充実し，発展させる新たな義務が課せられ，これらを達成するための権限が与えられるとされた。また，地方議会選挙については，議員の一定割合につき毎年選挙を行うのに加えて，試験的に，いくつかの地方政府に直接選挙で選ばれる市長を置くことにより，住民による民主主義的コントロールの充実がめざされた。市民の権利保障についても，保守党政権が抵抗してきた欧州人権条約の国内法

制化が約束された。なお，北アイルランド問題については，住民の合意に基づいて将来的な解決が行われるという原則が確認された（The Labour Party 1997, 32-35）。

さて，憲政改革プログラムの中でも，核心となる位置を占めるスコットランドに対する権限移譲に関して，なぜ労働党指導部が積極的な立場をとるようになったかという問題については，すでに3つの要因を挙げて説明を行った。それでは，新しい社会民主主義（ニュー・レイバー）の目玉でもある憲政改革プログラム一般に対する積極的な立場の採用については，どのような説明ができるだろうか。

まず第一に指摘できるのは，経済政策の領域における近年のイデオロギー的変容が与えた影響である。それまで労働党においては，特に左派を中心にして，主要産業の国有化や経済計画のような社会主義的経済政策を求める声が，少なからぬ影響力を有していた。そして，こうした社会主義的経済政策を実施する上で，イギリスの集権的制度編成とその中心に位置する中央集権的国家機構は，きわめて都合のよい道具であると見られてきたのである。

しかしながら，1995年の規約第4条改正が象徴的に示したように，労働党は，国有化や経済計画などの社会主義的経済政策と訣別し，それに代わって市場経済における自由競争の重要性を明確に認めるようになった。こうした転換がなされた結果，もはや中央集権的国家機構の必要性がそれほど感じられなくなったのである。そして，労働党の経済政策の枠組が，健全財政と安定した通貨をめざす正統派財政・金融政策に基づき，その中で国家が果たすべき役割は，教育，職業訓練，研究開発の促進などのサプライ・サイドの改善という，重要ではあるが，基本的に控えめなものになったことは，中央集権的国家機構の必要性をいっそう減じることになったと言える（Thompson 1996）。

このようにニュー・レイバーの経済政策指向が，集権的制度編成や中央集権的国家機構と必ずしも合致しなくなったことが，そうした政治制度の変革を内容とする憲政改革に対して，労働党指導部の抵抗感を減らすのに貢献したと思われる。

しかしながら，最も大きなインパクトをもたらしたのは，サッチャー政権の登場以降，18年間続いた保守党支配であろう。先に挙げた労働党の経済政策の転換にしても，長期にわたる保守党政権の継続とその下で実施された新自由主義的改革の影響が少なからず見られるのである。長い間権力から遠ざかることになった労働党は，イギリスの集権的制度編成の枠組の中で，野党がいかに無力な存在であるかということを思い知らされることになったと考えられる。

それまでは，政権交代が比較的頻繁になされていたために，与党指導部に強大な権力を与える集権的制度編成のデメリットについては，それほど強く意識されてこなかった。しかも，戦後から1970年代にかけては，基本的な政策枠組に関して，2大政党間にコンセンサス（社会民主主義的コンセンサス）が成立していたために，政府与党が野党の意向と全くかけ離れた政策を推進することは，きわめてまれだったのである。しかしながら，サッチャー政権の成立以降，事態は大きく変わり，保守党は新自由主義イデオロギーに基づき，野党の意向とはかけ離れたラディカルな改革を，次々と断行した。しかも，保守党政権は，そうした新自由主義的改革をスムーズに実現するために，既存の集権的制度編成の集権度を，さらに高めるような戦略をとったのは，すでに見たとおりである。

こうした保守党政権による集権主義的戦略の追求は，知識人や市民運動のレヴェルにおいて反発を呼び，憲政改革を求める「憲章88（Charter 88）」などの運動体を生み出すことになった。そうした市民運動の問題意識を，労働党指導部も，少しずつ共有していくことになったのである（Barnett, Ellis and Hirst 1993）。「憲章88」が求める憲政改革の内容に比べれば，労働党が1997年選挙マニフェストにおいて公約した内容は，特に選挙制度改革について，比例代表制に対するコミットメントを明確にしていないという点で，まだまだ控えめであったという評価もできるだろう。しかし，1997年選挙マニフェストが，集権主義の原理に基づくイギリスの政治制度を分権化していこうとする分権主義戦略の一環として，位置づけられることは間違いないだろう。

少なくとも，労働党が公約したスコットランドやウェールズに対する

権限移譲，そして，ロンドンにおける住民の直接選挙に基づく議会と市長の創設は，まさしく分権主義戦略の中核的要素の1つであったと述べても過言ではない。また，選挙制度に関しても，スコットランド議会やウェールズ議会の選挙制度について，比例代表制の一種である付加議員制が公約されていたのである（The Labour Party 1997, 33）。

　分権主義戦略の追求によって，イギリスの政治制度の分権化が進めば，それは必然的に与党指導部の影響力の低下を意味するために，2大政党の一角を占める労働党にとっては痛みを伴う変化である。しかしながら，18年間にわたる保守党支配に耐えてきた労働党指導部にとっては，保守党が再び強大な国家権力を意のままにすることを許さない枠組の構築が求められた。

　政党システムにおける勢力バランスも，労働党指導部が憲政改革に積極的な立場をとる上で，プラスに作用したように思われる。イギリスの政党システムは，議席数から見れば，保守党と労働党による2大政党制の色合いが強いが，得票率から見れば，第三党の自由民主党がかなりの勢力を持つ3党制，もしくは，2 1/2政党制の色合いを持っている。こうした政党勢力バランスの状況下において，分権化を進めることは，保守党よりも労働党にとって有利であった。なぜなら，自由民主党は，イデオロギー的には労働党に近い中道左派の立場にあり，政策的にもかなり似通っていたために，地方政治から全国政治に至るまで，さまざまな舞台で協力関係を築くことが，比較的容易であると考えられたからである（Liberal Democrats 1997）。ちなみに，こうした労働党と自由民主党の協力関係の最たるものとして，先に紹介したスコットランド憲政会議における両党の協力を挙げることができる。

　さらに，新しい社会民主主義としてのニュー・レイバーの大きな特徴である長期的視野の重視も，憲政改革を通じた政治制度の分権化という分権主義戦略を，労働党指導部が採用する上で貢献することになった。ニュー・レイバーの中心人物の1人であるピーター・マンデルソンによれば，長期にわたる経済衰退の逆転，マクロ経済政策の安定，利益集団政治に左右されない政策的継続性，教育，職業訓練，研究開発など重要

な分野への継続的投資といった目的を達成するために，労働党は長期的視野を持って統治にたずさわらなければならないとされていた。

このような長期的視野の重視は，新しい政治のスタイルとして，それまでの与野党対決型の「敵対政治（adversary politics）」ではなく，さまざまな勢力が改革の推進を支える「中道左派の幅広い連合（a broad coalition of centre and left）」の構築を必要とするとされたのである。加えて，そのような幅広い連合を構築する中で，連立政権を意味する公式の権力の共有までも必要になるということが示唆されていた（Mandelson and Liddle 1996, 189-192）。

ニュー・レイバーが連立政権までも視野に入れていたとするならば，労働党にとって，もはや政治制度の分権化を恐れる必要はなくなる。なぜなら，憲政改革の重要な柱である選挙制度改革に対する反対論の核心は，比例代表制を導入すれば，労働党が単独で政権を維持できなくなるというものであったが，連立政権への参加を視野に入れた立場からすれば，そのような議論は意味を持たなくなるからである。

たしかに，労働党指導部は比例代表制の導入にコミットしたわけではなく，党内には選挙制度改革に対する反対論も根強く見られた。しかしながら，ニュー・レイバー・プロジェクトを推進する人々の中に，選挙制度改革に対して柔軟な姿勢をとる者が少なくないことは，イギリス政治の将来にとって大きな意味を持つと考えられる。

(7) 欧州通貨統合と分権主義戦略

労働党指導部による分権主義的戦略の追求と欧州通貨統合に対する積極的態度とを結びつける上で，キーワードとなるのが，「権力の共有」という概念である。

集権的制度編成を特徴とするイギリスにおいては，権力の共有という概念は，これまで理解し難い異質な概念であった。2大政党は，強力な中央集権国家機構を手に入れるために，激しい争いを繰り返してきた。そして，権力を握った政党指導部は，集権的制度編成を利用し，中央から地方に至るまで，その支配を貫徹するのが通常であった。そのために，

イギリスにおいては，中央政府と地方政府の間での権力の共有が，きわめて限られていた。加えて，中央政府における単独政権の継続によって，連立政権という形での政党間の権力の共有という事態も，ほとんど行われたことはなかったのである（Wilks 1996, 163-164）。

このように，イギリスでは戦後から最近に至るまで，政治制度としての集権的制度編成を基礎として，2大政党間の敵対政治が継続した。こうした形でイギリス政治が展開してきたことは，政権を獲得した2大政党が，欧州統合の動きに適応するのを困難にした。なぜなら，欧州統合の本質は，加盟国がそれぞれの主権に対する制限を受け入れて，超国家レヴェルでの政策形成に参加すること，すなわち，主権の共有を意味するからである。国内政治において権力の共有に慣れていないイギリスの2大政党指導部にとって，こうした主権の共有という事態は，容易には受け入れ難いものであった。そのために，保守党，労働党を問わず，歴代のイギリス政府は，主権の共有という事態をできる限り限定しようとして，概して欧州統合に消極的な立場をとってきたのである。

しかしながら，キノックからブレアに至る労働党指導部が，新しい社会民主主義としてのニュー・レイバー・プロジェクトを開始し，イギリスの政治制度の分権化をめざす分権主義戦略を追求するようになったことは，事態を大きく変えた。

スコットランドやウェールズに対する権限移譲や地方自治の強化を通じて，中央地方間の権力バランスを是正することによって，両者の間での権力の共有を促進し，しかも，中央レヴェルでの連立政権への参加という政党間での権力の共有を恐れない立場，すなわち，分権主義戦略をとるようになれば，労働党指導部にとって，超国家レヴェルにおける主権の共有を，必要以上に恐れる理由はなくなるのである。言い換えれば，国内政治において権力の共有に抵抗感を抱かなくなった労働党指導部にとって，EUレヴェルにおける他の加盟国との主権の共有は，何ら恐れる必要のない通常の事態として受けとめられるようになると考えることができる。

労働党指導部による分権主義戦略の追求は，補完性原理をめぐる解釈

に関しても，国民国家への権限集中を正当化する保守党の解釈とは異なり，問題の性質と問題解決に関する有効性に応じて決定機関のレヴェル（EU，国家，地域・地方）が異なるべしとする，EUにおける通常の解釈の採用を容易にしただろう。すでに，初期の政策見直し文書『挑戦に応えて変革を実現しよう』の中で，補完性原理に関してこうした解釈がとられていた。「労働党は，決定は［問題の性質によって］最大限の民主的コントロールと効果が発揮されるレヴェル（欧州共同体，全国政府，地方政府）においてなされるべきであると考える」(The Labour Party 1988, 79-80)。

　補完性原理についてこのような解釈がなされるようになった背景には，労働党指導部が，新しい社会民主主義の立場から，国家の役割に関する見方を転換して，権力の集中を唱える議会主権ドクトリンの呪縛から解放されたことがあるだろう。依然として議会主権ドクトリンを奉じる保守党指導部が，国内における集権化と超国家レヴェルにおける統合への抵抗に精力を傾けていたのに対して，労働党指導部は，国内において分権化を進める論理を，ごく自然に欧州統合への前向きな姿勢を支える論理に発展させていったのである。

　換言すれば，議会主権ドクトリンの呪縛から解放された労働党指導部は，国家権力の排他的な維持に汲々とすることなく，国内レヴェルにおける権力の共有や超国家レヴェルでの主権の共有に，柔軟な立場をとることが可能になったと言うことができる。

　なお，こうした議会主権ドクトリンからの脱皮は，欧州単一通貨への参加や選挙制度改革などの重要問題に対する国民投票の採用，および，スコットランドやウェールズに対する権限移譲などの地域的重要問題への住民投票の採用にもあらわれている。

　そもそも議会主権ドクトリンによれば，議会における多数派の決定こそが最終的な決定であり，国民投票や住民投票などの直接民主主義的要素の導入は，代議制民主主義を脅かす危険があるとして退けられる(Bogdanor 1997, 121)。しかしながら，労働党指導部は，国民投票や住民投票の実施を約束することにより，重要問題については，議会の多数派

の決定に加えて，国民や関係住民の合意が必要であるとする立場をとった。これは，労働党指導部が，間接民主主義を補完する上での直接民主主義の重要性を認識することにより，議会主権ドクトリンの呪縛から解放されたことを意味したのである。

かくして，労働党指導部の立場は，保守党指導部のそれとは正反対になった。保守党指導部においては，国内における集権化と欧州統合への抵抗が，集権主義戦略という同一のコインの表裏の関係にあった。これに対して，労働党指導部においては，国内における分権化と欧州統合への積極的な立場が，分権主義戦略というコインの表裏の関係にあったと見ることができるのである。

労働党指導部による分権主義戦略の追求は，欧州通貨統合に関して積極的な立場をもたらす上で，好ましい影響を与えることになったと言うことができる。単一通貨に参加したならば，当然のこととして，金融政策や通貨政策に関する権限は，欧州中央銀行に移管されることになる。労働党指導部の場合には，その補完性原理についての解釈にあらわれているように，国家レヴェルから地域・地方レヴェルへの権限移譲に前向きな立場をとっていたために，国家レヴェルからEUレヴェルへの権限移譲を意味する通貨統合に対する抵抗感が，かなり少なくなっていたと見ることができるのである。

しかも，ニュー・レイバーにおける正統派財政・金融政策の採用によって，1997年選挙マニフェストの中で，1つの重要な公約がなされた。それは，インフレ抑制という目的の達成のために，中央銀行であるイングランド銀行を，短期的な政治の介入から遮断する改革の約束であった(The Labour Party 1997, 13)。

選挙キャンペーンの中では，この公約が具体的にどのような内容を意味しているのかという点について，必ずしも明確にされたわけではなかったが，選挙が終わって労働党が政権に復帰した直後，それが明らかにされることになった。イングランド銀行に対する金融政策上の決定権付与である。この改革によって，労働党政権は，金融政策という経済運営にかかわる重要な権限の1つを，イングランド銀行に移譲したのである。

これによりイングランド銀行の独立性は飛躍的に高まることになった (*The Guardian*, 7 May 1997)。

イングランド銀行に対する金融政策上の決定権付与という改革が，経済政策の領域における労働党のイデオロギー的変容によって実現することになったのは言うまでもない。しかし，それに加えて，労働党指導部が分権主義戦略へのコミットメントによって，国家レヴェルにおける権限削減を恐れなくなっていたことも重要であったと考えられる。そして，イングランド銀行の独立性の増大は，欧州中央銀行への金融・通貨政策の移譲を必要とする，欧州通貨統合への参加に対するハードルの1つを除去することにもなったのである。

本章が対象にした，野党期の労働党指導部の欧州通貨統合に対する立場に関する議論を要約すれば，次のようになるだろう。

ニュー・レイバー・プロジェクトを推進する労働党指導部が，新しい社会民主主義の立場から，他のアクターとの権力の共有に寛容になり，分権主義戦略を追求するようになった結果，欧州統合一般，および，特に通貨統合に対する積極的立場がもたらされた。スコットランドやウェールズに対する権限移譲，大ロンドン市の創設，選挙制度改革に関する国民投票の実施など，さまざまな憲政改革プログラムに体現される国家レヴェルにおける他のアクターとの権力の共有に寛容な労働党指導部の立場は，EUレヴェルにおいても，金融・通貨政策という重要な政策領域における主権の共有を恐れない立場をもたらす上で，重要なインパクトを与えたと考えることができる。

最後に，労働党指導部における制度，アクター，アイディア（イデオロギー），政治戦略の関係について整理しておこう。図5-1は，集権的制度編成（制度），労働党指導部（アクター），新しい社会民主主義／ニュー・レイバー（イデオロギー），分権主義戦略（政治戦略）の関係を示している。制度として現状の集権的制度編成を前提とするものの，それが自己に不利な制度枠組であることを意識するようになったアクターの労働党指導部が，新しい社会民主主義のイデオロギー的影響を受けながら，自己に有利な制度改変である多層ガヴァナンスをめざす分権主義戦

第5章 分権主義戦略－ニュー・レイバーと憲政改革－ 145

図5-1 労働党と欧州通貨統合

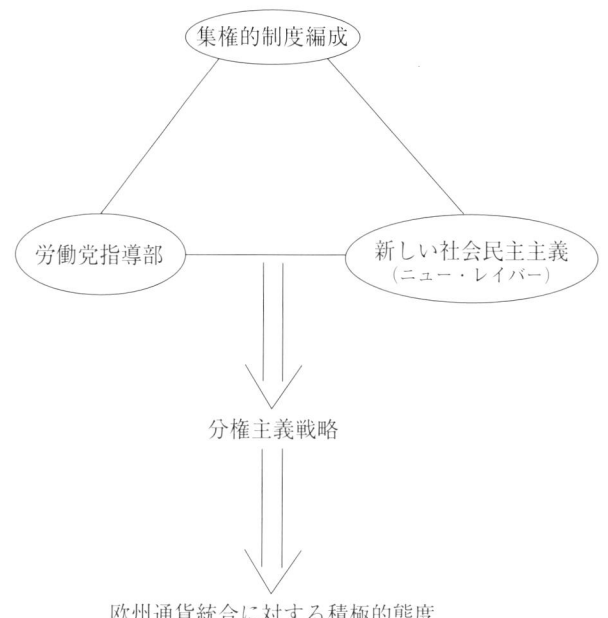

```
           集権的制度編成
          /            \
   労働党指導部 ――― 新しい社会民主主義
                      (ニュー・レイバー)
               ‖
               ‖
               ▼
           分権主義戦略
               ‖
               ‖
               ▼
        欧州通貨統合に対する積極的態度
```

略を追求した結果、欧州通貨統合に対する積極的態度がもたらされた、ということを図5-1は示している。

---

(1) ちなみに、フェビアン協会のフェビアンという名は、ローマがカルタゴと戦った際のローマの将軍ファビウスにちなんでいる。彼は卑怯者とののしられるのを意に介せず退却を重ね、最も有利な地点に敵を引きこんで、最終的な勝利をおさめた。その故事にならって、猪突猛進を避けて、慎重に社会改革を進めていくという意味が、フェビアンの名に含まれているのである（関 1969, 27）。

(2) 1974年2月選挙において、スコットランド国民党は得票率21.9％（※スコットランドの投票総数に対する割合）で7議席を獲得し、ウェールズ国民党は得票率10.7％（※ウェールズの投票総数に対する割合）で2議席を獲得している。さらに、1974年10月選挙においては、前者が得票率30.4％で11議席に躍進し、後者は得票率10.8％で3議席と健闘してい

る（Kellas 1990, 129）。

(3) スコットランド問題をめぐる政党政治，および，この時期の労働党政権によるスコットランドに対する権限移譲の試みについては，（小箱 2001）が詳しく検討している。また，SNPの対欧州政策の展開を，欧州統合の進展とマイノリティ・ナショナリズムの興隆とのリンケージに焦点をあてて，説得的な議論を展開しているものに（福田 2002）がある。

(4) スコットランド国民党は，1979年選挙では得票率17.3％で2議席，1983年選挙では得票率11.8％で2議席と沈滞することになった。しかしながら，続く1987年選挙では得票率14.0％で3議席，1992年選挙では得票率21.5％で3議席と，議席大幅増には結びつかなかったものの，得票率を次第に伸ばしてきたのである（Bogdanor 1997, 24）。ちなみに，保守党が歴史的大敗を喫して政権を失った1997年選挙において，スコットランド国民党は，得票率22.1％で6議席を獲得している（Butler and Kavanagh 1997, 256）。

(5) スコットランド国民党とは対照的に，1980年代から1990年代にかけてのウェールズ国民党は，それほど勢力を拡大する傾向を見せなかった。1979年選挙以降のウェールズ国民党の選挙結果は，以下の通りである。1979年選挙：得票率8.1％，2議席；1983年選挙：得票率7.8％，2議席；1987年選挙：得票率7.3％，3議席；1992年選挙：得票率8.8％，4議席；1997年選挙：得票率9.9％，4議席（Bogdanor 1997, 27），（Butler and Kavanagh 1997, 256）。このようにウェールズにおいては，スコットランドほど民族主義政党の脅威が差し迫ったものではなかったために，労働党は，ウェールズに対する権限移譲の中身について，スコットランドに対するものより，ややトーンを落とした政策を採用することになったと言えるだろう。もちろん，それ以外にも，固有の法制度や教育制度を持つなど，ウェールズに比べて，スコットランドの方が歴史的に強い独自性を持ってきた経緯も，労働党の権限移譲政策の中身の違いに影響を与えたことは言うまでもない。

(6) ウェールズにおいては，スコットランド憲政会議に相当するような超党派の団体が組織されることはなかった。これは権限移譲を求める声が，スコットランドに比べれば，ウェールズの方が弱かったあらわれであると見ることができるだろう。

(7) イングランドの諸地域に対する権限移譲については，二段階のプロセスが想定されていた。まず，第一段階において，各地域に地方政府の代表によって構成される「地域会議（Regional Chambers）」を設立し，経済開発，交通運輸，環境保護，保健医療その他の問題に関して，地方政府間の戦略的な調整を進めるとされていた。次に第二段階として，直接選挙で選出される議会を求める声が強いことが住民投票によって確認

された地域についてのみ，地域議会を創設するとなっており，特に権限移譲を求めない地域については，それまでと同様のシステムが維持されることになっていたのである（The Labour Party 1996, 7-12）。
(8) ニュー・レイバーに関する日本語文献については，管見の限りではあるが，（吉瀬 1997; 2000），（小堀 1997），（福田 1997），（阪野 1999），（近藤 2001）などが興味深かった。
(9) 労働党による保守党の政策の受容という解釈には，ニュー・レイバーをサッチャー以前の保守党のイデオロギー的立場に立つものであるとする，もう1つの解釈がある。この解釈によれば，ニュー・レイバーは，一方で法と秩序を重視し，他方で社会的弱者に救済の手をさしのべる，ディズレーリ以来の「1つの国民保守主義（One Nation Conservatism）」を体現するものとされるのである。しかしながら，この解釈も，サッチャー以前の保守党とニュー・レイバーとの間にある重要な相違（欧州統合に対する態度もその1つ）を，過小評価しているきらいがあると言えるだろう。
(10) 労働主義の概念を使って，労働党や労働党政権を批判してきた著名な論者としては，ラルフ・ミリバンド（Ralph Miliband），デーヴィッド・コーツ（David Coates）などが挙げられる（Miliband 1972），（Coates 1975）。
(11) ゲイツケルからブレアに至る労働党の現代化の努力を追った研究として，（Jones 1996）がある。また，スミスも政策見直しやニュー・レイバーを，基本的には労働党の現代化をめざす努力として理解してきた（Smith 1992 ; 1994）。
(12) 労働党のイデオロギーを構成する2つの側面である教義とエトスについての歴史的分析については，（Drucker 1979）を参照。
(13) もちろん，新しい社会民主主義という概念は，イギリスの文脈においてのみ，あてはまることに注意していただきたい。なぜなら，ヨーロッパ大陸の文脈においては，社会民主主義勢力による分権主義や欧州統合へのコミットメントは，かなり前から確立していたと言えるからである（Featherstone 1988）。その意味では，労働党によるこれら2点に関する積極的立場の採用は，労働党がイデオロギー的にヨーロッパ大陸の社会民主主義勢力に接近してきたあらわれであると見ることもできよう。

一方，ヨーロッパ大陸の社会民主主義勢力にとってのニュー・レイバーの「新しさ」とは，ブレアを中心とする労働党指導部が，サッチャー以降の保守党の支配的イデオロギーである新自由主義の政策的立場のうち，少なからぬ部分を積極的に受け入れてきたところにあると言うことができるかもしれない。なお，筆者がインタヴューを行った，労働党欧州統合支持派下院議員の中心人物であるジャイル・ラディチ（Giles Radice）とカラム・マクドナルド（Calum MacDonald）は，欧州通貨統合に

対する積極的な支持と権限移譲や選挙制度改革などの憲政改革に対する積極的な支持を両立させていた。この2人などは，まさに新しい社会民主主義の立場を代表していたと言えよう（Interview with the Author, 13 May 1997; 24 June 1997）。

また，トニー・ベンと並んで，いわゆるオールド・レイバーの欧州統合懐疑派の中心であったショーア卿（ピーター・ショーア：Peter Shore）は，2001年4月26日の筆者とのインタヴューにおいて，イングランド諸地域に対する権限移譲について次のように述べていた。「私は重要な決定権を有する公選地域政府の設立には反対である」。なぜなら，「それは分裂と対立をもたらすからである」。更に，ショーア卿は，選挙制度改革にも反対の姿勢を明確にしていた。「連立政権に利点があると考えるのでなければ，比例代表制に反対せざるを得ない」。そして，比例代表制は，「弱い政府をもたらし，何よりも，民主主義に対する裏切りである」とされた。なぜなら，比例代表制に基づく「連立政権の本質は［有権者の目から］隠れて行われる秘密取引だからである」（Interview with the Author, 26 April 2001）。

第6章　ユーロ参加と労働党政権

(1) 政権交代による関係改善とアムステルダム条約

　1997年5月の総選挙によって誕生した労働党政権は, 他のEU加盟国および欧州委員会から, あたたかい歓迎を受けることになった。労働党の地滑り的勝利の報道に接した欧州委員長のジャック・サンテールは,「労働党のめざましい勝利」を祝福すると同時に,「新たな労働党政権との密接な協力関係を期待する」コメントを出したのである。また, フランス大統領のジャック・シラクやドイツ首相のヘルムート・コール (Helmut Kohl) は, 労働党政権の誕生を歓迎する一方で, 総選挙結果を, 保守党政権の反ヨーロッパ的立場に対する有権者の反発のあらわれであると解釈していた (*The Guardian*, 3 May 1997)。

　新しい労働党政権の誕生に対する各国首脳や欧州委員長の歓迎は, 彼らがいかにイギリスの政権交代を望んでいたかを示すものであった。すでに見たように, 前任の保守党政権は, 欧州統合の問題をめぐって深刻な対立を抱えており, しかも, 党内においては, 統合に批判的な欧州統合懐疑派の勢力が伸張していたために, イギリスはEUの中で統合の進展を阻害する傾向を強めつつあったのである。

　これに対して, 労働党党首トニー・ブレアは, 保守党政権の欧州統合に対するネガティヴな態度を, 厳しく批判していた。そして, ブレアは将来労働党が政権についたあかつきには, 保守党政権の下で進みつつあったEUにおけるイギリスの孤立に終止符を打つと述べていた。サッチャー政権やメージャー政権によってとられた妨害的な立場ではなく,

EUの直面するさまざまな課題に対して，建設的な立場から取り組むことを，ブレアは表明していたのである（Blair 1996a, 280-287）。

ブレアの率いる労働党政権が，前任のメージャー保守党政権と大きく異なる点として，欧州統合問題をめぐって，政権内部に根本的な対立を抱えていないということが挙げられる。イギリスはEUの中で建設的かつ指導的な役割を果たさなければならない，という基本的な立場について，労働党政権は一致していた。また，欧州単一通貨ユーロへの参加時期について，閣僚間で若干の温度差はありながらも，参加を原則として支持するという立場が共有されていたのである（Hughs and Smith 1998, 95）。

ユーロへの参加問題に関して，ブレア首相とともに重要な役割を担う大蔵大臣には，影の蔵相であったゴードン・ブラウンが就任した。ブラウンは，かねてから欧州統合について積極的な立場をとってきたが，ユーロへの参加はイギリスにとって望ましくかつ実現可能であるという見方を持っていた。

蔵相に就任するやいなや，ブラウンは金融政策に関する権限をイングランド銀行へ移譲する改革を断行した。すなわち，公定歩合などの金融政策に関する決定を，政府の短期的な利害から切り離すために，中央銀行であるイングランド銀行に対して金融政策上の決定権が付与されたのである（*The Guardian*, 7 May 1997）。これによりイングランド銀行の独立性は飛躍的に高まったが，このことはイギリスのユーロ参加に重要な意味を持っていた。欧州単一通貨へ参加するための条件の1つとして，マーストリヒト条約によって中央銀行の独立性の確立が定められていたが，ブラウンの改革によって，イギリスはそのハードルをクリアしたのである。

ユーロ参加問題に関して，蔵相に匹敵する発言権を持つ外務大臣には，影の外相のロビン・クックが就任した。先に見たように，クックは労働党が野党であった時期にユーロ参加にそれほど熱心な方ではなかった。しかし，欧州単一通貨の誕生はほぼ確実であるとの確信を1996年頃から抱くようになり，それとともにイギリスのユーロ参加問題に関する彼の

立場も，次第に積極的な方向に変化しつつあった（Kampfner 1998, 180）。加えて，クックの下でヨーロッパ問題を担当する閣外相に任命されたダグラス・ヘンダーソン（Douglas Henderson）は，就任直後に訪問したブリュッセルにおいて，イギリスとEUとの関係について，新しいスタートを切るという労働党政権の決意を表明したのである（*The Guardian*, 6 May 1997）。

ブレアが行った政府人事の中でも特に注目されるのは，貿易産業省において競争力改善問題を担当する閣外相に，BP（British Petroleum）会長のデーヴィッド・サイモン（David Simon）を任命したことであった。サイモンは，イギリスのビジネスにおいて最も熱心なユーロ参加支持者として知られていたが，こうした人物の登用によって，ブレア政権はユーロ参加に積極的であるという見方が広がることになった。また，この人事は，政府とビジネスとの間のパートナーシップを促進する一環であるという解釈もなされた（*The Guardian*, 8 May 1997）。そして，ニュー・レイバーの立て役者としてブレアの厚い信任を享受する一方，熱心なユーロ参加支持者としても知られるピーター・マンデルソンは，無任所相として政権運営全体に関する調整の役割を与えられた。

新しく誕生した労働党政権にとって，欧州統合に関連して至急対処しなければならなかったのが，新しいEU条約に関する政府間会議（IGC：Inter-Governmental Conference）の交渉を，6月中旬に開かれるアムステルダム欧州理事会までに完了させるという問題であった。

政権発足からわずか1カ月足らずで，新しいEU条約の交渉を完了させるという困難な課題を達成するために，労働党は野党の時期からIGCに向けた立場を練り上げていた。すでに，1995年には，IGCに向けた労働党の立場を明確化させるための検討委員会が，中間レポートを作成していた。また，翌1996年には，影の外相ロビン・クックを中心とするEU歴訪が行われ，IGCに臨む各国首脳の立場の打診が行われていたのである（The Labour Party 1995b）。加えて，総選挙が近づいてくると，政権交代による政策的空白を防ぐという目的から，保守党政権の了承の下に，IGCにおける交渉の詳細が，外務省から労働党の影の内閣に伝えられて

いた（Bulmer 2000, 245）。

　アムステルダム欧州理事会において，加盟国首脳の間で合意に至った新しいEU条約（いわゆるアムステルダム条約）の内容には，保守党政権とは異なり，欧州統合の問題に建設的な立場からアプローチしようとする労働党政権の姿勢が反映されることになった。

　アムステルダム条約は，東ヨーロッパ諸国などへのEU拡大へ向けた抜本的な機構改革の問題について，基本的に先送りの結果に終わったものの，ブレア政権の貢献もあって，いくつかの点で重要な進展を見せた。たとえば，「高い水準の雇用」を目標に掲げた雇用政策に関する新しい章の設置，それまでイギリスを除外して条約の外に社会政策議定書の形で置かれていた社会条項の条約本体への組み込みとそれに対するイギリスの参加，欧州委員の任命や政策形成における欧州議会の権限強化，環境政策などいくつかの政策分野に対する閣僚理事会での特定多数決制の適用などは，いずれも保守党政権には受け入れられなかった改革であった。

　しかし，いくつかの点では，労働党政権と保守党政権の間での継続が見られた。たとえば，労働党政権は，国境における出入国管理を撤廃して，人の自由移動を大幅に促進するシェンゲン協定の規定をEU域内に適用する議定書の作成には同意したが，その一方で，イギリスはアイルランドとともにそれらの規定に拘束されないとする除外待遇を獲得することにより，自国の国境管理権を維持したのである。また，建設的棄権制度の導入など若干の変化については受け入れるものの，いわゆる共通外交安全保障政策（CFSP：Common Foreign and Security Policy）や司法内務協力（CJHA：Co-operation on Justice and Home Affairs）の分野に対する特定多数決制による決定の拡大に対しては，あくまで抵抗する姿勢を見せ続けたのである。加えて，WEU（西欧同盟：Western European Union）をEUに組み込むことにより，EUの共通防衛政策の強化を求める提案に対しても，NATO（北大西洋条約機構：North Atlantic Treaty Organisation）を基礎とするヨーロッパとアメリカとの大西洋同盟の弱体化につながりかねないという理由から，ブレア政権は消極的な姿勢を見せていた。

このようにすべての面で統合に積極的であったとは言えないにしても,ブレアが初めて参加したアムステルダム欧州理事会は,労働党政権が,政権末期において欧州統合に対する態度がきわめてネガティヴなものになりつつあった前任の保守党政権とは,明確に異なるアプローチをとることを強く印象づけるものとなった。

下院に対するアムステルダム欧州理事会の報告において,ブレアは,欧州統合に関して明確な方向性を持ち,団結している労働党政権が,交渉過程で建設的な役割を果たしたことが,結果としてイギリスの利益をよりよく条約の中身に反映できたと誇ることになった(*HC Debs*, 18 June 1997, 316)。そして,特に違いを象徴的に示したのは,欧州統合をめぐる党内対立に苦しんでいた保守党政権の場合,マーストリヒト条約の批准は政権を崩壊の瀬戸際にまで追いつめるような困難な事業であったのに対して,深刻な対立を抱えていなかった労働党政権は,下院で圧倒的多数を有していたこともあって,アムステルダム条約の批准を迅速かつ容易に達成したことであった[(2)]。

(2) ユーロ参加の先送り

アムステルダム条約の交渉過程において,欧州統合に対する建設的なアプローチを強調した労働党政権にとって,最も取り扱いの難しい問題は,欧州単一通貨ユーロへの参加であった。労働党は,野党であった1990年代初頭の時期から,すでに欧州通貨統合に対する前向きな姿勢を示すようになっていた(The Labour Party 1991b, 14)。そして,1997年選挙に向けたマニフェストでは,ユーロ参加について,イギリスの経済的利益に合致するか否かという基準に基づいて判断がなされること,および,参加の判断がなされた場合には,国民投票を実施することが約束されていた(The Labour Party 1997, 37-38)。

しかしながら,問題であったのは,1997年選挙マニフェストにおいては,1999年1月1日に予定されていた単一通貨導入第一陣に,イギリスが加わるのか否かという点について,明確にされていなかったということであった。

実は，総選挙での政権獲得以来，1999年1月1日のユーロ第一陣への参加については，それを否定するわけではないが，その可能性はかなり低い（highly unlikely）とする見方や，イギリスがユーロ第一陣へ参加するためには，かなり高いハードルをクリアしなければならないとする見方が，労働党閣僚の間から示されるようになっていた（*The Guardian*, 8 May 1997; 17 July 1997）。

1997年7月17日に，ゴードン・ブラウン蔵相が王立国際問題研究所で行ったスピーチの中で，イギリスのユーロ参加を判断するための基準として，5つの経済的基準が明らかにされた。

第一に，単一通貨への参加が，イギリスへの長期的な投資を促進するよりよい条件をもたらすか。第二に，シティーを中心とする金融セクターへの影響はどのようなものか。第三に，景気循環サイクルと経済構造について，イギリスとユーロ参加諸国との間で十分な収斂が見られているか。第四に，何らかの問題が生じたときに，それに対応するだけの柔軟性があるか。そして，第五に，単一通貨への参加が，イギリスの経済成長や経済構造によりよい影響をもたらし，継続的な雇用の拡大をもたらすか。

以上のようなイギリスの経済的な国益を反映した5つの経済的基準に基づいて，労働党政権は，ユーロ参加問題に関して，冷徹で厳密な検討を行うとされていた。その検討の結果，もし参加が望ましいという判断がなされれば，国民投票を実施して国民の審判を仰ぐというかねてからの立場も，あらためて示されていた（Brown 1997）。

ブラウンの示した5つの経済的基準によって，労働党政権がユーロ参加を決定する上での判断基準が，ある程度明確にされたわけだが，それは「イギリスはいつユーロに参加するのか」という時期に関する見通しを明らかにするものではなかった。そのために，ユーロ参加をめぐる労働党政権の動向について，さまざまな憶測がなされ，そうした憶測に影響された結果，1997年の夏から秋にかけて，金融市場はきわめて不安定な動きを見せることになった。

1997年9月26日，フィナンシャル・タイムズ紙は，政府筋の情報とし

て，労働党政権は，1999年1月1日のユーロ発足以降，早い時期の参加を検討しているという記事を掲載した（*Financial Times*, 26 September 1997）。この報道によって，近い将来にイギリスのユーロ参加が実現するという見方が金融市場に広がった結果，イギリスの長期金利の低下期待などを背景に，外国為替市場における大幅なポンド下落が見られた一方，株価は大幅な上昇を示すことになった。

こうした金融市場の過剰反応を鎮めるために，ブラウン蔵相やクック外相を中心とする政府首脳は，ユーロに対する労働党政権の政策に変更がないことを繰り返したが，メディアや市場を鎮静化させるには至らなかった。それどころか，ユーロ参加をめぐる労働党政権内部の対立について，メディアの間でさまざまな憶測がなされるようになったのである（*The Times*, 27 September 1997），（*The Daily Telegraph*, 28 September 1997）。

ある見方によれば，ユーロ参加に積極的なブラウン蔵相が，慎重な態度をとるブレア首相に対して，1999年のユーロ発足後，できる限り早期に参加するという立場を表明することを迫っているとされた。また，ブラウンの圧力が功を奏して，11月にルクセンブルクで開かれる欧州理事会の場において，ブレア首相が，ユーロ発足後できる限り早い時期にイギリスの参加を達成する方針を発表するという観測も見られた。しかしながら，別の見方によれば，2002年までに行われる次の総選挙まで，労働党政権はユーロに参加しないという判断を固めたとされたのである。このように相反する憶測が報道されるたびに，ポンド相場や株価は敏感な反応を示すことになり，きわめて不安定な状況がもたらされることになった。(3)

経済界を代表するイギリス産業連盟（CBI）のアディア・ターナー（Adair Turner）事務局長は，このような不透明な状況を一刻も早く解消するために，労働党政権にユーロ参加問題に関する立場を明確化することを要求した（*The Times*, 16 October 1997）。

実は，労働党政権の誕生以来，近い将来にイギリスが欧州単一通貨に参加すべきか否かを判断するための調査が，大蔵省によって行われてお

り，その結論は1997年末までに発表される予定であった。しかしながら，メディアの憶測や金融市場の動揺が，これ以上広がるのを防ぐために，ブラウン蔵相は，10月27日に下院においてユーロ参加問題に関する政府の立場を明らかにした。

その結論は，5つの経済的基準に基づく検討の結果，1999年1月1日のユーロ発足時点で参加するのは，イギリスの経済的国益に合致しないというものであった。さらに，「経済環境に根本的かつ予測不可能な変化があった場合を除いて」，2002年までに実施される次の総選挙前の現議会期中にユーロ参加の決定を下すのは，現実的ではないとする立場も示された (*HC Debs*, 27 October 1997, 588)。

こうして，1999年のユーロ第一陣，および，次の総選挙前の参加が否定されたわけだが，それはユーロに対する労働党政権の態度が，消極的になったということを意味したわけではなかった。なぜなら，「われわれは欧州通貨統合に対する原則的な支持を宣言するイギリス史上最初の政府である」という表現に示されているように，下院に対するブラウンの声明は，基本的にユーロ参加に前向きな労働党の政策的立場を明確にしていたからである。単一通貨への参加は経済主権の大幅の移譲を意味するが，主権の削減を断固として認めない保守党欧州統合懐疑派などとは異なり，労働党政権は，それをユーロ参加に対する憲法上の障害であるとは考えないとする立場が示された。そして，イギリスにとって，単一通貨の潜在的なメリットは明らかであり，労働党政権として，イギリスの経済的国益に合致する時点での参加を可能にするための必要な準備を進めることが約束されたのである (*HC Debs*, 27 October 1997, 583-584)。

(3) 5つの経済的基準

こうしてユーロ第一陣への参加が否定され，次の総選挙前に参加する可能性も，事実上閉ざされた。労働党政権がこのような判断を下した理由として，第一に挙げられるのが，ブラウン蔵相の下，大蔵省によって実施された5つの経済的基準に関する調査である。その調査結果は，下院に対するブラウンの声明の補足資料として提出された『単一通貨への

イギリスの参加（*UK Membership of the Single Currency: An Assessment of the Five Economic Tests*）』にまとめられていた。

この文書では，以前ブラウン蔵相が発表した5つの経済的基準の順番が，若干入れ替えられ，表6-1が示しているように，(1)景気循環サイクルと経済構造の持続的収斂，(2)柔軟性，(3)長期的投資への影響，(4)金融セクターへの影響，(5)経済成長・安定・雇用への影響となっていた。

5つの経済的基準のうち最も重要であるとされたのが，第一の「景気循環サイクルと経済構造の持続的収斂」の基準である。これについては，現状ではイギリスと他の加盟国の景気循環サイクルの間に，十分な収斂が見られないとされた。その理由として，イギリスの公定歩合が7％であるのに対して，フランスやドイツなどの公定歩合は3％程度と大きく開いていたのに加えて，景気後退と回復の時期に関して，イギリスは他の加盟国よりも，かなり先んじていたことが指摘された。

景気循環サイクルの違いは，貿易パターンや石油産出の有無などにかかわるイギリスとヨーロッパ大陸諸国の経済構造の相違によってもたらされた面があるが，域内市場統合の深化によって，イギリス経済のEUへの統合が進むにつれて，そうした違いは，より目立たなくなるだろうと予想されていた。しかし，経済構造の収斂が持続的なものとなるためには，正統派財政金融政策を通じた経済の安定が，一定期間継続する必要があるとされていた。

第二の「柔軟性」の基準は，次のような理由から導入されていた。ユ

表6-1　ユーロ参加に関する5つの経済的基準

(1) イギリスと他の加盟国の経済が，ユーロによる単一の利子率の下で恒常的に問題なくやっていけるほど，景気循環サイクルと経済構造が持続的な収斂を見せているか
(2) 何らかの問題が生じたときに，それに対応するだけの柔軟性があるか
(3) 単一通貨への参加が，企業の間でのイギリスへの長期的な投資を促進するよりよい条件をもたらすか
(4) 単一通貨への参加が，シティーを中心とする金融セクターの国際競争力に対して，どのようなインパクトをもたらすか
(5) 単一通貨への参加が，高い経済成長，安定，そして，雇用の継続的な拡大をもたらすか

(出典) Her Majesty's Treasury 1997, 2.

ーロ参加によって，それまで各加盟国が持っていた金利や平価を変更する権限，いわゆる通貨主権がなくなることになり，ユーロ圏において，単一通貨ユーロおよび単一金利が適用されることになる。その際，予測不可能な経済的変化やショックに対応するために，今まで以上に柔軟性が必要になるとされた。特に，長期的失業の多さ，熟練労働者の相対的少なさ，いくつかの分野での競争の低さなどが目立つイギリスの場合，柔軟性を高めることが非常に重要であると見られていた。

労働党政権は，イギリス経済の柔軟性を高めるために，教育と職業訓練への投資を増加させ，市場における競争を高める競争政策の強化をめざしていた。しかしながら，それらの措置はまだ開始されたばかりであり，現時点でユーロ参加に耐えうるほどの柔軟性は達成されていないという見方が示された。

第三の「長期的投資への影響」の基準は，ユーロ参加が，企業がイギリスへの投資に関する長期的決定をなす上で，より望ましい条件をもたらすかどうかというものであった。原則的には，通貨統合が成功して健全な単一通貨が実現すれば，ユーロ圏において経済安定とインフレ抑制が実現し，企業が長期的投資に関する決定をする上で，好ましい安定した環境がもたらされると考えられた。その意味で，ユーロ参加はイギリスに対する長期的投資を促進すると考えられたのである。

しかしながら，その前提として，イギリス経済が，他の加盟国経済との間での持続的な収斂を達成し，かつ，ユーロ参加に向けて，イギリス経済の柔軟性を高める十分な準備が必要であると考えられた。もし，そうした前提が満たされないままに単一通貨へ参加すれば，それはイギリスに対する長期的投資を阻害するとされたのである。

第四の「金融セクターへの影響」の基準は，ユーロ参加によって，ヨーロッパにおいて支配的な立場を保つシティーに代表されるイギリスの金融セクターに対して，どのようなインパクトがもたらされるかという点について問うものであった。なぜ金融セクターかと言えば，欧州通貨統合は他のいかなるセクターに対するよりも大きな，そして，即時の影響を金融セクターに与えると予想されたからであった。

結論としては，欧州通貨統合に備えた十分な準備があれば，ユーロへのイギリスの参加，不参加にかかわらず，金融セクターは繁栄する可能性を有しているという判断がなされた。ただし，ユーロ誕生に伴う新たなビジネス・チャンスをつかむには，ユーロ圏の外にいるよりも，中にいる方が有利であろうという予測は示されていた。

　一般国民にとって最も関心のある問題が，第五の基準「経済成長・安定・雇用への影響」である。ユーロ参加は経済成長・安定・雇用によい影響をもたらす可能性があると認められていたが，それが現実に実現するかどうかは，イギリスと他の加盟国経済の持続的収斂，および，柔軟性の問題と深くかかわっているとされた。結論としては，持続的収斂が達成されておらず，単一通貨への参加に伴うショックを吸収できるほどの柔軟性が達成されていない現状では，ユーロ参加は時期尚早であり，経済成長・安定・雇用にとって好ましい影響をもたらさないという判断がなされた。

　以上5つの経済的基準に基づく検討の結論として，1999年1月1日のユーロ発足時点で参加するのは，イギリスの経済的国益に合致しないという判断が示された。さらに，「経済環境に根本的かつ予測不可能な変化があった場合を除いて」，2002年までに実施が予定される次の総選挙前の現議会期中にユーロ参加の決定を下すのは，現実的ではないとする立場も示された。ただし，総選挙後の次議会期中の早期参加という選択肢を可能にするために，政府と経済界が協力して準備を進めていくことが約束された。そして，その準備を進めるために，蔵相，貿易産業相，イングランド銀行総裁にCBI会長などの経済界のトップを加えた特別委員会の設置も発表されたのである（Her Majesty's Treasury 1997）。

　5つの経済的基準の内容，および，それらに関する大蔵省，労働党政権の判断をながめると，そこには1つの特徴が見てとれる。すなわち，これらはイギリスのユーロ参加を判断する上で，それぞれ独立した基準というよりも，むしろ相互に密接に結びついた一連の基準であると見なすことができるのである。

　そうした密接な結びつきが明らかなのが，「経済成長・安定・雇用への

影響」の基準である。ユーロ参加が経済成長・安定・雇用によい影響をもたらすかどうかは、イギリスと他の加盟国経済の持続的収斂、および、柔軟性の促進と深くかかわっているとされたように、この基準に関する判断は、「景気循環サイクルと経済構造の持続的収斂」と「柔軟性」の2つの基準についての判断によって、大きく左右されると見ることができるのである。また、「長期的投資への影響」の基準の場合にも、ユーロ参加は、イギリスに対する長期的投資を促進すると考えられるが、その前提として、イギリスと他の加盟国経済の持続的収斂、および、柔軟性の促進が必要とされていた。その意味で、この基準に関する判断に対しても、上記2つの基準についての判断が、大きな影響を与えると考えられるのである。

なお、他の基準との関係で比較的独立性が高い「金融セクターへの影響」の基準については、ブラウン蔵相が下院に対する声明の中で明らかにしたように、すでに満たされていると見なすことができる。なぜなら、単一通貨への参加如何にかかわらず、金融セクターは繁栄する可能性を有しているとされたが、同時にユーロ参加によってビジネス・チャンスが拡大するという予測が示されていたからである（*HC Debs*, 27 October 1997, 585)。

以上のような5つの経済的基準の相互関係を簡単にまとめたのが、図6-1である。まず確認できるのは、「金融セクターへの影響」の基準については、すでに1997年の時点で満たされていたということである。次に見てとれるのは、「長期的投資への影響」と「経済成長・安定・雇用への影響」の基準に対して、「景気循環サイクルと経済構造の持続的収斂」

図6-1　5つの経済的基準の相互関係とユーロ参加をめぐる判断

	1997年	2003年
景気循環サイクルと経済構造の持続的収斂	×	?
柔軟性	×	?
長期的投資への影響	×	?
金融セクターへの影響	○	○
経済成長・安定・雇用への影響	×	?

と「柔軟性」の基準が，大きな影響を与えているということである。極言すれば，後者の2つの基準が満たされれば，必然的に前者の2つの基準も満たされるということになる。その意味で，結局のところ単一通貨への参加の是非を判断する上で鍵となる基準は，「景気循環サイクルと経済構造の持続的収斂」と「柔軟性」の2つに他ならないと見ることができる。

そもそも，欧州単一通貨への参加に関しては，マーストリヒト条約の中で，いわゆる収斂基準が定められており，インフレ率，為替相場，金利，財政赤字・政府債務残高などについて，一定の基準をクリアした加盟国は，単一通貨へ参加することが想定されていた。しかし，労働党政権は，イギリスの単一通貨参加に関して，こうしたマーストリヒト条約の基準に加えて，新たな5つの経済的基準を打ち出したのである。これによって，イギリスは，収斂基準を満たしても，5つの経済的基準が満たされなければ，ユーロへ参加しないということになった。

5つの経済的基準がはらむ1つの問題として，その解釈が非常に柔軟であるということが挙げられる。すなわち，一方で，ユーロ参加賛成派が，基準はすべて満たされたと主張できるのに対して，他方で，ユーロ参加反対派が，基準は1つも満たされていないと主張できるケースが想定できるのである。これはマーストリヒト条約の収斂基準が，ある程度の解釈の幅はあっても，基本的に数値によって表示される測定可能な客観的基準であったのに対して，5つの経済的基準は，解釈の余地が大きな質的もしくは主観的基準であったことからもたらされていた。ある意味で，5つの経済的基準は，ユーロ参加問題に関して，労働党政権の行動の自由を最大限確保するための「煙幕（smoke screen）」であったと見ることもできよう（Johnson 2000, 74）。

(4) 国内政治状況

1999年1月のユーロ第一陣への参加，および，次の総選挙前に参加する可能性を閉ざすことになったもう1つの理由として，当時の国内政治状況とそれに関する労働党政権の判断が挙げられる。言い換えれば，労

働党政権によるユーロ参加先送りの決定は，純粋に5つの経済的基準に基づく経済的な判断であったとは言い難く，むしろ政治的な判断の部分が大きかったと見ることができるのである。

　労働党政権による政治的な判断として，ユーロ参加が先送りされた背景の1つは，参加に否定的な世論の動向であった。たとえば，ユーロ参加先送りの決定がなされた1997年10月に，MORI（Market & Opinion Research International）によって実施された世論調査では，ユーロ参加に賛成が27％，反対が54％，態度未定（Don't Know）19％と，ユーロ参加反対が賛成を2対1の大差で圧倒していた。そして，欧州単一通貨への参加反対が，賛成を大差で圧倒している状況は，1990年代初頭からずっと継続していたのである（Salomon Smith Barney 1998）。さらに付け加えるならば，1990年代初頭から実施されている数多くの世論調査において，単一通貨参加賛成が反対を上回ったことは，ただの一度も見られていなかったのである（Curtice 2001, 19）。

　ユーロ参加先送りをもたらした，もう1つの政治的な背景は，タブロイド紙を中心とする新聞メディアの大勢が，ユーロ参加反対の立場をとっていたことである。こうした新聞のユーロ参加反対キャンペーンは，ユーロ参加に否定的なイギリスの世論を，さらに硬化させたと考えられる。主要な新聞の発行部数をもとにして，ユーロ参加賛成の立場をとる新聞と反対の立場をとる新聞を比較したのが，表6-2である。

　表6-2を見れば明らかなように，ユーロ参加反対の新聞の発行部数の合計は，賛成の新聞のほぼ3倍となっていた。労働党政権としては，ユーロ参加反対が大勢を占める新聞メディアと正面から対決するのは得策ではない（国民投票敗北による政権へのダメージ）という判断から，参加の決定を先送りすることになったと考えられる。

　ユーロ参加反対の立場をとる新聞の中でも，労働党政権が最も重視したと思われるのが，オーストラリアのメディア王ルパート・マードック（Rupert Murdoch）がオーナーとなっているサン*The Sun*である。イギリスの新聞の中で最も発行部数の多いサンは，ユーロやEUに対して厳しい批判をくり返していたが，他のユーロ参加反対の新聞とは異なり，

表6-2　イギリスの主要新聞の発行部数とユーロ参加に関する立場

反対		賛成	
新聞名（日刊）	発行部数（1997年）	新聞名（日刊）	発行部数（1997年）
サン	393万部	ミラー	239万部
デイリー・エキスプレス	120万部	ガーディアン	40万部
デイリー・メイル	212万部	インディペンデント	25万部
デイリー・テレグラフ	112万部	フィナンシャル・タイムズ	30万部
タイムズ	77万部		
計	914万部	計	334万部

（出典）Butler and Kavanagh 1997, 157-158.

1997年選挙において，保守党支持から労働党支持へと，ドラマティックな転換を見せたのである。労働党政権は，1997年選挙でのサンの支持を次の総選挙でも維持することを至上命題としていた。その目的を達成するためには，総選挙前にユーロ参加問題でサンと全面対決することは，好ましくないと判断したようである（Young 1998, 494）。

　世論および新聞メディアの大勢が，ユーロ参加に否定的な状況を前にして，労働党政権は慎重な態度をとったとすることができる。こうした労働党政権の判断には，理解できる面もある。すなわち，労働党は結党以来100年にわたる歴史の中で，フルに2期連続して政権を維持することがなかった。言い換えれば，労働党が総選挙に2連勝し，かつ，8年（1期4年計算）以上政権を維持したことは，かつてなかったのである。こうした労働党の弱さを乗り越えることが，1997年選挙に勝利して以降，ブレアにとって最大の課題であったと言っても誇張ではない。

　総選挙に勝利し，フルに2期連続して政権を維持するという課題を達成するためには，1期目にユーロ参加をめぐる国民投票を実施することにより，世論や新聞メディアの大勢を敵に回すことは好ましくないという判断がなされたのである。

(5) 議長国就任とユーロ導入をめぐる影響力の周縁化

　EUのさまざまな会議において議長の役割を果たす議長国は，加盟国が半年交代で担当することになっており，1998年前半の議長国はイギリ

スであった。議長国就任にあたって，1997年12月にブレア首相がウォータールー駅[5]で行った演説の中で，議長国の期間を通じて追求すべき政策課題が挙げられた。表6-3はそれらの課題を要約したものである。

結論から言えば，半年にわたるイギリスの議長国としての業績は，控えめではあるが概して成功であったと見なすことができる。これは当時の政治経済状況によるところが少なくなかった。6年前の1992年後半に，メージャー保守党政権が議長国の責務を負った際には，デンマークの国民投票におけるマーストリヒト条約批准拒否，および，イギリスのERM（為替相場メカニズム）脱落などをはじめとして，きわめて厳しい状況に翻弄され，議長国イギリスの役割はあまり評価されなかった。それに対して，今回は比較的好ましい政治経済状況の下で議長国を務めることができたのである（Ludlow 1998, 574）。

最も重視されていた欧州通貨統合の完成へ向けて前進するという課題については，イギリスが議長国を務めた半年の間に主要な決定がなされ，1999年1月1日のユーロ導入をスムーズに実現するための基礎固めがなされた。まず，1998年5月にブリュッセルで開かれた特別欧州理事会において，EU加盟国15カ国のうち11カ国の参加によってユーロを導入することが正式決定された[6]。また，1998年6月には，いわゆる「ユーロの番人」として，11カ国よりなるユーロ圏の金融政策全般に責任を有する欧州中央銀行（ECB：European Central Bank）が発足することになった。

ユーロ導入へ向けた基礎固めと並んで注目されたEU加盟国の拡大に

表6-3　議長国としてイギリスが追求する課題

(1) EUの競争力と雇用を促進するための「第三の道」に基づく経済改革
(2) ユーロ導入を成功させるための主要な決定の達成
(3) EU加盟国の拡大およびそれに伴って必要となる制度面，政策面，財政面での改革プロセスのスタート
(4) 犯罪防止および環境保護に関するEUの活動の強化
(5) 共通外交安全保障政策の促進
(6) 「人々のヨーロッパ（People's Europe）」：欧州統合に対するEUの人々，特にイギリス国民の関心を高める

(出典) Blair 1997b.

ついては，1997年7月に欧州委員会が発表した報告書『アジェンダ2000』を受けて12月に開かれたルクセンブルク欧州理事会において，加盟交渉を開始する第一陣の対象国として6カ国が選ばれた。そして，1998年3月にロンドンにおいてEU加盟国15カ国と新規加盟をめざす中・東欧の11カ国が一堂に会し，EU拡大へ向けた協議が正式に開始されることになったのである。[7]

 その他，経済改革，犯罪防止，環境保護，外交安全保障などの政策分野についても，大幅な改革が達成されたというわけではないが，前任の保守党政権とは明らかに異なる労働党政権の建設的なアプローチによって，着実な前進が見られた。

 1998年6月にカーディフで開かれた欧州理事会に関する下院での報告の中で，ブレア首相は，欧州統合の進展に対する保守党政権の長年にわたる消極的かつ妨害的な立場が，「ヨーロッパの中でイギリスを孤立させる一方，国益を損なってきたのに対して」，労働党政権は「EU加盟国との間に強力で前向きな関係を再構築した」と誇った（*HC Debs*, 17 June 1998, 370）。また，ヨーロッパ問題担当の閣外相ダグラス・ヘンダーソンは，「EU拡大プロセスのスタートと通貨統合の基礎固めという2つのまさに歴史的な前進について」，イギリスが議長国として多大な貢献をしたという評価を行った（Henderson 1998, 571）。

 たしかに，イギリスが議長国を務めた時期に，ユーロ導入へ向けた基礎固めがなされたのは事実である。しかしながら，労働党政権は1999年のユーロ第一陣への参加を否定し，また，その後の参加についての判断を総選挙以降に先送りしていたために，ユーロ導入に対するイギリスの貢献は，必ずしも高いものとは言い難かった。EUの中心的なプロジェクトであるユーロへの参加を先送りしたイギリスが，その導入に向けてリーダーシップを発揮できるはずもなかったのである。そして，特にそれが顕著に示されたのが，欧州中央銀行総裁人事をめぐる紛争とユーロ評議会の構成と役割をめぐる対立であった。

 欧州中央銀行総裁人事をめぐる対立が表面化したきっかけは，1997年11月にフランス政府が，中央銀行であるフランス銀行総裁のジャン・ク

ロード・トリシェ（Jean-Claude Trichet）を候補者として，正式に推薦したことであった。それまでは，欧州中央銀行の前身として設立された欧州通貨機関（EMI）総裁で，オランダ出身のヴィム・ドイセンベルク（Wim Duisenberg）が，初代総裁に就任するものと考えられていた。ドイセンベルクは，欧州通貨機関総裁としての手堅い手腕に，各国の中央銀行関係者から高い評価を受けていた。また，オランダやドイツを中心とする多くの加盟国から支持されていたのである（*The Daily Telegraph*, 6 November 1997）。

　総裁人事をめぐる紛糾の背景には，ドイツとフランスの確執があった。フランスが欧州中央銀行初代総裁にトリシェを推したのには，ドイツに対する不満があったように思われる。フランスは，欧州中央銀行本部がフランクフルトに置かれる代価として，初代総裁は当然フランスから選ばれるべきだと考えており，ドイツもそれに合意していたと見なしていた。その合意に反して，ドイツがドイセンベルク支持の姿勢を見せたために，フランスはあえて対抗馬をぶつけることになったと見ることができる。

　ドイセンベルクの総裁選出に対して，拒否権発動も辞さないとするフランス，そして，フランスの妨害工作には拒否権で対抗するとするオランダとそれを支持するドイツの対立は，イギリスが議長国を務めた1998年前半を通じて深刻化し，一時は暗礁に乗り上げたかのように思われた。しかしながら，ユーロ第一陣に参加する11カ国を決定した1998年5月のブリュッセル特別欧州理事会の場で，欧州中央銀行総裁人事にようやく解決が見られることになった。結論的には，初代総裁にドイセンベルクを選出するものの，8年間の任期途中で自主的に退任し，その後任にトリシェを選出するという妥協が成立したのである。

　多くの加盟国がドイセンベルクを支持していたにもかかわらず，フランスの強硬な要求に屈して，いわば「ゴネ得」とも言える妥協に至ったことには批判が強かった。特に，政治からの介入を排除するため，マーストリヒト条約によって「任期8年，再選なし」と明確に規定されていた原則を曲げてまで，あからさまな政治決着として総裁任期の折半を決

めたことは，ユーロに対する金融市場の信頼喪失をもたらしかねないとされたのである。

このような批判は，議長国として問題解決に向けたリーダシップを十分に発揮できなかったイギリスにも向けられた（Koutrakou 2000, 48）。イタリア，ベルギー，ルクセンブルクなど各国の首脳は，この問題に関する議長国イギリスの準備不足を痛烈に批判した。また次期議長国オーストリアは，イギリスの経験を反面教師とすることを明言したのである（*The Times*, 4 May 1998）。

欧州中央銀行総裁人事をめぐる紛争が，議長国としてのイギリスの力量不足を示したとするならば，ユーロ評議会をめぐる対立は，ユーロ参加の決定を先送りしたことにより，イギリスの影響力がいかに周縁化することになったかを如実に示す事件となった。

ユーロ参加国の財務相が，経済政策を非公式に協議するための機関として構想されたユーロ評議会，通称「ユーロ・グループ，もしくは，ユーロX（Xはユーロ参加国数を示す）」[8]は，欧州中央銀行に対する政治的コントロールの重要性を以前から強調していたフランスの提案に基づくものであった。こうしたフランスの提案について，当初ドイツは難色を示していたものの，参加国が欧州中央銀行の独立性を尊重するという条件をつけて承認することになった（村上 1998, 86-87），（田中 2001, 113）。

しかしながら，問題となったのは，ユーロ第一陣に参加しないイギリスをはじめとする4カ国の取り扱いであった。経済政策に関するEUの公式の協議決定機関は，経済相財務相理事会であるが，ユーロ導入とともに，ユーロ評議会が事実上の政策協議決定機関となり，経済相財務相理事会が形骸化する懸念があったのである。こうした懸念を背景として，ユーロ未参加4カ国のうち，特にイギリスが，ユーロ評議会からの排除に強い反発を見せた。

ユーロ第一陣に参加しないイギリスにとって，ユーロ評議会の構成と権限をどのようなものにするかという問題は，見過ごすことのできない重要性を帯びていた。すなわち，もしユーロ評議会の構成が，ユーロ参加国に限られ，しかも，すべてのEU加盟国にかかわる問題が，事前にユ

ーロ評議会において議論されるとするならば，それらの問題については，経済相財務相理事会の場でユーロ未参加国が議論に参加する前に，事実上決定がなされると考えられるからである。言い換えれば，ユーロ評議会の構成と権限のあり方によっては，イギリスなどのユーロ未参加国が，重要な問題に関して，政策形成プロセスから外されてしまうおそれがあった。

こうした事態を避けるために，イギリスはユーロ評議会の会合への参加を，すべてのEU加盟国に開放した上で，厳密にユーロ圏だけに関係する問題を議論する場合にのみ，ユーロ未参加国が退出するという対案を出した。そして，もしこのような枠組が受け入れられなかったならば，ユーロ評議会はEU条約に抵触するとまでイギリスは主張したのである。これに対して，フランスなどユーロ第一陣への参加が予期されていた国々は，ユーロ参加に伴う義務を負うことなしに特権を享受することはできないと論じた。そして，イギリスなどユーロ未参加国のユーロ評議会への参加や情報提供については，あくまでユーロに参加した国々の判断によると主張したのである（Levitt and Lord 2000, 76-77）。

1997年12月のルクセンブルク欧州理事会では，ユーロ参加国がユーロに関係する事項について非公式に協議するユーロ評議会の設立が承認された一方，EU全体に関係する事項については，ユーロ未参加国も含めたすべての加盟国によって協議されるという原則が確認された。しかし，この原則に関する合意の内容は不明確であり，ユーロ参加国のみが協議する議題と未参加国を加えて協議する議題の仕分けの問題は，依然残されたままであった。それゆえ，ブレアは，この合意によって，EUの経済政策形成プロセスにおけるイギリスの影響力が確保されたと主張したが，現実には，ユーロ評議会の運営は，イギリスの望む方向で解決したわけではなかった（*The Times*, 13 December 1997）。

1998年6月にユーロ評議会の初会合が行われたとき，議長を務めたのは議長国のイギリスではなく，次期議長国が予定されていたオーストリアであった。これはイギリスがユーロ第一陣に加わらないためにとられた措置であった。しかも，イギリスは会議冒頭のセレモニーに参加した

だけで，実質的な審議に入る前に会議から退出するよう求められたのである。なお，他のユーロ未参加国はユーロ評議会の会合に出席しなかった（*Financial Times*, 4 June 1998）。

翌7月に開かれた2回目の会合は，イギリスなどユーロ未参加4カ国を除く11カ国が参加し，1999年1月のユーロ導入以降の予算編成について意見交換が行われた。そして，9月に開かれた3回目の会合で，初めてEU加盟15カ国すべてが参加した。

この会合においては，ユーロ導入以降，G7（先進国財務相中央銀行総裁会議）などの国際経済協議の場に，ユーロ圏の代表として誰を出席させるのかという問題が，対立を生んだ。ユーロ圏の中央銀行代表として，ドイセンベルク欧州中央銀行総裁が出席することには異論はなかったが，政治代表としてどの国の代表を出席させるべきかという点について，ドイツ，フランス，イタリアなどG7に参加している大国と不参加の中小国との間で意見の対立が見られたのである（*The Daily Telegraph*, 25 September 1998）。

要するに，G7に参加していない中小国は，ユーロ評議会の議長国がユーロ圏を代表すべきだとしたのに対して，大国の側は，議長国がG7不参加国の場合には，G7参加国である自分たちのいずれかが代表を務めるべきであると論じたのである。

この問題は9月の会合では決着がつかず，12月にユーロ参加11カ国財務相が参加して開かれたユーロ評議会において合意が成立した。結局，ユーロ評議会の議長国がユーロ圏を代表して参加，発言を行うということになったが，現在G7に参加しているユーロ圏諸国も引き続き会議に参加することが認められた。これは，問題によっては各国独自の立場があるために，ユーロ圏代表以外の発言権を確保する必要があるとされたためであった（*Financial Times*, 2 December 1998）。

ユーロ評議会の発足以降の経緯を見ていくと，イギリスの影響力が確保されたとするブレアの見方とは異なり，むしろEUの経済政策形成プロセスにおけるイギリスの周縁化が見てとれる。たしかに，ユーロ評議会にイギリスが出席する場合もあったが，セレモニーへの参加のみが認

められた初回の会合が体現しているように,実質的な審議参加にはほど遠いものだったのである。また,G7へのユーロ圏代表をめぐる問題について,イギリスは,解決に向けてほとんど目立った役割を果たさなかった。その意味では,ユーロ参加なしに特権は与えないとするフランスの見方が,基本的にユーロ評議会におけるイギリスの役割についてあてはまると言ってよいようである。

　欧州中央銀行総裁選出およびユーロ評議会の発足という2つのケースを通じて,イギリスはユーロ参加先送りの政治的なコストとして,EUの政策形成プロセスにおける周縁化を経験することになったのである。

(6)　1999年欧州議会選挙

　1999年6月に実施が予定されていた欧州議会選挙に向けて,労働党選挙キャンペーンの実質的なスタートとなったのが,5月にトニー・ブレアがドイツのアーヘンにおいて行ったシャルルマーニュ賞受賞演説であった。

　北アイルランド和平および欧州統合への貢献を評価されて,シャルルマーニュ賞を授与されたブレアは,受賞演説において,前任の保守党政権の下での欧州統合に対する長期にわたる消極的,否定的態度とは異なり,労働党政権の誕生によって,イギリスは,EUにおいて「常識と創造性」を持って積極的な役割を果たしてきたと述べた。そして,ブレアは「大胆な目標」を明らかにした。それは,「ここ数年のうちに,ヨーロッパに対するイギリスのどっちつかずの立場にきっぱりとけりをつける」ということであった (Blair 1999a)。5つの経済的基準が満たされたときにのみ,ユーロに参加するという政府の方針に変更はないことが述べられていたものの,この演説は,ユーロ早期参加をめざす労働党政権の意欲を強く示すものとして,マス・メディアは受け取った (*Financial Times*, 14 May 1999)。

　しかしながら,シャルルマーニュ賞受賞演説の積極的なトーンとは異なり,現実の欧州議会選挙キャンペーンにおいて,ユーロ参加問題に関するブレアおよび労働党の主張は,かなり抑制されていた。労働党選挙

キャンペーンのスタートにあたって、ユーロ参加時期を問われた際、ブレアは、ユーロ参加に向けた恣意的なスケジュールを有していないことを強調した。ブレアによれば、5つの経済的基準が満たされれば、次の総選挙後早期に国民投票を実施して、ユーロ参加が実現する可能性はあるが、労働党政権としては、「経済状況の如何にかかわらず次の総選挙後早期にユーロに参加する」という方針はとらないことが明言されたのである（*The Times*, 20 May 1999）。

欧州議会選挙での労働党の控えめなキャンペーンを体現したものとして、労働党がそれまでのように欧州議会選挙向けに独自のマニフェストを作成せず、欧州議会の社会民主主義グループである欧州社会党（PES: Party of European Socialists）のマニフェストを、選挙キャンペーンに使用したことが挙げられる（The Party of European Socialists 1999）。こうした労働党のやり方は、総選挙マニフェストに比肩するほど充実した欧州議会選挙マニフェストを作成した保守党とは、大きく異なっていた。

保守党党首ウィリアム・ヘイグ（William Hague）は、欧州議会選挙キャンペーンにおいて、ユーロ参加問題を争点に取り上げないブレアのアプローチを厳しく批判した。ユーロ参加の是非を、最大の争点として欧州議会選挙に臨んだヘイグは、ブレアとのテレビ討論を要求する書簡の中で、ブレアは、イギリスを裏口からユーロに引き入れるために、「争点隠し」を行っていると断じたのである（*The Guardian*, 21 May 1999）。

イギリスを裏口からユーロに引き入れようとしているというヘイグの批判の妥当性は別にしても、たしかに労働党の選挙キャンペーンは、ユーロ参加問題にあまり力点を置いていなかった。また、ユーロ参加について、ブレアや他の閣僚が言及した場合でも、5つの経済的基準がすべて満たされたときにユーロ参加をめぐる国民投票を実施するが、その時期がいつになるか、前もって予想することはできないという消極的な内容に終始した。

選挙キャンペーンの中で、ユーロ参加反対を全面に掲げる保守党に対して、なぜ労働党が、ユーロ参加のメリットを強調して、正面から対抗しなかったのか。その理由は、主として世論の動向に求めることができ

る。すなわち、世論調査結果において、ユーロ参加反対が賛成を圧倒する状況に、ほとんど変化が見られなかったため、この問題を欧州議会選挙の中心的争点として争うことは、労働党にとってあまり得策ではないと判断されたのである。ちなみに、1999年5月のMORIの調査によれば、ユーロ参加に賛成が31％、反対が53％、態度未定15％という結果が出ていた（Salomon Smith Barney 1999）。

しかし、ブレアの「争点隠し」は、結果的に功を奏さなかった。欧州議会選挙に対する有権者の関心は概して低く、選挙キャンペーンも低調なまま推移していた。しかし、その中で、唯一争点として浮かび上がってきたのは、ユーロ参加の問題であり、この争点に関しては、ヘイグ率いる保守党の側が、明らかにイニシアティヴを握ることになったのである。

ユーロ参加の是非を、欧州議会選挙最大の争点として前面に押し出そうとするヘイグの努力は、1999年1月に誕生して以来、ユーロの通貨価値が一貫して減少傾向を見せていたことによって助けられた。さらに、ユーロ参加に反対の論調を明確にしていたタイムズ、デイリー・テレグラフ、サン、デイリー・メイル、デイリー・エキスプレスの各紙が、執拗にユーロ参加問題を取り上げて労働党政権を批判したことも、保守党が選挙戦を有利に進める一因となったと見ることができる（Butler and Westlake 2000, 115）。

これに対して、欧州統合をめぐる保守党内部の対立を指摘し、ユーロ参加など欧州統合をめぐるさまざまな問題について否定的な保守党の立場は、イギリスの国益を損なうとする労働党の反論は、目立ったインパクトを持ち得なかった。しかも、コソボ紛争の長期化により、労働党は欧州議会選挙キャンペーンに集中することができなかった。特に、ブレア首相とロビン・クック外相は紛争解決に尽力していたために、選挙キャンペーンに十分な力を割くことができなかったのである。欧州議会選挙において、有権者の間でのブレア人気を活用しようとしていた労働党にとって、首相の実質的な不在は大きな痛手であった（Butler and Westlake 2000, 103-104）。

欧州議会選挙の投票日が近づくにつれて，事前の予想とは異なり，ユーロ参加問題を争点に戦った保守党がかなり善戦し，労働党は苦戦するのではないかという見方が広がった。そして，実際の選挙結果は，そうした見方をも上回る労働党の惨敗であった。

　表6-4は1999年の欧州議会選挙結果を，1994年の結果と比較したものである。これを見れば明らかなように，保守党が前回18議席から36議席と倍増し，得票率でも27.9%から35.8%に伸ばすことになった。これに対して，労働党は前回62議席から29議席と半減以下になり，得票率も44.2%から28.0%と，全国選挙の得票率に関して言えば，1983年総選挙以来，最悪の結果となった。ちなみに，イギリスにおいて欧州議会選挙の選挙制度が，それまでの小選挙区制から名簿式比例代表制に変更されていたために，労働党の敗北のスケールは，かなり緩和されていた。

　このような選挙結果は，世論調査における政党支持率のトレンドから予想されるものとは大きく異なっていた。MORIの調査によれば，1997年選挙において労働党が政権を獲得して以来，労働党の支持率は，2年にわたってほとんど50%を切ることがなかったのに対して，保守党の支持率は，めったに30%の壁を越えなかったのである。欧州議会選挙直前の

表6-4　欧州議会選挙結果（1999年，1994年）

		1999年		1994年	
		議席数	得票率(%)	議席数	得票率(%)
保守党		36	35.8	18	27.9
労働党		29	28.0	62	44.2
自由民主党		10	12.7	2	16.7
UK独立党		3	7.0		0.8
緑の党		2	6.3		3.2
スコットランド国民党		2	2.7	2	3.2
ウェールズ国民党		2	1.9		1.1
親ユーロ保守党			1.4		―
その他			4.4		2.9
投票率(%)	イギリス		23.1		36.1
	EU全体		49.4		56.8

（出典）Hix 2000, 65.
※　北アイルランドの選挙結果を除く

1999年5月に，MORIが行った世論調査では，労働党支持が52%，保守党支持が28%であった。そして，注目すべきなのは，欧州議会選挙直後の6月の世論調査においても，こうしたトレンドが続いていたことである。このときには労働党支持が51%，保守党支持が28%であった（MORI 2001）。

なぜ世論調査における政党支持率のトレンドと欧州議会選挙結果が，これほどまでに大きく乖離することになったのだろう。

1つの説明としては，欧州議会選挙が，いわゆる「第二順位（second-order）選挙」であることの影響を挙げることができる（Reif and Schmitt 1980）。通常最も重要な選挙，すなわち「第一順位（first-order）選挙」は，政権の帰趨を決する総選挙であると考えられている。その結果，地方議会選挙から欧州議会選挙に至るまで，総選挙以外のすべての選挙は，総選挙で政権を獲得した政党に対する有権者からの中間的な評価という性格を帯びざるを得ない。その意味で，欧州議会選挙は，総選挙よりも重要性の低い第二順位選挙と見なされることになる。

このように欧州議会選挙が第二順位選挙としての性格を有していることは，政権与党にとって，2つの面で不利な作用をもたらす[11]。1つは，政権の帰趨が争われているわけではないので，与党支持者にとって，投票に行くインセンティヴが必ずしも高くないということである。その結果，かなりの与党支持者が，投票を棄権することが予想される。もう1つは，有権者が政権選択のかかった総選挙とは，異なる投票行動をとる可能性が高いということである。これによって，与党支持者が単一争点政党のような他の政党への投票に回ったり，また，政府に不満を抱くようになった有権者が，与党にお灸を据えるために野党に投票するという傾向が見られることになる（Hix 2000, 64）。

たしかに，1999年の欧州議会選挙における労働党の敗北には，第二順位選挙としての性格が，一定の作用をしていると考えられる。1999年の選挙結果に関して最も注目すべきなのは，投票率が非常に低かったということである。表6-4に示されているように，EU全体で過去最低の49.4%の投票率を記録した。イギリスの投票率については，1994年の

36.1％から23.1％に落ちて，過去最低になったばかりか，EU加盟国の中でも，最低の数字を記録したのである。投票率23.1％ということは，有権者の4人に1人以下しか投票しなかったということであるが，こうした記録的な低投票率が，労働党に対して大きなダメージを与えたと考えられる。

表6-5は，下院の選挙区を1997年総選挙における労働党の得票率によって4種類（労働党の得票率が0〜30％の選挙区，30〜50％の選挙区，50〜60％の選挙区，60％を超える選挙区）に分類し，それぞれについて，欧州議会選挙の平均投票率，および，1997年総選挙と欧州議会選挙との間の平均得票率の変化を，保守党と労働党について示したものである。

表6-5を見て，まず明らかなのが，労働党支持が強い選挙区において，際立って投票率が下がっていることである。1997年総選挙で労働党が60％を超える得票をした選挙区（60％＋）の欧州議会選挙における平均投票率は，わずか18.2％にすぎなかった。これに対して，労働党の得票が30％以下であった選挙区（0〜30％）では，平均投票率は27.8％であった。

さらに注目されるのが，労働党支持が強い選挙区ほど，労働党の得票の落ち込みが目立っているということである。表6-5に示されているように，60％＋の選挙区において，1997年総選挙から1999年の欧州議会選挙にかけて，労働党の得票率は平均22.6ポイント落ち込むことになった。一方，労働党支持が弱い0〜30％の選挙区では，労働党支持の落ち込みは，比較的少ない4.1ポイントにとどまったのである。さらに，労働党支持が強い選挙区ほど，保守党の得票率の伸びが大きくなっている。

表6-5 下院選挙区別欧州議会選挙投票率と得票率

| 労働党得票率 | | 得票率の変化（1997年〜1999年） | |
(1997年総選挙)	投票率(％)	保守党(％)	労働党(％)
0〜30％	27.8	＋3.0	−4.1
30〜50％	24.5	＋2.6	−15.7
50〜60％	21.5	＋4.0	−20.2
60％＋	18.2	＋5.6	−22.6

（出典）Curtice and Steed 2000, 242-244.

このように総選挙での労働党支持が強い選挙区ほど,欧州議会選挙の投票率および労働党得票率が低くなっているということは,労働党支持者の多くが,投票を棄権したことによってもたらされたように思われる[12]。また,実際に投票に行った労働党支持者のうち,少なからぬ部分が,他の政党へ投票したようである。特に緑の党は,6.3％の得票率で2議席を獲得しているが,そのような緑の党の躍進は,総選挙で労働党に投票した人々を取り込むことによって実現したと見られている(Hix 2000, 65)。

1999年欧州議会選挙は,それまでの小選挙区制に代わって,名簿式比例代表制によって実施されたが,そうした選挙制度の変更は,緑の党のような小政党への支持を促進したようである。小選挙区制下においては,小政党の議席獲得可能性はかなり低いので,有権者は自らの1票が死票になることを嫌い,なかなか小政党に投票しようとしない傾向がある。それに対して,小政党にも議席獲得の確かなチャンスを与える比例代表制では,そうした傾向は抑制されることになる。

こうして欧州議会選挙の第二順位選挙としての性格が,労働党支持者の棄権および他の小政党への投票を促し,それが世論調査のトレンドを裏切って,労働党の惨敗をもたらしたと見ることができる。しかしながら,1999年欧州議会選挙における労働党の敗北と保守党の勝利の背景には,もう1つの要因があったことを指摘しなければならない。

それは,欧州議会選挙を,与党に対する中間的な評価という第二順位選挙としてではなく,欧州統合やイギリスのユーロ参加に対する自らの立場を表明する機会としてとらえた有権者が,一定程度見られたということである。これらの欧州統合を争点とする有権者の投票は,記録的な低投票率によって,選挙結果に大きなインパクトをもたらすことになった。欧州統合に熱心な有権者や関心の低い有権者が,あまり投票に行かなかったと考えられるのに対して,ユーロ参加に反対し,EU加盟自体に批判的な有権者のうち,相対的に多くの割合が投票に行ったと推測されるのである。

欧州議会選挙をユーロ参加をめぐる国民投票と位置づけて,活発な選

挙キャンペーンを展開した保守党は，こうしたユーロやEUに対して批判的な有権者の支持を集めることに成功したと見られる。さらに，ユーロ参加反対どころかEU脱退までも掲げていたUK独立党（United Kingdom Independence Party）は，EUに対して反感を抱く有権者の受け皿として，得票率7.0%，獲得議席3議席という躍進を見せていた。[13]

　ユーロ参加反対を強調する保守党に対して，労働党がユーロ参加のメリットを強調する積極的な選挙キャンペーンを実施していれば，選挙情勢は違ったものになっていたかもしれない。しかしながら，労働党は選挙キャンペーンにおいて，可能な限りユーロ参加問題を避けることになった。その結果，保守党やUK独立党の主張が，ユーロ参加に批判的な新聞の論調にも助けられて，有権者の中に浸透していったと思われる。

（7）ユーロ導入に向けた全国移行計画

　1997年10月27日に下院で発表された声明において，ゴードン・ブラウン蔵相は，2002年までに実施される次の総選挙前のユーロ参加を否定した。同時に，ブラウンは将来のユーロ参加に向けた準備を開始することを明らかにした。「ユーロ参加を決断した場合に，紙幣と硬貨を含めて，ユーロをイギリスに導入するために必要となる詳細な移行措置について」，金融セクターやさまざまな産業セクター，および，労働組合などの意見を参考にしつつ，大蔵省を中心として，今後数年の間に検討を進めることが約束された（*HC Debs*, 27 October 1997, 587）。

　1999年1月1日のユーロ誕生を受けて，イギリスのユーロ参加に関する検討結果，いわゆる「全国移行計画（National Changeover Plan）」が，ブレアによって，1999年2月23日に下院の場で公表された。全国移行計画について，ブレアは，ユーロ参加に関する労働党政権の「政策転換」ではなく，「ギア・チェンジ」を意味すると述べた。

　5つの経済的基準が満たされ，かつ，国民投票において承認された場合にのみ，ユーロに参加するという労働党政権の基本方針に変化はない。ただし，イギリスが現実にポンドを廃止してユーロを導入するためには，かなりの期間をかけた準備が必要である。全国移行計画は，そうしたユ

一ロ導入の際の政府および民間において必要とされる移行措置を示すという位置づけが与えられていた（*HC Debs*, 23 February 1999, 179）。

　全国移行計画の内容は，主に次の3つの項目によって構成されていた。第一に，ポンドを廃止してユーロを導入するまでの段取りを明らかにするスケジュールが示された。第二に，金融セクターや産業セクターなど民間の側で必要となる措置が示された。第三に，中央政府や地方政府などの公共の側で必要となる措置が示された。

　全国移行計画に示されたユーロ導入のスケジュールによれば，政府がユーロ導入を決断してから，ポンド廃止によりユーロが唯一の法定通貨となるまでに，34カ月から40カ月かかると想定された。

　図6-2はユーロ導入までの手順を概略的に示している。まず，政府がユーロ参加を決断してから国民投票を実施するまでに，4カ月ほどかかる。次に，国民投票において可決された後，イギリスのユーロ参加，すなわち，ポンドの対ユーロ相場における不可逆的固定が実現し，その上でユーロ紙幣と硬貨が国内流通を開始するまでに，24カ月から30カ月かかると見積られた。

　実は，1999年のユーロ第一陣参加国の場合には，自国通貨の対ユーロ相場固定からユーロ紙幣と硬貨の国内流通までに36カ月（3年）を要した。これに対してイギリスの場合には，こうした第一陣の経験を活かすことができるという点，および，すでにユーロ紙幣と硬貨が登場した後に導入するという点などの有利性を考慮に入れて，かなりのスピード・アップが可能と判断されたのである。そして，ユーロの国内流通が開始されてからポンドの流通が廃止されるまでに，6カ月が想定された（Her

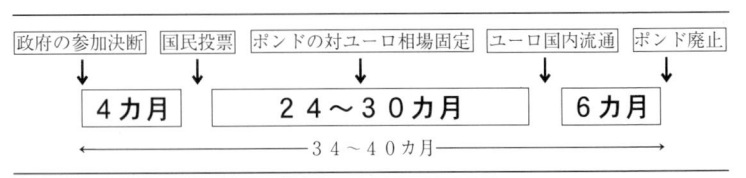

図6-2　全国移行計画に基づくユーロ導入へ向けた段取り

政府の参加決断	国民投票	ポンドの対ユーロ相場固定	ユーロ国内流通	ポンド廃止
↓	↓	↓	↓	↓
	4カ月	24〜30カ月	6カ月	

←――――――――34〜40カ月――――――――→

（出典）Her Majesty's Treasury 1999, 20.

Majesty's Treasury 1999, 17-20)。

　ユーロ導入に伴う民間の側での具体的な移行措置については，小規模な自営業から大規模な多国籍企業まで，さまざまな企業があり，また，製造，流通，小売りなど業種の違いによって，必要とされる措置も変わることから，それぞれのニーズにあった多様なアプローチを検討しなければならないとされた。そして，機械工業，銀行や保険などの金融業，スーパー・マーケットなどいくつかの例を取り上げて，ユーロ導入に伴う移行措置のケース・スタディーが示された。一方，すべての企業に共通する検討課題として，ユーロに対応したコンピュータ・システムの変更，および，それと関連した経営戦略の見直しが挙げられた。

　ユーロ導入に伴って，取引の決済だけでなく，決算，株式，賃金などさまざまな面でユーロに対応したシステムを構築する必要が生じる。こうしたコンピュータ・システムの変更にかかるコストは，企業規模や事業内容に応じて異なるが，かなりの額になると予想された。さらに，ユーロに対応してシステムを変更すれば，それを操作する人員に対する訓練コストも発生するので，システム変更は経営戦略に対して大きなインパクトを持つものと考えられた。

　加えて，ユーロ導入によって，EU域内において国境を超えて商品やサーヴィスの価格の比較が容易になり，価格透明性が高まるために，企業はそれまでの価格戦略を根本的に見直す必要が生じる。また，価格透明性に加えて，国ごとの賃金格差も明らかにされることから，経営拠点の見直しや新規市場への参入など，広範囲にわたる経営戦略の練り直しが必要になると考えられた（Her Majesty's Treasury 1999, 23-44）。

　中央政府や地方政府などの公共セクターは，イギリスのユーロへの移行をスムーズに実現する上で，指導的な役割を果たすことが期待された。GDPの40％以上を占め，広範な活動やサーヴィスを通じて，国民生活と密接な接触を持つ公共セクターは，ユーロ導入に向けた民間セクターの準備に，大きな影響を及ぼすと考えられたのである。

　公共セクターは，単にユーロに対応して内部システムを変更するだけでなく，そうした変更をその広範な活動やサーヴィスにかかわる個人，

企業，団体に説明する必要があるとされた。そして，ユーロに対応したシステムの操作やサーヴィスの受け手に対する説明を行うために，公共セクターの人員に対する訓練に，かなりの費用を計上する必要があると考えられていた。また，すべての中央省庁において，ユーロ導入へ向けた省内の準備作業を管轄する閣外相を置くことが約束された。

ユーロ導入に伴う公共セクターの移行措置について，社会保障省などいくつかの機関を取り上げて，ケース・スタディーが示された。社会保障省は，80,000人ものスタッフを擁し，年間1,000億ポンドを，年金や障害者手当などのさまざまな給付を通じて配分する巨大組織である。こうした組織の巨大さや業務の複雑さを考慮して，実は全国移行計画が発表される前から，すでに省内においてユーロ導入へ向けた検討がスタートしていた（Her Majesty's Treasury 1999, 45-56）。

ブレアによれば，国民投票が実施される前からこうした準備作業を開始することは，ユーロへの移行を，迅速かつ効果的に実現するために不可欠であるとされた。そして，社会保障省などによる事前の準備作業に対して，今後数年間で数千万ポンドが計上されていた（*HC Debs*, 23 February 1999, 181）。

ブレアが述べたように，全国移行計画は，ユーロ参加に関する労働党政権の「政策転換」を意味したわけではなかった。政府がユーロ導入の決断をした後のスケジュールについては明らかにされたものの，肝心の決断が総選挙後のいつになるかは，5つの経済的基準がすべて満たされた時としか述べられていなかったのである。

しかしながら，当初ブラウン蔵相が下院において公表する予定であった全国移行計画が，首相であるブレア自身によって明らかにされたことが，労働党政権がユーロ参加に積極的な姿勢に傾きつつある兆候として，とらえられることになった。

たとえば，ユーロへの早期参加を訴えていた自由民主党のパディー・アシュダウン（Paddy Ashdown）党首などは，ユーロ参加へ向けて，ついにブレアが「ルビコン川を渡った」と評した（*HC Debs*, 23 February 1999, 187）。そして，翌日の新聞各紙は，ユーロ参加を支持する立場を

とるか否かにかかわりなく，アシュダウンと同様の見方をとった。すなわち，全国移行計画の公表は，ユーロ参加に向けた労働党政権の決意表明であり，次の総選挙後早期に国民投票を実施するために，政府はブレアを中心としてユーロ参加のメリットを国民に対して強力に訴えかけていくと考えられたのである（*The Guardian*, 24 February 1999），（*The Daily Telegraph*, 24 February 1999），（*The Times*, 24 February 1999）。

しかしながら，現実には全国移行計画の発表以後，労働党政権によるユーロ参加に向けた国民に対する説得は，ほとんど見られなかった。これは1つには，1999年1月1日の誕生以降，ユーロの為替相場が低落傾向を示して弱い通貨となりつつあったために，イギリス国民に対してユーロ参加を訴えるのが，困難になっていたということがあった。さらに，1999年3月に予算不正流用疑惑に伴って，ジャック・サンテール委員長を中心とする欧州委員会が総辞職したことは，EUや欧州統合に対するイギリスのメディアの批判的な論調を強化した。こうした状況の下，労働党政権はユーロのメリットを国民に説得するのを躊躇したのである。

(8)「ヨーロッパの中のイギリス」

いずれにせよ，労働党政権としては，6月の欧州議会選挙まではユーロ参加問題に関して慎重な態度を示すことになった。しかし，欧州議会選挙に予想外の敗北を喫したことにより，労働党政権は選挙後も慎重な姿勢を継続した。それが明らかになったのが，イギリスのユーロ参加を推進するために，政党，ビジネス，労働組合などのリーダーを組織した超党派の団体として構想された「ヨーロッパの中のイギリス（BIE：Britain in Europe）」の発足をめぐる経緯である。

1999年10月14日のBIEの発足には，労働党，保守党，自由民主党という，イギリスの3つの主要政党の著名政治家が結集した。労働党からは，ブレア首相とブラウン蔵相に加えてロビン・クック外相，保守党からは，欧州統合支持派の著名政治家であるマイケル・ヘーゼルタイン元副首相とケネス・クラーク元蔵相，そして，自由民主党からは新しく党首に就任したチャールズ・ケネディ（Charles Kennedy）が参加していた。

BIE結成の目的は，EU加盟とユーロ参加の促進であった。すなわち，EU加盟によってイギリスが大きな利益を享受していることについて国民の理解を深め，ユーロ参加によって得られる利益を明らかにすることにより，イギリスのユーロ参加を後押しすることが，BIEの主要な任務とされたのである（*The Guardian*, 15 October 1999）。

実は，イギリスのユーロ参加を実現するために，政党，経営者団体，労働組合，欧州統合関連団体など，さまざまな組織の人々を糾合したキャンペーン団体を結成しようとする動きは，BIE発足の1年以上前から行われていた。当初の予定では，1999年1月1日のユーロ発足と歩調を合わせて，1999年春の段階でのBIEの立ち上げが考えられていた。しかしながら，ブレアとブラウンを中心とする労働党指導部は，6月の欧州議会選挙前の発足には難色を示した。これに対して，保守党のクラークやヘーゼルタインは，ブレアが参加しなければ自分たちも参加できないという姿勢を示したために，BIEの結成は，欧州議会選挙以後に先送りされたのである。

欧州議会選挙における労働党の惨敗，そして，世論調査において，一貫してユーロ参加反対が賛成を圧倒している状況において，BIEの発足はさらに遅れることになった。

今回の延期は，BIEの目的にかかわっていた。BIEの目的はEU加盟とユーロ参加の促進とされていたが，後者については，できる限り早い時期の参加を求める声が強かった。自由民主党のケネディや保守党のクラーク，ヘーゼルタインなどは，多くのビジネスや労働組合のリーダーと同様に，総選挙後早期の国民投票実施を望んでいたのである。しかしながら，労働党のブレアとブラウンは，5つの経済的基準が満たされたときにのみ，国民投票を実施するという政府の公式の立場を堅持し，次の総選挙後早期の実施を明言できないという立場をとった。結局，両者の間の妥協として，イギリスのEU加盟の利益を強調することに力を入れる一方，ユーロ参加問題については，次の総選挙後の参加可能性を指摘するにとどまることになった（*The Economist*, 16 October 1999）。

1999年10月のBIE発足スピーチにおいて，ブレアは「一世代につき1回，

イギリスはヨーロッパの一員であるべきだという主張がなされる必要があり，現世代については今がまさにそのときである」と述べた。なぜなら，近年，保守党を中心として欧州統合懐疑派の勢力が強まり，ユーロ参加を否定するばかりか，EU脱退まで求める主張が声高になされているが，そうした欧州統合懐疑派の議論を，事実に基づいて明確に反駁しなければならないからであるとされた。

さらに，ブレアは，イギリスの輸出の50％以上を占め，350万人を超える雇用を支えているEUとの経済的な結びつきの重要性を考えれば，「EU脱退は経済的な意味で自らの手足を切断することに等しい」と断じた。そして，EU加盟はアメリカとの結びつきを強化するとされた。それは，EU加盟により他の加盟国に対してイギリスが持つ影響力を，アメリカが高く評価しているからであった。さらに，「ヨーロッパの一員であることは，イギリスの国益に合致する」という意味で，EU加盟を通じて欧州統合を促進することは，「親ヨーロッパというよりもむしろ親イギリス」であり，「愛国主義」の一環であると論じた（Blair 1999b）。

全国移行計画とBIE発足をめぐる経緯は，労働党政権がユーロ参加問題について直面するディレンマを明らかにした。一方で，世論調査においてユーロ参加反対の割合が一貫して多数を占め，しかも，サンやデイリー・メイルを中心とする新聞メディアの大勢が，ユーロ参加に激しく反発する状況の下で，労働党政権が，正面からユーロ早期参加を訴えることは，次の総選挙に影響を与えかねないという意味で，政治的リスクが大きすぎると考えられた。他方で，政府が国民に対してユーロ参加を積極的に訴えかけなければ，世論がユーロ参加に傾くとは考え難かったのである。要するに，世論や新聞メディアの反発を恐れてユーロ早期参加を訴えなければ，国民にユーロ参加を受け入れさせることはできないというディレンマである。

そこで，労働党政権としては，間接的もしくは外堀を埋めるような形で，国民投票においてユーロ参加が多数を占めるような政治状況を創出することに尽力することになった。

たとえば，公式には5つの経済的基準が満たされたときにのみユーロ

に参加するという政府の方針に変更はないとされたが，全国移行計画を発表することにより，ユーロ参加を決断した場合のスケジュールや移行措置を示して，ユーロ早期参加へ向けた流れを作り出し，国民の間にユーロ参加は不可避であるという意識を創出することが追求されたのである。

　また，BIEの結成によって，クラークやヘーゼルタインなど保守党の欧州統合支持派を含めた超党派のキャンペーン組織を作ったことは，ユーロ参加反対を強調する保守党指導部の孤立化に貢献することになった。そして，BIEの目的のうち，イギリスのEU加盟の利益を強調することに力点が置かれたことは，ユーロ参加問題に焦点をあてた保守党による政府攻撃をかわす上で，労働党政権にとってきわめて都合がよかったのである（Sowemimo 1999, 360-361）。しかしながら，こうしたいわば「安全第一」の戦術を続けることが，ユーロ参加に疑問を抱く世論を変える上で有効かどうかは定かではなかった。

(9)　ユーロ参加をめぐる戦術的対立

　すでに見たように，ユーロ参加に関する労働党政権の基本方針は，ブラウン蔵相によって，1997年10月に下院の場で発表された。それによると，労働党政権としては，原則としてイギリスのユーロ参加を支持するが，5つの経済的基準に基づく検討の結果，1999年のユーロ第一陣への参加や次の総選挙前の参加は，イギリスの国益に合致しないというものであった。しかしながら，それと同時に，もしイギリスが長期にわたってユーロ圏外に位置するようなことになれば，それはEUにおける影響力喪失という形で，イギリスの国益を損なうということも認識されていたのである。

　以上のようなユーロ参加に関する基本方針については，労働党政権の中でコンセンサスが成立していた。ところが，次の総選挙以降，ユーロ参加をどのように実現するのかという具体的な戦術をめぐって，政権内部に見方の違いが露見した（Stephens 2001a, 72）。

　問題は，5つの経済的基準に基づくユーロ参加の決断を次の総選挙以

降に先送りするという点については，政権内にコンセンサスが成立していたが，その決断がなされるまでの期間をどうするのかというところにあった。

　一方の側には，ブラウン蔵相を中心として，労働党政権が総選挙前にユーロ参加問題について積極的な姿勢をとることは，参加反対が大勢を占める有権者やメディアの反発を考えれば得策ではないと考える人々がいた。ブラウンらは，ユーロ参加問題への言及をできるだけ避ける一方，選挙に向けて，政府の良好な経済運営を強調していくべきであるとしていた。

　これに対して，ロビン・クック外相，ピーター・マンデルソン北アイルランド相，スティーヴン・バイヤーズ（Stephen Byers）貿易産業相などは，ユーロ参加の決断は総選挙後だとしても，その前に，労働党政権としてユーロ参加のメリットを国民に対してアピールしていかなければならないと論じた。イギリスのユーロ参加が遅れれば遅れるほど，EUにおける影響力低下が懸念される。また，国民世論の大勢がユーロ参加に消極的な状況を一変させ，総選挙後に国民投票を実施して賛成多数を得るためには，選挙前から参加のメリットを訴える政府の力強い説得が必要であると考えられた（Rawnsley 2001, 386）。

　ユーロ参加をめぐる基本方針に関する対立ではなく，具体的な戦術をめぐる対立であるからといって，それが政権内部に深刻な対立がなかったということを意味するわけではない。なぜなら，ユーロ参加をめぐる戦術的対立は，すでに存在していた労働党閣僚間の個人的，感情的対立をいっそう増幅させることになったからである。ユーロ参加問題が労働党指導部の中で対立の火種となる前から，ブラウンとクック，そして，ブラウンとマンデルソンの不和は周知の事実となっていた。

　ブラウンとクックの対立は，1980年代中頃までさかのぼると言われている。当時2人は同じスコットランド出身の若手有力下院議員として前途を嘱望されていた。より若く政治的経験も少ないブラウンの方が党首のニール・キノックによって重用されたことが，対立のきっかけとなったようである（Kampfner 1998, 79-81）。

なお，興味深いことに，ブラウンとクックの間には，ユーロ参加をめぐる立場の交差が見られる。ブラウンは，労働党が野党であった時期には，影の閣僚の中でユーロ参加に最も熱心な1人と見られていたが，政権復帰とともに，その熱意が急速に失われていったとされる。これに対して，クックは，野党の時期にはユーロ参加のメリットに懐疑的であったと見られたが，外相就任とともにユーロ早期参加を追求するようになった。こうしたユーロ参加をめぐる立場の交差の背景には，それぞれの担当省庁の影響を指摘する見方もある。(15)すなわち，ブラウンの場合，欧州統合にそれほど熱心ではない大蔵省の官僚に影響されて，ユーロ参加に対する熱意を失ったと見られるのに対して，クックの場合，伝統的に欧州統合に最も熱心な省庁である外務省の官僚の影響を受けて，ユーロ早期参加論を唱えるようになったとされる（Stephens 2001b, 203）。

ブラウンとクックの対立に比べれば，ブラウンとマンデルソンの対立は比較的最近のことである。それでも，そのきっかけは，1994年のブレアの党首就任にまでさかのぼる。

1990年代前半まで，ブラウンとマンデルソン，そして，ブレアの3人は，保守党の長期政権に終止符を打ち，労働党の政権復帰を実現するために，党の組織からイデオロギー，政策に至る全面的な刷新が必要であるという問題意識を共有し，個人的にも親密な関係を築いていた。

しかしながら，当時の党首ジョン・スミスの急死によって，急遽実施された党首選挙において，ブラウンとマンデルソンの関係に大きな変化がもたらされた。スミスの後継党首として，労働党の改革を前進させる候補者の筆頭にブレアとブラウンの名前が挙がったが，有権者の間での人気とメディアからの後押しについては，若いブレアがブラウンをリードしていた。こうした状況をいち早く察知したマンデルソンは，党首選挙においてブレアの有力な支持者となったばかりか，ブレアの当選を確実にするために，党首選挙へのブラウンの立候補をストップさせるよう尽力したのである（Routledge 1998, 196-197）。結局，ブラウンは党首選出馬を断念して，ブレア支持に回ることになったが，マンデルソンの「裏切り」に対して深い憤りを抱くことになったとされる。

2000年5月に，マンデルソンはユーロ参加に積極的な労働組合の会合でスピーチを行った。1999年のユーロ誕生以来，ユーロの為替相場がイギリス・ポンドに対して下げ続けた結果，イギリスの製造業は，ポンド高によるダメージを受けてユーロ圏への輸出が非常に困難になっていた。そうした状況で，労働組合の大勢は為替変動による悪影響を取り除く手段として，ユーロ早期参加を切望するようになっていたのである。

マンデルソンのスピーチは，そうした組合の要望に応えるものであった。「われわれがユーロ圏外にある限り，不安定をもたらすポンドの為替相場の変動から産業を守るために取りうる手段は限られている」というマンデルソンの議論は，為替変動による悪影響を取り除くためには，ユーロ早期参加が必要とする立場を示していた（*The Guardian*, 17 May 2000）。

ブレアにユーロ早期参加を促すマンデルソンに対して，ブラウンは即座に反応することになった。マンデルソンのスピーチに対する大蔵省筋のコメントとして，たしかにポンド高が製造業に困難をもたらしている面はあるが，その問題を解決するためにユーロ早期参加を行えば，かえって経済に混乱をきたすとする反論が出されたのである（*The Guardian*, 18 May 2000）。さらに，ブラウンは，マンデルソンのスピーチは，政府の方針からの逸脱であるとブレアに苦情を述べ，もしこのような事態が続けば，蔵相辞任を考えざるを得ないという決意を示したと言われている（Rawnsley 2001, 387）。

マンデルソン北アイルランド相が，ユーロ参加先送りの経済的デメリットを指摘したのに対して，クック外相は，2000年6月の下院外交特別委員会の公聴会において，政治的デメリットについて語ることになった。クックは，イギリス以外のユーロ未参加国が近い将来に参加する見通しがあると述べて，EUの中でイギリスがただ1国孤立する危険性を示したのである。

「ギリシアはフェイラ［欧州理事会］で［ユーロ圏の］メンバーとなるだろう。デンマークは9月に［ユーロ参加をめぐる］国民投票を実施する。スウェーデンは現在［ユーロ参加をめぐって］活発な論議を行って

いる」。「他の加盟国が［ユーロに］参加するたびに，勢力バランスは変化することになる」(The Foreign Affairs Select Committee 2000, questions 167-168)。

一方，BMWによるローバー売却やフォードによる人員削減など，イギリス自動車産業の苦境を目の当たりにしていたバイヤーズ貿易産業相は，下院外交特別委員会の公聴会でクックが証言した数日後に，ブラッドフォードでの経営者団体の会合でスピーチを行った。その中でバイヤーズは，もしイギリスがユーロ圏の外にとどまれば，製造業が多大な打撃を受けることになると主張した。それに対して，もしイギリスがユーロに参加すれば，「企業は自信を持って将来の経営計画を立案することができる」として，ユーロ参加の経済的メリットを強調したのである (*The Times*, 10 June 2000)。また，クックもテレビ・インタヴューにおいて，「イギリスはユーロに参加すべきであるという議論は強力なものである。なぜなら，それはイギリスにとってヨーロッパは有力な市場であるという事実に基づいているからである」と述べて，バイヤーズの主張を支持していた (*The Guardian*, 10 June 2000)。

これに対してブラウンは，シティーの金融業界に向けた蔵相による毎年恒例のスピーチの中で，5つの経済的基準が満たされたかどうかにかかわりなくユーロ早期参加を求める立場は，受け入れられないと述べた。ブラウンによれば，そうした立場は，「為替相場の安定を経済全体の安定と混同するものであり」，経済の長期的安定を危険にさらした過去の失敗をくり返すものであると厳しく批判された (Brown 2000)。

さらに，ブラウンはブレアの支持を背景にして，ユーロ参加問題については，1997年10月の下院におけるブラウンの声明によって明らかにされ，今回のシティーに対するブラウンのスピーチによって再確認された立場を，すべての閣僚が守るよう要求した。その結果，下院に対してクックが行う予定であった演説原稿の中から，ユーロ参加問題に関連する部分について，マス・メディアによる閣内対立の観測を招きかねない表現は，すべて削除された (*The Guardian*, 16 June 2000)。

こうして，ユーロ参加をめぐる戦術的対立において，ブレアは，総選

挙までユーロ参加問題への言及をできるだけ避けるべきだとするブラウンの立場を支持した。

　ただし，ブレアとブラウンがユーロ参加をめぐる戦術的一致に達したからといって，両者がこの問題をめぐって，完全に一致しているわけではない。ブラウンと比較すれば，ブレアはユーロ参加のもたらす政治的メリットに，高い評価を与えていると言われる。ブレアは，「ここ数年のうちに，ヨーロッパに対するイギリスのどっちつかずの立場にきっぱりとけりをつける」と述べたように，EUの中で，イギリスがフランスやドイツに匹敵するリーダーシップを握ることを目標としている（Blair 1999a）。ユーロ参加は，その目標を達成する上で不可欠の前提条件と考えられているのである。その意味では，ユーロ参加に向けた前向きな議論を，できるだけ早く開始すべきであるとするクックやマンデルソンの立場について，ブレアは一定程度の理解を有していた。しかしながら，ブレアの心中においては，総選挙に勝利するという当面の課題が最優先されたのである。その結果，ユーロ参加に向けた議論を総選挙後に先送りするというブラウンの戦術に，ブレアは傾くことになった。

　ユーロ参加問題に関する閣内一致を印象づけるために，ブレアは，ポルトガルのフェイラで開かれる欧州理事会に出席する際，同行するブラウンとクックに対して，自分と同一のフライトを使うよう命じた。さらに，会議後の記者会見にも，三者そろって出席したのである。この記者会見で，ブレアは，ユーロ参加をめぐる閣内対立は，メディアによる単なる推測にすぎず，労働党政権の内部に対立は存在しないと強調した（*The Guardian*, 19 June 2000; 20 June 2000）。

　ユーロ相場が継続して低落していたこと，そして，2000年9月28日に行われたデンマークの国民投票において，反対53.1%，賛成46.9%でユーロ参加が否決されたことは，ブレアの態度をさらに慎重なものにした。デンマークが国民投票でユーロ参加を否決したことによって，「イギリス政府のユーロに関する立場が変わることはない。それぞれの国はそれぞれのやり方でユーロに関する決断を下さなければならない」とブレアは述べたが，デンマークの国民投票結果が，労働党政権に大きな課題を

突きつけたことに疑いはなかった (Blair 2000)。

　デンマークでは，政府と主要政党に加えて，経営者団体や労働組合など社会の主要団体も，ユーロ参加に向けた活発な運動を行ったにもかかわらず，極右政党と極左政党を中心とする反対派に敗北したのである (*Financial Times*, 29 September 2000)。デンマークの国民投票結果は，一部の欧州統合支持派を除く保守党や新聞メディアの大勢など，デンマークとは比較にならないほど強大なユーロ参加反対勢力が存在するイギリスにおいて，国民投票に勝利する困難さを，ブレアの前にあからさまに示したと言うことができる。

　2000年10月に韓国のソウルで開かれたアジア欧州会議（ASEM：Asia-Europe Meeting）の首脳会議に出席したブレアは，記者会見において，現時点でのユーロ参加は時期尚早であるという見解を明らかにした。「もし世論調査において，『今日ユーロに参加することに賛成するか』と聞かれれば，私は反対すると答えるだろう」(*The Guardian*, 20 October 2000)。ブレアは，イギリスがユーロに参加するための経済的環境はまだ整っていないという見方を示すことによって，閣内のユーロ早期参加論を冷却化させる一方，間近に迫っていた総選挙において，ユーロ参加問題を争点から外すブラウンの戦術に対する支持を再確認したのである。以後，総選挙が実施されるまで，労働党政権はユーロ参加問題に関して，こうした慎重な態度をとり続けることになる。

　ユーロ参加問題に関する労働党政権の慎重な態度は，東ヨーロッパ諸国などの新規加盟によるEU拡大に備えて，現行のアムステルダム条約を見直し，新たなEU条約（いわゆるニース条約）の締結をめざして，2000年12月にフランスのニースで開かれた欧州理事会でのイギリスの交渉態度にも反映した。ニース欧州理事会では，EU拡大に伴って，加盟国が増加する事態に対応するために，EUの組織および政策決定を効率化することが課題となっていた。そして，こうした目的を達成するために，閣僚理事会において特定多数決制で決定する分野の拡大，特定多数決制における加盟国の持ち票の見直し，一部加盟国による先行統合を可能にする枠組の設定，欧州委員の構成の見直しなどが検討されたのである

(Neunreither 2001)。

　これらの課題のうち，労働党政権にとって最も頭の痛い問題は，閣僚理事会における特定多数決制の適用分野の拡大の問題であった。労働党政権は特定多数決制の適用分野を拡大することに，一切反対していたわけではなかった。しかし，国内において反発の強い税制や社会保障などへの特定多数決制の適用は，受け入れられないという立場をとっていたのである。もしこれらの分野に対する特定多数決制の適用を許せば，労働党政権は，野党の保守党やさまざまな圧力団体，そして，欧州統合に批判的な新聞メディアから，国益を害したとして厳しく攻撃されることは明らかだったからである（Baker 2001, 285-288）。

　しかしながら，ニース欧州理事会において合意に至った新たなEU条約の内容は，労働党政権にとって，比較的満足できる妥協であったと言うことができる。特定多数決制の適用はいくつかの分野に拡大されたが，最大の課題であった税制と社会保障については，特定多数決制の適用を阻止することに成功し，全会一致制の下でイギリスは拒否権を確保することができたのである。また，特定多数決制における加盟国の持ち票の見直しの問題については，中小国の票数に対して大国の票数を増加させた結果，イギリスはフランス，ドイツ，イタリアなどとともに持ち票の重みを増加させることができた(16)。さらに，一部加盟国による先行統合については，当初参加しなかった国でも，後から参加する権利を確保したのである。

　ニース欧州理事会に関する下院での報告の中で，ブレアは，「われわれの判断では，イギリスの主張を通すことによって，ヨーロッパから最善のものを獲得し，ヨーロッパにおいて真の権威と影響力を発揮することは可能である」と述べて，ニース条約がイギリスの国益にかなっていることを強調した。そして，ニース条約を締結した労働党政権を攻撃する保守党のウィリアム・ヘイグに対して，EUという重要な同盟関係に背を向ける保守党の立場こそ，国益を害するものであると批判したのである（*HC Debs*, 11 December 2000, 351）。

(10) 2001年選挙と労働党政権の再選

　すでに見たように，労働党政権の中核をなすブレア首相とブラウン蔵相は，次の総選挙で再選を達成するまで，ユーロ参加に関して慎重な態度をとる点で，見解が一致していた。しかしながら，2001年2月7日に，ユーロ参加に向けたスケジュールについて，興味深い進展が見られることになった。ウィリアム・ヘイグ保守党党首の下院での質問に答える中で，ブレアは総選挙後に予定されていたユーロ参加をめぐる5つの経済的基準に基づく検討を，2年以内に完了することを明言したのである (*HC Debs*, 7 February 2001, 918-921)。

　もちろん，これはユーロ参加の是非に関する政府の見解が，総選挙後2年以内に明らかにされるということであって，国民投票が2年以内に実施されるということではなかった。しかし，労働党政権が1999年2月に発表したユーロ導入に向けた全国移行計画によれば，ユーロ参加に関する政府の決断から4カ月後に国民投票を実施するとなっていたために，ユーロ参加の決断が下されれば，総選挙から遅くとも2年4カ月以内に国民投票が実施されることを意味していた。

　この時期に，ユーロ参加に向けた総選挙後のスケジュールが，ある程度明確化されたことには，2つの理由が考えられる。

　第一に，この時期，自動車や鉄鋼などの輸出産業が，イギリスのユーロ参加を求める声をさらに強めていた。たとえば，日産などは，もしイギリスが総選挙後のユーロ参加を断念した場合には，新車製造に関する新規投資を，イギリスの工場ではなくフランスの工場に行うと脅していたのである (*The Observer*, 14 January 2001)。選挙区近郊に日産の工場があったブレアは，ユーロ参加に関するスケジュールを明確化することにより，労働党政権のユーロ参加へのコミットメントに対する日産の懸念解消に努めたと思われる。こうした努力の結果，日産はイギリスの工場への新規投資を決定した。

　第二に，ユーロ参加に向けたスケジュールの明確化は，次の総選挙で再選を達成するまで，ユーロ参加に関して慎重な態度をとるという労働

党政権の基本方針を，側面から補強するものであった。総選挙が近づくに従って，野党の保守党が，ユーロ参加の争点を前面に押し出す一方，マス・メディアも，この問題について関心を高めるのは目に見えていた。そこで，総選挙キャンペーンが開始される以前に，ユーロ参加をめぐるスケジュールをある程度明らかにしておけば，総選挙キャンペーンにおいて，この問題に関心が集中するのを避けることができたのである（*The Independent*, 8 February 2001）。

2001年選挙マニフェストでは，ユーロ参加に関する労働党政権の基本方針が繰り返された。労働党は「原則として成功した単一通貨への参加を支持する」が，ユーロ参加を現実のものとするためには，5つの経済的基準が満たされなければならない。そして，政府と議会がユーロ参加を承認した後，国民投票を実施して，最終的な決定を行うとされていた。さらに，マニフェストは，ユーロ参加の選択を国民に認めない保守党の立場を批判する一方，ユーロ参加が経済的国益に合致すると考えられる場合に，労働党は，イギリス国民に対して国民投票を通じて決定する機会を与えていることが示されていた（The Labour Party 2001, 13）。

ユーロ参加を中心とする欧州統合問題を，選挙キャンペーンの最大の争点とした保守党とは対照的に，労働党は，この問題を攻撃的争点（sword issue）ではなく守備的争点（shield issue）と位置づけることになった（Baker 2002, 322）。選挙キャンペーンを通じて，労働党の力点は，有権者に対して多大なアピールを有する経済と福祉の争点に置かれたのである。ユーロ参加の問題については，5つの経済的基準がすべて満たされなければならないという立場が示される一方，次議会期に限ってユーロ参加を否定するという保守党の立場は合理的ではないと批判された。さらに，ブレアは選挙演説において，政権を獲得したあかつきには，ニース条約の批准を行わず，条約内容の再交渉を開始するとしていた保守党の公約は，イギリスをEU脱退という危険な道へ導くという批判を行った（Blair 2001a）。

ユーロ参加や欧州統合関連の問題について，選挙キャンペーンの中で概して慎重な立場をとり続けたブレアであったが，欧州統合と愛国主義

を結びつける興味深い発言も見られた。「私はイギリス人であり、それを誇りに思っている。しかし、親イギリスの立場が反ヨーロッパの立場と同一であると見なしたことは決してない」。むしろ、「世界が相互に密接に結びつきつつある今日、イギリスにとっての愛国的国益とは、所属する同盟に積極的にかかわることに他ならない」。

また、ユーロ参加をめぐる国民投票について、慎重ながらも楽観的な見方も示された。ユーロに感情的な嫌悪を示す人々がいる一方、ユーロ参加をめぐる議論に耳を傾ける用意のある人々もいる。「ひとたびユーロ参加をめぐる国民投票キャンペーンが始まれば、議論の様相も大きく変わることになるだろう」（*The Observer,* 13 May 2001）。こうした発言は、来たるべき国民投票に臨むブレアの秘かな自信を表したものと見ることができる。

労働党は、選挙キャンペーン中の世論調査結果が示したリードを守りきり、前回1997年選挙に匹敵する地滑り的勝利を収めることになった。表4-1に示されているように、前回の結果と比較すると、労働党の得票率40.7％は、2.5ポイントの低下を示したが、第一党が圧倒的に有利な小選挙区制の効果により、獲得議席数412議席で、わずか6議席減にとどまったのである。戦後最低の投票率59.4％が示しているように、必ずしも国民の熱狂的な支持を背景にした再選とは言い難かったが、少なくとも保守党よりはましな選択肢として、労働党が選ばれたとすることができよう。また、ユーロ参加を中心とする欧州統合問題を守備的争点と位置づけた労働党の選挙戦略が、この問題を選挙キャンペーンの最大の争点とする保守党の攻撃をかわすことに成功したことが、2001年選挙における勝利に貢献したと見ることもできる。

---

(1) サンテールはエコノミスト誌に寄稿した論説「イギリスにふさわしい位置（Britain's Rightful Place）」の中で、労働党政権の誕生を契機として「イギリスはそのフェア・プレーの感覚、プラグマティズム、効率によって、EUにおいて指導的役割を担う国の1つとなるに違いない」と論じた。そして、それによって、「イギリスはイギリスにふさわしいヨーロッ

パの中心の位置に復帰することになるだろう」と論じていた（Santer 1997, 41）。
(2) アムステルダム欧州理事会から，ほぼ半年後の1998年1月18日には，下院の第三読会において，379票対145票の大差で条約に対する承認がなされていた（*HC Debs*, 19 January 1998, 784-787）。なお，上院の承認は1998年6月11日になされている（*HL Debs*, 11 June 1998, 1160-1177）。
(3) 1997年10月20日には，イギリスは2002年までに実施される次期総選挙の前にユーロに参加しないという報道を，ブラウン蔵相が明確に否定しなかったために，1カ月前とは反対に，株価が大幅安になったのに対して，ポンド相場は急上昇を見せた。この日は，1987年のブラック・マンデー（世界同時株安）10周年目にあたったために，シティーの市場関係者はブラウン蔵相にちなんで「ブラウン・マンデー」と名付けている（*The Daily Telegraph*, 21 October 1997）。
(4) 労働党は2回連続して総選挙に勝利した経験を3度ほど持っている。それにもかかわらず，フルに2期（8〜10年）政権を維持したことはなかった。たとえば，1945年と1950年の総選挙に連続して勝利したときには，2回目の選挙で大幅に議席を減らして政権が不安定となり，結局，通算6年あまりで下野せざるを得なかった。次に，1964年と1966年に連続して勝利したときには，最初の選挙で過半数をわずかしか上回らなかったので，2年を経ずに解散総選挙を行った結果，政権維持期間は6年弱にとどまることになった。1974年に2回行われた総選挙でも，同様の事態が見られた。労働党は1974年2月の総選挙で第一党となったが，過半数を下回ったために，10月に再び解散総選挙を行ってようやく過半数を達成した。その結果，政権維持期間は5年あまりに過ぎなかったのである（Butler and Butler 2000, 236-239）。
(5) 超高速列車ユーロスターの発着駅として，ヨーロッパ大陸への玄関口の役割を果たすウォータールー駅は，政権交代によって，ヨーロッパの一員としてイギリスが新たなスタートを切ったことを示す格好のロケーションとして選ばれた。なお，ブレアのウォータールー演説に先立って，外相のロビン・クックも，議長国として追求すべき課題について言及していた。その中でクックは，EUの活動をヨーロッパの人々の日常生活と再び結びつけるために，特に雇用促進，犯罪防止，環境保護の問題に関する取り組みが肝要であると述べた（Cook 1997）。
(6) ユーロ第一陣に参加が決まった加盟国は，ドイツ，フランス，イタリア，スペイン，オランダ，ベルギー，ポルトガル，オーストリア，フィンランド，アイルランド，ルクセンブルクの11カ国。一方，第一陣には不参加となった4カ国のうち，ギリシアは，マーストリヒト条約に定められた収斂基準を満たしていなかったために参加資格を有していなかっ

たが，他のイギリス，スウェーデン，デンマークは基本的に収斂基準を満たしていたにもかかわらず，政府の判断として，第一陣には不参加の姿勢を表明した (*The Sunday Times*, 3 May 1998)。

(7) 11カ国のうち，正式の加盟交渉を開始する国としては，ポーランド，ハンガリー，チェコ，スロヴェニア，エストニア，キプロスが挙げられた。残りのルーマニア，スロヴァキア，ラトヴィア，リトアニア，ブルガリアの5カ国については，加盟交渉の協議準備国と見なされた (*The Times*, 13 March 1998)。

(8) 1998年5月2日のブリュッセル特別欧州理事会において，ユーロ第一陣参加国として，正式に11カ国が選ばれたために，「ユーロX」は「ユーロ11」と呼ばれるようになった (*The Sunday Times*, 3 May 1998)。

(9) このときのヘイグによるテレビ討論の要求は，ブレアによって拒絶されている。一般に，選挙戦において不利な側がテレビ討論を要求するのに対して，戦いを有利に進めている側はそれを拒絶するというパターンが見られる。たとえば，1997年と2001年の2回の総選挙において，世論調査で大差をつけられていた保守党党首のメージャー（1997年）とヘイグ（2001年）は，党首の間でのテレビ討論の実施を要求したが，ブレアがそれを受け入れなかった (*The Guardian*, 18 January 2001)。

(10) ユーロ参加に批判的なタイムズの記者でありながら，ユーロ早期参加を支持するピーター・リデルによれば，欧州議会選挙キャンペーンは「失われた機会（missed opportunity）」であった。なぜなら，「イギリスとヨーロッパとの関係における50年にわたる冷淡さやあいまいさに終止符を打つ」という，アーヘンでのブレアの誓約を実現しようとする試みが，全く見られなかったからであるとリデルは断じた (*The Times*, 7 June 1999)。

(11) こうした傾向は，2大政党でも特に労働党に顕著に見られるようである。労働党が政権与党であるときには，保守党が政権についているときよりも，地方選挙のような「第二順位選挙」における不振が際立っていた (Berrington and Hague 2001, 68)。

(12) 労働党支持者が，かなりの割合で投票を棄権したと考えられるもう1つの根拠として，投票率の落ち込みが激しかった選挙区ほど，労働党の得票率の落ち込みも大きくなっているということが挙げられる。1997年総選挙と比較して，投票率が半分以下の選挙区では，労働党の得票率は，平均17.8ポイント下落している。これに対して，それ以外の選挙区では，労働党の得票率下落は，平均14.4ポイントにとどまっているのである (Curtice and Steed 2000, 243)。

(13) 1997年総選挙から欧州議会選挙にかけての保守党の得票率の変化に関して，興味深い地域的パターンが見られる。保守党の得票率は，ロン

ドン，スコットランド，ウェールズにおいて，それほど目立った上昇が見られなかった。同じように，UK独立党の支持も，ロンドン，スコットランド，ウェールズにおいて弱かった。これら3つの地域は，イギリスの中でも，欧州統合に対する支持が比較的強いことから，統合に批判的な保守党とUK独立党へ支持が集まらなかったと考えられる。

(14) 全国移行計画に基づくユーロ導入に向けた準備作業の進捗状況を示した2000年3月の報告書では，ユーロ第一陣諸国の動向をふまえて，若干の修正が見られた。たとえば，ユーロ紙幣と硬貨を導入してから自国通貨を廃止するまでの期間について，ユーロ第一陣諸国の多くが，当初予定の6カ月を2カ月に短縮していたが，イギリスでも同様に期間を短縮できるかどうか，各国の経験を参考にして検討するとされたのである (Her Majesty's Treasury 2000, 38)。

(15) ユーロ早期参加に対するブラウンの熱意喪失を説明する別の見方は，将来ブレアに代わって首相就任を狙うブラウンの野望の影響を指摘する。もしユーロ早期参加を実現するために，国民投票を実施して敗北するようなことがあれば，労働党政権の基盤は致命的な打撃を被ることになり，ブレアからの政権禅譲を狙うブラウンのもくろみが破綻するおそれがある。それゆえ，政権基盤を揺るがしかねないユーロ参加をできるだけ先送りすることが，将来的なブラウンの首相就任にとって，肝要であるという計算が成り立つとされる (Stephens 2001a, 74)。

(16) 閣僚理事会におけるそれぞれの加盟国の持ち票の変化は以下の通り (*The Economist*, 16 December 2000)。10票→29票（ドイツ，イギリス，フランス，イタリア）。8票→27票（スペイン）。5票→12票（オランダ，ギリシア，ベルギー，ポルトガル）。4票→10票（スウェーデン，オーストリア）。3票→7票（デンマーク，フィンランド，アイルランド）。2票→4票（ルクセンブルク）。一方，新規加盟が予定されている国に割り当てられる票数は以下のようになっている。27票（ポーランド）。14票（ルーマニア）。12票（チェコ，ハンガリー）。10票（ブルガリア）。7票（スロヴァキア，リトアニア）。4票（ラトヴィア，スロヴェニア，エストニア，キプロス）。3票（マルタ）。

第7章　ユーロ参加と野党保守党

(1)　1997年選挙惨敗のショック

　1997年総選挙における地滑り的敗北は，保守党に大いなる衝撃をもたらした。表4-1が示すように，獲得議席数は165議席にとどまったが，その数字は，クレメント・アトリー率いる労働党が大勝した1945年総選挙において，保守党が獲得した213議席をさらに下回るものであった。そして，得票率30.7％は，1832年総選挙以来，最低の数字だったのである（Butler and Butler 2000, 233-239）。

　加えて，1997年選挙において，保守党は過去に経験しなかったような困難に直面した。すなわち，保守党はスコットランドとウェールズですべての議席を失い，イングランドの選挙区だけを代表することになり，真の意味での全国政党ではなくなってしまったのである。

　また，1997年選挙惨敗は，保守党の組織的基盤の弱体化をあらわにした。表7-1は，2大政党の党員数について，1964年選挙以降，総選挙時点ごとの数字を示したものである。これを見ればわかるように，1980年代までは，党員の数に関して保守党が労働党をはるかに上回っていたのに対して，1997年選挙時点において，保守党は労働党の後塵を拝するようになったのである。しかも，労働党の方は，ブレアの党首就任以降，それまでの党員減少の傾向を逆転させて増加の方向に転じたのに対して，保守党は一貫して減少傾向をたどっていた。こうした党員数の減少に見られるような党組織の弱体化は，1979年選挙以降，4回連続の総選挙勝利によって18年間政権を維持していた時には，それほど懸念されていなか

表 7-1　1964年選挙以降の 2 大政党の党員数

	労働党	保守党
1964年	830,116	2,150,000
1966年	775,693	2,150,000
1970年	680,191	2,150,000
1974年	691,889	1,500,000
1979年	666,091	1,350,000
1983年	295,334	1,200,000
1987年	288,829	1,000,000
1992年	279,530	500,000
1997年	405,000	400,000

（出典）Webb 2000, 193.

ったが，政権喪失によって切実な問題として意識されるようになったのである。

　さらに，1997年選挙における惨敗は，保守党に対して，今後どのようなイデオロギー的，政策的立場をとれば，選挙敗北や党組織の衰退を免れることができるのかという難問を突きつけた。

　1980年代から1990年代にかけて保守党が経験した欧州統合，そして，特に通貨統合の問題をめぐる党内対立の深刻化は，派閥抗争に明け暮れる保守党は，政権運営の責任を十分に果たしていないという批判を招き，それが選挙惨敗をもたらす一因にもなった。しかしながら，選挙後一夜にして対立が解消するはずもなく，選挙敗北の責任をとって保守党党首を辞任したジョン・メージャーの後任を選ぶ党首選挙において，保守党が，右派を中心とした欧州統合に反発する統合懐疑派と左派を中心として統合に熱心な統合推進派との間で，真っ二つに割れていることが再び明らかになった。しかも，他のいかなる争点にも増して，欧州統合に対する態度が，党首選での保守党下院議員の投票と密接に結びつくという事態が見られた。要するに，欧州統合をめぐる対立が，保守党の将来にとって，最も重要な争点として浮上することになったのである。

　かくして，メージャーの退陣を受けて新たに選出されることになった保守党党首は，欧州統合の問題を中心とする党内対立をいかに解消し，党を団結させるのか，そして，総選挙において保守党に対する信頼を喪

失した有権者の支持をいかに取り戻すのか，という2つの密接に関連する難問に取り組まなければならなくなった。

(2) 1997年保守党党首選挙

1997年選挙惨敗の責任をとって，ジョン・メージャーは保守党党首を辞任する意向を明らかにし，できる限り早い時期に後継党首を選ぶよう求めた（*The Times*, 3 May 1997）。保守党下院議員の中には，選挙敗北直後の党首選実施に難色を示す向きもあった。彼らは，総選挙であからさまになった保守党の党内対立が，党首選挙によってさらに悪化するのを恐れたのと同時に，保守党が選挙敗北のショックに打ちのめされている状況で，冷静な判断に基づいて党首を選出するのは，不可能に近いと主張したのである（*The Guardian*, 15 May 1997）。

また，保守党の議会外組織をたばねた全国同盟（National Union of Conservative and Unionist Associations）は，下院議員にのみ投票権が与えられている現行手続きを改めて，一般党員も党首選挙に参加できるような手続きを導入するために，党首選挙の延期を求めた。党首選挙への参加を下院議員以外にも広げるべきであるという議論は，1997年選挙惨敗によって，保守党がスコットランド，ウェールズの議席をすべて失い，さらに，イングランド都市部の議席を大幅に減らしたために，大きな説得力を持つようになっていた。現行制度のままでは，下院議員を持たないスコットランド，ウェールズ，イングランド都市部の保守党党員の意見は，党首選出に何ら反映されないという問題が強く意識されたのである（Alderman 1998, 3）。

しかしながら，保守党下院議員によって構成される1922年委員会は，下院議員のみが参加できる党首選手続きの変更を拒否し，6月10日に現行手続きによって党首選挙の第1回投票を実施することを決定した。[2]

この決定の理由としては，手続き変更に伴う党首選挙実施時期の遅れが，保守党の党内対立をさらに悪化させる可能性があること，また，選挙の直前に手続きを変更するのは，総選挙惨敗直後から党首選挙に向けた実質的な運動が開始されていた中で，特定の候補者を利する可能性が

あり，公正を欠くという批判が挙げられていた。ただし，将来に向けた党首選挙手続きの改革については，秋の党大会前に青写真を作成するという約束が，1922年委員会の委員長に新しく選出されたアーチー・ハミルトン (Archie Hamilton) によってなされた (*The Guardian*, 23 May 1997)。

1997年保守党党首選挙における1つの大きな特徴は，左右両派の有力候補が，それぞれ出馬を断念せざるを得なかったということである。

欧州統合に懐疑的な立場を明確にし，保守党右派から将来のリーダーとして目されていたマイケル・ポーティロ元国防相は，労働党の地滑り的大勝のあおりを受けて，思いもよらない落選の憂き目を見たために，党首選の候補者資格を事実上失っていた。[3] 一方，保守党左派の有力政治家で，欧州統合に積極的な立場から，1990年党首選挙で時の首相サッチャーに挑戦したマイケル・ヘーゼルタイン元副首相は，健康上の理由から党首選への再挑戦を断念した。彼は過去に心臓発作で入院する経験を持っていたが，1997年総選挙投票日の2日後に，再び狭心症で入院したために，党首の激務をこなすことはできないと判断したのである (*The Observer*, 4 May 1997)。

2人の有力候補が出馬しないという事態を受けて，結果的に5人もの候補者が名乗りをあげることになった。

まず，保守党左派を代表する候補者の任は，ヘーゼルタインの出馬断念によって，ケネス・クラーク元蔵相に委ねられた。一方，保守党右派の側では，ポーティロの不出馬によって，第1回投票段階での候補者一本化の動きは見られず，結果として4人もの候補者が出馬することになった。

右派の4人の候補者の中で，最も注目されたのが元ウェールズ相のウィリアム・ヘイグであった。ヘイグの立候補については，ウェールズ相を2年あまりしか務めていないという閣僚経験の少なさ，また，まだ36歳という若さから，党首には早すぎると見る向きもあった。しかし，ヘイグはこうした点についてのマイナス評価を，プラス評価に変えることに成功したのである。閣僚経験の少なさは，政権の要職にあった者が必然的に選挙惨敗の責任を問われるのに対して，ヘイグの責任を比較的軽

減することになった。しかも，43歳という若さで首相に就任したトニー・ブレアに対抗するには，保守党の側でも指導部の大幅な世代交代が必要であるという議論が高まっていたのである（Turner 2000, 236）。

最も欧州統合に懐疑的な立場をとり，単一通貨への参加を明確に否定した右派候補者が，ウェールズ相を辞任して1995年党首選挙でメージャー首相に挑戦したジョン・レッドウッドである。しかし，現職党首に挑戦したというレッドウッドの過去は，指導部への忠誠心を重視する多くの保守党下院議員の反発を買い，結果として支持の広がりを阻む障害となった。これに対し，マイケル・ハワード元内務相は，閣僚経験の長さに基づく有力政治家としての資格をアピールする一方，ピーター・リリー元社会保障相は，一連の福祉制度改革を通じた福祉国家のスリム化への貢献をアピールしていた。

6月10日に行われた第1回投票では，表7-2が示しているように，5人の候補者の間で票が割れた結果，どの候補者も当選に必要な票数を獲得することができなかった。ただし，上位2人と残りの3人の間にはある程度の差がついていた。表7-2によれば，保守党左派の支持を集めたケネス・クラークが49票を獲得して1位となり，2位には8票差で右派の最有力候補と目されたウィリアム・ヘイグがつけていた。この結果を受けて，4位のピーター・リリーと5位のマイケル・ハワードは，左派のクラークの当選を阻止するために，第2回投票への参加を断念して右派のヘイグの支持に回った。一方，リリーとハワードとは対照的に，3位のジョン・レッドウッドは，引き続き第2回投票へ参加することを表明し

表7-2　1997年保守党党首選挙結果

	第1回投票 (6月10日)	第2回投票 (6月17日)	第3回投票 (6月20日)
ケネス・クラーク	49	64	70
ウィリアム・ヘイグ	41	62	92
ジョン・レッドウッド	27	38	
ピーター・リリー	24		
マイケル・ハワード	23		

（出典）Alderman 1998.

た。

　第1回投票でトップに立ったクラークは，同時に実施された保守党選挙区組織議長による投票でも，圧倒的な支持を受けていた。現実の選挙結果には何ら影響しない非公式な人気投票ではあったが，クラークは，ヘイグの188票に対して322票を獲得していたのである。同様に，保守党上院議員や保守党欧州議会議員による人気投票でも，クラークはヘイグを大幅にリードしていた（*The Guardian*, 11 June 1997）。さらに，第1回投票直前にICMが実施した世論調査でも，クラークの保守党党首就任を支持する割合が，31％であったのに対して，ヘイグを支持する割合はわずか9％にすぎなかった（*The Guardian*, 10 June 1997）。

　このように保守党の草の根レヴェルや一般有権者から支持されていたにもかかわらず，クラークが保守党党首に当選する可能性は，必ずしも高くなかった。なぜなら，保守党左派を代表する政治家で，欧州統合に積極的な立場からイギリスのユーロ参加を支持するクラークは，欧州統合に懐疑的な右派が多数を占める保守党下院議員の間での支持を伸ばす余地がなかったからである。

　保守党と欧州統合との関係を研究するジョン・ターナー（John Turner）によれば，1992年選挙から1997年選挙にかけての時期に，保守党下院議員の間で欧州統合支持派が約25％を占めていたのに対して，欧州統合懐疑派は倍以上の約55％を占めていたとされる[5]。こうした傾向は1997年選挙後さらに強まり，欧州統合支持派が約23％となったのに対して，欧州統合懐疑派は約59％を占めるようになっていた（Turner 2000, 189; 214）。

　要するに，164名の保守党下院議員の6割近くが欧州統合懐疑派によって占められていたために[6]，投票が進むにつれて，ユーロ参加に積極的なクラークに対する支持が，頭打ちになる可能性が高かったのである。そこで，クラークは第2回投票以降，欧州統合懐疑派からの支持を調達するために，自分が保守党党首に当選したあかつきには，一方で，ユーロ参加の是非を問う下院での投票が行われた場合には，党議拘束をかけずに自由投票で臨むこと，他方で，影の内閣には，欧州統合に対する立場を問わず，能力のある者を登用するという「包摂的（inclusive）」リー

ダーシップを約束したのである（Alderman 1998, 10-11）。

　クラークによる包摂的リーダーシップの提唱は，第1回投票の結果，次期保守党党首として本命視されたヘイグに対する対抗策と見ることができる。第1回投票において，右派の候補者のトップに立ったヘイグは，第2回投票への参加を断念したリリーとハワードの支持者にアピールするために，今後10年間から15年間にかけて，ユーロ参加を否定するという立場を強調した。さらに，この方針を受け入れられない者は，影の内閣に参加する資格はないとして，欧州統合支持派のフロント・ベンチ（閣僚や影の閣僚などの重要な役職）への登用を，事実上否定していたのである（*The Guardian*, 17 June 1997）。

　6月17日の第2回投票では，予想通りレッドウッドが38票で最下位となったが，思いの外クラークが善戦し，64票を獲得して1位の座を守った。しかし，ヘイグも62票を獲得し，クラークにわずか2票差と迫っていた（*The Guardian*, 18 June 1997）。第2回投票でも過半数を超える候補者が出なかったために，クラークとヘイグの間で決選投票として第3回投票が行われることになった。

　第3回投票に向けて注目を集めたのが，第2回投票で最下位になったレッドウッドの動向である。ユーロ参加を未来永劫（never）否定し，党首選挙候補者の中で最も欧州統合に懐疑的なレッドウッドの立場を考慮に入れれば，同じ右派としてイデオロギー的にも近く，ユーロ参加への反対姿勢を強めつつあったヘイグの支持に回るのが当然のことと思われていた。

　しかしながら，第2回投票の翌日，レッドウッドは，第3回投票で何と欧州統合支持派のクラークを支持することを明らかにしたのである。この欧州統合懐疑派と支持派との間の思いもよらない協力関係について，レッドウッドは「[欧州統合をめぐる]保守党の党内抗争を終結させるために」必要であったと説明した。そして，クラークとレッドウッドの根本的な対立点であるユーロ参加については，EC加盟をめぐる1975年国民投票の際に，労働党のハロルド・ウィルソン首相が，内閣の連帯責任制の一時停止を実施したのと同様に，保守党下院議員のみならず，影の

内閣のメンバーについても，自由投票を認めることで合意していた(7)（*The Times*, 19 June 1997）。

結果として，レッドウッドのギャンブルは裏目に出ることになった。それまでレッドウッドを支持してきた欧州統合懐疑派の多くは，彼らの敵であるクラークとの協力という「裏切り」に我慢できず，ヘイグの支持に回ったのである。また，党首選挙において，それまで沈黙を守ってきたサッチャーも，ヘイグへの支持を明らかにして，精力的な活動を開始した。そして，ヘイグ陣営も，クラークとレッドウッドの同盟は，機会主義的で不安定な野合であると厳しく攻撃して，レッドウッドを支持した人々の切り崩しに全力をあげたのである（*The Guardian*, 19 June 1997）。その結果，第3回投票では，ヘイグ92票，クラーク70票という思わぬ大差で，ヘイグの保守党党首当選が決まった。

保守党党首選挙におけるヘイグの勝利，特に第3回投票におけるクラークに対する大差での勝利は，保守党下院議員の中で，いかに欧州統合懐疑派の勢力が支配的になっているかを示した。第3回投票でヘイグが獲得した92票は，全保守党下院議員164名の約56％であったが，この割合は，1997年選挙以後，保守党下院議員の約59％が欧州統合に懐疑的な立場をとる人々で占められるようになったとする，ターナーの推定とおおむね符合していた。ヘイグの党首就任は，欧州統合懐疑派による保守党指導部の掌握，そして，党内での統合支持派のさらなる孤立化を意味することになった。

(3) 2議会期にわたるユーロ参加の否定

新しく保守党党首に就任したウィリアム・ヘイグの初仕事である影の内閣の人事では，欧州統合懐疑派が支配的な位置を占める保守党内部の勢力配置を反映して，統合懐疑派が重点的に登用されることになった。特に，党首選挙においてヘイグと競った統合懐疑派の候補者には，主要ポストが配分された。影の大蔵大臣にはピーター・リリー，影の外務大臣にはマイケル・ハワード，そして，第3回投票でクラークを支持したジョン・レッドウッドにも，影の貿易産業大臣の職が与えられることに

なった。さらに，ユーロ参加に関する立場の違いを理由に，メージャー政権の大蔵閣外相を辞任したデーヴィッド・ヒースコート・エイマリーや，欧州統合懐疑派の中心人物の一人と目されていたイアン・ダンカン・スミス（Iain Duncan-Smith）にも，影の閣僚の地位が与えられた（*The Guardian*, 23 June 1997）。

これに対して，欧州統合支持派からもスティーヴン・ドレル（Stephen Dorrell），ノーマン・ファウラー（Norman Fowler），ジョージ・ヤング（George Young），デーヴィッド・カリー（David Curry）などが入閣したが，彼らに与えられたのは主要ポストではなかった。しかも，彼らは，欧州統合懐疑派が多数を占める閣内において，少数派の悲哀を味わうことになった。

ちなみに，ヘイグは，今後10年間から15年間にかけてユーロ参加を否定する立場をとり，この方針を受け入れられない者は，影の内閣に参加する資格はないとする厳しい姿勢を党首選挙の中で示していた。しかし，現実に組閣を行う際には，この姿勢を若干緩和して，欧州統合支持派からの入閣を確保することになった。統合支持派の影の閣僚は，ヘイグの方針を公の場で批判しないという約束により，自己の信念に反する立場を強要されることはなくなったのである（*The Daily Telegraph*, 22 June 1997）。一方，統合支持派のリーダーとして党首選挙を戦ったケネス・クラーク，メージャー政権の副首相を務めたマイケル・ヘーゼルタインは，近い将来のユーロ参加を否定するヘイグ率いる影の内閣への参加を望まない意思を明確にして，閣外に去った。

かくて，ユーロ参加を否定する方針を若干緩和して，欧州統合支持派の入閣を確保し，影の内閣に党内少数派の立場もある程度反映されているという外見を作り上げたヘイグであったが，こうした党内融和の姿勢は長続きしなかった。10月の保守党大会が近づくにつれて，欧州統合に対する立場を，より否定的な方向に変えようとする動きが顕著になったのである。

まず，1997年6月のアムステルダム欧州理事会において合意されたアムステルダム条約が攻撃の対象となった。ヘイグは，この条約はイギリ

スの死活的利益を損ない，EUを国家主権を侵食する超国家連邦に仕立て上げるものとして厳しく批判し，保守党は条約批准に断固として反対するという立場を明確にしたのである。そして，ブレア政権に対して，アムステルダム条約批准を国民投票にかけるべきであるという要求を突きつけた（*The Times*, 28 June 1997）。

加えて，ユーロ参加に関する立場も，次第に厳しくなっていった。1997年党大会直前の10月初旬に開かれた影の内閣の会合において，1997年選挙から次の総選挙が実施されるまでの現議会期，および，次の総選挙からその次の総選挙が実施されるまでの次議会期について，保守党として，イギリスのユーロ参加に反対する方針が提案されたのである。この方針によれば，保守党は8年から10年の間にわたって，ユーロ参加を否定するということを意味していた。[8] 一方で，欧州統合支持派のバック・ベンチャー（役職についていない陣笠議員）に対して，下院でユーロ参加をめぐる採決がなされた際に，自由投票を認めるという柔軟性を残しながらも，他方で，影の閣僚などのフロント・ベンチャーに対して，党の方針に従った投票を強要するという厳しい態度が示された（*The Times*, 5 October 1997）。

さらに，現議会期と次議会期についてユーロ参加を否定する方針の是非を問うために，保守党党員全員が参加する投票を実施することが検討された（*The Times*, 6 October 1997）。これは，欧州統合やユーロへの反発が根強く見られる一般党員の圧倒的な支持を背景に，欧州統合支持派に圧力をかけて，党内対立を鎮静化させるための1つの戦術であったと見ることができる。

2議会期にわたってユーロ参加を否定する方針は，当然ながら欧州統合支持派の反発を買った。たとえば，党首選でヘイグに敗れたケネス・クラークは，8年から10年という人為的な期間について，ユーロ参加を否定するという方針は，日々変化しつつある現代の政治経済において，あまり賢明な政策ではないと批判した。また，欧州統合支持派の影の閣僚の中にも，この方針を公式に支持する義務が課せられるのならば，影の内閣にとどまることはできないという意思を示す者もあった。こうした

統合支持派の反発の強さに，ヘイグは，党大会の場でユーロ参加の問題について，若干トーンを和らげた。保守党は，「予測できる将来（foreseeable future）」についてユーロ参加を否定すると述べる一方で，「予測できる将来」が，実際にどれぐらいの期間であるのか明言を避けたのである（*The Daily Telegraph*, 9 October 1997）。

しかしながら，影の内閣の少数派である欧州統合支持派の要求を入れて，ユーロ参加に反対する方針をトーン・ダウンしたヘイグの譲歩は，欧州統合懐疑派から厳しく批判されることになった。原則としてユーロ参加に反対し，できれば参加の可能性を完全に摘み取ることを狙う統合懐疑派にとって，2議会期について参加を否定する方針でさえ妥協だったために，2議会期を「予測できる将来」という文言で置き換えて，さらに水割りすることは受け入れがたかったのである。そのような反発を反映して，影の外相マイケル・ハワードは，公然とヘイグを批判することこそなかったものの，「予測できる将来」とは2議会期を意味すると述べて，あたかも方針転換を無視するかのような姿勢を見せた。さらに，急進的な統合懐疑派の影の閣僚の中から，ヘイグの方針転換に反発して，辞任者が出るのではないかというマス・メディアの観測も流れた（*The Sunday Times*, 12 October 1997）。

こうして，かつてメージャーを苦しめたユーロ参加をめぐる党内対立が，ヘイグに対しても，大きな困難をもたらすことになった。対立が厳しさを増すにしたがって，あいまいさを残すヘイグのリーダーシップに対して，批判が高まることになったのである。これは，優柔不断なメージャーのリーダーシップとは異なり，ユーロ参加に関して明確な立場をとることにより，強力なリーダーシップを印象づけようとしていたヘイグにとっては痛手であった。

結局，ヘイグはユーロ参加に関する保守党の立場を，再び厳しい方向へと転換させた。党大会およびその後を通じて，「予測できる将来」についてユーロ参加を否定する方針に批判が高まる中で，10月下旬に開かれた影の内閣の会合において，2議会期にわたってユーロ参加を否定するという方針の採用が確認されたのである（*The Times*, 24 October 1997）。

こうした厳しい方針を採用することになった理由は，党内融和をめざしてとられたメージャー政権の"Wait and See"の方針が，結局のところ党内対立の鎮静化に功を奏さなかったのと同様に，ユーロ参加否定を「予測できる将来」についてという漠然とした形で示したことが，党内融和にあまり貢献しなかったというところにあった。要するに，党内融和を第一に考えた政策が，所期の目的を達成できないのであれば，むしろ政策を明確化する方が望ましいとされたのである。言い換えれば，ユーロ参加をめぐる党内対立が，事実上和解不可能であるとするならば，すべての勢力を満足させようとする無益な努力をするよりも，党内多数派の欧州統合懐疑派の立場を反映した，明確でより厳しい方針を打ち出すべきであるという判断がなされたのである。

　再度の方針転換による政策の明確化は，少なからぬ犠牲を伴うことになった。2議会期にわたってユーロ参加を否定する影の内閣の方針は受け入れがたいとして，欧州統合支持派の影の北アイルランド相イアン・テイラー（Ian Taylor）と影の農相デーヴィッド・カリーが辞任を表明した（*The Times*, 30 October 1997; 2 November 1997）[10]。さらに，著名な統合支持派下院議員のピーター・テンプル・モリス（Peter Temple-Morris）は，保守党からの離党を表明し，後に労働党に加わることになった（*The Times*, 22 November 1997）。彼らは，欧州統合懐疑派の要求を反映した厳しい方針の採用は，先の総選挙で失われた有権者の支持や信頼の回復に障害となるばかりか，有力な支持基盤で概ねユーロ参加に好意的な産業界を，保守党から遠ざける結果につながると批判した。

　さて，テイラーとカリーの辞任によって，影の内閣における欧州統合支持派の勢力は，さらに弱体化した。一方，ヘイグは，党内での統合支持派の批判を押さえるために，1998年党大会前に，2議会期にわたってユーロ参加を否定する方針の是非を一般党員に問う党員投票を実施した。ユーロ参加への反発が根強く存在し，しかも，伝統的に党首を忠実に支持する一般党員の態度を考えれば，この方針に対する賛成が圧倒的多数を占めることは明らかであった。

　党員投票の結果は，こうしたヘイグの予測にまさに合致するものとな

った。すなわち，賛成が170,558票であったのに対して，反対は31,492票にすぎなかったのである。これは投票に参加した党員のうち，約84％が賛成したことを意味していた(*The Daily Telegraph*, 6 October 1998)。ヘイグによれば，この圧倒的な投票結果は，次の総選挙において，保守党がユーロ参加反対を重点公約として戦うことを確定するものであった。

こうして，2議会期にわたるユーロ参加否定という方針が，党員投票によって確立したが，必ずしも保守党の欧州統合支持派の声が圧殺されたわけではなかった。

マイケル・ヘーゼルタインなどは，保守党党員全体に占める賛成票の割合は過半数に達しておらず，反対票を投じた者と棄権した者を合計すれば，賛成票を上回っていることを指摘して，投票結果の持つ意味に疑義を呈した。また，ケネス・クラークは，党員投票の実施によって対立がさらに深刻になったと述べる一方，元首相で長年欧州統合に熱心な立場をとり続けてきたエドワード・ヒースは，2議会期にわたって単一通貨への参加を否定するヘイグの方針は，「全くのナンセンス」であるという批判を行ったのである。加えて，欧州議会議員のジェームズ・ムーアハウス（James Moorhouse）は，ユーロ参加に否定的な傾向を強めるヘイグのリーダーシップに愛想が尽きたとして，保守党から自由民主党への鞍替えを発表した（*The Times*, 9 October 1998）。

(4) 親ユーロ保守党とUK独立党

欧州議会選挙キャンペーンのスタートにあたって，2大政党の間に興味深い一致が見られた。それは，欧州議会選挙のスタートを切る両党首の演説が，同日（1999年5月13日）に，それぞれイギリス国外でなされたということであった。すなわち，労働党キャンペーンの実質的なスタートとなったのが，トニー・ブレアがドイツのアーヘンで行ったシャルルマーニュ賞受賞演説であったように，保守党キャンペーンのスタートを切ったのは，ウィリアム・ヘイグがハンガリーのブダペストで行った演説だったのである。しかしながら，両党首の演説内容は，全くかけ離れたものであった。

演説の中で，ヘイグはEU条約に新たな「柔軟性条項(flexibility clause)」を設けることを提案した。この柔軟性条項は，ヘイグが欧州統合の核心分野と見なす単一市場に関するものを除く，すべての新たなEU立法について，個々の加盟国に受け入れるかどうかの選択権を与えるものであった。言い換えれば，ヘイグの言う柔軟性条項とは，単一市場以外の分野におけるEUの決定について，自国への適用を望まない加盟国に，拒否権を与えるものであった。加盟国がEU立法の自国への適用を取捨選択できるという，いわゆるアラカルト方式での欧州統合は，ヘイグによれば，イギリスが将来無理矢理ヨーロッパ連邦国家に組み込まれるのを防ぐために，必要なセーフガードという位置づけを与えられていた (*The Times*, 14 May 1999)。

保守党が発表した31頁にもわたる欧州議会選挙マニフェスト『ヨーロッパに支配されるのではなく，ヨーロッパの中に (*In Europe, Not Run by Europe*)』でも，「加盟国が国家レヴェルにおいて取り扱うことを望む分野については，新たなヨーロッパ・レヴェルでの立法活動に参加しないことを認める新たな条約上の条項」を設けるべきである，とする立場が明示された (The Conservative Party 1999a, 5)。

ユーロ参加の問題については，「ポンドを維持する (Keeping the Pound)」というタイトルの下に，次のように書かれていた。「イギリスは世界で6番目に大きな経済である。世界の厳しい競争の中で，自国通貨を維持することによって得られる柔軟性は，イギリスにとって，さらなる繁栄を可能にするだろう。われわれは次の総選挙に向けたマニフェストの中で，単一通貨への参加に反対する。事実上，この約束は6月に選出される欧州議会の任期全体をカバーすることになる。これは保守党だけの公約である」(The Conservative Party 1999a, 9)。

このように選挙戦の中でユーロ参加をイギリスが直面する最も重要な問題として強調し，欧州議会選挙をイギリスのユーロ参加をめぐる事実上の国民投票と位置づけることによって，ヘイグは来るべき総選挙へ向けた足がかりの構築を狙っていた。

しかしながら，ユーロ参加を最大の争点とし，少なくとも2議会期に

わたってユーロ参加を否定する方針を強調するヘイグの選挙キャンペーンは，この問題をめぐる保守党の亀裂をあらわにすることになった。

ユーロ参加に否定的なヘイグのリーダーシップを批判する保守党欧州議会議員のジョン・スティーヴンス（John Stevens）とブレンダン・ドネリー（Brendan Donnelly）が，保守党を離党して，1999年2月にユーロへの早期参加を掲げる親ユーロ保守党（Pro Euro Conservative Party）を旗揚げした（*The Guardian*, 17 February 1999）。スティーヴンスとドネリーは，すでに前年の保守党党大会の時期から，ユーロ参加を支持する勢力が，保守党を離党して新党を結成した場合に，どれぐらいの支持を獲得できるか世論調査を行って調べていた。それによると，保守党支持者のうち，3人に1人が新党を支持すると予測されていたのである（*The Guardian*, 7 October 1998）。

スティーヴンスとドネリーは，保守党を離党して親ユーロ保守党を結成したときに，再び世論調査を実施したが，この世論調査も前年同様の結果となった。表7-3は，1999年2月に実施された世論調査において，欧州単一通貨への参加を支持する新しい保守党が出現した場合，欧州議会選挙においてどの政党に投票をするかたずねた項目への回答を示している。表7-3によれば，ヘイグ率いる保守党に投票すると答えたのが20%であったのに対して，欧州単一通貨への参加を支持する新しい保守党へ投票すると答えたのは11%であった。

この結果に勇気づけられて，親ユーロ保守党は，欧州議会選挙に候補

表7-3　欧州議会選挙に向けた投票態度調査（1999年2月）

	(%)
ウィリアム・ヘイグ率いる保守党	20
欧州単一通貨への参加を支持する新しい保守党	11
労働党	48
自由民主党	13
スコットランド国民党	3
ウェールズ国民党	1
緑の党	2
UK独立党	1

（出典）MORI 1999a.

者を立てて戦うことになった。その理由として，1つには，選挙が名簿式比例代表制によって行われるために，10%程度の支持でも議席を獲得できるということがあった。しかし，より重要だったのは，保守党の選挙結果に大きなダメージを与えることによって，欧州統合に懐疑的な現党首ヘイグの追い落としを実現するということであった。保守党の得票率が20%程度にとどまり，前回選挙で獲得した18議席に目立った上積みができなかった場合，ヘイグの党首辞任は不可避であると見られていたのである（*The Guardian*, 28 February 1999）。

　親ユーロ保守党が，欧州議会選挙において保守党を脅かすほどの選挙結果を得るためには，欧州統合を支持する保守党大物政治家の参加が不可欠であると考えられた。そこで，スティーヴンスとドネリーは，ユーロ参加に積極的なケネス・クラークやマイケル・ヘーゼルタインに強く働きかけた。しかしながら，結果として大物政治家の参加は実現しなかった。結局，保守党から親ユーロ保守党に鞍替えしたのは，元欧州議会議員など，あまり有権者に知られていない人々にとどまったのである。さらに，親ユーロ保守党は，結党から選挙までほとんど時間がなかったこともあって，選挙キャンペーンを実施するための組織的基盤も十分に発展させることができなかった（Butler and Westlake 2000, 74-76）。

　一方，保守党にとどまった欧州統合支持派の人々は，選挙キャンペーンの中で表舞台に登場することはほとんどなかった。これには次のような計算が働いていた。すなわち，ユーロ参加に対する保守党のネガティヴな姿勢を際立たせるヘイグのリーダーシップを表だって攻撃しなければ，欧州議会選挙において保守党が不振であった場合に，敗北の責任を問われることなく，選挙後に党首交代を声高に要求することが可能になると考えられていたのである。ただし，これはもし保守党が勝利した場合には，ヘイグの基盤が強化される一方，党内における欧州統合支持派の弱体化がいっそう進行することを意味していた。

　欧州統合に積極的な立場から保守党を脅かすのが親ユーロ保守党とすれば，欧州統合に否定的な立場から保守党に挑戦するのがUK独立党(12)（United Kingdom Independence Party）であった。UK独立党は，ロンドン

大学政治経済学院 (LSE：London School of Economics and Political Science) 講師であったアラン・スケッド (Alan Sked) によって1993年に結成された。UK独立党は、1994年の欧州議会選挙においてEU脱退を公約として戦ったが、議席獲得には至らず、表6-4にあるように、得票率でも0.8％とふるわなかった。その後、1997年の党内権力抗争の結果、スケッドに代わってマイケル・ホームズ (Michael Holmes) が党首に就任した。

1997年総選挙に向けて国民投票党を立ち上げたジェームズ・ゴールドスミスの死後、UK独立党は、国民投票党の党員や支持者を吸収して、急速に勢力を拡大していった。その意味では、1999年の欧州議会選挙直前に結成された親ユーロ保守党に比べれば、UK独立党の選挙組織はかなり整備されていた。ただし、UK独立党も、親ユーロ保守党と同様に、知名度の高い人物の支持を獲得することはできなかった (Butler and Westlake 2000, 68-70)。

しかしながら、UK独立党は来るべき欧州議会選挙での議席獲得に自信を深めていた。なぜなら、1999年3月に実施した世論調査において、UK独立党がかなりの支持を集める可能性が示されていたからである。表7-4は、1999年3月に行われた世論調査において、UK独立党がユーロ参加反対に加えてEU脱退を公約する唯一の政党であると述べた上で、欧州議会選挙での投票態度に関する回答を示している。それによれば、UK独立党は保守党を上回る支持を集めていた。表7-4が示しているよ

表7-4 欧州議会選挙に向けた投票態度調査（1999年3月）

	(％)
保守党	17
労働党	43
自由民主党	10
スコットランド国民党	3
ウェールズ国民党	1
緑の党	1
UK独立党	25

(出典) MORI 1999b.

うに，UK独立党に投票すると回答した有権者は，25％に上ったのに対して，保守党に投票すると回答した有権者は，それより少なく17％にすぎなかったのである。

(5) 1999年欧州議会選挙

　保守党は，ユーロ参加に積極的な親ユーロ保守党とユーロ参加反対に加えてEU脱退を公約するUK独立党によって挟撃され，選挙キャンペーンの中で埋没するおそれがあった。しかし，争点をユーロ参加に絞り，この選挙をユーロ参加をめぐる事実上の国民投票と位置づけた保守党は，ユーロ参加に消極的な世論の追い風を受けて，選挙戦を有利に進めることができた。そして，キャンペーンの中で自信を深めたヘイグは，ユーロ参加に関する保守党の立場について，ネガティヴな色合いをいっそう強めていくことになった。

　選挙演説の中で，ヘイグは労働党政権が原則としてユーロ参加を支持していることを厳しく批判した。その上で，イギリスがユーロに参加する上で，政府およびビジネスにおいてどのような準備が必要か検討する「全国移行計画（National Changeover Plan）」についても，政府にその即時破棄を迫ったのである。ヘイグによれば，将来実現するかどうかわからないユーロ参加に向けた「全国移行計画」は，「すでに納税者に1億6500万ポンドの負担を強いており，さらにビジネスに対してそれ以上の負担を強いることになる」が，それは全くの無駄な出費であると断じた（*Financial Times*, 2 June 1999）。

　欧州議会選挙キャンペーンで，ユーロ参加に否定的な論調を強めるヘイグに対して，保守党の欧州統合支持派からの反発も見られた。たとえば，タイムズに掲載された連名の投書の中で，保守党の元下院議員と元欧州議会議員の9人は，欧州統合に対するヘイグの姿勢に懸念を示し，欧州議会選挙でどの党に投票すべきか迷っていることを明らかにした。また，サッチャー政権において国防相を務めた上院議員のギルモア卿（イアン・ギルモア：Ian Gilmour）は，保守党ではなく親ユーロ保守党に投票することを明言した。親ユーロ保守党に投票する理由として，ギ

ルモアは,「現在の保守党の欧州政策は受け入れがたい」と述べていた(*The Times*, 8 June 1999)。

一方, 2議会期にわたってユーロ参加を否定するというヘイグの方針でさえ生ぬるいとする急進的な欧州統合懐疑派の中には, UK独立党への投票を呼びかける者も出た。たとえば, 1997年総選挙における保守党候補者エイドリアン・ロジャーズ (Adrian Rogers) は, タイムズ紙に「ブリュッセルからの支配に反対する忠実な保守党支持者は, UK独立党に投票すべきである」という投書を行った (*The Times*, 4 June 1999)。

選挙で他党への投票を呼びかける裏切り行為に対して, ヘイグは断固たる姿勢で臨むことを明確にした。そして, ギルモアやロジャーズなどの党紀違反者を, 即座に保守党から除名する措置をとった。このような厳しい規律を課すことによって, ヘイグは党首としての権威を党内で著しく高めることになった。

それは反面において, ヘイグの権力基盤が, 欧州議会選挙における保守党キャンペーンの成功によって, いかに強化されたかを意味した。すなわち, 欧州議会選挙キャンペーン以前には, 保守党の党内紛争やヘイグの不安定なリーダーシップに注目が集まっていたために, ギルモアやロジャーズなどのケースは, ヘイグの党首としての地位を深刻に脅かすものとしてとらえられたに違いなかった。しかし, ユーロ参加を最大の争点とする選挙キャンペーンの成功により, ヘイグは党首の権威に対する挑戦を逆に利用し, 正面から対処することによって, 党内での自己の権力基盤を, 格段に強化することに成功したと見ることができる。

1999年の欧州議会選挙において, 保守党は1992年総選挙以来, 初めて全国選挙で労働党を上回る選挙結果を収めた。表6-4に示されているように, 労働党が得票率28.0%で29議席しか獲得できなかったのに対して, 保守党は得票率を前回の27.9%から35.8%に伸ばし, それに伴って, 議席も18議席から36議席に倍増させたのである。

事前の予想を上回る保守党の勝利は, ユーロ参加を最大の争点とし, 欧州議会選挙をユーロ参加をめぐる事実上の国民投票と位置づけたヘイグの選挙キャンペーンの正しさを証明するものとして受け入れられた。[14]

そして，キャンペーン中に他党への投票を呼びかけた反対派に対する容赦ない除名措置を通じて強化された党首としてのヘイグの権威は，欧州議会選挙の勝利によって確固たるものとなった。もはや，党内においてヘイグの地位を脅かす勢力は見あたらず，保守党が総選挙をヘイグのリーダーシップの下で戦うことが確定することになった。

欧州議会選挙の争点をイギリスのユーロ参加に絞り，欧州統合やEUに対するネガティヴな姿勢を強めたヘイグの選挙戦術の有効性は，ユーロ参加に反対する他の政党の成功によって間接的に証明されたと見ることもできる。ユーロ参加反対とEU脱退を公約として選挙キャンペーンを行ったUK独立党は，表6-4にあるように，得票率を前回の0.8％から7.0％と飛躍的に伸ばし，初めて3議席を獲得していた。また，環境保護問題について主にアピールした緑の党も，イギリスのユーロ参加に反対する立場を明確にしていた。緑の党は，結果として得票率を前回の3.2％から6.3％へと倍増させ，こちらも初めて2議席を獲得したのである。

一方，イギリスのユーロ参加を求めて，保守党を割って新たに結成された親ユーロ保守党の選挙結果は，惨憺たるものであった。選挙キャンペーンがスタートした当初は，議席獲得に向けて大きな期待を抱いていた親ユーロ保守党であったが，結果は議席獲得どころか，わずか1.4％の得票率にとどまったのである。しかも，保守党にダメージを与えてヘイグを党首の地位から追い落とすという目的も果たすことができなかった。[15]

親ユーロ保守党の惨敗は，ユーロや欧州統合に対するネガティヴな姿勢を強めたヘイグの選挙戦術が功を奏したことにより，そのあおりを受けたと見ることができる。親ユーロ保守党は，保守党やUK独立党に対抗して，ユーロ参加を支持する有権者を投票に動員することができなかったのである。もしも，ブレアや労働党が，保守党に対抗してユーロ参加を正面から有権者に訴えかける強力なキャンペーンを展開していれば，ヘイグの選挙キャンペーンによってUK独立党が支持を伸ばしたように，親ユーロ保守党にある程度追い風が吹いたかもしれない。しかし，現実には労働党はユーロ参加を選挙の争点として取り上げず，その結果とし

て，親ユーロ保守党への追い風も見られなかったのである（Butler and Westlake 2000, 189）。

　ケネス・クラークやマイケル・ヘーゼルタインのように，イギリスのユーロ参加を支持するが，保守党を離党して親ユーロ保守党に参加しなかった欧州統合支持派の人々は，保守党に残留するという自分達の判断は正しかったと感じた。選挙キャンペーンの中で，いかにヘイグがユーロ参加に否定的な論調をとるようになっても，欧州議会選挙の結果，そして，特に親ユーロ保守党の惨敗は，欧州統合支持派にとって，保守党を離党して新党を結成しても，その将来は決して明るいものではないという厳しい現実を示したのである。保守党の欧州統合支持派は，あくまで党内にとどまって，保守党がイギリスのユーロ参加を完全に否定するといった極端な立場をとることに歯止めをかけるという目的を追求することになる。そして，総選挙後の巻き返しに期待をかけたのである。

　さて，欧州議会選挙の勝利は，ヘイグの権力基盤強化に貢献したが，総選挙に向けた保守党の展望を切り開いたとは言い難かった。たしかに，保守党は得票率と議席数ともに労働党を上回ったが，得票率35.8％は，野党期の労働党が1989年と1994年の欧州議会選挙で獲得した得票率を下回っていた。また，投票率が23.1％と記録的に低かったことから，全有権者のうち，保守党に投票した有権者の割合，いわゆる絶対得票率は，わずか8.3％にすぎなかった。これは100人の有権者のうち，8人強しか保守党に投票しなかったということを意味していた。

　要するに，ヘイグの選挙戦術は，投票率が大幅に落ち込む中，ユーロ参加を最大の争点として，欧州統合に強く反発する一部の有権者を動員することにより，相対的な得票率を上げるというものであった。この戦術が功を奏した結果，保守党は労働党を上回る得票と議席を獲得することができたのである。しかしながら，こうした低投票率をあてにした戦術が，果たして総選挙でも効果を持つかどうかは，かなり疑わしかった。総選挙の投票率は，だいたい70％程度が見込まれるために，たとえヘイグが選挙の争点として，ユーロ参加にスポットライトをあて，欧州統合に強く反発する層の動員に再度成功したとしても，それだけでは政権交

代を実現するのに十分ではなかった（Butler and Westlake 2000, 221）。

　総選挙においては，ユーロ参加問題だけでなく，有権者の最も関心のある経済政策や福祉政策が選挙の大きな争点となる。それゆえ，こうした政策分野で保守党が労働党を上回るアピールを持たなければ，政権復帰は考えられなかった。

　欧州議会選挙後に実施された世論調査において，保守党の抱える問題点があらわになった。1999年6月下旬のMORIの世論調査で，労働党の支持率が51％だったのに対して，保守党の支持率は28％にすぎなかったのである。欧州議会選挙前の5月の調査では，労働党52％，保守党28％となっていたので，選挙結果は，ほとんど政党支持率に変動をもたらさなかったと言える。そして，8月以降の政党支持率のトレンドも，おおむね労働党が保守党に対して20％以上の大差を維持していた（MORI 2001）。

　しかしながら，欧州議会選挙の成功は，労働党と保守党とを分かつ争点として，ヘイグがそれまで以上にユーロ参加の問題を強調する傾向を促した。その意味で，欧州議会選挙における保守党の勝利は，来るべき総選挙での惨敗をもたらす伏線となった。

(6) 『常識革命』

　欧州議会選挙の勝利を受けて開かれた1999年党大会に，ヘイグは，『常識革命（*The Common Sense Revolution*）』と題する，来るべき総選挙マニフェストへのたたき台となる政策文書を提出した。この『常識革命』では，総選挙に向けた公約として，教育，医療，税制，社会保障，ポンドについて「5つの保証」が掲げられていた[16]。

　このうち「ポンドの保証（The Sterling Guarantee）」では，欧州議会選挙マニフェストで示された公約が再確認された。「われわれは次の総選挙に向けたマニフェストの中で，単一通貨への参加に反対する。EU加盟の継続を望むが，ポンドを維持したい人々にとって，われわれは唯一の現実的な選択肢である」。しかしながら，「ポンドの保証」は，ユーロ参加を永久に否定したととられかねない部分を含んでいた。イギリス経済とヨーロッパ大陸経済が収斂する兆候は全く見られないので，イギリ

スがユーロに参加すれば,「ユーロ圏において設定された利子率は,イギリスにとってほとんど常に (nearly always) 悪影響をもたらすことになる」とされていたのである。そして,「世界で5番目に大きな経済として,イギリスはポンドを維持することによって得られる柔軟性により,単に生き残ることができるというだけでなく,繁栄することが可能なのである」と述べられていた (The Conservative Party 1999b, 34)。

『常識革命』の「ポンドの保証」は,現議会期と次議会期の2議会期にわたって,ユーロ参加を否定するという保守党の公式の立場を変えるものではなかったが,ユーロ参加に反対するトーンをかなり強めるものであった。

こうした立場は,ユーロに参加しなかった場合のイギリス経済の将来について,ヘイグが諮問を行った委員会の報告書に基づいていた。保守党政権の元国防相ジョン・ノット (John Nott) を委員長として,経済学者やジャーナリスト,シティー関係者などにより構成された,いわゆるノット委員会の報告書では,ユーロ参加によって,イギリス経済が大きく動揺するおそれがあると指摘される一方,ポンドを維持すれば,イギリス経済は繁栄するとされていたのである。一方,ユーロに参加しないことによって,イギリスに対する外国からの直接投資が減少するおそれや,シティーの金融業界がダメージを受ける可能性については,根拠薄弱であるとして,いずれも否定されていた (The Conservative Party 1999c)。

欧州議会選挙キャンペーンで党首批判を控えていた欧州統合支持派は,「ポンドの保証」によって,ユーロ参加に対する立場をそれまで以上に否定的な方向に動かそうとする保守党指導部に対して,激しい反発を見せた。彼らは,「ポンドの保証」を,ユーロ参加否定を2議会期に限るという妥協からの逸脱であると見なしたのである。ユーロ参加に対する否定的な立場に反発して影の閣僚を辞任したイアン・テイラーは,ヘイグはユーロ参加を完全に否定する立場に引き寄せられているが,そうした立場は,ヘイグが将来首相に就任する可能性を断つものに他ならないと批判した (*Financial Times*, 5 October 1999)。

しかしながら,「ポンドの保証」以上に保守党の欧州統合支持派の反発を引き起こしたのは,『常識革命』の中で示された, EU条約を改正して新たに柔軟性条項を設けるという提案であった。すでに欧州議会選挙マニフェストにおいて出されていたが,この柔軟性条項は,単一市場や自由貿易に関するものを除くすべての新たなEU立法について,個々の加盟国に受け入れるかどうかの選択権を与えるものであった (The Conservative Party 1999b, 33)。要するに,柔軟性条項を設けることによって,イギリスの利益となる単一市場と自由貿易を除く,すべての分野に関するEU立法を拒否する権限を手に入れることが目的とされたのである。

ヘイグは党大会での演説の中で,「保守党が政権を獲得すれば,次の新たなEU条約は柔軟性条項を含むものでなければならない。さもなければ,新しいEU条約などありえない」と論じて,保守党の要求が受け入れられなければ,加盟国拡大のためのEU条約改正を,阻止することさえ辞さない決意を示していた (Hague 1999)。

欧州統合支持派のマイケル・ヘーゼルタイン元副首相は, EUの存在はイギリスにとって不可欠であるにもかかわらず,欧州統合懐疑派の圧力によって,保守党が次第に「計り知れないほど愚かな政策」に引き寄せられていると述べて,柔軟性条項を求めるヘイグを批判した。また,ケネス・クラーク元蔵相は,自分やヘーゼルタインなどの統合支持派が沈黙を守ったことが,統合懐疑派に保守党の主導権を譲り渡す結果になったと反省した。そして,統合懐疑派の真の目的は,イギリスのユーロ参加を未来永劫否定するばかりか,事実上EU加盟と両立不可能である柔軟性条項を求めることにより, EUからの脱退を実現することに他ならないと厳しく批判した (*The Times*, 5 October 1999; 6 October 1999)。

欧州統合をめぐる党内対立に苦しめられた前首相のジョン・メージャーも,柔軟性条項を求めるヘイグの立場に疑問を投げかけた[17]。メージャーは,もし柔軟性条項が受け入れられなければ, EU条約の改正を認めないとする方針は, EUからの脱退を求める立場に「危険なほど接近している」と述べた (*The Guardian*, 11 October 1999)。

また,党大会後にロンドン問題担当の影の副大臣から更迭されたシャ

ウン・ウッドワード（Shaun Woodward）は，主として同性愛者の権利擁護について不寛容な立場をとる保守党に見切りをつけ，労働党に鞍替えしたが，ユーロや欧州統合に関する見解の相違も離党理由の1つに挙げていた。そして，柔軟性条項が受け入れられなければEU条約の改正を認めないとする保守党の立場は，EU加盟を求める旧共産主義諸国を不安定にするばかりか，ビジネス・チャンスを閉ざすという意味で，イギリスの国益を損なうとウッドワードは批判した（*The Guardian*, 19 December 1999）。

その他，元保守党幹事長で欧州委員会の委員となったクリス・パッテン（Chris Patten），元外相のダグラス・ハードとマルコム・リフキンド等，メージャー政権において主要な役職を務めた保守党政治家が，次々とヘイグのEU政策を批判することになった（*The Guardian*, 14 October 1999）。

かくて，1999年保守党大会では，ユーロ参加と柔軟性条項をめぐって党内対立が明らかになったわけだが，ヘイグは，そうした対立は深刻なものではないと片づけた。なぜなら，ヘイグによれば，保守党の大勢は『常識革命』が打ち出した政策を支持しているとされたからであった（*Financial Times*, 6 October 1999）。

メージャー政権の主要閣僚が，この時期にヘイグの立場に対する批判を強めたのは，単に保守党大会の機会を捉えたというだけではなかった。それに加えて，この時期に予定されていた欧州統合を支持する超党派組織「ヨーロッパの中のイギリス（BIE）」発足を前に，保守党の欧州統合支持派の勢力を誇示するという目的があったのである。

1999年10月のBIE発足会合には，労働党からブレア首相，ブラウン蔵相，クック外相，自由民主党からケネディ党首，そして，保守党からは欧州統合支持派の重鎮ヘーゼルタインとクラークが顔をそろえることになった。BIE発足に際してスピーチを行ったヘーゼルタインは，ユーロ参加ではなく，イギリスのEU加盟の利益を強調することを望む労働党政権に一定の配慮をして，ヨーロッパで起きていることはイギリスの貿易，雇用，投資，産業にとって無視できない影響を有していると述べて，

EU加盟の重要性を指摘した。しかしながら，イギリスのユーロ加盟についても，「そう遠くない将来に決断を迫られることになろう」という見通しも示した（*The Guardian*, 15 October 1999）。

(7) 「ポンドを維持しよう」キャンペーン

BIEの発足に対抗して，ヘイグは，ユーロ参加を阻止してポンドを守るためのキャンペーンを立ち上げ，イギリス全国各地を回って，ポンドの維持を国民に訴えかけることを宣言した。「本日より私は全面的なキャンペーンを開始する。それはポンドを守るための戦いであり，イギリスを守るための戦いなのである」（*The Times*, 15 October 1999）。

「ポンドを維持しよう（Keep the Pound）」と題されたキャンペーンのスタートを切ったのは，2000年2月15日にイングランド南東部セント・オールバンズの商店街の一角で行われた集会であった。影の大蔵大臣マイケル・ポーティロとともにトラックを改造した演壇に登ったヘイグは，さまざまな理由を挙げてポンドを維持すべきと論じた。

それらの理由の中には，2議会期にわたってユーロ参加を否定するという党の公式の方針よりも，むしろ，ユーロ参加を完全に否定する立場の論拠と見られるものもあった。たとえば，ユーロ参加は，EUにおける税制の調和が進むことにより，イギリス独自の課税権が失われることにつながると論じていた。それにより，イギリス国民はヨーロッパ大陸と同様の高い税率に苦しめられると述べられていた。これはイギリスが独自の課税権を維持しようとするならば，EU税制に絡め取られることになるユーロ参加は認められないという原則的な反対論の論拠であった。さらに，ユーロ参加によって通貨権限を移譲することは，独自の課税権だけでなく，民主主義国家が有する基本的な権限とされた財政権限も移譲する事態が訪れると論じていた。これに対して，ポンドを維持することは，自由な独立国家としてのイギリスを維持することに他ならないとされたのである（Hague 2000a）。

こうして「ポンドを維持しよう」キャンペーンでは，ユーロ参加の危険性が繰り返し強調されることになった。それにより，保守党はユーロ

参加を完全に否定する立場に限りなく接近しつつあるかのようなイメージが強められることになった。

「ポンドを維持しよう」キャンペーンの開始に対して，保守党欧州統合支持派は即座に不快感をあらわにした。BBCテレビに出演したヘーゼルタインは，「ポンドを維持しよう」キャンペーンを通じて，ユーロ参加を総選挙の争点にしようとするヘイグを痛烈に批判した。ポンドを守れというスローガンは，総選挙の主要政策とはなり得ない。なぜなら，欧州議会選挙の低投票率にもあらわれているように，有権者の多くは，ヨーロッパ問題に関心を持っていないからである。総選挙の主要争点は，「いつもそうであるように経済，教育，医療である」とヘーゼルタインは論じて，ヘイグの戦術は逆効果であるという見方を示した（*The Guardian*, 18 February 2000）。

また，BIEの主要メンバーであるヘーゼルタイン，クラーク，パッテン，テイラー等の保守党欧州統合支持派は，タイムズ紙への投書において，ユーロ参加への反対が，やがてEU脱退へとエスカレートする可能性を指摘し，もしイギリスがEUから脱退すれば300万人の雇用が失われる危険があると主張した（*The Times*, 21 February 2000）。

2000年の保守党大会においても，前年の大会と同様のパターンが見られた。すなわち，欧州統合に対するネガティヴな態度を強める保守党指導部に対して，欧州統合支持派の激しい反発という構図がまたしても見られたのである。

今回の党大会には，前年の『常識革命』を発展させた総選挙マニフェストの青写真として，新たな政策文書『イギリスへの信頼（*Believing in Britain*）』が提出された。『イギリスへの信頼』では，『常識革命』に掲げられた「ポンドの保証」と柔軟性条項の要求が踏襲されていたが，それに加えて，イギリス国内法を改正してEU法に対する「留保権（reserved powers）」を確立することが約束された（The Conservative Party 2000, 26）。イギリス議会がEUに対して明確に権限移譲した事項以外は，イギリス法に対するEU法の優越を阻止することが留保権確立の目的であり，それを通じてヘイグは，税制，防衛，福祉，医療，教育など広範な政策

分野について，EUの介入を阻止する決意を示したのである。

　ユーロ参加の否定に傾く保守党指導部の立場は，ユーロ参加を否決したデンマークの国民投票で反対派キャンペーンを率いたリーダーを，党大会に招待したことにもあらわれていた。そして，党大会に参加した代議員の多くは，ヘイグと固い握手を交わすデンマークのユーロ参加反対派リーダーに，熱狂的な拍手を送ったのである。さらに，ヘイグは，党大会と同時に開かれた「ポンドを維持しよう」キャンペーンの屋外集会で，ポンドの維持を中心的争点として総選挙を戦うことを約束した（*The Guardian*, 4 October 2000）。

　保守党欧州統合懐疑派の中心人物の１人で影の蔵相を務めていたポーティロは，大会演説において，イギリスのユーロ参加に否定的な立場を示したばかりか，欧州通貨統合自体の意義に対して深刻な疑問を投げかけた。ポーティロによれば，「ユーロの計画はヨーロッパの相違に対する尊重を欠いている」とされた。欧州通貨統合は，「景気循環や発展段階，その他の特質に関して異なるヨーロッパ諸国の経済を，ただ１つの通貨，ただ１つの利子率に押し込めようとするものであり」，その帰結として，ヨーロッパ経済をきわめて不安定にすると批判した（Portillo 2000a）。かくして，総選挙が近づく中，保守党指導部は，ユーロ参加を含めた欧州統合の問題に関して，きわめてネガティヴな立場を鮮明にすることになったのである。

　前年の党大会において，保守党指導部を厳しく批判した欧州統合支持派であったが，解散総選挙が迫っていた2000年の党大会では，指導部批判を一定程度抑制すると見られていた。しかしながら，保守党指導部の側が，新たに留保権の確立を打ち出したり，ユーロ参加の完全否定ととられかねない主張をすることにより，欧州統合に否定的な立場をいっそう強めたことは，統合支持派の怒りを招かざるを得なかった。

　元首相でイギリスのEC加盟を達成したエドワード・ヒースは，『イギリスへの信頼』で掲げられていた留保権の確立について，「典型的なプロパガンダ」であり，もしそれが総選挙の公約になるとすれば，「全くのナンセンス」であると述べた。そして，ヒースは，欧州統合の問題でヘイ

グがあまりに極端な立場をとれば，総選挙での惨敗は免れないという警告を与えた（The Times, 4 September 2000）。また，欧州通貨統合に批判的なポーティロの議論について，クラークは「見下げはてた経済的ナンセンス」であると断じた。さらに，ヘーゼルタインは，欧州統合に対するネガティヴな態度に傾く保守党は，極左勢力の主導権の下でEC脱退を掲げた1980年代初頭の労働党の状況に近づきつつある，という警告を発した（The Guardian, 4 October 2000; 5 October 2000）。

　こうした欧州統合支持派からの警告にもかかわらず，ヘイグは大会演説の中で，「来るべき総選挙において，ポンドの維持にコミットする政党は保守党だけである」と述べて，ユーロ参加反対を選挙の中心的争点とする決意をあらためて明らかにした。そして，労働党政権は国民国家としてのイギリスを解体し，「欧州超国家（European Superstate）」に組み込もうとしていると批判した上で，イギリスを守るために，保守党への投票を呼びかけることを大会代議員に訴えたのである（Hague 2000b）。ヘイグの演説の中で，ユーロ参加や欧州統合を批判する部分は，ひときわ大きな喝采を浴びることになったが，そのことは，保守党の活動家レヴェルにおいて，いかに欧州統合懐疑派の見解が浸透しているかを示していた。

(8) 2001年選挙における再度の惨敗

　2001年選挙キャンペーンがスタートするまでに，ユーロ参加を中心とする欧州統合関連の争点で，野党保守党は労働党政権とは明確に異なる立場（clear blue water）を確立することになった。2001年選挙マニフェストでは，保守党が政権についた際には「ポンドを維持する」という公約が掲げられた。しかしながら，次議会期にわたってという限定を明示せず，一般的にポンドを維持するという立場が示され，しかも，その理由として，金融政策を中心とする経済政策に関する自主性の確保が挙げられたために，ユーロ参加に否定的な保守党の姿勢が強調されていた。[18]

　ポンド維持の公約に加えて，「ヨーロッパの中に，しかし，ヨーロッパには支配されない（in Europe, but not run by Europe）」という原則の下

に，単一市場や自由貿易に関するものを除く，すべての新たなEU立法について加盟国の選択権を認める柔軟性条項の導入，閣僚理事会における加盟国の拒否権維持などの立場が示された。そして，これらの要求を実現するために，ニース条約の批准を拒否し，条約内容の再交渉を求めるとされていたのである。このように保守党の2001年選挙マニフェストは，ポンド維持を中心として欧州統合に否定的な公約が並ぶことになった (The Conservative Party 2001, 29-30)。

2001年選挙キャンペーンにおいて，保守党が最大の争点として選んだのがユーロ参加の問題であった。2001年3月に開かれた総選挙に向けた決起集会において，党首のウィリアム・ヘイグは，「この選挙はポンドを維持するための最後の機会である」と宣言した。ヘイグによれば，たしかに労働党政権はユーロ参加をめぐる国民投票を約束しているが，それは自由で公正な投票にはならないとされた。なぜなら，ユーロ参加を国民に受け入れさせるために，労働党政権は，国民投票の質問文に手を加えたり，キャンペーンに関する規制を賛成派に有利にするなど，ありとあらゆる手段を使うことが予想されるからであった。こうして，ヘイグは，ユーロ参加を望まない人々に対して，保守党に対する投票を呼びかけたのである (Hague 2001a)。

選挙キャンペーン中の演説でも，ヘイグは，総選挙がユーロ参加をめぐる事実上の国民投票であると訴え続けた。「ポンドを廃止するためには，労働党か自由民主党に投票すればいい。しかし，ポンドを維持するためには，保守党へ投票を」として，労働党，自由民主党支持者の中でも，ユーロ参加を望まない部分への支持拡大を狙っていたのである (Hague 2001b)。

なぜ保守党はユーロ参加の問題を選挙キャンペーンの中心争点に据えたのか。第一に考えられるのが，保守党の党内事情の影響である。すでに見てきたように，1997年選挙で政権を失って以来，保守党の党内は指導部から草の根に至るまで，欧州統合懐疑派が主導権を握るようになり，ユーロ参加を原則として否定する立場が大勢となっていた。こうした党内事情がそのまま反映される形で，保守党は，ユーロ参加の是非を選挙

キャンペーンの中心争点に据えたと考えることができる。

　しかし，いかに党の大勢が強く求める立場であっても，選挙戦略を重視すれば，選挙キャンペーンに悪影響を与えかねない争点は，それほど強調されることはないだろう。実は，保守党の選挙戦略の面から見ても，ユーロ参加の争点を強調する意味があったのである。選挙戦略の面から指摘できるのが，さまざまな争点の中で，有権者が，労働党の政策よりも保守党の政策を支持する数少ない争点が，ユーロ参加であったということである。なお，保守党の政策が支持されるその他の争点としては，移民問題や防衛問題などもあった。しかしながら，これらの争点については，労働党と保守党の違いが，有権者の目には必ずしも明確ではなかった。そこで，保守党指導部としては，保守党が労働党と明確に異なる立場をとるユーロ参加の問題を前面に押し出すことになったのである（Worcester and Mortimore 2001, 30）。

　政党支持率で労働党に大きく水をあけられていた保守党としては，有権者の多数がユーロ参加に反対という世論調査結果をもとに，自己に有利と見られるユーロ参加を争点として選挙を戦うことにより，巻き返しを狙ったと見ることができる[19]。

　ユーロ参加問題を選挙キャンペーンの中心争点としたことは，保守党にとって危険を伴う賭けであった。なぜなら，あまりにユーロ参加の問題を強調すると，有権者が重視する経済，福祉，教育などの争点について，保守党は語るべき内容を何も持っていないと見られかねなかった。有権者の目に，保守党がユーロ参加反対しか興味を持たない単一争点政党と映りかねない危険性があったのである。

　ユーロ参加の争点を強調する保守党の選挙戦略は，マス・メディアに対して一定の効果を上げた。テレビや新聞などの選挙キャンペーン報道において，ユーロ参加を中心とする欧州統合関連の争点は，経済，福祉，教育などの主要争点を上回る扱いを受けることになったのである。

　しかしながら，争点に関するマス・メディアの関心と有権者の関心は，必ずしも一致していたわけではなかった。ユーロ参加問題は，政治家やジャーナリストなどの政治と密接にかかわる人々を熱くさせる「キャン

ペーン争点 (campaign issue)」としては，中心的な位置を占めることになったが，有権者の投票行動を規定する「選挙争点 (electoral issue)」としては，重要性が低かったのである (Geddes 2002, 151)。投票する際にどの争点を重視するか，という質問に関する世論調査結果において，医療，教育，治安の争点が，上位3位に挙げられていたのに対して，ユーロ参加などの欧州統合の争点は，10位にすぎなかった (Worcester and Mortimore 2001, 30)。

要するに，有権者の多数がユーロ参加に反対していたとしても，投票の際にこの問題を重視する人の数は，それほど多くはなかったのである[20]。保守党は有権者の少数にしかアピールしない争点を中心に，選挙キャンペーンを行っていたと見ることができる。

前回1997年選挙と同様に，2001年選挙では，ユーロ参加を中心とする欧州統合の問題が前面に出ることになった。前回の選挙では，この問題をめぐる保守党内部の対立があらわになったのに対して，今回の選挙では，表面的には党内対立が有権者の目の前にさらけだされることはなかった。

ユーロ参加を望む保守党の欧州統合支持派の多くは，予測されていた選挙敗北の責任から逃れるために，ユーロ参加を中心争点とする保守党指導部の選挙戦略を批判せず，ひたすら沈黙を守ったのである[21]。一方，欧州統合懐疑派の中には，元首相のマーガレット・サッチャーが主張するように，イギリスはユーロに未来永劫参加すべきではないという立場をとり，それを個人的な公約とする候補者もあった (*The Guardian*, 24 May 2001)。厳密に言えば，このような立場は，次議会期にわたってユーロに参加しないとする保守党の政策に反していたが，これら欧州統合懐疑派の候補者に対して，何らかのペナルティーが科されることはなかった。

選挙キャンペーン中の世論調査結果が示した通り，保守党は2001年選挙において惨敗を喫した。ユーロ参加の問題について，労働党政権とは明確に異なる立場を確立し，この争点を前面に掲げて選挙キャンペーンを行ったにもかかわらず，保守党の選挙結果は，前回1997年選挙から，

ほとんど改善されなかったのである。表4-1に示されているように，前回の結果と比較すると，保守党の得票率31.7％は，わずか1ポイントを上積みしたにすぎず，獲得議席数166議席は，わずか1議席の増加にすぎなかった。

ユーロ参加や欧州統合への否定的態度を強調したことは，ヘイグの選挙戦略の明らかな失敗であった。保守党は有権者が重視する争点を十分に取り扱うことなく，ユーロ参加反対を掲げる単一争点政党の様相を強めた結果，1997年選挙に匹敵する地滑り的敗北に直面することになったのである。[22]

---

(1) 労働党は，労働組合その他の諸団体が「組織として」加盟している，いわゆる「間接政党」の組織形態を有している。それゆえ，この場合の労働党党員とは，選挙区労働党を通じて「個人として」加盟している個人党員を指し，労働党に加盟している労働組合などの組織を通じて労働党に加盟している労働組合員などの間接党員は含まれない。

(2) 1922年委員会は，保守党が政権についているときには，政府の役職についていないすべての保守党下院議員によって構成され，政権についていないときには，党首を除くすべての保守党下院議員によって構成される保守党の議会内組織である。1922年委員会という名称は，この年に党首であったオースティン・チェンバレン（Austin Chamberlain）に反発する保守党下院議員が会合を持った結果，チェンバレン退陣とボナー・ロー（Bonar Law）の保守党党首就任が実現したことに由来する（Garner and Kelly 1993, 108-110）。

(3) 厳密な意味で，党首選出馬資格は下院議員に限られるわけではないが，党首はこれまで慣行的に下院議員の中から選ばれてきたために，総選挙での落選は，ポーティロの党首選出馬を事実上不可能にしたのである（Alderman 1998, 4-5）。

(4) 第1回投票で当選するためには，1位の候補者は，有権者（保守党下院議員）の過半数の票を確保した上で，2位の候補者に15％以上の票差をつける必要があった（Stark 1996, 175）。

(5) 1994年に実施された調査では，欧州単一通貨への参加を支持する保守党下院議員の割合が27％だったのに対して，それに反対する割合は66％に上っていた（Ludlam 1998, 39）。

(6) 総選挙で保守党は165議席を獲得していたが，アクスブリッジ（Ux-

bridge) 選出のマイケル・シャースビー (Michael Shersby) が投票日の1週間後に急死したことにより，党首選挙時の保守党下院議員の数は164名となっていた (*The Times*, 9 May 1997)。

(7)　こうした表向きの理由とは別に，レッドウッドとヘイグの間の個人的感情に基づく対立が，クラークとレッドウッドの「正反対の立場をとる者の間の同盟 (The Alliance of the Opposites)」を生み出したという見方も強い。また，若いヘイグではなく，自分より年長のクラークが党首に就任すれば，将来レッドウッドが党首の地位を手に入れる可能性も高くなるという判断があったとも言われている (*The Guardian*, 19 June 1997)。

(8)　イギリスの下院議員の任期は5年なので，1議会期も原則として5年であるが，実際には任期満了まで解散総選挙が行われないことはまれなので，通常1議会期は4年程度となっていた。その結果，形式的に言えば，2議会期は10年であるが，実際には8年程度となる可能性が高いのである。

(9)　「予測できる将来」について，ユーロ参加を否定するという方針は，保守党大会直前に前首相ジョン・メージャーが提起していた。1997年総選挙キャンペーンにおいて，欧州統合懐疑派からの圧力にもかかわらず，欧州単一通貨への参加の選択肢を保持することに腐心したメージャーであったが，「現時点，および，予測できる将来」について，参加はイギリスの利益にならないとしたのである。ただし，メージャーは，ユーロ参加の可能性を全く否定するのは望ましくないとしていた。また，「予測できる将来」がどれぐらいの期間を意味するかも明らかにしていなかった (*The Sunday Telegraph*, 5 October 1997)。

(10)　同じ時期，欧州統合懐疑派の企業家ポール・サイクス (Paul Sykes) は，ユーロ参加を未来永劫否定するのではなく，2議会期についてだけ否定するヘイグの方針は十分ではないとして，27年間にもわたる保守党党員資格を返上していた (*The Daily Telegraph*, 30 October 1997)。

(11)　ヘイグは次のような比喩を使って柔軟性条項を擁護していた。すなわち，レストランで食事をする場合，すべての客が同じメニューを強要されないのと同様に，EU加盟国もブリュッセルの政策をすべて受け入れることを強制されるべきではないというのであった (*The Times*, 14 May 1999)。

(12)　UK独立党設立の背景には，保守党に対する深い不信があった。UK独立党設立時のメンバーで，元全国執行委員のG・ロバート (G. Robert) によれば，保守党は，欧州統合に対してしばしば懐疑的な姿勢を見せることもあったが，その本質は，EC加盟を実現し，単一欧州議定書やマーストリヒト条約を受け入れたことが示すように，欧州統合支持の立場で

あった。それゆえ，保守党の中に入って，欧州統合に関する政策を懐疑的な方向に変えるのではなく，EU脱退を明確に掲げる政党を，別個に作る必要があったのである（Interview with the Author, 4 November 2002）。
(13)　もちろん，UK独立党がユーロ参加反対に加えてEU脱退を公約する唯一の政党であると述べた上で，欧州議会選挙での投票をたずねるというやり方によって，UK独立党へ投票すると答える有権者が増加したことは十分予想される。このような質問は誘導的な質問であることは明白であり，公正な世論調査の手法とは言い難い。ちなみに，ユーロ参加反対とEU脱退を公約としたのはUK独立党だけではなく，極右のイギリス国民党も同様の公約を掲げていた。ただ，こうしたバイアスのかかった手法によるものではあっても，保守党を超えるような支持を集めたという調査結果は，UK独立党の潜在的支持層が，いかに広範に存在しているかを示したものと考えられる。
(14)　開票日直前のサンデー・タイムズの予想によると，保守党と労働党の獲得議席数はだいたい均衡すると見られていた。保守党の予想獲得議席数が35議席であったのに対して，労働党は34議席とされていたのである（*The Sunday Times*, 13 June 1999）。この予想と現実の選挙結果を比較すると，保守党については，だいたい予想通りの結果になっていたが，労働党の獲得議席数は，予想よりもかなり少なくなっていた。その意味では，事前の予想を裏切ったのは，保守党の勝利のスケールではなく，労働党の敗北のひどさであったと言えるだろう。
(15)　親ユーロ保守党の欧州議会選挙における不振の一因として，その名称も挙げられるかもしれない。親ユーロ保守党によれば，「国民は政党を嫌っており，保守党を嫌っている。そして，国民はユーロ参加を嫌っている」。このように親ユーロ保守党という名称は，すべて有権者が嫌う用語によって成り立っているので，支持を広げることは非常に困難であったと自嘲された（*Financial Times*, 6 July 1999）。
(16)　教育については，適正な水準の教育を提供しない学校の運営主体を変更する権限を，父母に与えることが約束された。医療については，患者が手術などの治療を待たなければならない期間に，上限を設けることが約束された。税制については，国民負担率，すなわち，国民所得に占める税金や社会保険料の割合を引き下げることが約束された。社会保障については，労働能力があるにもかかわらず就労を拒否する者への失業手当の給付停止が約束された（The Conservative Party 1999b, 1）。
(17)　メージャーの前任者サッチャーは，保守党党大会の場で，「過去半世紀以上にわたってイギリスの問題のすべてはヨーロッパ大陸に根源がある」というコメントを行って，欧州統合に対してきわめてネガティヴな見方を示した（*The Times*, 6 October 1999）。これに対して，メージャーは，

「ヨーロッパから何も良いものが来ないと言うことは，全く愚かな発言である」と述べて，サッチャーの立場を厳しく批判した。また，メージャーは，ヨーロッパ問題という，「単一争点だけで選挙に勝つことはできない」として，ユーロ参加の問題を強調するヘイグの選挙戦略を暗に批判した（*The Guardian*, 11 October 1999）。

(18) マニフェスト（選挙綱領）は，総選挙に勝利して政権を獲得した政党が，次の総選挙までに実施する政策プログラムをまとめたものという性格を有していることからすれば，「ポンドを維持する」という一般的な公約が，次議会期についてユーロ参加を行わないという公式の立場と矛盾するわけではない。しかしながら，ユーロおよび欧州統合に関するマニフェストの記述が，かなり厳しいトーンで書かれていたために，保守党は原則としてユーロ参加に反対しているというイメージが広がったように思われる。

(19) 前回1997年選挙での地滑り的惨敗，そして，政党支持率で労働党に大きな差を付けられていた状況を考慮すれば，2001年選挙で保守党が勝利を収める可能性は，現実には非常に低かった。そこで，保守党指導部としては，2001年選挙をその次の選挙で政権復帰を達成するためのステップと位置づけ，得票率と獲得議席数で前回の結果にある程度上積みすることを狙ったと思われる。そのための手段として，ユーロ参加を中心争点に据えたのではないだろうか。2001年選挙がたとえ敗北に終わったとしても，ある程度の上積みが達成されれば，ヘイグを中心とする保守党指導部の責任は問われず，次の総選挙も基本的に同じ顔ぶれで戦うことができると期待されていた（Geddes 2002, 151）。

(20) 選挙キャンペーン中のICMの世論調査によれば，有権者は約2対1の多数でユーロ参加に反対していた。しかし，ユーロに参加すべき，しばらく様子を見て決定すべき，ユーロに参加すべきではない，という3つの選択肢を与えられた場合には，6割近くの人々がしばらく様子を見て決定すべきと答えていた。このようにユーロ参加問題に関する有権者の立場は，必ずしも賛否がはっきりしたものではなかったのである（*The Guardian*, 30 May 2001）。

(21) 欧州統合支持派の主要議員であるイアン・テイラーとスティーヴン・ドレルは，ユーロ参加の争点を強調する保守党指導部の選挙戦略は逆効果であり，有権者が重視する他の争点をもっと強調すべきであるという呼びかけを，選挙キャンペーンの終盤になって行っている（*The Independent*, 30 May 2001）。この選挙戦略転換の呼びかけには，選挙キャンペーンにおいて，保守党が世論調査での労働党のリードをほとんど減少させることができず，このままでは再び地滑り的敗北を喫するという危機感があった。

(22) 野党党首としてのウィリアム・ヘイグのリーダーシップが直面した困難については，(梅津 2002) が興味深い検討を行っている。

第8章　分権主義戦略の実施
－権限移譲と労働党政権－

(1)　スコットランドとウェールズに対する権限移譲の準備

　第5章で見たように，労働党は，当初イギリスの集権的制度編成に対するコミットメントを保守党と共有していたが，次第に政治制度の分権化をめざす分権主義戦略を追求するようになった。そして，トニー・ブレアのリーダーシップの下でニュー・レイバーとして再生した労働党は，権限移譲を中心とする憲政改革のプログラムを有権者の前に提示し，1997年選挙における圧倒的勝利によって政権に復帰した。

　ブレア労働党政権は，政権獲得以降，権限移譲を実施するための改革を迅速に行った。1997年選挙から2001年選挙までの議会期において，スコットランドとウェールズに対する権限移譲が実現した。また，北アイルランド紛争に伴うさまざまな困難のために，中央政府による直接統治の断続的復活が見られながらも，紛争諸勢力間の合意と住民投票による承認を経て，北アイルランドに対する権限移譲の基本的枠組が確立した。さらに，イングランドに対する権限移譲についても，ロンドン市長と議会の創設や地域開発公社の設立などを通じて，少なからぬ前進が見られたのである。

　本章では，1997年総選挙以降の労働党政権による分権主義戦略の実施過程について，特に中心となる権限移譲に焦点をあてながら見ていくことにする。

　1997年選挙における労働党の地滑り的勝利，そして，権限移譲に反対する保守党が，スコットランドとウェールズにおいて1議席も獲得でき

なかったことにより，これら2つの地域に対する権限移譲が早期に実現するのではないかという期待が高まった。これに対して，労働党政権は，スコットランドとウェールズに対する権限移譲の是非を問う住民投票を実施するための法案を，迅速に提出することによって応えた。労働党政権が下院に提出したまさに最初の法案が，スコットランドとウェールズにおける住民投票法案だったのである。

住民投票法案においては，スコットランドでの投票日が1997年9月11日，ウェールズでの投票日が，その1週間後の9月18日に設定された[(1)]。労働党が下院の議席のうち，圧倒的多数を占めていたこともあって，住民投票法案はきわめてスムーズに成立することになった（*Financial Times*, 31 July 1997）。

ちなみに，すでに労働党の1997年選挙マニフェストの中で示されていたように，スコットランドの住民投票において是非を問う項目は，スコットランド議会を設立することの是非，および，スコットランドにおける所得税の税率を全国レヴェルの税率から一定の範囲内で変更することを認めることの是非という2つであった。一方，ウェールズの住民投票においては，ウェールズ議会に対する所得税の税率変更の権限付与が想定されていなかったために，ウェールズ議会を設立することの是非のみが問われることになっていた[(2)]。

なお，スコットランド，ウェールズに対する権限移譲の問題をめぐって，1979年3月に実施された前回の住民投票の失敗の経験を踏まえ，今回は有権者総数の40％以上の賛成を必要とするという条件は課されなかった。

総選挙勝利からわずか4カ月あまりで住民投票を実施するということは，権限移譲についての具体的な提案を作成する時間が，きわめて限られるということを意味していた。しかしながら，スコットランド相ドナルド・デューア（Donald Dewar）やウェールズ相ロン・デーヴィス（Ron Davies）の努力もあって，スコットランドとウェールズに対する権限移譲の具体的提案を示し，住民投票による承認を得た後に作成される権限移譲法案の青写真となる政府白書，『スコットランド議会（*Scotland's*

Parliament)』と『ウェールズの声（*A Voice for Wales*）』は，1997年7月下旬に相次いで出版された[3]。

2つの政府白書の内容は，基本的に総選挙における労働党マニフェストにおいて示された大枠での方向性を具体化したものであった（The Labour Party 1997, 33-34）。ただ，マニフェストに明記されていない部分については，当初の方針が，若干変更されたところもあった。

たとえば，『スコットランド議会』では，新しく創設されるスコットランド議会とイギリス（UK：連合王国）議会の権限について，前者に与えられる権限を明記するという当初考えられていたやり方をあらためて，後者が保持する権限を明記するという形がとられた。イギリス議会が保持する権限のうち，主なものとしては，憲法制度（国家レヴェルの統治機構），外交政策，防衛・安全保障政策，マクロ・レヴェルの財政金融政策，財やサーヴィスに関する市場政策，雇用政策，社会保障政策などの分野が挙げられていた。これら明記されたもの以外の政策分野については，原則としてスコットランド議会に立法権が移譲されることになっていた。

このようにスコットランドに関係するかなり広範な分野が，スコットランド議会の権限の下に置かれたのである[4]。その意味で，スコットランド議会は，連邦国家において州議会が有する権限に匹敵するほど，広範な権限を与えられることが想定されていた。

スコットランド議会の選挙制度には，マニフェストの公約通り，比例代表制の一種である付加議員制がとられることになっていた。また，マニフェストにおいて，財政について限定的な権限を与えるとされていた部分は，所得税の基本税率を，イギリス議会によって設定された全国レヴェルの税率から±3％の範囲で変更できる権限として明確化された。そして，住民投票によって権限移譲が承認されれば，スコットランド議会選挙を，1999年前半に実施することが明記されていたのである[5]。

ウェールズ議会の創設を掲げた政府白書『ウェールズの声』は，少数言語のウェールズ語（ゲール語）を第一言語とする人々に対する配慮から，英語とウェールズ語の2言語によって書かれていた[6]。

『ウェールズの声』では，1997年選挙マニフェストで示された2つの点が踏襲されていた。第一に，スコットランド議会とは異なり，ウェールズ議会は一次立法（primary legislation）に関する権限を持つものではなく，イギリス議会が制定した法律の範囲内で，二次立法（secondary legislation）を行う権限を持つとされた。第二に，選挙制度については，スコットランド議会と同様に比例代表制の一種である付加議員制が提案されていた[7]。なお，所得税の基本税率を±3％の範囲で変更できるというスコットランド議会に与えられた独自の財政権限は，ウェールズ議会には与えられなかった。

スコットランド議会と比較すれば，ウェールズ議会は一次立法および独自財政に関する権限を持っていないという点が際立つことになり，これに対して権限移譲を支持する人々からの批判も見られた。特に，一次立法に関する権限を持っていないことは，ウェールズ議会の政策形成能力を著しく制限するものであると主張された。ただし，これに対しては，二次立法の重要性を過小評価すべきではないという見方もあった。さらに，イギリス議会での法案作成段階において，ウェールズ議会の側から働きかけることにより，一定の影響力を行使する機会があるということも指摘されていた（McAllister 1998, 154-155）。

(2) スコットランドとウェールズにおける住民投票

スコットランドにおける住民投票キャンペーンにおいて，議会設置と税率変更権限の付与という2つの項目に対して，両方とも賛成（Yes, Yes）することを求める超党派の運動団体として，「スコットランド前進（Scotland Forward）」が結成された。スコットランドの主要政党のうち，労働党，スコットランド国民党，自由民主党の3党，および，ビジネスや労働組合の主流派の人々によって「スコットランド前進」は構成された[8]。

これに対して，権限移譲に反対するキャンペーンの中心として結成され，2つの項目に両方とも反対（No, No）することを求める運動団体が，「再考せよ（Think Twice）」であった。「再考せよ」は，その主要な基盤が，総選挙においてスコットランドの議席をすべて失った保守党であっ

たために，有権者に対するアピール力の欠如に苦しめられた。また，労働党のスコットランド選出下院議員のうち，いわゆる"West Lothian Question"を指摘し，権限移譲への反対姿勢を明確にしていたタム・ダリエルは，スコットランド労働党の中で孤立した存在であったが，保守党が中心となった「再考せよ」のキャンペーンへの協力を拒んだ（McCrone and Lewis 1999, 24-26）。

ウェールズでも，住民投票キャンペーンにおいて，ウェールズ議会の設立に賛成するよう求める超党派の運動団体として，「ウェールズにイエス（Yes for Wales）」が結成された。「スコットランド前進」と同様に，「ウェールズにイエス」には，ビジネスや労働組合の代表に加えて，ウェールズの主要政党のうち，労働党，ウェールズ国民党，自由民主党の3党のメンバーが参加することになった。(9)

しかしながら，スコットランドの場合には，1980年代以降「スコットランド憲政会議」など，権限移譲を求める運動団体において，超党派による協力の伝統があったのに対して，ウェールズの場合にはそのような経験を欠いていたために，「ウェールズにイエス」を通じた3党の協力は，必ずしもスムーズなものではなかった。

一方，権限移譲に反対するキャンペーン団体としては，「さあノーと言おう（Just Say No）」が結成された。この団体は，スコットランドの「再考せよ」とは異なり，保守党に加えて，労働党の中の少数ではあるが有力な権限移譲反対派をも基盤としていたために，有権者に対するアピール力には無視できないものがあった。ちなみに，労働党のウェールズ選出下院議員34人のうち，少なくとも7人が権限移譲に反対する姿勢を示し，「さあノーと言おう」のキャンペーンを側面から援助していたのである（McAllister 1998, 158-159）。

表8‐1に示されているように，1997年9月11日に実施されたスコットランド住民投票の結果は，スコットランドの多くの人々が権限移譲を支持していることを明らかにした。スコットランド議会設立の問題については，投票総数の74.3％が賛成したのに加え，新たに設立される議会に±3％の幅で所得税率を変更する権限を与えることに賛成する割合は，

表8-1 1997年住民投票結果（スコットランド，ウェールズ）

スコットランド	票数	得票率
(1) スコットランド議会設立の是非		
賛成	1,775,045	74.3%
反対	614,000	25.7%
(2) 所得税率変更権の是非		
賛成	1,512,889	63.5%
反対	870,263	36.5%
投票率　60.4%		

ウェールズ	票数	得票率
ウェールズ議会設立の是非		
賛成	559,419	50.3%
反対	552,698	49.7%
投票率　50.1%		

（出典）Taylor, Curtice and Thomson 1999, xxviii.

63.5％に上っていたのである。さらに，スコットランドに32ある行政区域のすべてにおいて，議会設立賛成票が多数を占め，所得税率変更権については，わずか2つの行政区域において，反対票が多数を占めたにすぎなかった。[10]

なお，投票率については，低投票率を懸念する声もあったが，結果としては60.4％に上った。この数字は，5月の総選挙に比べれば10ポイント以上低かったが，通常50％を下回ることの多い地方選挙よりも高く，権限移譲に対する有権者の比較的高い関心を表したものと考えられる。

スコットランド住民投票において，圧倒的多数で権限移譲が承認されたのに対して，1週間遅れて9月18日に実施されたウェールズ住民投票の結果は，労働党政権の期待を裏切るものであった。ウェールズの有権者のうち，かろうじて半数を超える人々が住民投票に参加し，投票率は50.1％だったのである。この数字は総選挙の投票率を20ポイント以上も下回っていた。

しかも，権限移譲に対する賛成票は，投票総数の過半数を，ほんのわずか上回っていたにすぎなかった。賛成票の割合は50.3％であり，反対票との差は7,000票を切っていたのである。この差は，投票総数の0.6％，そして，ウェールズの有権者総数のわずか0.3％にすぎなかった。

かくて，ウェールズ住民投票の結果は，権限移譲の問題をめぐって，ウェールズの人々が真っ二つに割れていることを示した。その分断は地理的な性格を有していた。すなわち，ウェールズの中でも，イングランドに比較的近い東部では，権限移譲に対する反対が多数を占めたのに対して，ウェールズ語を話すケルト系の人々の割合が比較的高い西部においては，賛成が多数を占めていたのである。[11]

要するに，「ウェールズのウェールズ (Welsh Wales)」では，権限移譲が求められたのに対して，「イギリスのウェールズ (British Wales)」では，ロンドンとの結びつきが重視されたと見ることができる (Taylor, Curtice and Thomson 1999, xxviii)。

表8-2は，スコットランドおよびウェールズの住民投票結果を（スコットランドは議会設立の是非についてのみ），主要政党の支持者別に分けて示している。[12]

まず，スコットランドについて見ていくと，権限移譲を支持するキャンペーンの中心となった労働党とスコットランド国民党の支持者のうち，圧倒的多数が議会設立に賛成投票していることがわかる。この両党支持者と比較すると，同じく権限移譲を支持するキャンペーンに参加した自由民主党の支持者は，賛成票が反対票を上回ったものの，その差はそれほど大きなものではなかった。一方，保守党支持者の投票行動について見ると，労働党とスコットランド国民党の支持者とは逆に，圧倒的多数

表8-2 政党支持別住民投票結果（スコットランド，ウェールズ）

スコットランド議会設立の是非	賛成	反対	棄権
労働党	66%	7%	27%
保守党	15%	59%	26%
スコットランド国民党	76%	1%	22%
自由民主党	45%	32%	23%
ウェールズ議会設立の是非	賛成	反対	棄権
労働党	34%	24%	42%
保守党	7%	62%	30%
ウェールズ国民党	71%	6%	24%
自由民主党	18%	45%	37%

（出典）Surridge and McCrone 1999, 43; Jones and Trystan 1999, 66.

が，権限移譲を拒否する党の方針に従って議会設立に反対投票していた。[13]

ウェールズの政党支持別住民投票結果をスコットランドの結果と比較すると，興味深い類似点と相違点が明らかになる。まず，2つの住民投票の類似点としては，スコットランド国民党支持者と同様に，民族主義政党のウェールズ国民党支持者の圧倒的多数が議会設立に賛成していたこと，および，ウェールズにおいても，権限移譲を拒否する保守党支持者の圧倒的多数が反対投票していたことを挙げることができる。

これに対して，2つの住民投票の相違点として，ウェールズの自由民主党支持者においては，議会設立に反対の割合が賛成を上回っていたことが挙げられる。さらに重要な相違点と思われるのは，ウェールズの労働党支持者においては，議会設立に賛成の割合が反対を上回ったものの，その差はスコットランドほど大きなものではなく，しかも，棄権者の割合が賛成を上回っていたことである。

なぜこのような結果になったのか考えてみると，スコットランドの場合には，労働党の大勢が権限移譲支持で固まっていたのに対して，ウェールズの場合には労働党の内部に権限移譲に反対する有力な少数派があったために，労働党支持者に対する賛成投票の働きかけが弱まった影響があったのではないだろうか。ウェールズの労働党が，賛成派と反対派に分かれてキャンペーンを行った結果，支持者のかなりの部分が，投票を棄権することになったと思われる。

議会設立について約4分の3の多数が賛成投票し，所得税率変更権付与についても，約3分の2の多数が賛成投票することになったスコットランド住民投票は，権限移譲の実現を確実にした。スコットランド議会設立に反対するキャンペーンを展開した保守党や「再考せよ」でさえ，住民投票において圧倒的多数で支持され，民主主義的正統性を獲得した権限移譲プログラムに対して，抵抗姿勢を継続することはできなくなったのである。

一方，わずか7,000票を切る得票差で議会設立が承認されたウェールズ住民投票については，たしかに反対派を圧倒するような投票結果ではなかったが，前回1979年の住民投票と比較すれば，たとえわずかな票差

であっても権限移譲が承認されたということには変わりなかった。1979年の住民投票においては，わずか2割程度の少数しか賛成投票していなかった。今回の住民投票では，権限移譲への賛成票が前回から3割近く増加しているわけで，その点を考慮に入れれば，ウェールズの権限移譲賛成キャンペーンは成功であったと言ってもよいかもしれない。いずれにせよ，1997年の住民投票において，権限移譲への賛成が多数を占めたことは，ウェールズ議会設立へ向けた大きなハードルを越えたことを意味した。

(3) 権限移譲法案

スコットランドとウェールズの住民投票において，権限移譲が承認されたことを受けて，労働党政権はスコットランドとウェールズに対する権限移譲法案を議会に提出した。スコットランド議会とウェールズ議会を設立し，その権限を示した法案の内容は，若干修正を加えられていたものの，基本的に1997年7月に出された政府白書を反映したものであった。

ただ，ウェールズ政府（Executive Committee）の組織のあり方について，白書においては，地方自治体と同様の委員会方式が示されていたのに対して，法案修正過程を通じて，スコットランドと同様の内閣方式がとられることになった。要するに，ウェールズ議会の各種委員会委員長による執行部形成という委員会方式ではなく，議会によって選出された首相（First Secretary：第一大臣）が閣僚を任命するという内閣方式がとられたのである。ちなみに，スコットランドでは，議会により選出され，閣僚を任命する首相の名称が，ウェールズとは若干異なっていた（ウェールズのFirst Secretaryに対してFirst Minister）。[14]

2つの権限移譲法案は，下院において労働党が圧倒的多数を占めていたこと，そして，住民投票における承認という民主的正統性を獲得したことにより，比較的スムーズに成立した。かつて1970年代に労働党政権が権限移譲法案を議会に提出した際には，権限移譲に反対する労働党下院議員が，野党の保守党と協力して妨害工作を行ったために，法案成

立までに多大な苦労，そして，重要な修正を余儀なくされた。しかし，今回は労働党の内部がこの問題で比較的結束していたために，法案のスムーズな成立が実現したのである。

スコットランド議会，および，ウェールズ議会の設立は，中央政府からの権限移譲を実現したということに加えて，小選挙区制に代わって比例代表制の一種である付加議員制という新たな選挙制度を導入したことでも，イギリスの政治制度のあり方を大きく変貌させるものとなった。これ以降，北アイルランド議会やロンドン議会が設立され，欧州議会選挙制度の改革などが実施されるが，それぞれ具体的なメカニズムは異なるものの，選挙制度としては，いずれも小選挙区制ではなく，比例代表制が採用されたのである。

付加議員制においては，日本の衆議院選挙やドイツ連邦議会選挙と同様に，2種類の選挙区が存在し，有権者は2種類の投票を行うことになる。

まず，議員定数の過半数を超える議席が，小選挙区によって選出される。その数は，スコットランドにおいては，総議席129のうち73，ウェールズにおいては，総議席60のうち40である。この選挙区は基本的に下院の選挙区に対応している。それぞれの選挙区で最も多くの得票をした候補者が議席を獲得する。一方，残りの議席については，スコットランドでは，56議席が8つの地域に定数7ずつ配分され，ウェールズでは，20議席が5つの地域に定数4ずつ配分されている。そして，この付加議員区ごとに，各政党が提出した候補者名簿の上位から，政党の得票数と小選挙区での獲得議席数を考慮に入れて，当選者が決定されていくのである（Loughlin 2001, 51-53）。

要するに，有権者は1票を小選挙区の候補者に投じ，もう1票を付加議員区ごとの政党の候補者名簿に投じることになり，前者は小選挙区制により，後者は比例代表制によって議席が確定することになっていた。

日本の衆議院選挙のような小選挙区比例代表並立制では，小選挙区と比例代表区が分離しているために，政党が小選挙区で獲得した議席数の多少にかかわらず，比例代表区では政党の得票率に応じた議席配分がな

される。

　しかしながら，スコットランドやウェールズの付加議員制は，小選挙区で選出される議員と付加議員区から選出される議員の合計数を，政党の得票率にできるだけ比例させる工夫がなされた。それゆえ，小選挙区において大量の議席を獲得した政党は，あまり多くの付加議員を選出する見込みがないのに対して，小選挙区での議席獲得が困難な場合でも，一定の得票をした政党は，得票率をある程度反映した数の付加議員を選出することができるようになっていた[15]。なお，スコットランドとウェールズ議会選挙では，小選挙区と付加議員区への重複立候補，および，当選した際の下院議員との兼任が認められていた。

　スコットランド議会の選出方法として，付加議員制が採用された背景には，権限移譲の実現に尽力した超党派組織「スコットランド憲政会議」における議論があった。そこでは，新しく設置されるスコットランド議会における政治スタイルを，2大政党間の敵対政治が際立つウエストミンスター（連合王国，イギリス）議会とは異なるものにしようとする意図があった。すなわち，政党の得票数にある程度比例した議席数を配分する選挙制度を採用して，小政党にも議席獲得の機会を与える一方，大政党が50％を下回る得票率で過半数の議席を獲得するのを困難にすることにより，党派間の協力とコンセンサスに基づく政治を実現しようとする意図があったのである。

　しかしながら，このような積極的な意図とは別に，消極的もしくはネガティヴな意図もあった。それは近年の選挙において勢力を伸ばし，得票率では労働党に次ぐ第二党に成長したスコットランド国民党（SNP）の過半数獲得を阻止するというものであった。スコットランドの分離独立を掲げるSNPの過半数獲得は，スコットランド独立への大きなステップになると恐れられていた。SNPの過半数獲得を困難にする付加議員制は，スコットランドの分離独立を防ぐ安全装置としての役割があったのである（Miller 1999, 304）。

　ちなみに，ウェールズ議会の選出方法にも，付加議員制が採用されたわけだが，その理由はスコットランドとは若干異なる。ウェールズにお

いては，民族主義政党のウェールズ国民党の勢力は，スコットランドのSNPと比較すると，まだまだ弱小であったために，ウェールズ国民党の過半数獲得に対するおそれはあまりなかった。しかも，ウェールズ国民党は，SNPとは異なり，分離独立の主張を前面に掲げてはいなかったのである。

ウェールズ議会における付加議員制の採用は，分離独立を阻止する安全装置としてよりも，むしろ，スコットランドとの横並び，そして，ウェールズにおいて圧倒的な勢力を誇る労働党の過剰な議席獲得を抑制する手段として導入されたと見ることができる。

もしウェールズ議会の選出方法に小選挙区制がとられれば，議席の8割近くが，労働党によって占められることが予想された。しかし，そうした事態は，決して望ましいものとは言えなかった。一方，付加議員制の下でも，労働党が過半数もしくは半数近い議席を獲得する可能性は十分にあったのである。労働党政権としては，小選挙区制による議席独占を批判されるよりも，付加議員制による適度な議席数の獲得の方が賢明であると判断したのである。

(4)　スコットランド議会選挙とウェールズ議会選挙

スコットランド議会とウェールズ議会の第1回選挙の投票は，1999年5月6日に実施された。投票率は，スコットランド議会選挙が58.7％，ウェールズ議会選挙が46.2％であった。1997年総選挙の投票率と比べると，前者は10ポイント以上，後者は20ポイント以上低い数字であった。

地方議会選挙の投票率が30％程度の低さであることを考慮すれば，必ずしも低い投票率とは言えないが，総選挙よりも低かったことは，スコットランドとウェールズの人々にとって，総選挙の方がより重要な選挙であると見なされていたことの反映と見ることができる。その意味では，スコットランド，ウェールズ議会選挙は，総選挙に次ぐ「第二順位選挙」として位置づけられていた。

表8-3は，スコットランドおよびウェールズ議会選挙の結果を示している。まず，スコットランドの小選挙区での結果について見ると，労

働党の得票率38.8％は，総選挙での得票率に比べれば7ポイント程度低かった。しかしながら，労働党は小選挙区73議席のうち7割を超える53議席を獲得した。これは総選挙結果をわずか3議席しか下回っていなかったのである。(17)

一方，SNPの得票率28.7％は，総選挙での得票率に7ポイント程度上積みするものであった。しかし，獲得議席数は7議席にとどまり，総選挙結果にわずか1議席上積みしたにすぎなかった。小選挙区では，第一党である労働党が，圧倒的に有利であることが確認される結果となった。ちなみに，SNPは，政党支持率に関する世論調査において，一時は労働党をリードすることもあった。しかし，実際の選挙結果において，獲得議席のみならず，得票率でも労働党に大差を付けられたために，選挙結果はSNPにとって失望させるものであった。

なお，得票率第3位の保守党は，総選挙に引き続き，小選挙区で1議席も獲得できなかった。また，得票率第4位となった自由民主党は，SNPを上回る12議席を獲得していた。

比例代表制によって選出される付加議員区の得票率を見ると，スコットランドの4つの主要政党すべてについて，小選挙区での得票率よりも

表8-3 スコットランド，ウェールズ議会選挙結果（1999年）

スコットランド 投票率 58.7%	小選挙区		付加議員区		
	得票率	議席数	得票率	議席数	合計議席数
労働党	38.8%	53	33.6%	3	56
スコットランド国民党	28.7%	7	27.3%	28	35
保守党	15.5%	0	15.4%	18	18
自由民主党	14.2%	12	12.4%	5	17
その他	2.7%	1	11.3%	2	3
ウェールズ 投票率 46.2%	小選挙区		付加議員区		
	得票率	議席数	得票率	議席数	合計議席数
労働党	37.6%	27	35.5%	1	28
ウェールズ国民党	28.4%	9	30.6%	8	17
保守党	15.8%	1	16.5%	8	9
自由民主党	13.5%	3	12.5%	3	6
その他	4.8%	0	5.0%	0	0

(出典) Miller 1999, 307; Jones 1999, 328.

低い数字にとどまった。小選挙区で主要政党の候補者に投票した有権者の一部は，付加議員区の投票で主要政党以外に流れたようである。その結果，緑の党などの小政党の議席獲得が実現した。

最も得票率を落としたのが労働党であり，付加議員区における得票率33.6％は，小選挙区での数字を，5ポイント以上下回っていた。付加議員制のメカニズムからすると，労働党の得票率の落ち込みは，十分に予想されるものであった。なぜなら，労働党は，小選挙区において大量の議席獲得が見込まれていたために，付加議員区での議席獲得は，ほとんどあり得ないということが事前に知れ渡っていた(18)。そして，現実に労働党が付加議員区で獲得した議席は，わずか3議席にとどまったのである。付加議員区で労働党に投票しても議席獲得に結びつく可能性が低いとなると，小選挙区で労働党の候補者に投票した有権者の少なからぬ部分は，自分の票を無駄にしないために，他党へ流れたと見ることができる。

これに対して，付加議員区最大の議席獲得をしたのはSNPであり，得票率27.3％で28議席を獲得していた。次いで，保守党が得票率15.4％で18議席，そして，自由民主党が得票率12.4％で5議席を獲得した。結果として，スコットランド議会で過半数を制する政党は存在せず，選挙直後に開始された政党間の連立交渉を経て，労働党と自由民主党との連立政権が構築されることになった。

ウェールズ議会選挙の結果について，まず小選挙区の結果について見ると，労働党の得票率37.6％は，総選挙の得票率を17ポイント以上下回るものであった。スコットランドの結果をも超える得票率の大幅な落ち込みにより，獲得議席数も，総選挙では40議席中34議席を獲得していたのが，7議席減らして27議席にとどまった。これに対して，大躍進を示したのがウェールズ国民党であった。得票率28.4％は，総選挙の数字を18ポイント以上上回っており，獲得議席数も，4議席から9議席と倍増を果たしたのである。なお，総選挙で1議席も獲得できなかった保守党は，得票率15.8％で1議席，自由民主党は，得票率13.5％で3議席を獲得していた。

付加議員区の結果については，労働党は得票率35.5％で1議席，ウェ

ールズ国民党が得票率30.6％で8議席，保守党が得票率16.5％で8議席，自由民主党が得票率12.5％で3議席となった。

　小選挙区の結果と比べると，労働党と自由民主党が，得票率を若干落としているのに対して，ウェールズ国民党と保守党が，得票率を若干増加させている。この理由については，労働党と自由民主党は，小選挙区で相当程度の議席獲得が予想されており，付加議員区での議席獲得は難しいということが知れ渡っていたために，両党の支持者にとって，付加議員区で投票をするインセンティヴがなかったことが影響していると考えられる。これに対して，ウェールズ国民党と保守党は，主に付加議員区で議席を獲得すると見られていたので，両党支持者には，付加議員区で投票するインセンティヴが比較的強かったと見ることができる。

　なお，スコットランド議会選挙では，主要政党以外による議席獲得が実現したが，ウェールズ議会選挙では，全議席が主要政党によって占められることになった。また，スコットランドと同様に，ウェールズでも過半数を制する政党はなかったが，60議席中28議席を獲得した労働党は，連立政権ではなく単独で少数政権形成の道を選ぶことになった。

　スコットランド議会とウェールズ議会の第一回選挙は，それぞれの地域における政治のあり方を大きく変えた。最も注目される点は，1980年代後半から1990年代にかけて見られた，両地域における労働党の支配的地位を特徴とする1党優位政党制的なシステムから，どの政党も過半数を有しない多党制（4党制）システムへの移行である。

　また，地域政党であるSNPとウェールズ国民党が，新しい多党制において，労働党に対抗する第二党の地位を獲得したことも注目される。その点に関して，最も劇的な躍進を遂げたのは，ウェールズ国民党であった。スコットランドのSNPは，すでに総選挙において労働党に次ぐ得票率を上げていた。これに対して，ウェールズ国民党は，それまで総選挙の得票率では第四党にとどまっていたが，ウェールズ議会選挙において，一気に第二党の地位を確保した。

　ウェールズ国民党の躍進については，ポジティヴな要因とネガティヴな要因の2つが作用していると思われる。ポジティヴな要因としては，

ウェールズ国民党が，有権者によって，ウェールズの利益を最もよく代表する政党であると見なされたことが挙げられる。実は，この時期，労働党支持率は，全国的にもウェールズにおいてもかなり高かった。それゆえ，もし政党支持率が正確にウェールズ議会の選挙結果に反映したとすれば，労働党圧勝に疑いはなかった。しかしながら，労働党支持者のかなりの部分が，今回の選挙は，ウェールズの選挙であって，国政に関する総選挙とは異なるという意識を持ち，労働党よりも，ウェールズ国民党の方が，ウェールズの利益を守る政党であるという見方に傾いたのである。

ネガティヴな要因としては，ウェールズにおける労働党の党内対立によるダメージが挙げられる。労働党政権による権限移譲の実現まで，ウェールズの労働党組織は，全国レヴェルの労働党を代表する党首とは別個のリーダーを持っていなかった。ブレア首相によってウェールズ相に任じられたロン・デーヴィスが，無投票でウェールズ労働党代表の地位につくのではないかと見られていたが，これに対しては，異論も少なからずあった。

ウェールズ議会選挙の前年，1998年9月に行われた第一回ウェールズ労働党代表選挙には，本命視されていたデーヴィスに対抗して，ウェールズの一般党員や活動家から支持を得ていた有力下院議員ロドリ・モーガン（Rhodri Morgan）が出馬した。代表選挙キャンペーンの中で，モーガンは，労働党本部の支持を受けるデーヴィスを，ウェールズの利益を二の次にする候補であると厳しく批判した。

ウェールズ労働党代表の選出方法としては，労働党党首の選出方法と類似の選挙人団方式がとられた。選挙人団は，①労働党に加盟するウェールズの労働組合などの加盟団体，②ウェールズ選出の各種議員（下院議員，欧州議会議員，ウェールズ議会選挙候補者）③ウェールズの労働党選挙区組織，という3つの部分から構成され，それぞれ全体の3分の1の割合が与えられた。要するに，労働組合等の割合が約33％，各種議員等の割合が約33％，選挙区労働党の割合が約33％で選挙人団が構成され，合計100％のうち，50％を超える得票をした候補が選出されるように

なっていたのである。

　労働組合や各種議員の大勢が，デーヴィス支持を明確にしていたので，彼の当選は間違いなかったが，一般党員の間でのモーガンの人気を考えれば，選挙区労働党部門で，デーヴィスがモーガンの後塵を拝する危険性があった。もしこのような結果となれば，当選したデーヴィスのウェールズ労働党代表としての民主主義的正統性に，少なからぬダメージがもたらされるおそれがあった。ウェールズ労働党の中では，選挙人団方式ではなく，一般党員による選挙で代表を選ぶべきであるという声がかなりあったのである。

　表8-4が示しているように，第一回ウェールズ労働党代表選挙の結果は，選挙人団の3つの部分すべてにおいて，デーヴィスの得票がモーガンの投票を上回り，名実ともにデーヴィスがウェールズ労働党代表の地位を獲得した。ただ，敗北したモーガンは，一般党員が投票する選挙区労働党部門において，かなりデーヴィスに迫っていた。デーヴィスが52.2％の得票をしたのに対して，モーガンは47.8％の得票をしていたのである。

　ロン・デーヴィスのウェールズ労働党代表選出により，翌年5月に予定されていたウェールズ議会選挙へ向けての準備に拍車がかかった1998年10月に，いわゆる「狂気の瞬間（moment of madness）」事件によって，デーヴィスは，ウェールズ労働党代表およびウェールズ相を辞任することになった。

　「狂気の瞬間」事件の真相は明らかではないが，デーヴィスは次のような説明を行った。10月27日の夕方に，ロンドンのクラパム・コモン

表8-4　ウェールズ労働党代表選挙（1998年，1999年）

1998年	労働組合等	各種議員等	選挙区労働党	合計
ロン・デーヴィス	91.7%	60.8%	52.2%	68.2%
ロドリ・モーガン	8.3%	39.2%	47.8%	31.8%
1999年	労働組合等	各種議員等	選挙区労働党	合計
アラン・マイケル	64%	58.4%	35.6%	52.7%
ロドリ・モーガン	36%	41.6%	64.4%	47.3%

（出典）Jones 2000, 203, 210.

(Clapham Common)の公園で見ず知らずの男と出会い,そのままその男のアパートに行った。アパートに着くと,その男と2人の仲間が,ナイフを取り出して脅したために,車や財布など所持品を奪われてしまった。デーヴィスは,強盗事件に自ら巻き込まれるような愚かな判断（「狂気の瞬間」）をしたことは,代表や閣僚の地位に相応しくないと考えて,辞任の決意を固めたと表明した。[19]

デーヴィスの突然の辞任によって引き起こされた第二回ウェールズ労働党代表選挙では,前にも増して激しい党内対立が見られた。デーヴィスの後任のウェールズ相には,カーディフ選出の内務閣外相アラン・マイケル（Alun Michael）が抜擢されたが,マイケルがウェールズ相とともにウェールズ労働党代表を兼ねることには,デーヴィスの時以上の反発があったのである。特に,ウェールズ相に任命されるまで,マイケルが権限移譲の問題に熱心にかかわってこなかったことがやり玉に上った。

第二回選挙への出馬を表明したロドリ・モーガンは,マイケルを,ブレア首相とロンドンの労働党本部の使命を受けた「パラシュート候補」であるという批判を展開した。ウェールズの利益を代表するのではなく,ロンドンの方ばかり顔を向けているというモーガンの批判に対して,マイケルは激しく反論したが,パラシュート候補というイメージを払拭することはできなかった。そして,実際にウェールズ議会選挙キャンペーンで,労働党を追い上げる立場のウェールズ国民党は,ブレア首相のパラシュート候補というマイケルの弱点を,執拗に攻撃した。

さらに,マイケルにとって問題だったのは,すでにウェールズ議会選挙の小選挙区候補者がほぼ確定していたために,付加議員区で立候補せざるを得ないということであった。すでに見たように,小選挙区で労働党が圧倒的多数を確保することは明白であったために,付加議員区での当選は,非常に困難であると予想されていた。[20]

1998年末から第二回選挙が実施された1999年2月まで,マイケルとモーガンの対立は激しさを増し,それはウェールズにおける労働党支持に深刻な影を投げかけることになった。両陣営とも相手方の誹謗中傷をくり返し,ウェールズの有権者の間で,労働党に対する幻滅を増大したの

である。

　第二回ウェールズ労働党代表選挙は，まさに悪夢のような結果をもたらした。表8-4が示しているように，得票率52.7%対47.3%の僅差で，マイケルがモーガンに勝利を収めた。しかし，それはマイケルが労働組合部門や各種議員部門で多くの票を集めたからにすぎなかった。一般党員が投票する選挙区労働党部門では，35.6%対64.4%と，マイケルはモーガンの半分ほどの票しか集めることができなかったのである。

　ウェールズ労働党員の圧倒的多数が，マイケルではなく，モーガンを支持していることが明らかになったわけだが，こうした状況の下で，わずか数カ月後の5月に予定されていたウェールズ議会選挙において，労働党がマイケルの下に団結して効果的なキャンペーンを実施することは，期待すべくもなかったと言えるだろう。

　労働党少数政権の首相（第一大臣）に就任したマイケルであったが，その後，ウェールズ議会における不信任案可決が確実な情勢を見て，2000年2月9日に，ウェールズ首相と労働党代表の地位からの辞任を発表した。これにより，ウェールズの労働党少数政権は崩壊することになった（*The Guardian*, 10 February 2000）。マイケルの辞任を受けて，1999年の代表選挙でマイケルに惜敗したロドリ・モーガンが代表に選出された。労働党単独少数政権による政治的不安定を嫌ったモーガンは，後に自由民主党との連立政権を成立させ，ウェールズもスコットランドと同様の政権構成となった（*The Guardian*, 17 October 2000）。

(5)　北アイルランド紛争と労働党

　スコットランドとウェールズに対する権限移譲は，労働党政権の誕生によって実現することになった。これに対して，北アイルランド議会設立を中心とする北アイルランドに対する権限移譲は，ブレア首相など労働党政権の努力も大きかったものの，その基礎を形成したのは，それまでの保守党政権とアイルランド共和国政府の間での粘り強い交渉であった。ただし，保守党政権の場合には，北アイルランドへの権限移譲を，当該地域の特殊事情による例外的措置と見なしていたのに対して，労働

党政権の場合には,イギリス全体に及ぶ憲政改革プログラムの一環として位置づけられていた。

北アイルランドは,1920年のアイルランド統治法により生み出された。この法律により,それまでイギリス(連合王国)の一部であったアイルランド島が二分された。その背景には,イギリスからの分離独立をめざす南部のカトリックに対して,北部のプロテスタントは,イギリスへの残留を望んでいたことがあった。こうした相反する要求に直面したイギリス政府は,考え得る唯一の解決策として,アイルランド分割を実施したのである。

かくて,プロテスタントが多数派の北部6州は,イギリスの領域内で北アイルランドと呼ばれる地域を形成した。一方,カトリックが多数派の南部26州は,分離独立の道を選び,アイルランド自由国を誕生させた。しかしながら,問題は,北アイルランドの内部にも,イギリス残留を望む多数派のプロテスタントとは異なり,アイルランド南北統一を求める少数派のカトリックが存在していたことである(Boyle and Hadden 1999, 285)。

アイルランド分割以後,ほぼ50年間にわたって,北アイルランドは一定の自治権を与えられ,独自の議会と政府による比較的安定した統治が行われた。ただし,この政治的安定は,少数派のカトリックの犠牲の上に成り立っていた。北アイルランド議会では,多数派のプロテスタントが支配的立場を占め,一貫して政権を握り続けた結果,さまざまな面で,少数派のカトリックに対する不利な取り扱いが続いたのである。

1960年代末になり,カトリックに対する差別の撤廃や権利の擁護を求める公民権運動が活発化すると,プロテスタントとカトリックの間の緊張が高まり,やがて,双方の武装勢力,そして,警察と軍もかかわる武力紛争が発生するようになる。これが,いわゆる「北アイルランド紛争」の始まりである。プロテスタントが支配する議会や政府では,事態を収拾できないと見たイギリス政府は,1972年3月に北アイルランド議会を廃止し,直接統治を開始することになった(堀越 1996, 141-196)。

その後,両勢力の間の平和的共存を実現するための努力が続けられた

が，北アイルランドにおけるテロの応酬，そして，アイルランド共和国軍（IRA：Irish Republican Army）など，カトリック武装組織によるイギリス本土に対する爆弾テロが相次ぐことになった。こうした流血事態の継続により，プロテスタントとカトリックの間の不信は強まり，解決に向けた糸口は，なかなか見いだされなかった。

北アイルランド問題に対する労働党の基本的な立場は，南のアイルランド共和国と北アイルランドの「同意による統一」であった。これは何も労働党に特有の立場だったわけではなく，北アイルランド住民の多数が南北統一を望んだ場合に，その意思を尊重するという原則は，保守党政権によっても受け入れられていた。ただし，保守党と比べれば，労働党は，南北統一の実現に積極的な姿勢をとっていると見られてきた。

トニー・ブレアの労働党党首就任，そして，それに伴う影の北アイルランド相へのモー・モーラム（Mo Mowlam）の就任によって，労働党の北アイルランド政策に微妙な変化があらわれた。「同意による統一」の基本的立場に変わりはなかったが，「統一」よりも「同意」が強調されるようになった。そして，当面，北アイルランドはイギリスの一部としてとどまるという前提の下に，武力衝突を含む激しい抗争を繰り返してきたプロテスタント勢力とカトリック勢力の共存を，いかに実現するのかということに力点が置かれるようになる（Boyle and Hadden 1999, 283-4）。

労働党の1997年選挙マニフェストでは，保守党政権の下で進められてきた北アイルランド和平交渉を受け継ぎ，さらにそれを促進するという超党派的アプローチが示された。一方，北アイルランドの将来については，住民の同意によって決定されるべき問題とされた。そして，プロテスタントはアイルランドの南北統一を受け入れないのに対して，カトリックは北アイルランドの現状維持を受け入れないという現実を踏まえて，労働党政権は，プロテスタントとカトリックの間の和解を促進し，両勢力の支持を得られる新しい政治的枠組の構築に努力するとされていた（The Labour Party 1997, 35）。

(6) ベルファスト合意

1994年8月のIRAによる停戦宣言を受けて，北アイルランドの各勢力とイギリス，アイルランド両政府を交えた和平交渉がスタートするが，交渉は目立った進展を見せなかった。そして，1996年2月には，IRAが停戦を破棄して爆弾テロを再開するなど，北アイルランド和平の前途は多難であった。しかし，労働党政権の誕生後，1997年7月にIRAが再び停戦を宣言したことにより，和平プロセスはゆっくりと前進することになった。そして，プロテスタントとカトリックの両勢力の代表，および，イギリスとアイルランド政府代表による北アイルランド和平に向けた努力は，アメリカの上院議員ジョージ・ミッチェル（George Mitchell）の仲介もあって，1998年4月に，ベルファスト合意（いわゆる「聖金曜日合意（Good Friday Agreement）」）に結実することになる。

　北アイルランド紛争の平和的解決に向けて，それまで提案されてきたさまざまな枠組をもとに成立したベルファスト合意では，次のような原則が確認された。北アイルランド住民の多数が，イギリス残留を望んでいる現状を認める一方で，将来的に住民の多数が，アイルランド共和国との統一を望むことが住民投票を通じて明らかになった場合には，イギリス政府とアイルランド政府は，南北統一のすみやかな実現に向けて努力することが明記されたのである。

　ベルファスト合意に示された新たな政治的枠組は，主として次の3つの要素（strand）から構成されていた。第一要素（Strand One）は，北アイルランド内部における統治枠組に関するものであった。第二要素（Strand Two）は，アイルランド島における南北関係（アイルランド共和国と北アイルランド）にかかわっていた。そして，第三要素（Strand Three）は，イギリス（連合王国）とアイルランド共和国の間のいわゆる東西関係をめぐるものであった。

　第一要素の中心となる機構として構想されたのが，北アイルランド議会である。北アイルランド議会は，総議員108名によって構成され，北アイルランドに18ある下院選挙区から，比例代表制の一種である単記移譲式投票制（STV：Single Transferable Vote）によって，6名ずつ選出されることになった。そして，新しい北アイルランド議会には，農業，経済

開発,教育,環境保護,保健,その他社会サーヴィスなど,主として社会経済分野に関する立法・行政権限が移譲されることになった。また,ウエストミンスター議会の承認が得られれば,権限移譲の範囲をさらに拡大することも想定されていた。[23]

スコットランドやウェールズに対する権限移譲と比較したとき,北アイルランドの場合の大きな特徴が,プロテスタントとカトリックとの間での権力共有(power-sharing)の制度化である。

北アイルランドにおける政府形成の大きな特徴として,いわゆる二重首班(dual premiership)システムが挙げられる。このシステムにより,北アイルランド政府のリーダーシップは,第一大臣(First Minister)と副第一大臣(Deputy First Minister)の2人が共有することになった。この二重首班システムは,政府のトップ・レヴェルの地位を,プロテスタントとカトリックの両勢力の間で分け合うための仕組みとして導入された。

閣僚ポストの配分についても,比例代表制が適用されている。すなわち,議院内閣制における通常のやり方としての議会多数派による政府選出ではなく,北アイルランド政府閣僚の選出にあたっては,それぞれの政党の議会勢力の割合に応じて,閣僚ポストが配分されるという形式がとられたのである。このような閣僚ポストの配分に対する比例代表制の採用により,プロテスタントとカトリックの主要政党が,閣僚ポストを獲得できるようになった。また,議会の委員会ポストの配分についても,比例代表制が適用されることになった。

政府の構成に加えて,決定作成ルールに関しても,通常の単純多数決制以外に,特定多数決制を用意することにより,両勢力間のバランスが配慮された。すなわち,第一大臣と副第一大臣の選出や予算案などの重要な決定,および,30名以上の議員が特定多数決制の適用を要求した議案については,次の2種類の基準のうち,どちらか一方を満たした場合にのみ,決定されることになったのである。[24] 1つは,投票総数の過半数の賛成に加えて,プロテスタント議員の投票の過半数とカトリック議員の投票の過半数が賛成にまわった場合。もう1つは,投票総数の60%以上の賛成に加えて,プロテスタント議員の投票の40%以上の賛成とカト

リック議員の投票の40％以上の賛成があった場合である[25]。

　第一大臣と副第一大臣の選出に特定多数決制が採用されたことは，プロテスタントとカトリックの間での権力共有を促進したばかりでなく，両勢力の穏健派が，リーダーシップを握ることを確実にした。すなわち，ベルファスト合意に基づく特定多数決によれば，プロテスタントとカトリックの両方の勢力から支持を得られる候補者でなければ，第一大臣と副第一大臣への選出は不可能だったのである。それゆえ，たとえカトリックの中でIRAと結びつきを有する急進派の勢力が，穏健派の勢力を上回っても，急進派の候補が，プロテスタントから多くの支持を得られる可能性はなかった。同様に，プロテスタントの急進派の候補が，カトリックから多くの支持を得られる可能性もなかったのである（Bogdanor 2001, 106）。

　1998年7月に第一大臣と副第一大臣の選出がなされ，第一大臣には，アルスター統一党（Ulster Unionist Party）党首デーヴィッド・トリンブル（David Trimble），そして，副第一大臣には社会民主労働党（Social Democratic and Labour Party）副党首シーマス・マローン（Seamus Mallon）という，プロテスタントとカトリックの穏健派リーダーが選出されることになった（*Financial Times*, 2 July 1998）。

　ベルファスト合意は，イギリス（連合王国）内部における北アイルランドへの権限移譲を実現しただけではなく，アイルランド島における南北関係，および，イギリス諸島地域におけるイギリスとアイルランド共和国との関係について，新しい枠組を生み出した。

　アイルランド島における南北関係については，ベルファスト合意の第二要素によって，北アイルランド政府代表とアイルランド政府代表をメンバーとして構成される，南北閣僚理事会が創設された。この南北閣僚理事会では，社会経済問題を中心として両者が利害を有する問題について，協力を促進することが追求され，すべての決定は両者の合意の下になされることになっていた。

　南北閣僚理事会の創設は，プロテスタントとカトリックの両勢力が，北アイルランド問題に関するそれまでのかたくなな立場を転換させた象

徴として見ることができる。カトリックにとって，それは南北アイルランドの統一という究極の目標を棚上げして，北アイルランドに対するイギリスの主権を認めた上で，当面，南北間の実務的な協力促進に力点を置く，ということを意味していた。一方，プロテスタントにとっては，アイルランド島全体を対象とする枠組は，南北統一の動きに拍車をかけることになるので認められない，というそれまでの立場の転換を意味していたのである（Meehan 1999, 20-21）。

　イギリス（連合王国）とアイルランド共和国の間のいわゆる東西関係をめぐる第三要素は，2つの機関を生み出すことになった。1つはイギリス政府代表とアイルランド政府代表に加えて，スコットランド，ウェールズ，北アイルランドという地域政府代表も参加するイギリス・アイルランド評議会（British-Irish Council）である。[26]

　イギリス・アイルランド評議会においては，運輸，農業，環境，文化，保健，教育，EUに対するアプローチ，その他共通の利害を有する事項について協議し，合意に至れば共通政策や共同行動をとることができるようになった。ただし，そうした共通政策や共同行動への参加を望まない場合には，除外待遇（opt-out）が認められた。

　第三要素にかかわるもう1つの機関として創設されたのが，イギリス・アイルランド政府間会議（British-Irish Intergovernmental Conference）である。イギリス・アイルランド政府間会議は，両国政府代表によって構成され，共通の利害を有する事項について協議するとされていた。特に北アイルランド問題については，警察・司法分野を中心に，北アイルランド政府に移譲された権限を除く他の事項について協議することになっていた。なお，イギリス・アイルランド政府間会議には，北アイルランド政府代表がオブザーバー資格で参加し，意見表明を行う機会が与えられた。

(7) 北アイルランド住民投票と議会選挙

　ベルファスト合意は，1998年5月22日に実施された北アイルランドの住民投票において，圧倒的多数で承認された。表8-5に示されている

ように，投票率80.98％で，賛成が71.12％を占めたのに対して，反対は28.82％にすぎなかったのである。世論調査によると，プロテスタントとカトリックの両勢力において，賛成票が反対票を上回ったとされたが，プロテスタントの場合には，賛成と反対の票差はそれほど大きなものではなかった (*The Economist*, 30 May 1998, 55)。なお，同日にアイルランド共和国でも国民投票が行われ，ベルファスト合意に基づく憲法改正が，90％を超える賛成で承認された。

南北アイルランドにおいて，ベルファスト合意が承認されたのを受けて，1998年6月25日に北アイルランド議会選挙が実施された。表8‐6が示す選挙結果について，まず注目されるのは，カトリックを主な支持基盤とする社会民主労働党が，第一選好票の得票率に関して第一党となったことである。獲得議席数については，プロテスタントのアルスター統一党に次ぐ第二党であったが，カトリック政党が最も多くの得票を上げたことは，北アイルランドの選挙において，初めてのことであった。

さらに，ベルファスト合意を支持する勢力が，アルスター統一党の28議席，社会民主労働党の24議席，シン・フェイン党（Sinn Féin）の18議席，その他の政党の10議席を合わせて80議席に達したのに対して，合意に反対する勢力は，民主統一党（Democratic Unionist Party）の20議席にその他の8議席を加えた28議席にすぎなかった。

このように北アイルランド議会全体では，合意支持派が多数を占める

表8‐5　1998年北アイルランド住民投票・アイルランド国民投票結果

北アイルランド		票数	得票率
ベルファスト合意の是非			
	賛成	676,966	71.12％
	反対	274,879	28.88％
投票率	80.98％		
アイルランド共和国		票数	得票率
ベルファスト合意に基づく憲法改正の是非			
	賛成	1,442,583	94.39％
	反対	85,748	5.61％
投票率	55.59％		

（出典）BBC, 23 May 1998.

表8-6　北アイルランド議会選挙結果（1998年）

投票率　69.9%	第一選好票得票率	議席数	議席率
アルスター統一党	21.2%	28	25.9%
民主統一党	18.0%	20	18.5%
社会民主労働党	22.0%	24	22.2%
シン・フェイン党	17.7%	18	16.7%
その他	21.0%	18※	16.7%

（出典）Mitchell 2001, 33.
※　ベルファスト合意賛成10，反対8

ことになったが，プロテスタントの中での反対派の議席数は，支持派にかなり迫っていた。プロテスタントの合意支持派が，アルスター統一党を中心とする30議席であったのに対して，反対派は民主統一党を中心として28議席を占めたのである。要するに，カトリック政党と非宗教政党がベルファスト合意を支持したために，北アイルランド議会において，合意支持派が圧倒的多数となったのであり，プロテスタントの中では賛成と反対が拮抗する状況だったのである。

1998年7月1日に北アイルランド議会が招集され，第一大臣にアルスター統一党のデーヴィッド・トリンブル，副第一大臣に社会民主労働党のシーマス・マローンが選出された。そして，1999年2月までに二重首班以外の10名の閣僚を選出し，北アイルランド政府を形成する予定となっていた。

しかしながら，現実の組閣は11月までずれ込む結果となった。その理由は，プロテスタントのトリンブル第一大臣が，カトリックの武装組織であるIRAの武装解除に関して何らかの進展がなければ，組閣を拒否する姿勢を示したからであった。すでに見たように，北アイルランド政府閣僚の選出にあたっては，政党の議席数に応じてポストが比例配分される形式がとられたために，IRAと密接な結びつきを有すると言われるシン・フェイン党の入閣は確実であった。トリンブルとしては，テロ組織の武装解除が始まる前に，シン・フェイン党と連立政権を組むことは，自分が党首を務めるアルスター統一党の反発を買うために受け入れ難かったのである。

1999年を通じて，事態を打開するための交渉が，イギリスとアイルランド両政府を中心に粘り強く続けられた。そして，1999年10月の内閣改造により，北アイルランド大臣には，モー・モーラムに代わって，新たにピーター・マンデルソンが就任した。⁽²⁷⁾この交代には，プロテスタント勢力の側がモーラムをカトリック寄りであると見なし，不信感を強めていたという背景があった。また，ブレアの信任が厚いマンデルソンの就任によって，和平プロセスに新たな推進力が得られるという期待もあった（*Financial Times*, 12 October 1999）。

　1999年末になって，北アイルランド政府形成の問題とIRAの武装解除問題に関する一定の合意が成立することになった。その内容は，IRAが武装解除委員会に交渉役を出席させ，具体的な武装解除について協議を開始することで，トリンブルとアルスター統一党が組閣に同意するというものであった。

　かくて，1999年12月2日に，第一大臣と副第一大臣に10名の閣僚を加えた計12名で，北アイルランド政府が発足した。閣僚10名の内訳は，アルスター統一党から3名，社会民主労働党から3名，民主統一党から2名，シン・フェイン党から2名となっていた。なお，ベルファスト合意に反対した民主統一党の閣僚は，テロリストの代表であるシン・フェイン党とは同席できないとして，閣議の場への参加を拒否した（*The Guardian*, 3 December 1999）。

　議会と政府の発足によって現実のものとなった北アイルランドへの権限移譲は，IRAの武装解除問題をめぐる対立によって，再び大きな動揺を見せることになった。IRAの武装解除が進展しないことに業を煮やしたデーヴィッド・トリンブルが，第一大臣からの辞任とアルスター統一党の政権離脱の姿勢を示したことより，北アイルランド政府および和平プロセスそのものが崩壊の危機に瀕した。その結果，イギリス政府は2000年2月に北アイルランドへの権限移譲を一時凍結し，直接統治の再開を余儀なくされた。その後，武装解除問題に一定の進展が見られ，5月に再び権限移譲がなされた。しかし，武装解除問題をめぐる交渉の難航により，ついにトリンブルが第一大臣を辞任したために，2001年8月に

再度権限移譲の一時凍結がもたらされた。かくて，北アイルランド和平は深刻な危機に直面したが，IRAが初めて部分的武装解除を実施したことにより，武装解除問題をめぐるデッド・ロックは打開された。これを受けて，11月にトリンブルが第一大臣に再び選出され，北アイルランド政府による統治が再開されたのである。[28]

2002年4月にはIRAによる部分的武装解除が再度実施され，カトリックの武装組織が，北アイルランド和平プロセスに対してコミットする姿勢が示された（*The Guardian*, 4 April 2002）。しかしながら，1998年4月にベルファスト合意が成立して以降，北アイルランドが何度となく政治的危機を経験せざるを得なかったことは，今後の和平プロセスが決してスムーズには進展しないことを暗示しているように思われる。

プロテスタントとカトリックの間の長期にわたる憎悪と対立は，和平合意によって一夜にして解消されるものではない。しかも，対立の焦点は，難航を極める武装解除問題以外にも，宗教的文化的分野を中心として山積していると言っても誇張ではないのである。プロテスタントのアルスター統一党，そして，カトリックの社会民主労働党，シン・フェイン党といった和平合意支持勢力が，党内の反発分子をどれだけ抑制し，北アイルランド議会への権限移譲を通じた，権力共有に対するコミットメントを維持できるかどうかが鍵と見られる。

(8) イングランド諸地域に対する権限移譲

労働党政権の下で，スコットランドとウェールズ，そして，北アイルランドに対する権限移譲は，さまざまな困難をはらみつつも，現実に選挙を実施して議会設置にまで漕ぎつけた。一方，イングランドに対する権限移譲については，これらいわゆるケルト周縁地域（Celtic Fringe）に比べると，はるかに控えめなものであった。

イングランドに対する権限移譲については，理論的には次の2つの方法が考えられる。1つはイングランド全体を代表するイングランド議会の設立という方法であり，もう1つはイングランドのそれぞれの地域を代表する地域議会の設立という方法である。

前者については，イギリス（グレート・ブリテンおよび北アイルランド連合王国）の中で，イングランドが，人口や政治経済において圧倒的な比重を占めることを考えれば，全国レヴェルのウエストミンスター議会とほぼ重なる存在になる可能性が高かった。しかも，他の地域に対するイングランドの支配的立場の強化につながるという懸念もあった。さらに，イングランド内部における，ロンドン支配の強化につながるというおそれもあった。

これに対して，イングランド各地に地域議会を設立するという後者の方法については，イングランド周縁部（北部および南西部）では，関心を示す動きが見られたものの，それ以外の地域では，ほとんど関心の対象とならなかった。しかしながら，スコットランドなどへの権限移譲の実現によって，イングランドにおける地域統治のあり方を見直す議論が強まっていくことになる（Tomaney 2000a, 117-118）。

表8-7は，地域議会の設立に関して，MORIが1999年に実施した世論調査結果を示している。これを見れば明らかなように，すでに公選市長と議会を導入することが決まっていたロンドンを除くと，地域議会設立に対する支持は，北東部において最も高く，南東部において最も低かった。

労働党の1997年選挙マニフェストは，イングランドの諸地域に対する

表8-7　イングランド諸地域における地域議会設立への支持

	賛成	反対	賛成－反対
ロンドン	60%	21%	+39%
北東部	51%	29%	+22%
中西部	46%	37%	+9%
南西部	47%	39%	+8%
中東部	40%	35%	+5%
東部	43%	42%	+1%
ヨークシャー	42%	42%	0%
北西部	42%	44%	−2%
南東部	37%	47%	−10%
イングランド全体	45%	38%	+7%

（出典）MORI 1999c.

権限移譲の問題について，次のように述べていた。「直接選挙で選出される地域議会を求める声は，イングランドの地域ごとに大きく異なるので，画一的な制度を上から押しつけるのは誤っている。われわれは，時期を見て，直接選挙で選出される地域議会設立の是非を問う住民投票を実施するための立法を行う。地域住民の明らかな同意が得られた地域においてのみ，直接選挙で選出される地域議会設立へ向けた作業が行われるであろう」(The Labour Party 1997, 34-35)。

さらに，マニフェストでは，地域議会を設立するための前提条件として，地方政府システムを，それまでの2層制から，スコットランドやウェールズと同様に，1層制に簡素化すること，および，地域議会の設立が，公共支出の増加をもたらさないことなどが挙げられた。これらの条件は，イングランド地域議会の設立は，不必要な行政機構の追加であり，税金の無駄遣いであるという保守党の批判に対抗するための手段であった。

実は，イングランドの諸地域に対する権限移譲の問題について，政権獲得前の労働党の政策は，2つの側面を持っていたとすることができる。1つは，すでに見た地域議会の設立にかかわる政治的側面であり，もう1つは，地域開発にかかわる経済的側面だった。

後者について，労働党マニフェストは，次のように述べていた。「われわれは，地域経済開発の調整，中小企業に対する援助，地域内への投資促進を行う地域開発公社（RDA：Regional Development Agencies）を設立する。多くの地域では，すでに地域開発公社設立に向けた非公式な動きが見られており，労働党政権は，そうした動きを支援するであろう」(The Labour Party 1997, 16)。しかしながら，問題であったのは，マニフェストの中で，こうした2つの側面が相互に結びつけられていなかったということであった。[29]

政治と経済という2つの側面を明確に分離することになったのが，イングランドの諸地域に対する権限移譲についての労働党政権による政策展開であった。一方で，地域議会の設立については，ほとんど見るべき前進が見られなかったのに対して，他方で，地域開発公社については，総選挙後半年も経たないうちに政府白書が発表された。[30] そして，1999年

4月にイングランドの8つの地域で地域開発公社が設立され，2000年4月には残るロンドンでも設立されたのである。

地域議会に先行して設立されたことにより，地域開発公社は，中央政府の管轄下に置かれることになった。[31]しかも，各省庁が，自己の権限を譲り渡すことに必ずしも積極的ではなかったために，当初想定されていたよりも，地域開発公社の権限は限定されることになったのである。地域開発公社に与えられた権限は，権限移譲の実現に熱心であったジョン・プレスコット（John Prescott）副首相の環境運輸地域省（DETR：Department of the Environment, Transport and the Regions）から主として来ていた。

さらに，地域開発公社の財政については，地域開発の促進という目的からすれば，その金額の少なさと自由度の低さが目立っていた。当初地域開発公社に与えられた予算は，当該地域における公共支出の1％を下回っており，しかも，政策項目ごとの支出額の変更や，投資支出と経常支出などの費目ごとの支出額の変更などについては，中央政府による厳しい拘束があったのである。このような財政面の問題を少しでも改善するために，2001年度から，地域開発公社向け予算の増額，および，財政的自由度を高める包括補助金の導入が実施されることになった（Tomaney 2000a, 124-127）。

地域開発公社の当面の任務は，2010年までの10年間にわたる「地域経済戦略（RES：Regional Economic Strategies）の作成であった。1999年10月に，8つの地域開発公社が，それぞれプレスコット副首相に地域経済戦略を提出した。いずれも，新技術の活用，生涯教育，および，職業訓練に力を入れていた。また，中央政府に対しては，地域経済振興策，教育政策，貧困地域への投資優遇税制，中小企業に対する規制緩和，公社債の発行，地域税の導入などを要求していた（大和田 2000, 8-10）。

このように各地域開発公社は，一方で地域経済戦略の共通化を図りながらも，他方で地域の特性に合致する政策形成に努力することになった。ただ，後者については，戦略策定期間が半年と短かったこともあり，地域の追求すべき目標に関する優先順位を，十分に反映していない面も見

られる。

　先に述べたように，労働党政権としては，地域議会設立に関する原則的なコミットメントは維持したものの，近い将来の導入については，慎重な姿勢を示していた。地域開発公社についての政府白書では，地域議会に関して次のように述べられた。

　「イングランドにおいて，直接選挙で選出される地域政府については，それを求める地域に導入するという政府の立場に変わりはない」。「しかし，われわれはそれを押しつけるものではない。われわれは，地域の声を集約するために，現在の民主主義的構造の枠内で可能なことは，大きいと考える。地方政府は，すでにビジネスや他のパートナーと協力して，自発的な地域会議（Regional Chambers）を形成し，より統合された地域的アプローチを作り上げる努力を始めている」。[32]

　白書の中で触れられていた地域会議は，1998年から1999年初頭にかけて，地域開発公社に対応する形で，8つの地域において設立された。構成メンバーの定員は，40人程度から100人を超すものまでさまざまであった。メンバーの過半数は，地方議員によって占められ，それ以外に，ビジネスや労働組合，その他諸団体の代表が参加していた。地域会議は，非公式な自発的組織として位置づけられていたが，地域開発公社が作成する地域経済戦略や事業計画に対して意見を表明し，必要があれば，説明を求めることできるとされた。[33]

　地域会議が公式の組織として法的な位置づけを与えられなかったことについては，地方政府協会（LGA：Local Government Association）などの関係団体が，下院の環境運輸地域委員会の証言において，失望の意をあらわにした。また，地域開発公社との関係で，地域会議が何らかのコントロールを及ぼす権限を与えられず，単に意見を表明する役割を果たすにすぎないという点については，公社が，「地域の機関ではなく中央政府の出先機関」化する懸念が表明された（The Environment, Transport and Regional Affairs Select Committee 1999, pars. 30-31）。

　1997年から2001年にかけての第一期ブレア政権下において，イングランドの諸地域に対する権限移譲は，地域開発公社の設立という形で，経

済的側面において前進を見せたが,地域議会の設立という政治的側面については,あまり目立った動きが見られなかった。その背景としては,地域ごとの濃淡はあれ,スコットランドやウェールズに比べれば,イングランドにおいて,地域議会の設立を求める声が,それほど強いものではなかったということがあった。しかしながら,特にイングランド周縁部を筆頭として,地域議会を求める運動が広がりを見せている地域もある。

イングランド諸地域の中でも,スコットランドと隣接する北東部では,地域議会を求める声が強く,1992年から,「北東部議会を求める運動(The Campaign for a North-East Assembly)」が活動を行っている。1998年10月には,スコットランド憲政会議にならって,政党,企業,労働組合,宗教団体,その他諸団体代表よりなる,超党派の「北東部憲政会議(The North East Constitutional Convention)」が発足した。

こうした北東部のイニシアティヴに呼応して,1999年から2001年にかけて,北西部,ヨークシャー,中西部,南西部の各地域で,次々と地域議会を求める運動や憲政会議が結成された。[34]そして,こうした各地域の運動を,イングランド全体で調整し,政府や議会に対して地域議会設立を求める連合体として,1999年3月に,「イングランド諸地域運動(The Campaign for the English Regions)」が結成されることになった(Tomaney 2001, 122-123)。

2001年総選挙に向けた労働党マニフェストでは,イングランド諸地域における地域議会設立に関して,前回のマニフェストでなされた約束がくり返された。すなわち,住民投票において同意が得られれば,その地域に直接選挙で選出される地域議会を設立するという約束である。そして,地方政府システムを,2層制から1層制に簡素化するということも,前提条件として繰り返されていた(The Labour Party 2001, 35)。

しかしながら,注目すべきは,前回のマニフェストで示された,地域議会の設立が公共支出の増加をもたらさないという条件が,2001年選挙マニフェストには見られなかったことである。これについては,わずかばかりではあるが,地域議会を設立するためのハードルが,引き下げら

れたと解釈できないこともない。その意味では，前議会期に達成された地域開発公社や地域会議の設立を基礎に，近い将来，イングランドの一部で地域議会の設立にまで至ることは，十分考えられる状況になっている。

イングランド諸地域における世論の動向も，次第に地域議会の設立に向かって傾きつつあようである。2002年3月に実施されたBBCの世論調査では，イングランドの8つの地域のうち，南東部を除くすべての地域で，地域議会の設立を求める割合が過半数を占めた。しかも，最も支持の低い南東部でも，地域議会の設立を求める割合は49％に達した。[35] こうした世論の動きを背景にして，労働党政権が，権限移譲に最も熱心な北東部を皮切りとして，早い時期にいくつかの地域で地域議会設立の是非を問う住民投票を行う可能性は，かなり高いように思われる。また，総選挙後の権限移譲の実施を視野に入れて，2001年5月には，イングランド諸地域に対する権限移譲の基本的枠組を示す白書が発表されている。[36]

(9) 大ロンドン市の復活とロンドン市長の誕生

サッチャー政権が，1986年に大ロンドン市（GLC）を廃止して以降，ロンドンはヨーロッパの大都市の中で唯一，全域を統括する行政機構を持たない都市となっていた。

GLCの廃止は，地方制度の改革というよりも，党派的色彩が強いものであった。当時，大ロンドン市議会の多数を労働党が占め，そのリーダーとして，実権を握っていたのがケン・リヴィングストン（Ken Livingstone）であった。労働党左派のリヴィングストンは，ロンドンの地下鉄やバスの運賃を大幅に引き下げ，同性愛者や少数民族の運動団体を支援するための補助金を支出する一方で，その財源確保のために，地方税の引き上げをはかった。また，リヴィングストンは，公然とサッチャー政権に反対する政治的キャンペーンを実施した。公共支出の削減を至上課題とし，その一環として地方政府に対する補助金削減と地方税の上限設定を追求していたサッチャー政権にとって，GLC廃止は，政策目標の達成に資するばかりか，政府に対する抵抗勢力の牙城を除去するという意

味を持っていた。

　GLC廃止によって，ロンドン全域を対象とする行政は，主として中央政府の各省庁の管轄下に置かれることになった。しかしながら，ロンドン全体を代表する行政機構の復活を求める声は強かった。こうしたロンドン市民の声を背景に，1997年選挙マニフェストにおいて，労働党は，住民投票を通じた合意を得た上で，ロンドン市民の直接選挙で選ばれる市長および議会を創設することを公約したのである。そして，新しいロンドン市長と議会の権限は，経済開発，都市計画，警察行政，公共交通，環境保護などが想定されていた（The Labour Party 1997, 34）。

　新しく誕生した労働党政権は1997年7月に緑書を発表し，ロンドン市長と議会の選出方法および権限など，新しい大ロンドン市（GLA：The Greater London Authority）のあり方に関する意見聴取を開始した。[37]

　翌1998年3月には白書が発表され，GLAに関する政府の提案が明らかにされた。それによると，GLAの主たる権限は，首都ロンドンにおける公共交通，都市計画，経済開発・再開発，環境保護，警察行政，消防・危機管理，文化・メディア・スポーツ，保健など8つの分野に及ぶとされていた。そして，特に公共交通，経済開発・再開発，警察行政，消防・危機管理については，GLAの下にそれらを担当する新しい機関として，ロンドン交通局（TfL：Transport for London），ロンドン開発公社（LDA：London Development Agency），首都警察庁（MPA：Metropolitan Police Authority），ロンドン消防・危機管理計画庁（LFEPA：London Fire and Emergency Planning Authority）が設立されることになっていた。

　なお，GLAは，その権限の及ぶ分野にについて，サーヴィスを提供する機関ではなく，総合的な計画を作成する「戦略的」な機関として想定されていた。それゆえ，市長および議会を支えるGLA職員の規模は，250人というきわめて少ない数が予定されていたのである。[38]

　政府白書に示されたロンドン市長と議会を中心とするGLA創設の是非をめぐって，1998年5月7日に住民投票が行われた。投票結果は，賛成が72％に対して反対が28％と，圧倒的多数でGLA創設が支持された。ただし，投票率は，スコットランドやウェールズの住民投票に比べると，

かなり低い34％にとどまった (*Financial Times*, 8 May 1998)。

住民投票においてGLA創設が支持されたことを受けて，1999年11月に大ロンドン市法 (Greater London Authority Act 1999) が制定され，翌年5月にロンドン市長および議会選挙が実施されることになった。

ロンドン議会の選挙制度については，スコットランド議会やウェールズ議会と同様に，比例代表制の一種である付加議員制が採用された。ロンドン議会の定数25議席のうち，14議席が小選挙区に配分され，残りの11議席が付加議員区（ロンドン全体で1つの選挙区を形成）に配分されていた。

一方，市長選挙については，新しい選挙制度として補充投票制 (Supplementary Vote) が採用された。この制度の下では，有権者は1番目に支持する候補者だけでなく，2番目に支持する候補者についても，記入できるようになった。もし有権者の第一選好票を過半数集めた候補者がいた場合には，その候補者が当選することになる。そのような候補者がいなかった場合には，上位2者を除くすべての候補者を第一選好とした票のうち，上位2者を2番目に支持する第二選好票が集計される。そして，上位2者のうち，第一選好票と第二選好票の合計票数の多い方が当選となっていた。[39]

ロンドン市長の労働党候補選出過程において，最も注目されたのが，かつてGLCのリーダーであった労働党左派のケン・リヴィングストンであった。ロンドン市民の間で人気の高かったリヴィングストンは，かなり早い時期から，ロンドン市長選への立候補に意欲を見せていた。しかし，ブレアなど労働党指導部は，左派のリヴィングストンによるロンドン市長就任を嫌い，対抗馬として，ロンドン市内に選挙区を持つフランク・ドブソン (Frank Dobson) 保健相を出馬させた。そして，ロンドンの労働党員による1人1票による予備選挙では，ドブソンがリヴィングストンに勝てないと見た労働党指導部は，ロンドン市長候補者選出手続きとして，選挙人団方式を採用することになった。

労働党党首やウェールズ労働党代表の選出方法と類似するこの方式によると，①労働党に加盟するロンドンの労働組合などの加盟団体，②ロ

ンドン選出の各種議員（下院議員，欧州議会議員，ロンドン議会選挙候補者），③ロンドンの労働党員という3つの部分における得票割合を合計して，50％を超える得票をした候補者が選出されることになっていた。

2000年2月に行われたロンドン市長労働党候補者選挙では，表8-8に示されているように，わずか3％程度の僅差で，ドブソンがリヴィングストンを上回った。しかしながら，このドブソンの勝利は，労働党指導部の働きかけにより可能になったということが，投票結果から明らかであった。なぜなら，ドブソンは，労働組合部分や労働党員部分でリヴィングストンに対して劣勢であったにもかかわらず，指導部の影響下にある各種議員の圧倒的多数が支持したために，かろうじて勝利していたからである。[40]

ロンドンの労働党員票の6割を獲得したにもかかわらず，労働党のロンドン市長選候補に選ばれなかったリヴィングストンは，選挙結果は公正ではないとして，ドブソンに候補辞退を迫った。しかしながら，ドブソンがこれに応じなかったために，リヴィングストンは，党規違反で労働党から除名されることを覚悟で，無所属候補として市長選に出馬することを明らかにした（*The Guardian*, 7 March 2000）。

政党組織の支持を受けない無所属候補として出馬したにもかかわらず，ロンドンの有権者の間でのリヴィングストンに対する支持は高かった。選挙キャンペーンを通じて，リヴィングストンは，世論調査の支持率でドブソンなど他の候補者を大きく引き離していたのである。

左派のリヴィングストンがロンドン市長に当選すれば，大混乱を招くとする労働党による執拗な批判も，リヴィングストンへの高い支持に，大した影響を及ぼすことはなかった。これに対して，労働党公認候補となったドブソンは，公正とは言いかねる手続きで選出されたことが，労

表8-8　ロンドン市長労働党候補者選挙最終結果（上位2候補者）

候補者	労働組合等	各種議員等	労働党員	合計
フランク・ドブソン	9.330％	28.829％	13.367％	51.526％
ケン・リヴィングストン	24.003％	4.504％	19.966％	48.473％

（出典）*The Guardian*, 21 February 2000.

働党指導部の言いなりの候補というイメージを有権者に植えつけることになり，その結果支持を広げることができなかった。

表8-9は2000年5月5日に実施されたロンドン市長選挙結果を，上位4候補者について示している。それによると，リヴィングストンは，第一選好票で39.0%を獲得して1位となった。そして，上位2候補者以外に第一選好票を投じた有権者の第二選好票を加算した結果，リヴィングストンは，保守党候補のスティーヴン・ノリス（Steven Norris）を破って，ロンドン市長に当選した。なお，ノリスは，第一選好票で労働党のドブソンの13.1%をはるかに上回る27.1%を獲得した。さらに，自由民主党候補のスーザン・クラマー（Susan Kramer）は，11.9%を獲得して，3位のドブソンにかなり肉薄した。

かくて，ロンドン市長選挙は，リヴィングストンの勝利，そして，ドブソンと労働党指導部の明らかな敗北に終わった。さらに，ロンドン議会選挙も，労働党にとって期待を裏切る結果となった。1997年総選挙で，ロンドンの64議席中57議席を獲得した労働党は，表8-10に示されているように，ロンドン議会の小選挙区14議席中，6議席しか獲得できなかったのである。この数字は保守党の獲得した8議席を下回っていた。

また，得票率から見ても，労働党の敗北は明らかであった。総選挙で，労働党はロンドンにおいて49.5%を獲得していたのに対して，ロンドン議会選挙の小選挙区では，わずか31.6%を獲得したにすぎなかったのである。労働党は，小選挙区で獲得した6議席に，付加議員区で獲得した3議席を加えて，保守党と並ぶ9議席にとどまった。

なお，ロンドン議会選挙で注目されるのは，主要3政党に加えて，緑

表8-9　ロンドン市長選挙結果（2000年：上位4候補者）

候補者	所属政党	第一選好票	第二選好票	最終結果
ケン・リヴィングストン	無所属	667,877（39.0%）	178,809（12.6%）	776,427
スティーヴン・ノリス	保守党	464,434（27.1%）	188,041（13.2%）	564,137
フランク・ドブソン	労働党	223,884（13.1%）	228,095（16.0%）	
スーザン・クラマー	自由民主党	203,452（11.9%）	404,815（28.5%）	
投票率　34%				

（出典）Cracknell and Hicks 2000, 13.

表 8-10 ロンドン議会選挙結果（2000年）

投票率 31%	小選挙区		付加議員区		合計議席数
	得票率	議席数	得票率	議席数	
労働党	31.6%	6	30.3%	3	9
保守党	33.2%	8	29.0%	1	9
自由民主党	18.9%	0	14.8%	4	4
緑の党	10.2%	0	11.1%	3	3

(出典) Cracknell and Hicks 2000, 22.

の党が1割を超える得票率により，3議席を獲得したことである。これは環境問題に対するロンドン市民の関心の高さを示していると見ることができる一方，無所属で出馬したリヴィングストンが，議会選挙での緑の党への支持を訴えた結果でもあった（Tomaney 2000b, 260）。

ロンドンの市長選挙および議会選挙の投票率は，それぞれ34％と31％にとどまった。この数字は，地方議会選挙の投票率とほぼ同程度のものであったが，スコットランド議会選挙やウェールズ議会選挙の投票率と比べると，かなり低いものであった。公選市長の導入によってロンドン政治の活性化を狙った労働党政権にとっては，この投票率は期待はずれであった。また，労働党政権は，有権者の関心を高め，地方政治を活性化するために，ロンドン以外の各都市に公選市長制度を広げようとしていたが，ロンドンの低投票率はその意欲をそぐ結果となった。

(10) ユーロ参加と分権主義戦略

第6章において見たように，新しく誕生した労働党政権は，イギリスのユーロ参加問題に関する基本方針を，1997年10月に明らかにした。大蔵大臣のゴードン・ブラウンによって，下院の場で発表された労働党政権の方針は，1999年1月1日のユーロ第一陣への参加を断念し，次の総選挙後に参加を再度検討するというものであった。

労働党政権がユーロ参加を先送りした理由の1つは，イギリスがユーロに参加するために満たされるべき条件が，まだクリアされていないということであった。ブラウン蔵相によれば，「景気循環サイクルと経済構造の持続的収斂」，「柔軟性」，「長期的投資への影響」，「金融セクター

への影響」,「経済成長・安定・雇用への影響」, という5つの経済的基準に基づく検討から, ユーロ参加は当面イギリスの経済的国益に合致しないとされたのである。

しかしながら, 労働党政権によるユーロ参加先送りは, 5つの経済的基準に基づく経済的な判断という以外に, 政治的な判断という性格を色濃く持っていた。ユーロ参加反対が多数を占める世論と新聞メディアに対する配慮という政治的な判断が, この問題に対する労働党政権の立場に影響を与えることになったのである。フルに2期連続して政権維持の経験を持たない労働党にとって, 世論や新聞メディアの大勢を敵に回してまで, 1期目にユーロ参加をめぐる国民投票を行うことは, 危険すぎるギャンブルであった。

ユーロ参加を次の総選挙以降に先送りするという決定によって, この問題に関する労働党政権の態度は, 閣僚間でニュアンスの違いはあるものの, 概して慎重さによって特徴づけられることになった。

ただし, 労働党政権によるユーロ参加先送りが, 欧州通貨統合に対する野党期の積極的な立場からの転換を意味したわけではなかった。なぜなら, ユーロ参加先送りを発表したブラウン声明や, その後の労働党閣僚の発言にも明らかにされているように, イギリスのユーロ参加を原則として支持する立場は変わっていなかったからである。

また, ユーロ第一陣への参加を望んでいた欧州統合支持派からは, 不十分であると批判されていたが, 労働党政権は, 次の総選挙後のユーロ参加を視野に入れいくつかの努力を行った。

すでに見たように, イギリスがユーロを導入する際に必要となる移行措置を検討した「全国移行計画」が, ユーロ誕生直後の1999年2月に発表され, その後も検討作業が継続して行われた。また, 1999年10月には, 将来ユーロ参加をめぐる国民投票において, 賛成派キャンペーンの核となる組織「BIE（ヨーロッパの中のイギリス）」が結成された。BIEは, ブレア首相とブラウン蔵相を中心とする労働党政権閣僚に加えて, 保守党や自由民主党の著名政治家, および, ビジネスや労働組合のリーダーも参加する超党派のキャンペーン団体であった。

一方，労働党の1997年選挙マニフェストに掲げられた権限移譲を中心とする憲政改革のプログラムについては，いくつかの分野で大幅な前進が見られた。たとえば，スコットランドとウェールズに対する権限移譲については，住民投票による承認を受けた上で，スコットランド議会とウェールズ議会が設立された。そして，スコットランド議会とウェールズ議会の選挙が行われ，スコットランドでは当初から，そして，ウェールズではやや遅れて，労働党と自由民主党による連立政権が成立したのである。

　北アイルランドに対する権限移譲については，さまざまな困難に直面しながらも，紛争勢力，および，イギリスとアイルランド共和国の両政府による和平合意（「ベルファスト合意」）が成立した。ベルファスト合意は，北アイルランドの住民投票，および，アイルランド共和国の国民投票において，圧倒的多数により承認された。その後，北アイルランド議会選挙が実施され，プロテスタント政党とカトリック政党が協力する連立政権が成立した。しかしながら，IRAなどの武装解除問題が，北アイルランド和平プロセスを何度となく揺るがし，権限移譲の一時停止とイギリス政府による直接統治の再開が，断続的に見られた。[41]

　スコットランド，ウェールズ，北アイルランドに比べて，イングランド諸地域に対する権限移譲は，それほど大きな前進が見られなかった。1997年選挙マニフェストでは，イングランド諸地域に対する権限移譲について，「時期を見て，直接選挙で選出される地域議会設立の是非を問う住民投票を実施するための立法を行う」とされていたが，結局，1997年選挙から2001年選挙にかけての議会期では，そのような住民投票は実施されなかった。

　しかし，イングランド諸地域に対する権限移譲が，この時期全く進まなかったというわけではない。地域議会の設立に先行する形で，地域開発を促進する組織として，イングランドの諸地域に，それぞれ地域開発公社が設立されたのである。また，地域開発公社に対して意見を表明する機関として，地方政府，ビジネス，労働組合などの代表によって組織される地域会議も設立された。

さらに，イングランドの諸地域の中でも，特別な存在である首都ロンドンには，公選市長と議会によって構成される大ロンドン市（GLA）が，住民投票による承認を受けて設立された。初代ロンドン市長には，労働党を離党して無所属で立候補したケン・リヴィングストンが，主要政党の候補者を破って当選した。

このように権限移譲については，イングランド諸地域に対する権限移譲を除き，おおむね大幅な前進が見られ，多層ガヴァナンス・システムの形成がさらに促進された。これに対して，権限移譲以外の憲政改革プログラムについて，労働党政権がどのような成果を上げたのか詳細に検討する余裕はないが，簡単に結果だけ示すと，次のようになる（Hazell 2001）。

まず，市民の権利保障に関係する欧州人権条約の国内法制化については，労働党の1997年選挙マニフェストの公約通り達成された。憲政改革の諸プログラムの中でも，権限移譲に次ぐ重要性を持つとされた欧州人権条約の国内法制化は，1998年の人権法の制定によって迅速に達成されたのである。[42]

次に，マニフェストの公約がある程度達成されたが，改革の途上であるか，または，改革の内容が十分ではないという批判を浴びたものとしては，上院改革，地方政府改革，情報公開，および下院の選挙制度改革がある。

上院改革については，1999年の上院法により，一部を除き世襲貴族の出席・表決権が廃止された。[43]この第一段階の改革により，それまで1,100人程度であった上院議員数は，700人程度にまで減少したのである。しかしながら，世襲貴族の出席・表決権廃止に続く第二段階の改革については，上院議員の一部を直接選挙で選出する改革案をめぐって，上下両院の間で合意に至らず，2001年選挙後に先送りされた。

地方政府改革については，2000年の地方政府法により，住民の求めに応じて住民投票を実施し，公選市長導入の是非を決することとなった。[44]ところが，実際に住民投票を実施して，公選市長の導入を実現した地方政府の数は，それほど多くはなかった。しかも，近年日本でも顕著とな

った無党派首長の流れが、イギリスにおいても見られる。まさにロンドンのケースと同じように、市長選挙において、無所属の候補者が主要政党の候補者を破るケースが相次いだのである。⁽⁴⁵⁾

情報公開については、2000年に情報公開法が制定されることになった。⁽⁴⁶⁾しかしながら、この情報公開法については、国際的な水準からして、情報公開の程度が抑制的すぎるという批判が強かった。

下院の選挙制度改革については、実現に向けた歩みがあまり見られなかった。ジェンキンズ卿（ロイ・ジェンキンズ）を委員長として、選挙制度改革案を検討する独立委員会が設立され、小選挙区制に代わる新しい選挙制度として、付加議員制の一種が提案された。⁽⁴⁷⁾しかしながら、選挙制度改革の是非を問う国民投票が実施されることはなかった。労働党の2001年選挙マニフェストでは、下院の選挙制度改革を実施する上で、国民投票による合意が必要であるとの公約が維持された（The Labour Party 2001, 35）。けれども、国民投票をいつ実施するかという点については明らかではなく、下院の選挙制度改革の見通しは不透明であった。⁽⁴⁸⁾

以上のように、1997年選挙から2001年選挙までの時期について、欧州通貨統合に対する労働党政権の立場、および、権限移譲を中心とする憲政改革プログラムの実施を要約してみると、第5章の図5-1で示した、野党期の労働党と欧州通貨統合に関する基本的構図が継続していると言ってよいだろう。⁽⁴⁹⁾

たしかに、ユーロ参加は先送りされ、憲政改革の諸プログラムはすべて実現したわけではなく、その意味では、労働党指導部による分権主義戦略追求のスピード、もしくは、多層ガヴァナンス促進へ向けた努力は、期待されたほど早くはなかった。しかしながら、おそらく鍵となる時期は、2001年選挙以降の第二期ブレア政権であろう。サッチャー政権による新自由主義的改革が、1983年選挙以降、急ピッチで進行したのと同様に、第二期ブレア政権以降、ユーロ参加や選挙制度改革などの残された憲政改革プログラムが実現し、分権主義戦略の完成を見るのかどうか注目される。

⑴　両地域での住民投票を同じ日に設定せず，ウェールズの投票日をスコットランドより1週間遅らせた理由は，次のようなものであった。権限移譲への支持が強いスコットランドの住民投票において，圧倒的多数の票が賛成に入れば，その1週間後に設定されたウェールズの住民投票に向けて，賛成派を勢いづけることができる。その結果，権限移譲に対する支持が，スコットランドほど強くないウェールズでも，賛成票が多数を占める可能性が高まると予想されていた。

⑵　*Referendums (Scotland and Wales) Act 1997* (http://www.hmso.gov.uk/acts/acts1997/1997061.htm).

⑶　*Cm 3658, Scotland's Parliament* (London: The Stationary Office, 1997). *Cm 3718, A Voice for Wales: The Government's Proposals for a Welsh Assembly* (London: The Stationary Office, 1997).

⑷　*Scotland's Parliament*, pp. 10-11. 1970年代末に，労働党政権によって提出された権限移譲法案においては，逆のやり方，すなわち，新しく創設されるスコットランド議会とイギリス議会との間の権限配分について，前者に与えられる権限を詳細にわたって明記するやり方をとっていた。

⑸　*Ibid*., pp. 23-34.

⑹　ウェールズ語での政府白書のタイトルは次の通り。*Cm3718, Llais dros Gymru: Cynigion y Llywodraeth ar gyfer Cynulliad Cymreig* (London: The Stationary Office, 1997).

⑺　*A Voice for Wales*, pp. 19-24.

⑻　この3党のうち，スコットランド独立の目標を掲げるスコットランド国民党にとって，住民投票への対応はデリケートな問題であった。スコットランド独立を最優先すべきだという原理主義的立場からすれば，権限移譲は独立論の拡大を抑えるための手段に他ならず，それゆえ反対すべきであるとされたからであった。しかしながら，スコットランド国民党の大勢は，権限移譲を，独立に至る中間点もしくは次善策として受け入れることになった（Denver et al. 2000, 60-63）。

⑼　スコットランド国民党と同様に，ウェールズ国民党も，当初住民投票への対応に悩むことになった。総選挙において，労働党が設立を公約したウェールズ議会の権限が弱すぎると批判していたウェールズ国民党にとって，権限移譲に賛成するキャンペーンに参加することは，容易なことではなかったのである。特に，所得税率変更権や一次立法制定権などを有するスコットランド議会に比べて，ウェールズ議会の権限が弱体であったことが，反発を招いていた。しかしながら，結局，ウェールズ国民党の大勢は，スコットランド国民党と同様に，労働党政権の権限移譲プログラムを，現状を少しでも改善する提案として受け入れることにな

(10) 所得税率変更権の付与に対する反対票が多数を占めた行政区域は，北部島嶼地域のオークニー（Orkney）とスコットランド南部のダンフリーズ・アンド・ギャロウェイ（Dumfries and Galloway）の2つであった。しかも，反対票の割合については，前者51％，後者53％と，わずかな差にすぎなかった（Taylor, Curtice and Thomson 1999, xxvii）。

(11) 住民投票結果について，ウェールズ東部と西部で地理的な差異が生じた理由は，イングランドと隣接する東部は，イングランドとの間に密接な経済的，文化的結びつきを有していることがある。ウェールズ人口の約25％を占めるイングランド出身（出生地がイングランド）の人々の多くが，ウェールズ東部に居住していた。彼らの多くは，自己のアイデンティティを，ウェールズに求めるのではなく，イギリス（Britain），もしくは，イングランド（England）に求めていた（Jones and Trystan 1999, 75-76）。

(12) このデータは，スコットランドとウェールズにおける住民投票直後に，それぞれの地域で実施された世論調査に基づいている。

(13) なお，スコットランド住民投票の投票前日と当日に実施された世論調査において，所得税率変更権付与の是非の問題に関する各政党支持者の態度は，議会設立の是非の問題と比較すると，賛成の割合がやや減少しているが，ほぼ同様の傾向が見られた。すなわち，労働党とスコットランド国民党支持者の大多数が，税率変更権付与を支持していたのに対して，保守党支持者の大多数が反対していたのである。また，自由民主党支持者の中では，税率変更権付与を支持する割合が多かったが，反対の割合もかなりの程度見られた（Mitchell et al. 1998, 180）。

(14) *Scotland Act 1998* (http://www.hmso.gov.uk/acts/acts1998/19980046.htm). *Government of Wales Act 1998* (http://www.hmso.gov.uk/acts/acts1998/19980038.htm).ただし，2000年10月に，労働党と自由民主党による連立政権が成立してからは，ウェールズ第一大臣の名称について，それまでのFirst Secretaryではなく，スコットランドと同様のFirst Ministerが使用されるようになった。その意味では，政権構成と首相の名称について，ウェールズはスコットランドの例に倣ったわけである。

(15) 付加議員区における各政党の当選者の決定は，概略化すると，次のようになっていた。まず，付加議員区が設定されている地域内のすべての小選挙区で当選者が確定し，その地域において，各政党が小選挙区で獲得した議席数が定まる。次に，当該付加議員区における各政党の得票数が集計される。そして，この得票数を各政党が小選挙区で獲得した議席数に1を加えた数で割る。もし，ある政党が小選挙区で議席を獲得できなかったとすれば，その場合の除数は$0+1=1$となる。この計算を

行った後で、最も多くの票数を有する政党が、最初の付加議員区議席を獲得することになり、その政党の候補者名簿の1位候補者が当選者となる。次に、付加議員区議席を獲得した政党の得票数を、前回の除数（小選挙区議席数＋1）にさらに1を加えて割る。その理由は、この政党が付加議員区において新たに1議席増やしたからである。この計算の後で最も多くの票数を有する政党が2つ目の付加議員区議席を獲得する。このような計算プロセスを、当該付加議員区の全議席が確定するまで続けるのである（Denver et al. 2000, 195）。

(16) 皮肉なことに、実際の選挙結果においては、SNPが予想を下回る不振であったのに対して、ウェールズ国民党は、予想を上回る善戦によって、労働党に次ぐウェールズ第二党の地位を確保した。ウェールズ国民党が、労働党を脅かす勢力に発展したことにより、付加議員制は、ウェールズでも分離独立を防ぐ安全装置としての性格を持つようになったと言えるかもしれない。

(17) 先に述べたように、スコットランド議会の小選挙区は、総選挙における小選挙区に対応していた。それゆえ、両者の小選挙区数は同数となるのである。ただし、将来的に総選挙におけるスコットランドの小選挙区数が削減された際に、スコットランド議会の小選挙区数も同様に削減されるかどうかは、確定していなかった。

(18) 先に述べたように、付加議員制は、小選挙区で選出される議員と付加議員区から選出される議員の合計数を、政党の得票率に、できるだけ比例させようとするメカニズムであった。それゆえ、小選挙区において大量の議席獲得が見込まれる労働党のような政党は、あまり多くの付加議員を選出する見込みがないのである。付加議員区での選出方法については、注(15)参照。

(19) マス・メディアの多くは、デーヴィスの説明を額面通り受け入れなかった。なぜなら、クラパム・コモンは、ロンドンでも有数の同性愛者の出会いの場だったからである。辞任以降も、デーヴィスの性的指向や麻薬との関連を推測する記事が、しばらくの間、タブロイド紙をにぎわせることになる。

(20) 実際に、アラン・マイケルの議席獲得は、薄氷を踏むようなものであった。ウェールズ議会選挙の付加議員区で、労働党が獲得した議席は、マイケルの1議席だけだったのである。

(21) ブレアのリーダーシップの下で、労働党の北アイルランド政策の強調点が、微妙に変化した背景には、2つの要因の作用が考えられる。1つは、労働党に対するプロテスタントの不信の解消である。それまでプロテスタント勢力の側から、カトリック寄りであると見られてきた労働党の立場を、よりニュートラルなものにすることにより、労働党政権の和

平イニシアティヴに対してプロテスタントの信頼を高めることができるという計算があった。もう1つは，総選挙に向けた労働党の弱点の解消である。IRAなどカトリックの武装組織が，テロ活動を行っていた中で，カトリック寄りと見られかねない立場をとることは，有権者の間での支持拡大にマイナスであると考えられたのである（O'Leary 2001, 450-451）。

(22) STVはアイルランド共和国の下院選挙に用いられている。また，北アイルランドでも，欧州議会選挙については，イングランド，スコットランド，ウェールズとは異なり，STVが採用されている。

(23) ちなみに，権限移譲のやり方については，北アイルランド議会に与えられる権限を明記するという形ではなく，ウエストミンスター議会が保持する権限として，外交・防衛政策やマクロ経済政策など，全国レヴェルで実施される政策分野を明記するという形がとられた。その意味では，スコットランドに対する権限移譲と北アイルランドに対する権限移譲との間には，一定の類似性を指摘できる。ただし，北アイルランドの場合には，長年にわたる紛争の経験もあって，治安維持や警察に関する権限についても，ウエストミンスター議会に留保されることになった。 *Northern Ireland Act 1998* (http://www.hmso.gov.uk/acts/acts1998/19980047.htm).

(24) 第一大臣と副第一大臣は，異なる名称を有するが，同一の権限をもつ役職であった。両者は同時に選出され，共同で職務の遂行にあたることになっていた。もしどちらか一方が辞職した場合には，他方も自動的に職を失うことになる。なお，第一大臣と副第一大臣の選出には，2つの特定多数決制のうち，投票総数の過半数の賛成に加えて，プロテスタントの過半数とカトリックの過半数を必要とする決定手続きがとられることになっていた。*Cm 3883, The Belfast Agreement: An Agreement Reached at the Multi-Party Talks on Northern Ireland* (London: The Stationary Office).

(25) 北アイルランド議会の議員は，選挙後初めて召集された議会において，3つの立場のうちどれをとるのか，各自明確にすることが求められた。3つの立場とは，「プロテスタント（unionist）」，「カトリック（nationalist）」，「その他（other）」であった。このような立場表明が求められたことは，プロテスタントとカトリックのどちらにも分類できない中間政党にとって不利であった。なぜなら，特定多数決制が適用される決定に関しては，「その他」の立場をとる中間政党の影響力が，極小化されていたからである。*Ibid*.

(26) イギリス・アイルランド評議会の参加者としては，上述の他に，マン島や英仏海峡諸島の政府代表が挙げられる。さらに，イングランド諸地域に対する権限移譲が実現した際には，イングランド諸地域政府代表

の参加も想定されていた。*Ibid.* なお，北アイルランド政府に加えて，スコットランドやウェールズなど，イギリス本土（ブリテン島）の地域政府代表も参加する枠組の創設は，アイルランドの南北統一論が勢いづくことを恐れるプロテスタントの懸念を，ある程度払拭することに貢献したと見ることができる。その意味で，イギリス・アイルランド評議会の創設は，南北閣僚理事会の創設に対してバランスをとるものであったと見ることができる（Bogdanor 2001, 108）。

(27) なお，マンデルソンは，前年12月に住宅ローン疑惑によって貿易産業相を辞任していた。わずか10カ月あまりでのスピーディーな内閣への復帰は，マンデルソンに対するブレアの信頼をあらわすものであった。

(28) 第一大臣へのトリンブルの選出は，冷や汗ものであった。アルスター統一党の北アイルランド議員の中から，トリンブルの政権復帰に反発して反対投票する者が出たために，トリンブルは，プロテスタントの中で過半数の支持を得られなかったのである。第一首相が選出されなければ，副第一首相の選出もできなくなるために，北アイルランド和平プロセスは，政府形成をめぐって，再びデッド・ロックに直面した。この危機を乗り越えるために，それまで宗教的対立からは中立を保つ「その他」の立場をとってきた連合党（Alliance Party）議員が，一時的な立場変更を行うことになった。彼らがプロテスタントの立場をとることにより，プロテスタントの立場をとる議員の中で，トリンブル支持が多数を占めるようになったのである。このような例外的な措置により，何とか北アイルランド和平プロセスは崩壊を免れた。なお，このとき社会民主労働党党首ジョン・ヒューム（John Hume）の引退に伴い，シーマス・マローンも副第一大臣の地位から退くことになり，新しくマーク・ダーカン（Mark Durkan）が党首と副第一大臣に就任することになった（Bradbury and Mitchell 2002, 308-312）。

(29) 当初は，地域開発公社を地域議会の管轄下に置くことが構想されていたが，マニフェスト作成時点で，こうした結びつきが姿を消すことになる（Hazell 2000, 30-32）。おそらく，この時期には，1997年選挙において労働党政権が誕生したとしても，次の選挙が行われるまでの1議会期の間に，地域議会と地域開発公社の両方を設立することは困難との見方が労働党指導部の間に広がっていたからと思われる。結局，第一期ブレア政権の時期（1997年～2001年）には，地域開発公社の設立が先行することになった。

(30) イングランド諸地域に対する権限移譲の問題に対して，労働党政権が全く冷淡な態度をとったと言えば，誇張にすぎよう。なぜなら，政権誕生とともに実施された省庁再編によって，地域（regions）という名称を含む省庁として環境運輸地域省が設立された。また，閣外相として，

新たに地域相が設けられたのである。
(31) 地域開発公社の運営については，13人程度のメンバーによって構成される運営委員会があたることになっていた。そのうち，3，4人が，それぞれ地方自治体と地方経済団体から選ばれ，それ以外は，学識経験者，労働組合代表，その他諸団体代表から選ばれた委員によって構成されることになっていた。
(32) *Cm 3814, Building for Prosperity: Sustainable Growth, Competitiveness and Employment in the English Regions* (London: The Stationary Office, 1997), p. 7.
(33) Ibid., p. 52.
(34) イングランドの8つの地域のうち，残る中東部，南東部，東部の3つの地域では，住民の間で地域議会設立についての関心が相対的に低かった。
(35) 地域議会設立に対する支持が高い順に，中西部 (73%)，北東部 (72%)，北西部 (72%)，ヨークシャー (72%)，南西部 (61%)，中東部 (59%)，東部 (55%)，南東部 (49%) であった。ちなみに，イングランド全体では，63%の人々が地域議会設立を支持していた (BBC, 21 March 2002)。
(36) *Cm 5511, Your Region, Your Choice: Revitalising the English Regions* (London: The Stationary Office, 2001).
(37) *Cm 3724, New Leadership for London: The Government's Proposals for a Greater London Authority* (London: The Stationary Office, 1997). なお，労働党政権によるGLA設立とロンドン市長選挙，議会選挙については，(犬童 2000) が歴史的背景に目配りをした考察をしている。
(38) *Cm 3897, A Mayor and Assembly for London: The Government's Proposals for Modernising the Governance of London* (London: The Stationary Office, 1998).
(39) *Greater London Authority Act 1999* (http://www.hmso.gov.uk/acts/acts1999/19990029.htm).
(40) ロンドン市長の労働党候補を選ぶ選挙には，ドブソンとリヴィングストンの他に第三の候補として，運輸担当副大臣グレンダ・ジャクソン (Glenda Jackson) も出馬した。選挙方式は，本選挙と同様のやり方がとられたので，第一選好の集計で3位になったジャクソン票の第二選好が集計されて最終結果となっている (*The Guardian*, 21 February 2000)。
(41) 2002年10月には，北アイルランド政府機関におけるIRAのスパイ活動発覚をきっかけとして，北アイルランド自治の停止とイギリス政府による直接統治の再開という，過去何度となく繰り返されたパターンが再現された (*The Guardian*, 15 October 2002)。

(42) *Human Rights Act 1998* (http://www.hmso.gov.uk/acts/acts1998/1998004 2.htm).
(43) *House of Lords Act 1999* (http://www.hmso.gov.uk/acts/acts1999/1999000 34.htm).
(44) *Local Government Act 2000* (http://www.hmso.gov.uk/acts/acts2000/200 00022.htm).
(45) ナンセンスな選挙結果となったのが，ピーター・マンデルソンの選挙区ハートルプール（Hartlepool）の市長選挙である。この選挙では，地元サッカー・チームのマスコットである猿の着ぐるみを着た人物が，真面目な公約を何1つ提示していなかったにもかかわらず，労働党の候補者を破って当選した（*The Guardian*, 3 May 2002）。
(46) *Freedom of Information Act 2000* (http://www.hmso.gov.uk/acts/acts 2000/20000036.htm).
(47) *Cm 4090, The Report of the Independent Commission on the Voting System* (London: The Stationary Office, 1998).
(48) このように下院の選挙制度改革に関する見通しは不透明であったが，下院以外の選挙制度については，比例代表制導入に向けた大きな前進が見られた。スコットランド，ウェールズ，北アイルランド，および，ロンドンなど，新しく設立された議会を選出するための選挙制度は，付加議員制や単記移譲式投票制（STV）といった比例代表的な要素が強い選挙制度が採用された。また，それまで小選挙区制がとられていた欧州議会の選挙制度も，名簿式比例代表制に変更されたのである。さらに言えば，1人だけが当選するロンドンなどの市長選挙においても，下院の小選挙区制と同様の単純多数制ではなく，上位2者の第一選好票にそれ以外の候補者の第二選好票を加えて当選者を決定する補充投票制が採用された。
(49) 欧州通貨統合への積極的な立場と権限移譲を中心とする憲政改革への積極的な立場との結びつきが存在することを，逆の面から示す一例として，労働党欧州統合懐疑派下院議員アラン・シンプソン（Alan Simpson）とケルヴィン・ホプキンズ（Kelvin Hopkins）の見解を挙げることができる。2002年11月に筆者が行ったインタヴューの中で，シンプソンとホプキンズは，ユーロ参加はイギリス国民の利益にならないとして，反対姿勢を明確にする一方，労働党政権が推進している権限移譲は，地域間の対立を助長し，民族紛争に悩む旧ユーゴスラヴィアのような状況を引き起こしかねないと批判していた。また，彼らは，政権交代を困難にする比例代表制は，政府の責任を不明確にするとして，選挙制度改革への反対も明確であった（Interview with the Author, 5 November 2002; 6 November 2002）。

第9章　集権主義戦略の動揺
－権限移譲と野党保守党－

(1)　権限移譲反対キャンペーン

　イギリスの集権的制度編成の維持に貢献してきた歴史を持つ保守党が，サッチャー政権の誕生以降，さらに集権度を高める集権主義戦略を追求してきたことは，第4章で確認された。本章では，政権を喪失し，野党に転落した保守党指導部が，1997年選挙から2001年選挙までの議会期において，ブレア政権によって実施された権限移譲を中心とする憲政改革の諸プログラムに対して，どのような対応をとることになったのか見ていくことにする。

　1997年選挙マニフェストに示されたように，保守党は，スコットランドとウェールズに対する権限移譲を，イギリスの平和と安定を揺るがし，連合王国の解体につながるとして，明確に拒絶していた。また，ジョン・メージャー首相は，「連合王国を救うための72時間」と称して，選挙キャンペーンの最終段階に，スコットランドとウェールズを訪問して，権限移譲に関する労働党の公約を厳しく批判したのである（Butler and Kavanagh 1997, 111）。

　特に，スコットランドにおいては，スコットランド議会に所得税率を変更する権限を与える労働党の提案が，保守党による攻撃のターゲットとなった。スコットランド相のマイケル・フォーサイス（Michael Forsyth）は，「タータン税（tartan tax）」という名称を使って，スコットランド議会設立は増税をもたらすという議論を繰り返していたのである。このタータン税の議論は，労働党に対してかなり有効な攻撃の武器とな

った。

タータン税キャンペーンが，スコットランドに対する権限移譲ばかりか，来る総選挙での政権復帰の障害になることを恐れた労働党指導部は，スコットランド議会設立の是非と所得税率変更権付与の是非という，2つの項目に関する住民投票を実施することを明らかにした。議会設立とは別個に，所得税率変更権についても，スコットランド住民の意思を問う機会を設けることにより，保守党の批判を回避しようとしたのである（Denver et al. 2000, 41-46）。

権限移譲への反対を選挙キャンペーン最終段階の中心に据え，タータン税キャンペーンによって労働党を一時守勢に追い込んだにもかかわらず，保守党は1997年選挙において歴史的敗北を喫した。また，スコットランドとウェールズにおいて，保守党の議席はすべて失われ，これら2つの地域における保守党の支持基盤は深刻なダメージを被ることになった。

総選挙勝利により新たに誕生した労働党政権は，スコットランドとウェールズに対する権限移譲の是非を問う住民投票を実施するための法案を迅速に作成し，議会に提出した。スコットランド，ウェールズ住民投票法案の内容は，住民投票に関連する事項だけを定める簡潔なものであった。権限移譲に関する提案の内容は，住民投票実施前に出版される政府白書『スコットランド議会』と『ウェールズの声』に示された上で，住民投票において承認が得られれば，住民投票法案とは別個の権限移譲法案にまとめられることになっていた。

このように，先に権限移譲の是非に関する住民投票を実施し，後から具体的内容を詰めるというやり方は，挫折に終わった1970年代末の権限移譲の試みとは異なっていた。当時は，住民投票の手続きと権限移譲に関する具体的な規定が，1つの法案にまとめられており，住民投票の時点で権限移譲の詳細が明確にされていたのである。

住民投票法案に関する下院の審議において，前内務大臣マイケル・ハワードは，この点を厳しく批判した。彼によれば，スコットランドとウェールズに対する権限移譲という大規模な憲政改革の是非について，有

権者の意思を問うことは正しいが，具体的提案が法案の形で提出され，詳細な点まで議会の審議が尽くされる前に，住民投票を行うのは間違いであるとされた。ハワードはさらに，住民投票による承認を得た後で権限移譲法案を議会に提出するという労働党政権のやり方は，法案に対する議会の詳細な検討を逃れるための方策であると断じた（*HC Debs*, 21 May 1997, 735-736）。

また，保守党の著名な欧州統合懐疑派下院議員ビル・キャッシュ（Bill Cash）は，スコットランドやウェールズに対する権限移譲は，これら2つの地域における住民投票ではなく，連合王国のすべての国民を対象とした国民投票によって是非を決せられるべきだと主張した。彼によれば，権限移譲はイギリスの統治機構の大幅な変更であり，憲政の基盤である議会主権の原理を掘り崩すものとされた。特に，スコットランド議会に与えられることになっていた所得税率変更権が問題とされ，スコットランド以外の住民の同意なしには認められないと主張された。

しかしながら，権限移譲の是非を国民投票によって決するというキャッシュの提案は，下院の圧倒的多数を占める労働党を中心とする反対によって否決され，住民投票法案は比較的スムーズに成立した（*HC Debs*, 3 June 1997, 250-277）。

スコットランドに対する権限移譲に賛成する超党派の運動団体として，1997年総選挙直後に「スコットランド前進」が結成されたのは，すでに見たとおりである。これに対して，権限移譲に反対する勢力の動きは，かなり遅れることになった。権限移譲に反対するキャンペーン組織「再考せよ」の発足は，「スコットランド前進」よりも，1カ月以上遅れたのである。

「再考せよ」発足の遅れには，反対派の中心となる保守党が，スコットランドの現有議席をすべて失うという大敗を喫したために，体勢を立て直す時間を必要としていたという事情があった。また，総選挙に敗れたジョン・メージャーが，党首辞任を表明したことにより，保守党の関心は，しばらくの間，新党首選出に集中し，住民投票キャンペーンに目を向ける余裕はなかったのである。さらに，保守党に代わって反対キャン

ペーンの中心となる可能性を有していたスコットランドの経済界は，この問題をめぐって賛否が分かれていた上に，新しく誕生した労働党政権と表だって対決すべきではないという立場が大勢を占めていた。

権限移譲に反対する運動団体として，「スコットランド前進」に1カ月以上遅れて発足した「再考せよ」は，保守党との関係で2つの弱点を持っていた。

1つの問題は，特定の政党にコントロールされない超党派の団体を標榜していたものの，実際には，主要な基盤が保守党であることは明らかであったために，有権者に対するアピール力がきわめて限られていたということであった。[4]「再考せよ」は，権限移譲に反対する保守党以外の政党の支持を獲得することができなかった。

もう1つの問題は，実質的に保守党が中心となった「再考せよ」であったが，総選挙で保守党がスコットランドの議席をすべて失ったために，有権者によく知られた有力リーダーを欠くことになったということであった。このために，スコットランド出身でイングランドに議席を有するマイケル・アンクラム（Michael Ancrum）などの保守党議員が，キャンペーンのリーダーシップを握らざるを得なかったが，彼らの有権者に対するアピールには限界があった（McCrone and Lewis 1999, 24）。

しかも，「再考せよ」の困難をさらに倍化させたのが，主な支持基盤である保守党が，権限移譲反対で一致していなかったことである。権限移譲反対キャンペーンでは，議会設置と税率変更権限の付与という2つの項目に対して，両方とも反対することが呼びかけられていたが，保守党内には前者に反対するものの，後者に賛成するという，一風変わった主張が一定程度見られたのである。

議会設置に反対する一方，その議会に対する税率変更権の付与に賛成するというのは，一見矛盾する立場のように見えるが，権限移譲に賛成する保守党内の少数派は，こうした主張を通じて，より強力な権限を有する議会設立を訴えたのである。こうした人々は，保守党全体からすればごくごく少数であったが，権限移譲反対キャンペーンに若干の混乱をもたらし，その有効性にダメージをもたらしたと考えられる（Denver et al. 2000, 60)。

　ウェールズにおいては，権限移譲に反対する勢力の結集が，スコットランドにも増して遅れることになった。ウェールズ議会設立に反対するキャンペーン団体「さあノーと言おう」は，住民投票のわずか2カ月前に結成されたのである。

　スコットランドの「再考せよ」と同様に，「さあノーと言おう」の主な基盤は保守党であったが，この組織の特徴として，労働党の中の少数ではあるが有力な権限移譲反対派をも基盤としていたことが挙げられる。さらに，ウェールズの場合には，少数ではあるが，無視できない割合の労働党議員が権限移譲に反対していた。彼らは公式に「さあノーと言おう」に参加することはなかったが，そのキャンペーンを後押しすることに尽力したのである。こうした労働党の権限移譲反対派の活動により，ウェールズでは，住民投票における反対キャンペーンが，保守党支持層を超えた広がりを見せることになる。

　このように権限移譲に対する反対が，保守党に限定されなかったことは，ウェールズにおける反対派キャンペーンのアピールを強めたと考えられるが，他方で，反対派キャンペーンに対して問題をもたらすことになった。ウェールズの反対派キャンペーンでは，有権者に対するメッセージが，やや明確さを欠き，少なからぬ矛盾が見られたのである。

　ウェールズ議会設立に反対する有力な根拠として，次の3つの主張が掲げられていた。第一に，ウェールズ議会設立は，ウェールズ分離独立論に拍車をかけるとされた。第二に，全国レヴェルの議会と地方レヴェルの議会との間に，さらにウェールズ議会を加えることは，公共支出を増大させ，税金の無駄遣いであるとされた。第三に，新しく設立されるウェールズ議会は，非常に限定された権限しか想定されていないので，単なる「おしゃべりの場」にすぎないとされた。

　これら3つの主張は，それぞれある程度の説得力を持つ反対論であると見ることができるが，3者の関係は，反対派キャンペーンにおいて明確に整理されていたわけではなかった。特に問題であったのは，ウェールズ議会設立の意義を，一方でウェールズの分離独立につながる重大なも

のであるとしながら，他方で単なる「おしゃべりの場」の創造にすぎないとしたことにより，一見すると正反対の主張が並んだことである。こうした矛盾の存在は，反対派キャンペーンから，賛成派を攻撃する議論の鋭さを著しく損なわせた（McAllister 1998, 159）。

(2) スコットランドとウェールズにおける住民投票敗北

　1997年9月11日のスコットランド住民投票結果は，権限移譲に反対するキャンペーンの中心となった「再考せよ」と保守党の完敗に終わった。（スコットランドとウェールズにおける住民投票結果については，第8章表8-1，表8-2参照。）

　スコットランド議会設立については，有権者の25.7％しか反対票を投じなかったのに加えて，所得税率変更権の付与についても，反対票の割合は36.5％にとどまったのである。また，スコットランドの32の行政区域において，議会設立反対票が多数を占めた区域は皆無であり，所得税率変更権の付与への反対票が多数を占めた行政区域も，わずか2つにとどまった。

　スコットランドへの権限移譲に反対する者の中には，住民投票において賛成票が多数を占めることを予期して，低投票率に期待する部分もあった。1997年の住民投票においては，前回1979年の住民投票のように，人為的なハードル（有権者総数の4割の賛成が必要）は特に設けられていなかった。それでも，投票率があまりに低い数字になれば，たとえ賛成票が多数を占めたとしても，投票結果に対する疑義が広がり，その後のスコットランド議会設立に向けた法制化作業を妨害する手がかりになると考えられたのである。

　しかしながら，投票率は，結果として60.4％に達した。この数字は，5月に行われた総選挙に比べれば10ポイント以上低かったが，通常50％を下回ることの多い地方選挙よりも高かった。そして，1979年住民投票の投票率63.8％と比べても遜色ない数字だった（Denver et al. 2000, 127）。

　政党支持別の住民投票結果からも，権限移譲反対派の敗北は明らかであった。スコットランド主要4政党の支持者のうち，反対票が多数を占

めたのは，保守党支持者だけであった。スコットランド議会設立には，保守党支持者の59％が反対したのに対して，賛成は15％であった（棄権26％）。これに対して，労働党，スコットランド国民党（SNP），自由民主党の支持者は，いずれも賛成票が多数を占めた。

総選挙惨敗で明らかになったように，スコットランドにおける保守党支持の割合が，2割を大きく割り込んでいたことを考えれば，他の政党を支持する層への浸透がなければ，反対派が勝利することなどあり得なかった。しかし，そうした状況は見られなかったわけである。かくて，スコットランドに対する権限移譲は，住民投票における圧倒的多数による承認という，民主主義的正統性を背景に現実化していくことになる。

スコットランドより1週間遅れて，9月18日に実施されたウェールズ住民投票では，「さあノーと言おう」および保守党にとって，善戦とも呼ぶべき結果がもたらされた。結果的には賛成票が多数を占めたものの，反対票の割合は投票総数の49.7％に達していたのである。言い換えれば，ウェールズ議会設立に反対する票は，賛成票にあと0.6％という，わずかな差まで接近していた。さらに，権限移譲に対するウェールズ住民の関心の低さを示すかのように，投票率は50.1％にとどまった。

第8章で見たように，今回の住民投票においては，投票行動について地域差が顕著に見られた。イングランドに近い東部では反対が多数を占めたが，西部においては賛成が多数を占めていた。

スコットランドでは，主要政党のうち，保守党支持者の間でのみ反対票が多数を占めたが，ウェールズでは，保守党支持者のみならず，自由民主党支持者の間でも反対票が多数を占めた。この結果は，自由民主党がウェールズに対する権限移譲を支持していたにもかかわらずもたらされた。しかも，スコットランドでは，労働党支持者の9割が議会設立に賛成投票していたのに対して，ウェールズでは，6割しか議会設立に賛成投票していなかった。

このように政党支持別の住民投票結果からすると，権限移譲反対派キャンペーンは，保守党支持層を超えて，自由民主党と労働党を支持する層にも一定の影響力を持ったがゆえに，賛成票にあと0.6％の差まで迫

ったと言えるだろう。

　ただし，こうした権限移譲反対派の善戦は，彼らのキャンペーンが有効であったからというよりも，権限移譲賛成派の中心である労働党の中に反対の立場をとる人々が少なからずいたために，労働党のキャンペーンがインパクトを欠いた結果，もたらされたと思われる。

　ウェールズの住民投票において，投票率および賛成票の割合が，それぞれ50％をわずかに越える数字にとどまったために，住民投票結果が，権限移譲を実現する上で十分なものかどうかという点について，疑問視する声がないわけではなかった。しかしながら，1979年の住民投票において，圧倒的多数で否決された権限移譲が，今回わずかな票差であれ，承認されたという事実に変わりはなかった。

　スコットランドとウェールズにおける住民投票敗北を受けて，保守党は，議会において権限移譲法案に対して全面的に反対するのではなく，法案の成立を遅らせ，できる限り修正を加えるという抵抗戦術をとることを余儀なくされることになった。

(3)　スコットランド議会選挙とウェールズ議会選挙

　スコットランドの住民投票において，圧倒的多数で権限移譲が承認されたために，保守党は，労働党政権が議会に提出した権限移譲法案に対して，正面から反対することがきわめて困難になった。しかも，労働党は下院の圧倒的多数の議席を確保しており，加えて，権限移譲法案に対する支持について，党内が一致していたために，保守党が法案の成立を阻止することは不可能であった。

　そこで，憲政改革問題担当の影の閣僚マイケル・アンクラムは，下院の審議に臨む保守党の姿勢について，次のように述べた。スコットランドの住民投票を通じて，民主的に表明された意思を尊重し，「保守党は法案の原則に反対するものではない」。「スコットランドの保守党は，スコットランド議会選挙に候補者を立てて戦い，［新たに設立された議会に］参加して，スコットランド保守主義の影響力強化に努力するであろう」。しかし，法案の内容にはあまりにも問題があり，スコットランドとイン

グランドとの対立を助長し，連合王国の安定を損なうおそれがあるので，保守党としては法案の大幅な修正を求めるという立場が示された（*HC Debs*, 12 January 1998, 35）。

こうした立場に沿って，保守党は，下院審議の中でスコットランド議会の権限を抑制する方向での修正を多数提案していくが，これらはすべて，下院において圧倒的多数を握る労働党の反対により，否決されていった。[6]

上院の審議においても，基本的に下院と同様のパターンが見られた。すなわち，保守党は権限移譲法案の原則に反対せず，法案の中身について，多数の修正を提案するというやり方をとったのである。しかしながら，こうした保守党の修正案はすべて否決され，スコットランドに対する権限移譲法案は，労働党政権が自ら提出したいくつかの技術的な法案修正を加えて，1998年11月19日に成立することになった。[7]

なお，保守党によるスコットランド議会の受け入れは，スコットランドにおける保守党支持者の態度にも反映することになった。1997年総選挙時点では，スコットランド保守党支持者の48％が議会設立に反対し，賛成は25％にすぎなかった。ところが，1999年にスコットランド議会選挙が実施されるときには，スコットランド議会に反対が29％に対して，賛成が43％に増加したのである（Paterson et al. 2001, 85-86）。

このように保守党，および，スコットランドの保守党支持者による議会設立受け入れによって，スコットランド政治は，憲政上の次の争点である分離独立問題，そして，権限移譲の対象となった社会経済政策をめぐる対立によって彩られていくことになる。

スコットランドとは異なり，ウェールズの住民投票では，権限移譲が，低い投票率によって僅差で承認されていたために，保守党は，当初ウェールズ議会設立の正統性を争う姿勢を見せた。そして，住民投票の開票および集計作業に問題があったとして，再投票すべきではないかという見方が示される一方，もし下院で多数を占める労働党の賛成により，権限移譲法案が可決されたとしても，再度住民投票を実施して，ウェールズの人々から確固たる承認を得るべきではないかという見方も示された

のである。

　このように住民投票後も，ウェールズ議会設立に反対する保守党の公式の立場に，大きな変化はなかった。しかしながら，ウェールズ保守党の中には，住民投票によって権限移譲の問題には一定の決着がついたとする世論に，同調する人々も見られるようになった。彼らは，住民投票結果は正統なものであり，保守党としては，その結果をひっくり返すのではなく，ウェールズ議会設立を足がかりとして，総選挙でウェールズ議席をすべて失った保守党の勢力回復に努めるべきであるという立場をとったのである（Jones 2000, 177-179）。

　こうした世論の動向を反映したウェールズ保守党内部の変化を受けて，保守党指導部はウェールズ権限移譲法案への対応について，全面的な反対や審議引き延ばしの画策をするのではなく，スコットランド権限移譲法案と同様に，修正提案に力を入れることになる。

　そして，保守党および他の野党の提案が，法案の主要な修正をもたらしたのが，ウェールズ政府の組織のあり方についてであった。当初，労働党政権は地方自治体と同様の委員会方式を提案していたが，野党の修正案に歩み寄ることにより，スコットランドと同様に議会が首相（第一大臣）を選出し，首相が閣僚を任命するという内閣方式がとられることになった。ウェールズに対する権限移譲法案は，スコットランドよりも早い，1998年7月31日に成立した。[8]

　権限移譲法案の成立を受けて，1999年5月6日にスコットランド議会選挙，および，ウェールズ議会選挙が実施された。2年前の総選挙で，保守党は，スコットランドにおいてわずか17.5％の得票率しか上げることができず，保有議席をすべて失った。その後，特に住民投票以降の世論調査において，保守党支持率は10％前後に低迷していた（Denver et al. 2000, 197-198）。

　結局，スコットランド議会選挙では，保守党は，小選挙区で15.5％，付加議員区で15.4％の得票率を上げて，世論調査で示された支持率を若干上回る結果となった。しかし，この数字は，惨敗に終わった総選挙結果をさらに下回っていた。しかも，保守党が獲得した18議席は，すべて

付加議員区議席であり，小選挙区での獲得議席はゼロだった。（スコットランドおよびウェールズ議会選挙結果については，第8章の表8-3参照。）

皮肉にも，保守党は，強く反対していた比例代表制の一種である付加議員制によって，スコットランド議会の一角に足場を築くことになったのである。

住民投票および議会選挙によって，スコットランド政治における保守党の位置に，少なからぬ変化がもたらされた。それまで，スコットランド主要4政党の対立構図は，権限移譲反対の立場をとる政権与党の保守党に野党の労働党，スコットランド国民党（SNP），自由民主党が対抗するというものであった。ところが，スコットランド議会設立により権限移譲が実現すると，今度は分離独立の問題をめぐって，独立を指向するSNPに対して，労働党，自由民主党，そして，保守党の3党が，連合王国（UK）への残留を求めるという対立構図が生まれたのである。(9)

また，スコットランド議会選挙後の政府形成をめぐる交渉により，労働党と自由民主党による連立政権が成立した。その結果，与野党の構図としては，分離独立をめぐる対立構図と交差する形で，与党の労働党と自由民主党に対して，野党のSNPと保守党が対峙するという対立構図が形成されたのである。

総選挙において，スコットランドと同様に，ウェールズでも保有議席をすべて失った保守党であったが，ウェールズ議会選挙の小選挙区で1議席を獲得した。保守党は，小選挙区において15.8％の得票率で1議席，付加議員区において16.5％の得票率で8議席，合計9議席を獲得したのである。

しかしながら，ウェールズ議会選挙での16％前後という得票率は，総選挙での保守党の得票率19.5％を下回るものであった。また，総選挙において獲得議席ゼロであった保守党は，得票率に関しては，労働党に次ぐ第二党であった。しかし，ウェールズ議会選挙では，得票率と議席数の両方で，ウェールズ国民党のはるか後塵を拝する結果となったのである。かくて，総選挙において示された，ウェールズにおける保守党の地

盤沈下が，住民投票以降も継続していることを，ウェールズ議会選挙は明らかにした。

住民投票および議会選挙によって，ウェールズの政党政治にもたらされた変化は，スコットランドとは若干異なっていた。

ウェールズ国民党は，スコットランド国民党と異なり，分離独立を最優先する姿勢を明確に打ち出していなかった。それゆえ，ウェールズでは，分離独立を求める勢力と，連合王国への残留を求める勢力との対立という，スコットランドのような対立構図が，はっきりと確立することはなかった。ウェールズ国民党は，分離独立よりも，むしろスコットランド並みの自治権拡大を優先するという立場で自由民主党に近く，自治権拡大に反対する保守党や，当面自治権拡大を想定しない労働党とは異なる立場をとっていた。

さらに，スコットランドでは当初から連立政権が成立したが，ウェールズでは選挙後に労働党の少数政権が成立したために，与野党の構図も，少数与党の労働党に野党のウェールズ国民党，保守党，自由民主党が対峙するという形でスタートした。

しかし，少数政権による不安定な政権基盤が，2000年2月9日に，初代ウェールズ首相（第一大臣）アラン・マイケルに対する不信任案可決，そして，マイケルの首相辞任をもたらした（*The Guardian*, 10 February 2000)。その後，後任首相に選出されたロドリ・モーガンは，労働党と自由民主党との公式の連立を組むことにより，政権基盤の強化を図った。その結果，ウェールズでも，与野党の構図は，スコットランドと類似する形で，与党の労働党と自由民主党に対して，野党のウェールズ国民党と保守党が対峙することになった。

(4) 北アイルランド紛争と保守党

スコットランドとウェールズに対する権限移譲の問題をめぐって，保守党と労働党はしばしば対立を見せていたのに対して，北アイルランドに対する権限移譲，もしくは，北アイルランド紛争への対処については，基本的に2大政党間にコンセンサスが成立していた。

概略化して言うと，1920年代初頭のアイルランド南北分割から，ほぼ50年にわたって続いた北アイルランド自治政府については，多数派のプロテスタントによる少数派のカトリックに対する差別や抑圧などの問題を含みつつも，2大政党は基本的にそれを容認する立場をとってきたのである。また，プロテスタントとカトリックの対立の激化によって，1972年3月に自治政府が廃止され，イギリス政府による北アイルランド直接統治が開始された際にも，2大政党間に大きな違いは見られなかった。

さらに，直接統治は北アイルランド紛争激化に伴う一時的措置であり，近い将来に和平交渉を通じて，プロテスタントとカトリックの間の平和的共存を実現するための政治的枠組を形成する必要があるという点でも，2大政党は共通の立場をとっていた。

北アイルランド和平に向けた政治的枠組の基礎として，直接統治を導入したヒース保守党政権は，2つの基本原則を掲げた。1つは，プロテスタントとカトリックの間の権力共有を制度化するという原則であり，もう1つは，北アイルランド統治に対するアイルランド共和国政府の関与を制度化するという原則であった。

前者の目的を達成するために，新たな北アイルランド議会の選挙制度は，少数派の議席獲得が困難であったそれまでの小選挙区制から，穏健派カトリック政党の政権参加を可能にする比例代表制に変更された[10]。また，後者の目的を達成するために，イギリス，アイルランド共和国，北アイルランドの各代表による交渉の結果，1973年12月にいわゆるサニングデール協定が合意された[11]。このサニングデール協定によって，アイルランド島全体にかかわる問題を協議する場として，南北両政府代表各7名で構成されるアイルランド評議会（Council of Ireland）が設立された。

なお，イギリスへの残留か，あるいはアイルランド共和国との南北統一か，という北アイルランド帰属の問題について，イギリスとアイルランドの両政府は，北アイルランド住民の多数意思を尊重することを，協定の中でそれぞれ表明していた（堀越 1996, 184-196）。

サニングデール協定によって開始された新たな北アイルランド自治の

試みは，残念ながら長続きしなかった。カトリックを利するとして，協定に反対するプロテスタント急進派が呼びかけた1974年5月のゼネストにより，北アイルランド自治は停止を余儀なくされ，イギリス政府による直接統治が再開されたのである。その後，1990年代に至るまで，北アイルランド自治をめざしてさらなる努力が傾けられるが，厳しい対立の前にいずれも挫折し，一時的措置として導入された直接統治が，30年近く継続することになる。

さて，サニングデール協定の崩壊とほぼ時を同じくして，保守党は野に下るが，新しい党首マーガレット・サッチャーの下で，保守党の北アイルランド政策は，一時期権限移譲に対して消極的な色合いを見せた。保守党は，1979年選挙マニフェストにおいて，「われわれは北アイルランド住民の多数意思に基づき，グレート・ブリテンと北アイルランドの連合を維持する」という立場を示す一方，北アイルランド紛争への対処にあたって，対立勢力間の和平交渉よりも，IRAなどの武装組織の根絶をめざして，秩序維持に重点を置くことを明らかにしたのである(The Conservative Party 1979, 277)。

しかしながら，1979年選挙において誕生したサッチャー保守党政権は，単なる秩序維持政策では紛争解決に至らないことに気づき，ヒース政権の掲げた2つの原則に基づいて，北アイルランド和平に向けた努力を開始する。そうした努力が一定の成果をもたらしたのが，1985年11月に合意された「英愛協定（Anglo-Irish Agreement）」である。この協定によって，イギリス政府代表とアイルランド共和国政府代表によって構成されるイギリス・アイルランド政府間会議が設置され，北アイルランド問題に対するアイルランド共和国の制度的な関与が確立することとなった。

(5) 北アイルランド和平プロセス

1990年代に入って，北アイルランド和平に向けた協議が活発化する。1993年12月には，イギリスのジョン・メージャー首相とアイルランド共和国のアルバート・レイノルズ（Albert Reynolds）首相による共同声明として，「ダウニング街宣言（Downing Street Declaration）」が発表され

た。

　ダウニング街宣言は，北アイルランド帰属問題について，住民の多数意思を尊重する姿勢を明確にする一方，武装闘争の停止を前提として，IRAと密接な結びつきを有するシン・フェイン党などの急進勢力の和平協議への参加を認める姿勢を示した。そして，1994年8月のIRAによる停戦宣言を皮切りにして，主要な武装組織が，相次いで武装闘争の停止を宣言することになった。

　武装組織の停戦を受けて，イギリスとアイルランド共和国の両政府は，1995年2月に和平交渉のたたき台として，「枠組文書（Framework Documents）」を発表した。この枠組文書では，新たな北アイルランド統治機構の基本的なあり方，および，南北アイルランド間の関係とイギリスとアイルランド共和国との関係を制度化する新たな機構が提案された。

　前者については，比例代表制によって選出される北アイルランド議会，および，プロテスタントとカトリックの連立政権を制度化させるメカニズムが示され，1973年のヒース政権の提案と同様の権限移譲が想定されていた。[12] 後者については，南北アイルランドに共通の問題を協議し，必要な際には決定を行うために，南北両政府の代表によって構成される機構を設立するとされた。ただし，両政府代表が合意した場合にのみ，決定がなされることになっていた。さらに，英愛協定のイギリス・アイルランド政府間会議に代わって，新しい北アイルランド自治政府に権限移譲される分野以外について，両国間で協議するための機構として，新たな政府間会議の設立が提案されていた（Boyle and Hadden 1999, 296-297）。

　枠組文書の発表により，北アイルランド和平交渉は一歩前進したかに見えたが，現実には，IRAなどの武装解除問題をめぐって，交渉は暗礁に乗り上げた。そして，1996年2月にIRAは停戦破棄を宣言し，武装闘争を再開したのである。和平交渉への参加者を確定するために，1996年5月に行われた北アイルランド選挙も，和平プロセスの行き詰まりを突破するきっかけとはならなかった。1997年総選挙によって政権交代が実現し，トニー・ブレアを首相とする新しい労働党政権が誕生するまで，北アイルランド和平プロセスは，ほとんど見るべき成果を上げなかった。

北アイルランド問題をめぐる保守党の基本的な立場は，1992年選挙と1997年選挙のマニフェストにおいて確認された。イギリス政府による直接統治に代わって，プロテスタントとカトリックの平和的共存に資する政治的枠組の確立，そして，北アイルランド統治に対するアイルランド共和国政府の関与の制度化という2つの原則が，これらのマニフェストには反映された。

ただ，北アイルランド帰属の問題に関して，2つのマニフェストの間には，ニュアンスの違いがあった。1992年選挙マニフェストでは，民主的に表明された住民の多数意思に基づき，北アイルランドはイギリスの主要部分であり続けるという表現が見られた。これに対して，1997年選挙マニフェストでは，グレート・ブリテンと北アイルランドの連合を尊重するとしつつも，北アイルランドの特殊な事情が，将来的な帰属変更をもたらす可能性が認められたのである（The Conservative Party 1992, 49; 1997, 51）。

このような保守党の北アイルランド政策に関するニュアンスの変化には，英愛協定からダウニング街宣言，そして，枠組文書へと発展した和平プロセスの経験が影響を与えていたと思われる。

さらに，1997年選挙によって政権を失い，野党になって以降も，保守党の北アイルランド政策は，それまでの基本的方向性を維持することになった。トニー・ブレアのリーダーシップの下，労働党が北アイルランド和平プロセスに対するメージャー政権の努力を支持したのと同様に，新しく党首に就任したウィリアム・ヘイグの下で，保守党はベルファスト合意に至る和平交渉を，基本的に支持し続けたのである。2001年選挙マニフェストでは，そのような保守党の立場が，次の一文で示されていた。「保守党は，ベルファスト合意が，永続的な平和と政治的安定をもたらす最善の機会を提供すると依然として信じている」（The Conservative Party 2001, 46）。かくて，政権交代後も，北アイルランド政策に関する2大政党のコンセンサスは維持された。

さて，スコットランドとウェールズに対する権限移譲に激しく反対した保守党が，北アイルランドに限って，なぜ権限移譲を支持することに

なったのか。

　まず，1920年代初頭からほぼ50年にわたる北アイルランド自治政府を，保守党が容認したのには次のような理由が考えられる。第一に，北アイルランド自治政府の設立により，それまでイギリス政府を悩ませてきた困難なアイルランド問題が，懸案事項から外れることになった。第二に，北アイルランド自治政府は，グレート・ブリテンと北アイルランドの連合継続を求める多数派のプロテスタントにとって，満足できるものだった（Aughey 1996, 226）。

　しかも，南北分割による誕生以来，北アイルランドは，イングランド，スコットランド，ウェールズなどとは異なり，特別な地域であるということが公式に認められてきた。すなわち，保守党政権に限らず，イギリス政府は，将来的に北アイルランドが連合王国からの離脱を望めば，それを認めるという立場をとってきたのである。北アイルランドは，イギリスの他のいかなる地域とも異なる位置づけがなされたために，それに応じた特別な取り扱いとして，広範な自治が認められたのである（Dixon 2001, 359）。

　1960年代末からの紛争激化により，一時的措置として直接統治が導入されて以降も，保守党は，基本的に北アイルランドに対する権限移譲を追求してきた。今度は，権限移譲，および権力共有を基礎とする新しい統治機構の設立が，厳しく対立するプロテスタントとカトリックの間の唯一の現実的な妥協策と思われたのである。

　多数派のプロテスタントが望む北アイルランドのイギリス残留と，少数派のカトリックが望むアイルランド南北統一という正反対の要求に，何とか折り合いを付けて，両者が受け入れ可能な妥協策として追求されたのが，権力共有を基礎とする新しい北アイルランド統治機構であり，南北アイルランドの関係およびイギリスとアイルランド共和国の関係についての政治的枠組であった。

　ただ，19世紀から20世紀初頭にかけて，アイルランド自治に一貫して反対してきたという歴史的経緯から，保守党内部には，北アイルランド和平プロセスに批判的な勢力が根強く存在していた。北アイルランドの

イギリスへの完全な統合を求める彼らは，権限移譲やアイルランド共和国の関与を可能にする制度的枠組の構築は，テロリストへの妥協であるとして，保守党指導部の北アイルランド政策を厳しく批判していたのである。

さらに，彼らは，イギリスへの統合の第一歩として，北アイルランドの下院選挙区に，保守党の公認候補を立てて戦うことを，党指導部に容認させた（O'Leary 1997, 666-667）。しかしながら，和平プロセスへの悪影響を懸念する保守党指導部にとって幸運なことに，北アイルランドにおける保守党の得票率は，1992年選挙での5.7％をピークに，1997年選挙の1.5％，2001年選挙の0.3％と急減した（Butler and Kavanagh 1992, 286; 1997, 256; 2001, 262）。

保守党指導部が，北アイルランド政策に関する2大政党間のコンセンサスに基づき，権力共有を基礎とする新しい統治機構やアイルランド共和国の関与を可能にする制度的枠組の構築を追求したにもかかわらず，党の内部に和平プロセスに批判的な勢力を抱えていたことは，保守党の紛争調停能力を著しく弱めることになった。[13]

プロテスタントとカトリックの対立を調停するためには，両者の相反する要求のバランスをとって，交渉のテーブルに着くよう促すことが必要となる。特に，イギリス政府はプロテスタント寄りであるという不信を抱くカトリックの側に対しては，中立的立場に立って紛争当事者を公平に取り扱う姿勢を明確にし，信頼を獲得する必要があったのである。

しかしながら，和平プロセスに批判的な勢力を内包する保守党は，カトリックの側から確固たる信頼を勝ち得なかった。こうした背景を考えれば，なぜ保守党政権の下で北アイルランド和平プロセスが行き詰まり，政権交代後に，新しい労働党政権の下でベルファスト合意という形で大きな進展が見られたのか，ということがよく理解できる。

(6) イングランド諸地域に対する権限移譲への反対

保守党は，政権を握っていた1979年から1997年にかけて，スコットランドとウェールズに対する権限移譲は，両地域の分離独立をもたらし，

連合王国の解体につながるとして激しく反対してきた。こうした権限移譲に反対する保守党政権の態度は，イングランド諸地域に対する権限移譲の問題にも反映された。保守党の1997年選挙マニフェストの中では，地域議会や地域政府の設立は，地方自治体の権限削減につながるために望ましくないという立場が示された（The Conservative Party 1997, 49）。

ただ，興味深いことに，保守党政権の下で，イングランド諸地域を統治する政府組織のあり方に，1つの進展が見られていた。

かつて，経済計画が盛んであった1960年代に，ウィルソン労働党政権によって，全国レヴェルでの経済計画に対応する地域レヴェルでの経済計画を策定するための機関として，地域経済計画会議（Regional Economic Planning Councils）が設立された。その後，経済計画の重要性の低下に伴い，この機関の位置づけも薄らぐことになり，最終的には，経済計画をイデオロギー的に嫌悪するサッチャー保守党政権の誕生により，1980年代初頭に，地域経済計画会議は廃止されることになった（Mawson and Spencer 1997, 72）。

しかしながら，保守党は，1992年選挙マニフェストにおいて，イングランド諸地域における政府活動の調整機能を強化するために，省庁ごとに分かれていた出先機関を統合した地域機関を設立することを公約したのである（The Conservative Party 1992, 39）。

この公約は，1994年4月に，イングランドの10地域をそれぞれ担当する地域政府機関（GORs：Government Offices for the Regions）の設立によって，実現されることになった。発足時点において，雇用省，環境省，運輸省，貿易産業省の地域出先機関がGORsに統合された。さらに翌年の省庁再編に伴う雇用省と教育省の合併により，GORsは旧教育省管轄の事業をも含むことになった。そして，それぞれの地域のGORsを統括するトップの役職として，新たに地域機関長（Regional Director）も設けられたのである（Mawson and Spencer 1977, 75）。

権限移譲に反対する保守党政権が，なぜイングランド諸地域での政府活動の調整機能強化をめざして，GORsを設立したのか。それには，大きく分けて2つの理由があった。

第一の理由として，EU（1993年11月以前はEC）における地域政策の発展が挙げられる。EUの地域政策とは，加盟国の諸地域の間に存在する格差を是正するための諸施策を指す。EUの地域政策は，1987年の単一欧州議定書以後，その規模を拡大し，非常に重要な政策分野を形成していた。

地域政策について，EUでは従うべきいくつかの原則が規定されていたが，特にプログラミングとパートナーシップの原則が，GORs設立に関係することになった。プログラミングの原則とは，地域における個別のプロジェクトに対して散漫な援助を行うのではなく，相互連関性を持ついくつかのプロジェクトを戦略的に構成したプログラムに対して援助を行うというものであった。一方，パートナーシップの原則とは，地域政策の形成と実施にあたって，欧州委員会と加盟国政府に加え，当該地域のさまざまな関係団体との密接な協議が行われなければならないというものであった（島野，岡村，田中 2000, 261-277）。

こうしたEUの原則からすれば，地域政策形成および実施過程に主体的に参加する地域政府が存在することが望ましい。しかしながら，保守党政権としては，そのような地域政府設立は受け入れられなかったために，少なくとも地域レヴェルでの政府活動の調整機能を強化するGORs設立に動くことになったと考えられる。さらに，EUの域内市場統合の進展とともに，イングランド諸地域の経済界からは，他の加盟国の諸地域，さらにはスコットランド，ウェールズと比較して，社会的経済的インフラ整備を促進するための枠組が弱体であることを懸念する声も挙がっていた。

第二の理由は，第一の理由とも関連しているが，都市再開発を中心とする地域再生の必要である。石炭業や鉄鋼業など重厚長大産業の衰退に伴って，1980年代後半から，衰退産業地域を活性化させるための地域再生政策が注目されるようになった。しかしながら，イングランド諸地域の活性化に向けた保守党政権の施策には，実施主体が省庁ごとに別々であったことから，相互の結びつきもなく断片化しており，結果として，さほど効果を上げていないという批判が強かった。複雑で多面的な要素

を有する地域再生の問題に取り組むためには，多様なプロジェクトを相互に結びつける戦略的なアプローチが必要であるとされたのである。

保守党政権によるGORsの設立は，EUの地域政策におけるプログラミングの原則と共通の問題意識に導かれ，地域再生へ向けた戦略的アプローチを構築する一環として見ることができる。なお，GORsの設立と同時に，それまで省庁ごとに所管が分かれていた地域再生のためのさまざまな補助金が，包括再生補助金（Single Regeneration Budget）に束ねられ，GORsがその申請窓口となった（Mawson and Spencer 1997, 73-74）。

GORsの設立が，地域レヴェルにおける政府活動の調整機能強化，および，地域再生を中心とする，地域レヴェルでの政策形成と実施過程に対する関係団体の関与に貢献したことは疑いない。

しかし，それは国家レヴェルから地域レヴェルへの政治的分権化とは異なることに注意しなければならない。GORsは，中央政府の指揮命令下に置かれた国家機関であり，地域住民によって民主主義的正統性を付与された地域政府ではなかった。それゆえ，民主主義的正統性を持たない官僚組織であるGORsが，地域レヴェルでの政策形成と実施過程に関与できる団体を選別する権限を持ち，その意味で，かなり裁量を有していることに対する批判も強かった。

しかしながら，効率と合理化を重視する保守党政権は，GORsの設立が，中央地方関係の円滑化に貢献したことで満足し，イングランド諸地域に対する権限移譲には，否定的な立場をとったのである（Mawson 1998, 163-164）。

保守党が政権を失った1997年選挙のマニフェストでも，イングランド諸地域に対する権限移譲に反対する姿勢が繰り返された。保守党は，変化に対して一概に反対するものではないが，労働党などが求める憲政改革のプログラムは，イギリス憲法制度の長年にわたる安定を危険にさらすと批判された。そして，イングランド諸地域に地域政府を設立すれば，それはそれまで地方自治体が持っていた権限を取り上げて，地域レヴェルでの集権化を危険なほど進めることにつながると述べられていたのである（The Conservative Party 1997, 49）。

さて，1997年選挙惨敗により野に下った保守党は，新しい党首に若いウィリアム・ヘイグを選出した。ヘイグのリーダーシップの下，当初保守党は，住民投票キャンペーンにおいてスコットランドとウェールズに対する権限移譲に反対したが，住民投票結果において賛成票が多数を占めたために，保守党も議会設立を受け入れることになったのは，すでに見た通りである。

スコットランドとウェールズ，そして，北アイルランドに対する権限移譲は，連合王国の政治システムの大幅な変更を意味していたが，保守党によれば，それはアンバランスなシステムであった。

特に問題とされたのは，いわゆる"West Lothian Question"であった。スコットランド，ウェールズ，北アイルランドにおける議会設立によって，国政レヴェルのウエストミンスター（連合王国，イギリス）議会は，権限移譲の対象となった政策分野について，決定権を失うことになる。しかし，イングランドについては，同様の政策分野に関して，引き続きウエストミンスター議会において決定がなされる。これにより，イングランド選出の下院議員は，スコットランド議会などに権限移譲された政策分野について，もはや投票できなくなるのに対して，非イングランド選出の議員は，イングランドに関する同様の政策分野について，引き続き投票できるという問題が生じることになる。

"West Lothian Question"に対する1つの回答は，イングランド諸地域に対する権限移譲を実施して，スコットランドやウェールズの議会に匹敵する地域議会を設立することであった。しかしながら，保守党は，イングランド諸地域への権限移譲について，以前からの反対姿勢を変更することはなかった。その代わりにヘイグは，当初イングランド全体を代表するイングランド議会の設立というアイディアを検討し，1998年の保守党大会演説において，その実現可能性について触れた（Hague 1998）。

スコットランドおよびウェールズの議席をすべて失った保守党にとって，イングランド（特に南部）は主な支持基盤となっていたために，イングランド議会において保守党が支配的な地位を占める可能性もあった。しかしながら，人口数および経済規模からして，イギリス全体の8割を

イングランドが占めることから，もしイングランド議会を設立すれば，それはウエストミンスター議会の権威を掘り崩すおそれがあった。

しかも，それまでイギリスを構成するイングランド，スコットランド，ウェールズ，北アイルランドの間の連合の重要性を強調してきた保守党にとって，イングランド議会の設立は，イングランド・ナショナリズムを煽り，さらにはイングランド分離独立論（スコットランドなどの切り捨て論）を喚起する危険性をはらんでいた。

結局，ヘイグは，イングランド議会を設立するのではなく，ウエストミンスター議会において，イングランドに限定適用される法案をめぐって投票する際には，イングランド選出議員以外の投票権を剥奪するという方策に傾くことになった。これは「イングランドの法律はイングランドの投票で（English Votes on English Laws）」というスローガンの下，1999年10月の保守党大会に提出された政策文書『常識革命』の中に掲げられた。[14]

さらに，『常識革命』では，イングランドにおける地域議会設立への反対姿勢が繰り返された上で，労働党政権によって地域議会に先立って設立された地域開発公社を廃止する方針も示された。地域開発公社は，費用のかかる無駄な官僚組織なので廃止すべきであるとされ，廃止後の地域開発公社の機能は，地方自治体と中央政府が果たすことが想定されていた（The Conservative Party 1999b, 40-41）。

保守党の主張する「イングランドの法律はイングランドの投票で」には批判も強かった。特に問題とされたのは，下院において労働党が過半数の議席を占めているが，イングランドの議席について保守党が過半数の議席を占めるケースでは，2大政党間の対立が，統治不能な状況をもたらしかねないとされたのである（Morrison 2001, 141）。

スコットランドやウェールズで多くの議席を獲得している労働党としては，こうした保守党の提案を受け入れることはできなかった。しかしながら，労働党政権は，イングランド選出議員がイングランドにのみかかわる問題を議論する場として，地域問題常任委員会（The Standing Committee on Regional Affairs）を下院に設置した。この委員会は，イン

グランドから選出された13名の議員によって構成されるが，委員以外のイングランド選出議員も，委員会審議に参加できるようになっていた（*HC Debs*, 11 April 2000, 289-290）。

2000年9月に発表された政策文書『イギリスを信じる（*Believing in Britain*）』，および，2001年選挙マニフェストでも，地域議会の設立を通じたイングランド諸地域への権限移譲に反対する保守党の姿勢が明確にされた。

イングランドの住民は，人為的に区分けされた地域に対して何の愛着も持っていないとして，保守党が政権を獲得したあかつきには，労働党政権が設立した地域開発公社を廃止する一方，地域議会を設立しないことが公約された[15]。また，「イングランドの法律はイングランドの投票で」という原則に基づく，非イングランド選出議員の投票権剥奪を含む，新たな議会審議決定手続きの導入も掲げられていた（The Conservative Party 2000, 15, 23; 2001, 45-46）。

なお，保守党の試算によると，地域開発公社を廃止し，地域議会を設立しないことにより，数億ポンドの公共支出削減につながるとされた。影の蔵相マイケル・ポーティロは，2000年12月5日に，政府予算の対案として保守党による影の予算を発表し，80億ポンドの支出削減を基にした減税策を掲げていたが，地域開発公社の廃止と地域議会の設立中止は，主要な支出削減項目の1つとなっていた（Portillo 2000b）。

(7) ロンドンをめぐる政策転換

すでに見たように，サッチャー保守党政権は1986年に大ロンドン市（GLC）を廃止した。サッチャー政権によるGLCの廃止は，地方制度改革の一環というよりも，主として党派的理由によって実施された。要するに，サッチャー政権とケン・リヴィングストンのリーダーシップの下でGLCの実権を握る労働党との政治的対立が，GLC廃止の背景となっていたのである。

GLC廃止によって，サッチャー政権はロンドン全域を対象とする行政を，主として中央政府の各省庁の管轄下に置くことになった。また，ロ

ンドンの各区（boroughs）も，合同委員会をつくって，さまざまな広域行政業務にあたることになった。しかしながら，GLC廃止以降，各省庁や合同委員会の関与が入り組んだことにより，ロンドンの広域行政が断片化し，複雑化したことには間違いなかった。

こうした問題に対処し，ロンドンの広域行政に関する調整機能を増大するために，保守党は，1992年選挙マニフェストにおいて，いくつかの提案を行っていた。まず，内閣の中にロンドンの問題を検討する小委員会を設置するとされた。そして，特にロンドンの交通問題を管轄する閣外相を置くことも約束されたのである。これに対して，廃止したGLCの復活を求める労働党の提案については，官僚的で浪費をもたらす提案であるとして退けられた（The Conservative Party 1992, 40）。その後，1994年には，他のイングランド地域と同様に，政府活動の調整機能を強化するために，省庁ごとに分かれていた出先機関を統合したロンドン政府機関（Government Office for London）も設立された。

1997年総選挙敗北後，保守党党首に就任したウィリアム・ヘイグは，ロンドンに公選市長を置くという労働党政権の方針を受け入れた。GLC廃止以来，保守党は，GLC復活はおろか，選挙で選ばれるロンドン市長という提案にも反対の姿勢を示してきた。しかし，ロンドン全域を担当する統治機関の設立を求める多数の住民の声に耳を傾けた形で，ヘイグは，党首選出から1カ月という短期間で，公選市長の受け入れという政策転換を行ったのである。影の環境運輸地域大臣ノーマン・ファウラーによれば，ロンドンを代表する公選市長の登場により，投資誘致や経済再生などの面で，ロンドンはヨーロッパの他の主要都市との競争を，有利に進めることができるとされた。

このような公選市長に関する政策転換とは対照的に，大ロンドン市（GLA）に関する労働党政権の方針において，市長とともに重要な役割が想定されたロンドン議会については，その設立を拒否する姿勢が繰り返された。影の環境運輸地域相ファウラーは，ロンドンの統治に関わる機関として，市長，議会，開発公社，各区，その他各種機関が並立することは，組織の肥大化をもたらし非効率的であるばかりか，必然的にもた

らされる相互対立によって，機能不全に陥るおそれがあると述べた。議会を設立しない代わりに，保守党の提案では，ロンドン市長は，各区の首長を集めた各区会議と協力することが想定されていた（*The Times*, 18 July 1997）。

公選市長の導入には賛成するが，議会設立には反対するという保守党の立場は，大ロンドン市（GLA）住民投票法案をめぐる審議においても繰り返された。市長と議会をセットにしてGLA設立の是非を問うという労働党政権が提出した法案に対して，保守党は市長と議会の設立に関して，それぞれ是非を問うために別個の質問をすべきであるという修正案を提出したのである。

なお，保守党とは逆に，ロンドン議会の設立に賛成するが，公選市長の導入には反対する自由民主党も，市長と議会について，住民投票で別個の質問をすべきだとする修正案を支持した。しかしながら，結局のところ，下院で圧倒的多数を握る労働党の反対によって，修正案は否決された（*HC Debs*, 11 November 1997, 586-676）。

市長と議会をセットにしたGLA創設の是非をめぐって，1998年5月7日に実施された住民投票では，保守党を含めて主要政党が，程度の差はありつつもすべて賛成を呼びかけたために，賛成票が多数を占めるのは確実と見られた。むしろ，反対論がほとんど聞かれず，住民投票キャンペーンが低調に推移したことが，投票率に悪影響を与えるのではないかと懸念されていたのである。結果として，34%という低投票率ではあったが，72%の賛成票によってGLA創設が承認された（*Financial Times*, 8 May 1998）。

住民投票結果を受けて，1999年11月に大ロンドン市法が制定された。大ロンドン市法案審議の中で，技術的なものを中心として数多くの修正がなされたが，保守党や他の野党が提出した法案の基本部分に関する修正は，すべて否決された。

1999年初頭から，保守党は市長候補者選出手続きを本格化させるが，すでに前年の住民投票が実施される前から，作家として著名なジェフリー・アーチャー（Jeffrey Archer）上院議員が，保守党からの出馬をめざ

して活動を行っていた。アーチャーの出馬については，過去のスキャンダルの経緯から，保守党候補者として相応しくないという声も強かった。しかし，圧倒的な知名度の高さを背景にして，アーチャーは，1999年10月の党大会直前に行われたロンドン保守党員の投票によって，保守党の市長候補者に選出された（*Financial Times*, 2 October 1999）。

ところが，わずか2カ月も経たないうちに，アーチャーは保守党候補を辞退せざるを得なくなった。売春婦とのスキャンダルもみ消しのために，友人に対して偽のアリバイ作りへの協力を依頼したことが明らかになったのである（*The Guardian*, 21 November 1999）。

保守党候補者からのアーチャーの脱落は，ヘイグを中心とする保守党指導部の判断に対して厳しい批判を招くことになった。保守党候補者としてのアーチャーの適格性を疑問視した人々は，彼が候補者選出手続きに参加する資格を持っているかどうか検討するために党の倫理委員会の開催を要求していたが，ヘイグは，その必要はないとして倫理委員会を開催しなかったのである。結局，再度候補者選出手続きが行われ，前回の投票でアーチャーに敗れた元運輸閣外相スティーヴン・ノリスが，保守党候補者に選出された（*The Guardian*, 18 January 2000）。

アーチャーに比べて有権者の間で知名度に劣るノリスは，当初，支持拡大に苦労することになった。特に，無所属で出馬を表明したケン・リヴィングストンが，世論調査において高い支持率を維持したために，ノリスの支持率は，労働党候補者フランク・ドブソンと同様に低迷していたのである。しかしながら，ロンドン市長選キャンペーンがスタートし，リヴィングストンの支持率が，若干低下を見せ始めると，ノリスはドブソンを引き離し始めた。そして，総選挙において労働党支持を表明したいくつかの新聞が，ロンドン市長選挙ではノリスへの投票を呼びかけたことも，選挙運動を活気づけることになった。[17]

結局，2000年5月5日に実施されたロンドン市長選挙において，ノリスは，当選したリヴィングストンに次いで，第一選好票で27.1%を獲得し，ドブソンの倍以上の得票をあげることになった。また，市長選挙と同時に行われた議会選挙でも，保守党は善戦を見せた。獲得議席数こそ

労働党と同じ9議席であったが、保守党は小選挙区において得票率33.2%で8議席を獲得し、労働党の31.6%、6議席を上回ったのである。

ただし、ロンドン議会選挙において、保守党の党勢が顕著な復活を見せたとは言い難い。なぜなら、1997年総選挙において、保守党がロンドンで獲得した得票率31.2%からすれば、わずか2ポイントの増加にすぎなかったからである。なお、付加議員区については、労働党が30.3%の得票率であったのに対して、保守党は29.0%であった。(ロンドン市長および議会選挙結果については、第8章の表8-9、表8-10参照。)

(8) ユーロ参加と集権主義戦略

欧州通貨統合をめぐる党内紛争が深刻化する中、ユーロ参加に否定的な色合いを次第に強めていた保守党政権であったが、1997年選挙マニフェストにおいては、「単一通貨に関する決定について、あらゆるオプションを維持する」とされていた。これは1999年1月のユーロ第一陣への参加の可能性を、理論的には残すものであった (The Conservative Party 1997, 47)。

しかしながら、ジョン・メージャーに代わって党首に就任したウィリアム・ヘイグは、第7章で見たように、ユーロ第一陣への参加に反対するばかりか、2議会期にわたってユーロ参加を否定する方針をとることになった。

ヘイグのリーダーシップの下で、保守党指導部は、1997年選挙から次の総選挙が実施されるまでの現議会期、および、次の総選挙からその次の総選挙が実施されるまでの次議会期について、イギリスのユーロ参加に反対する方針を掲げたのである。2議会期にわたってユーロ参加を否定する方針は、保守党党員が参加する党員投票にかけられ、約84%という圧倒的多数で承認された。

2議会期にわたってユーロ参加を否定する方針に示された、欧州統合に対する保守党指導部の消極的な姿勢は、1999年欧州議会選挙や2001年総選挙における保守党マニフェストに反映された。これらのマニフェストでは、ユーロ参加を否定して「ポンドを維持する」という公約に加え

て，単一市場や自由貿易に関するものを除くすべての新たなEU立法について，個々の加盟国に受け入れるかどうかの選択権を与える柔軟性条項の確立が公約された。そして，EU条約を改正して柔軟性条項を確立するという要求が受け入れられなかった際には，EU拡大のための新しいEU条約を阻止するという立場まで示されたのである。

以上のように，保守党指導部は，2議会期にわたるユーロ参加の否定という方針により，欧州通貨統合に対する消極的な姿勢を強めることになった。なお，柔軟性条項の要求などに示されたように，欧州統合の進展に対するネガティヴな態度も，いっそう顕著になっていた。

こうした保守党指導部による欧州通貨統合に対するネガティヴな立場への傾斜には，保守党の党内事情が影響していた。1997年選挙惨敗以来，保守党の党内は指導部から草の根に至るまで，欧州統合懐疑派が主導権を握り，ユーロ参加を原則として否定する立場が大勢となっていたのである。こうした党内事情に影響される形で，2議会期にわたるユーロ参加の否定という方針がとられたとすることができる。

そして，保守党は，ユーロ参加の是非を中心争点として強調することになった。政党支持率で労働党に大きく水をあけられていた保守党としては，有権者の多数がユーロ参加に反対という世論調査結果をもとに，自己に有利と見られるユーロ参加を中心争点とすることにより，巻き返しを狙ったのである。

こうした保守党の選挙戦略は，1999年欧州議会選挙での勝利により，一見証明されたかに見えた。しかし，2001年総選挙での惨敗が，選挙戦略の問題点を明らかにした。有権者の多数がユーロ参加に反対していたとしても，投票の際にこの問題を重視する人は少数にすぎなかった。その結果，保守党は多くの有権者が重視する，経済，福祉，教育などの争点を十分に取り扱うことなく，ユーロ参加反対を掲げる単一争点政党と見られたために，1997年選挙に匹敵する地滑り的敗北を喫したのである。

さて，第4章において，サッチャーからメージャーに至る保守党指導部が，集権主義戦略を追求する一方，権限移譲を中心とする憲政改革の動きに抵抗したことを概観した。その後，1997年選挙において政権交代

が実現し，新しい労働党政権の下で，権限移譲を中心とする憲政改革の諸プログラムが実施に移されることになった。

　権限移譲の実施過程において，野に下った保守党指導部の基本的な対応は，当初，その実現に反対するというものであった。こうしたパターンが明瞭に見られたのが，スコットランドとウェールズに対する権限移譲のケースである。保守党は，スコットランドとウェールズの両方において，住民投票で権限移譲に反対するキャンペーンの中心となっていた。

　しかしながら，保守党の反対も空しく，住民投票の結果については，スコットランドでは大差で，ウェールズでは僅差でという違いはあるものの，権限移譲が承認されることになった。住民投票の結果を受け入れて，保守党は，スコットランドとウェールズの議会選挙に参加して若干の議席を獲得するが，得票率では惨敗に終わった総選挙をさらに下回る結果となった。

　権限移譲に反対する保守党指導部の姿勢が明確に示されたのが，イングランドに対する権限移譲の問題である。イングランドに対する権限移譲については，第1期ブレア政権の下で目立った進展はなかったが，保守党は地域議会および地域開発公社設立への反対を明確にしていたのである。保守党の2001年選挙マニフェストでは，すでに設立されていた地域開発公社の廃止，および，地域議会への反対が明記されることになった（The Conservative Party 2001, 45-46）。

　ロンドンへの権限移譲については，保守党指導部によって興味深い政策転換がなされた。大ロンドン市（GLC）を廃止した保守党政権は，ロンドンの広域行政を担当する統治機構の設立に消極的であった。しかし，ウィリアム・ヘイグは，ロンドンに公選市長を置くという労働党政権の方針の受け入れを，党首就任直後に表明したのである。ただ，公選市長とともに新しい大ロンドン市（GLA）を構成するロンドン議会については，その設立に反対する姿勢が繰り返された。

　北アイルランドに対する権限移譲については，基本的に2大政党間にコンセンサスが形成されており，保守党指導部は，ベルファスト合意を中心とする北アイルランド紛争解決に向けた努力を支持することになっ

た。

　ただし，なぜ保守党指導部が北アイルランドに対する権限移譲を支持したのかと言えば，その理由は，北アイルランドは，イギリスの他のいかなる地域とも異なる位置づけがなされており，それに応じた特別な取り扱いとして，広範な自治が認められたとすることができる。南北分割による北アイルランド誕生以降，特別な地域であるとの認識を基に，保守党は，北アイルランドへの権限移譲を基本的に支持してきたのである。

　以上のように，権限移譲に対する保守党指導部の態度は，例外ケースとされた北アイルランド，および，ロンドンでの公選市長の受け入れを別として，基本的に否定的な立場が維持された。ただし，スコットランドとウェールズの場合のように，住民投票において権限移譲が承認されれば，保守党としても，有権者の多数意思を尊重して権限移譲を容認せざるを得なかった。[18]

　住民投票以降，保守党指導部がスコットランドとウェールズに対する権限移譲を受け入れたことを，集権主義戦略転換のきざし，あるいは，多層ガヴァナンスに対する前向きな姿勢として見るのには，やや無理があるだろう。なぜなら，住民投票の結果が出るまで，保守党は，権限移譲反対キャンペーンの中心となっており，さらに，権限移譲法案形成過程においても，法案審議の引き延ばしや内容の骨抜きに尽力していたからである。その意味で，スコットランドとウェールズに対する権限移譲受け入れは，保守党指導部による集権主義戦略見直しの一環としてではなく，むしろ，住民投票による承認という外的な不可抗力に対する屈服と見ることができる。

　ただ，政権交代によって野に下った保守党指導部の集権主義戦略に，いかなる変更も見られなかったとするならば，これも行き過ぎのように思われる。この点で興味深いのが，権限移譲以外のいくつかの憲政改革プログラムに対する保守党指導部の対応である。

　まず，上院改革については，世襲貴族の圧倒的多数を占める保守党としては，当初，労働党政権による上院改革にかなりの抵抗を示すことになった。しかしながら，一部を除く世襲貴族の出席・表決権廃止という

第一段階の改革が実現して以降，保守党指導部は，上院議員の一部を直接選挙で選出する改革について，ある程度前向きな姿勢を示すようになったのである。保守党の2001年選挙マニフェストでは，「上院議員のかなりの部分を選挙で選ぶことを望む」と述べられていた（The Conservative Party 2001, 46）。

また，情報公開や地方政府については，労働党政権の改革が十分ではないとして，一般的な形で明確には示されていなかったが，より広範な情報公開や地方政府に対する分権の推進を求める立場が見られるようになった。

このように，集権主義戦略に関して，保守党指導部は，ニュアンスの変化とも言うべき動きを見せることになったが，それは根本的な見直しというよりも，基本的枠組を維持した上での若干の修正であったと思われる。それを示したのが，下院の選挙制度改革に対する厳格な反対の継続である。保守党の2001年選挙マニフェストでは，下院の選挙制度については，現行の小選挙区制を維持するという立場が明確にされることになった（The Conservative Party 2001, 46）。

1997年選挙から2001年選挙までの時期について，欧州通貨統合に対する野党保守党の立場，および，権限移譲を中心とする憲政改革プログラムへの対応を要約してみると，第4章の図4-1で示した，保守党政権と欧州通貨統合に関する基本的構図が継続していると言ってよいだろう。

たしかに，スコットランド，ウェールズ，北アイルランド，ロンドンなど，権限移譲が実現した地域について，保守党指導部はそれを受け入れる姿勢を示した。しかしながら，それは例外ケースとして受け入れたか，あるいは，住民投票結果という外的な不可抗力によって余儀なくされたと見ることができ，多層ガヴァナンスの積極的受け入れとは言い難かったのである。この時期，保守党指導部の追求する集権主義戦略は，動揺を見せつつも継続することになり，その根本的再検討を開始する兆候は見られなかった。

(1) 労働党は，ブレアのリーダーシップの下で，それまでの労働党（オールド・レイバー）の「増税と支出拡大（tax and spend）」イメージの払拭をはかっていた。そのため，「タータン税」の攻撃は，特に有効であったと思われる。そして，労働党が，それまで住民投票の実施を言ってこなかったにもかかわらず，所得税率変更権付与の是非を含む2つの項目に関する住民投票の実施を打ち出したことは，「タータン税」攻撃の有効性を示している。保守党の批判を回避するために，急遽労働党指導部が決断した2つの項目に関する住民投票の実施に対しては，スコットランド労働党の内部で強い不満が見られた。特に，議会設立の是非のみならず，所得税率変更権付与の是非まで住民投票にかけることには，総選挙勝利を狙う党本部の利害を，スコットランド労働党の利害に優先させるものとして，強い反発が見られたのである。
(2) *Referendums (Scotland and Wales) Act 1997* (http://www.hmso.gov.uk/acts/acts1997/1997061.htm).
(3) 権限移譲に反対する組織の結成が遅れたことは，賛成派のキャンペーンにとって必ずしも望ましいことではなかった。なぜなら，目に見える反対派が存在しない状況で，テレビなどのマス・メディアが，賛成派のキャンペーンを報道することに，二の足を踏んだからである。その理由として，賛成論と反対論の両者を報道することによりバランスをとらなければ，公正さを保てないというメディアの判断があった（Denver et al. 2000, 57）。イギリスでは，タブロイド紙を中心とする活字メディアが，一方に偏った報道に比較的抵抗感を持たないのに対して，テレビやラジオなどの放送メディアは，中立的，もしくは，バランスのとれた報道に留意しており，これはスコットランドのメディアにもあてはまるようである。
(4) 保守党リーダーの中で表だってキャンペーンに参加したのは，党首のウィリアム・ヘイグと影の大蔵大臣ピーター・リリーなど，ごく少数であった。その結果，住民投票キャンペーンにおける保守党の露出度は，かなり抑制されることになった。この背景としては，2つの配慮が考えられる。一方で，総選挙で明らかになったスコットランドにおける保守党の不人気を考慮すれば，保守党リーダーが前面に出ることは，権限移譲反対キャンペーンに対して悪影響を与えかねなかった。他方で，世論調査などで権限移譲に対する支持がかなり高い割合を示しており，住民投票での敗北は確実と見られていたために，総選挙で惨敗を喫した保守党としては，反対キャンペーンに対する関与を抑制し，敗北のダメージを軽減することが追求されたのである。
(5) 所得税率変更権の付与については，議会設立への反対をさらに上回る割合で，保守党支持者の大多数が反対票を投じていた（Mitchell et al.

1998, 180）。
(6)　保守党がスコットランド議会の権限を抑制する修正を提案したのに対して，自由民主党やスコットランド国民党は，権限拡大の方向での修正を提案していた。一方，審議過程で，細かな点についてさまざまな問題点が明らかになったために，労働党政権自ら多数の技術的な法案修正を行うことになった（Denver et al. 2000, 189）。
(7)　*Scotland Act 1998* (http://www.hmso.gov.uk/acts/acts1998/19980046.htm).　保守党などの野党の修正案が否決されたことは，必ずしも野党の意思がすべて無視されたことを意味しない。労働党政権は，ある程度野党の提案を組み入れた修正案を提出して可決することにより，歩み寄りの姿勢も見せていた（Denver et al. 2000, 190-191）。
(8)　*Government of Wales Act 1998* (http://www.hmso.gov.uk/acts/acts1998/19980038.htm).　なお，労働党政権のウェールズ相ロン・デーヴィスは，ウェールズ議会の設立にあたって，各政党や諸集団などの意見を幅広く反映させるための諮問機関をつくったが，ここでもウェールズ政府の組織形態については，内閣方式が望ましいという見方が強かった（Jones 2000, 180）。
(9)　スコットランド分離独立の争点が重要性を帯びるようになったために，それまでの保守党では考えられないような姿勢も見られた。たとえば，スコットランド議会で与党が過半数を失って少数政権となった場合でも，保守党は政権打倒のためにSNPと協力しないという立場が示されたのである。その理由は，SNPに協力して少数政権を倒せば，分離独立論に拍車がかかり，保守党が重視する連合王国への残留が危険にさらされるからであった（Miller 1999, 302-303）。
(10)　新しい選挙制度の下で，1973年6月に北アイルランド議会選挙が実施された。選挙後，穏健派プロテスタント政党，穏健派カトリック政党，および，中間政党の連立による北アイルランド政府が発足することになった（堀越 1996, 193-194）。
(11)　サニングデール協定に至る政治過程については，（八木橋 2001）が詳しく検討している。
(12)　後のベルファスト合意と比較した際，1995年の枠組文書の特徴として，議会とは別に，比例代表制で選出される3名のパネルが提案されていたことを挙げることができる。このパネルは，3名全員一致の原則に基づき，議会委員会の委員長指名やイギリス政府との交渉役など，重要な権限を与えられた。パネルのメンバーは比例代表制によって選出されることになっていたために，プロテスタントから2名，カトリックから1名が選出されることは，ほぼ確実であった。パネルの決定は全員一致でなされるために，こうした事実上の三頭政治は，プロテスタントとカ

トリックの権力共有を制度化するものであった。しかし，カトリックとの妥協に反発するプロテスタント急進派の代表が，パネルのメンバーに選出された場合には，決定ができず，手詰まり状況に陥る危険性があった。こうした懸念から，後のベルファスト合意では，三頭政治のパネルではなく，第一大臣と副第一大臣による二重首班システムがとられた（Boyle and Hadden 1999, 296）。

(13) 保守党が野に下った1997年選挙以降，下院において指導部の方針に反した投票が最も多く見られたのが，北アイルランド問題に関する投票であった。1997年選挙から2001年選挙にかけての時期に北アイルランド問題に関する40もの下院の投票で，少数の保守党議員が，指導部の方針に反する造反投票をしていたのである。また，この時期に北アイルランド問題で1回でも造反投票した保守党下院議員の数は，51人にも上っていた。北アイルランド和平プロセスに対する党内の不満の高まりは，保守党指導部の立場にも若干影響を与えることになった。保守党指導部は，ベルファスト合意や和平プロセス自体を基本的に支持する立場に変化はないとしつつも，労働党政権の実施する北アイルランド政策の細部について，批判を強めていったのである（Cowley 2002, 205）。

(14) なお，『常識革命』では，イングランドに限定適用される法案以外に，イングランドとウェールズのみに限定適用される法案については，イングランドとウェールズ選出議員以外の投票権を剥奪するとされていた（The Conservative Party 1999b, 42）。保守党党首ヘイグの諮問機関として設立された「議会強化審議会（The Commission to Strengthen Parliament）」の答申は，「イングランドの法律はイングランドの投票で」の手続きに関する，より詳細な提案を行っている（The Commission to Strengthen Parliament 2000, 53-54）。

(15) 興味深いことに，保守党地方政治家の中には，イングランド諸地域に対する権限移譲について，よりプラグマティックな態度をとる者もあった。例えば，バッキンガムシャー州議会における保守党議員集団のリーダー，デーヴィッド・シェークスピア（David Shakespeare）は，南東地域に地域議会が設立された場合には，その中で建設的な役割を果たしたいと述べていた。彼によれば，交通問題や都市計画などの問題について，地域レヴェルのアプローチが必要であるという議論は，説得力を持っているとされた。また，スコットランドやウェールズに議会が設立された結果，残されたイングランド諸地域は憲政上の真空地帯として不利益を被る可能性があるという議論にも一定の理解が示された（Tomaney and Hetherrington 2001, 29-32）。ちなみに，南東地域は，保守党の強力な選挙地盤となっており，地方自治体の多くを保守党が押さえているために，地域議会が設立された場合にも，その中心となるのは保守党である

と目されていた。それゆえ，この地域の保守党の有力地方政治家が，権限増大につながる地域議会設立に関して，党指導部とは異なり，ある程度好意的な見方を示したのも理解できる。

(16)　ちなみに，GLA創設に反対するキャンペーン団体として，「コミュニティー優先（Communities 1st）」が形成された。この組織のメンバーの多くは，保守党員であったと見られている。しかし，この組織に参加する者の数が，あまりに少数であったために，保守党指導部も，GLA創設反対キャンペーン参加に対して，何らかの統制措置を取ることはなかった（*Financial Times*, 2 April 1998）。

(17)　総選挙で労働党支持だったにもかかわらず，ロンドン市長選挙でノリス支持に回った新聞には，ミラー（*The Mirror*），デイリー・エクスプレス（*Daily Express*），サン（*The Sun*），イヴニング・スタンダード（*Evening Standard*）などがあった（Rallings and Thrasher 2000, 754）。

(18)　保守党欧州統合懐疑派下院議員リチャード・シェパード（Richard Shepherd）は，筆者とのインタヴューの中で，労働党政権の推進する権限移譲に対して強い反発を見せた。彼によれば，スコットランドやウェールズにおいて，住民投票で権限移譲が承認されたといっても，賛成票の割合は有権者総数の50％以下だったために，真の承認が与えられたとは言い難いとされた。また，スコットランド出身ではあったが，シェパードは，イングランドと比較して，スコットランド，ウェールズ，北アイルランドが，財政的に優遇されている状況を強く批判した（Interview with the Author, 6 November 2002）。

終章　ブレアの選択

(1) 本書の議論の要約

　「イギリスはユーロに参加するか？」これが本書の出発点となった問いであった。この問いに対する何らかの解答の試みとして，1980年代初頭から1997年選挙に至るまでの期間，および，1997年選挙から2001年選挙までの期間について，2大政党指導部の欧州通貨統合に対する政策的立場の推移が検討された。

　まず，保守党の場合，サッチャー政権の時期に，欧州通貨統合に対してきわめて批判的な立場が顕著であったが，それはサッチャー退陣の後を受けたメージャー政権の下で，ある程度緩和された。しかしながら，基本的には保守党内部における欧州統合懐疑派と統合支持派との間の対立構図に変化はなく，保守党指導部は，通貨統合の問題に関して明確な立場をとることができず，非常に困難な状況に追い込まれていった。そして，党内勢力のバランスが次第に統合懐疑派に傾くに従って，通貨統合に対する保守党指導部の立場も，批判的な色彩を強くすることになったのである。結局，1997年選挙時点では，党内の統合支持派への配慮から，単一通貨への参加の可能性が否定されることはなかったものの，保守党指導部の立場は，単一通貨不参加の立場に限りなく接近したものになった。

　1997年選挙で野に下った保守党は，新しい党首にウィリアム・ヘイグを選出した。ヘイグのリーダーシップの下で，保守党指導部は，1997年選挙以降，2議会期にわたってユーロ参加を否定する方針をとることに

なった。こうして保守党指導部は，2議会期にわたるユーロ参加の否定という方針により，欧州通貨統合に対する消極的な姿勢をいっそう強めたが，柔軟性条項の要求に見られるように，欧州統合の進展に対するネガティヴな態度も顕著になった。保守党は，ユーロ参加の是非を中心争点として強調し，この選挙戦略の妥当性は，1999年欧州議会選挙での勝利により，一見証明されたかに見えた。しかし，2001年総選挙では功を奏さず，保守党は再度地滑り的敗北を喫することになった。

労働党の場合，1980年代初頭には，通貨統合はおろか，欧州統合にかかわるすべての問題に対して，消極的な立場が目立っていた。しかしながら，1987年選挙以降の政策見直しの動きの中で，欧州通貨統合を原則的として支持する立場がとられた。一定の条件が満たされた上でというただし書きがつけられたものの，単一通貨への参加に関して，労働党指導部は前向きな立場を見せるようになったのである。こうした労働党指導部による通貨統合に対する積極的な立場の採用の背景には，労働党内部にも統合懐疑派と統合支持派の間の対立が存在したが，労働党の統合懐疑派の勢力は，保守党の統合懐疑派とは比較にならないほど弱小な勢力にとどまっていたということがあった。1997年選挙キャンペーンにおいては，欧州通貨統合に関するそれまでの政策的発展が反映され，労働党指導部の立場は，単一通貨への参加に関してかなり前向きなものになった。

1997年選挙で政権復帰を果たした労働党は，イギリスのユーロ参加問題に関する基本方針を，1997年10月に明らかにした。その内容は，1999年1月1日のユーロ第一陣への参加を断念し，次の総選挙後に参加を再度検討するというものであった。ユーロ参加先送りの理由の1つは，イギリスがユーロに参加するための5つの経済的基準が，まだすべて満たされていないという経済的な判断であった。しかし，労働党指導部によるユーロ参加先送りは，政治的な判断でもあった。ユーロ参加反対が多数を占める世論と新聞メディアに対する配慮という政治的な判断が，この問題に対する労働党指導部の立場に影響を与えることになったのである。ただし，労働党指導部によるユーロ参加先送りは，欧州通貨統合に

対する野党期の積極的な立場からの転換を意味したわけではなかった。イギリスのユーロ参加を，原則として支持する立場は変わっていなかったし，次の総選挙後のユーロ参加を視野に入れたいくつかの努力も行われていた。

　以上のような欧州通貨統合に関する2大政党指導部の対照的な立場を説明するために，序章において検討した，制度，アクター，アイディア（イデオロギー），政治戦略の相互作用，および，多層ガヴァナンスに注目するアプローチが採用された。

　保守党指導部による欧州通貨統合に対する消極的立場の採用については，次のような説明がなされた。まず，イギリスの政治制度は，他の先進国の政治制度と比較すれば，集権度が非常に高い集権的制度編成であると特徴づけられた。こうした集権的制度編成を前提として，アクターとしての保守党指導部は，サッチャリズムの洗礼を受けて以降，新自由主義イデオロギーの影響を強く受けて，中央地方関係における集権化，および，スコットランドやウェールズに対する権限移譲の拒絶などを中心とする集権主義戦略を追求することになった。国家レヴェルにおいて中央政府への権力の集中を促進する集権主義戦略の追求は，超国家レヴェルにおいて国家からEUへの権限の移譲に抵抗する姿勢を強化することになり，結果として，保守党指導部は欧州通貨統合に消極的な立場をとることになった。図式化するならば，国内において集権化を促進する立場とEUにおいて統合の進展に抵抗する立場は，集権主義戦略という同一のコインの表裏の関係にあると見なすことができた。

　集権主義戦略に基づく基本的構図は，1997年選挙において保守党が政権を喪失して以降も継続することになった。1997年選挙から2001年選挙までの野党期について，保守党指導部は欧州通貨統合に対する消極的立場をさらに強める一方，権限移譲を中心とする憲政改革プログラムに対して概して否定的対応を見せることにより，多層ガヴァナンスへのネガティヴな態度によって特徴づけられた。

　これに対して，労働党指導部が欧州通貨統合に対して積極的な立場をとったことは，以下のように説明された。アクターとしての労働党指導

部は，イギリスの集権的制度編成が自己に不利な制度枠組であることを意識するようになり，新しい社会民主主義（ニュー・レイバー）のイデオロギー的影響を受けつつ，自己に有利な制度改変を求めるようになった。そこで，労働党指導部は，スコットランドやウェールズに対する権限移譲を中心とした，さまざまな憲政改革プログラムを内容とする分権主義戦略を追求するようになったのである。労働党指導部による分権主義戦略の追求は，国家レヴェルにおいて地方政府や他の政党などとの権力の共有に寛容な立場を育成し，それはEUレヴェルにおいても，通貨統合を通じた通貨主権の共有を恐れない立場につながることになった。こうした労働党指導部による国内において分権化を促進する立場とEUにおいて統合の進展を歓迎する立場は，分権主義戦略という同一のコインの表裏の関係にあると見なすことができた。

　労働党が政権を獲得した1997年選挙以降，分権主義戦略が現実に実施されることになった。マニフェストに掲げられた憲政改革プログラムのすべてが実現したわけではないが，スコットランド議会とウェールズ議会の設立など，かなりの分野で大幅な前進がなされたのである。一方，ユーロ参加については，次の総選挙以降に先送りされたが，欧州通貨統合に対する積極的な立場自体は維持されている。その意味では，労働党指導部の場合に，分権主義戦略の基本的構図が継続することになったと言ってもよく，EU，国家，地域という，多層レヴェルの政府間での権限分配，すなわち，多層ガヴァナンスに対するポジティヴな態度を見ることができるのである。

　本書においては，制度と政治的結果との間に直線的な関係を想定する単純な制度還元論ではなく，制度とアクターの持つ戦略との間の相互作用に注目した分析がなされた。それゆえ，イギリスの政治制度について集権的制度編成という特徴づけができるというところから，欧州通貨統合に対する2大政党指導部の立場は，このような制度の影響を受けて，消極的なものにならざるを得ないというような議論の立て方は行われなかった。

　そうではなくて，同じ制度枠組の中で動いているアクターであっても，

その制度に対してどのような戦略を持っているのか，という点が大きな意味を持つことになると考えられた。本書の議論の骨子は，保守党指導部の場合には，集権的制度編成をさらに強化するような集権主義戦略を追求したことが，欧州通貨統合に対する消極的な立場をもたらすことになったのに対し，労働党指導部の場合には，集権的制度編成をより分権的な制度に変革しようとする分権主義戦略を追求していたことが，欧州通貨統合に対する積極的な立場につながったというものである。

このように制度の枠組が同じであっても，それに対してアクターがどのような戦略を有しているかによって，全く異なる政策的帰結がもたらされることもある。その意味では，本書において検討されたケースは，単純な制度還元論ではない，アクターの戦略やイデオロギーなどの要因を組み込んだ，より複雑な制度論の必要性を示しているのではないかと考える。

ただ，本書では制度に焦点を当てた分析を行っているが，それは政治制度に限られており，それ以外の制度については，基本的に捨象されることになった。これは筆者が，政治制度以外の制度は，欧州統合の問題に対して重要なインパクトを与えていないと考えているからではなく，単に説明の道筋を単純化するために，政治制度に焦点が絞られただけである。

しかし，政治制度以外の制度も，欧州統合に対するイギリスの適応の度合いに少なからぬ影響を与えていると思われる。たとえば，アングロ・サクソン型の資本主義とヨーロッパ大陸型の資本主義の違いによって，イギリスは欧州統合に適応するのが困難であったと，しばしば論じられることがあるが，それはまさに経済制度が欧州統合に関して重要な政治的帰結をもたらすことを示しているからではないか。その意味では，政治制度と政治戦略に焦点を絞った本書の分析は，欧州通貨統合に対する2大政党指導部の立場について，ある一側面からアプローチしたにすぎない，ということを認めておかねばならないだろう。

(2) イギリスはユーロに参加するか？

1998年に発表した拙稿「欧州統合と政治制度」の中で,「イギリスはユーロに参加するか？」という問いに対して,筆者は向こう見ずにも次のような主張を行っていた。「国民投票のような不確定要素はあるものの,次期総選挙で労働党が再選された場合には,21世紀の早い段階にイギリスは単一通貨に参加するという解答を提示できるのではないだろうか」(力久 1998, 116)。

2001年選挙で労働党政権は再選された。その意味では,上述の主張に示された条件である労働党の再選は達成された。しかしながら,総選挙以降の状況を概観すると,必ずしもイギリスのユーロ参加が間近に迫った感はないのが実情である。その理由は,ユーロ参加をめぐる国民投票が,再度先送りされるのではないかという見方が広がっていたためであった。[1]

第6章で見たように,労働党の2001年選挙マニフェストでは,ユーロ参加の問題について,それまでの基本的な立場が繰り返された。すなわち,労働党は「原則として成功した単一通貨への参加を支持する」が,ユーロに参加するためには,5つの経済的基準が満たされなければならない。その後,国民投票を実施して,最終的な決定を行うとされていたのである(The Labour Party 2001, 13)。また,ユーロ参加をめぐる5つの経済的基準による検討については,総選挙後2年以内に完了することを,トニー・ブレアは明言していた (*HC Debs*, 7 February 2001, 918-921)。

こうしたユーロ参加に関する労働党政権の基本的な立場からすれば,2001年選挙から2年後の2003年6月7日までに,5つの経済的基準による検討を完了し,その結果に従って国民投票を実施するかどうか決定することになっていた。しかしながら,5つの経済的基準による検討のデッド・ラインが迫る中,労働党政権が,ユーロ参加をめぐる国民投票を,次期総選挙後に再度先送りするのではないかという悲観的な見方が,マス・メディアなどで次第に強まっていたのである。

ユーロ参加をめぐる国民投票の現議会期中実施に関する悲観論の背景には,5つの経済的基準に基づく検討を担当するゴードン・ブラウン蔵相の発言が,国民投票の実施に消極的と解釈されるようなトーンを強めて

いたことがあった。

　たとえば，2001年11月のCBI（イギリス産業連盟）大会での演説において，ブラウンは，ユーロ参加に関して，原則として参加を支持するが，現実主義的な立場（Pro-Euro Realism）をとることを明確にした。このうち，ユーロ参加に関する現実主義とは，5つの経済的基準による判断について，近道やごまかしは認めず，検討をあくまで厳密に実施する立場であるとされていた（Brown 2001）。また，2002年労働党大会演説において，ブラウンは，ユーロ参加によって，イギリスの経済成長，投資，雇用を危険にさらすことはないと述べたが，この発言は，マス・メディアから国民投票先送りの可能性を示唆したものとして受け取られることになった（Brown 2002）。

　このようなブラウンの発言は，ユーロ参加に関する労働党政権の基本政策を，決して逸脱するものではなかったが，より積極的なブレアの発言のトーンと比較すると，そのクールさがいっそう際立つことになった。ブレアは，2001年の労働党大会演説において，もし5つの経済的基準が満たされたならば，という条件付きではあったが，現議会期中に国民投票を実施して，ユーロ参加について国民の同意を求める勇気を持たなければならないと呼びかけた（Blair 2001b）。また，2002年大会演説では，ユーロ参加はイギリスの宿命（destiny）であるという表現まで用いたのである（Blair 2002）。

　ユーロ参加に関するブラウンの「消極性」の背景としては，1999年のユーロ導入以後のユーロ圏経済の低迷，およびそれと対照的なイギリス経済の好調が指摘されている。一方で，ユーロ圏経済の低迷は，ユーロ参加の魅力を減少させ，他方で，ユーロ圏外でのイギリス経済の好調は，当面ユーロ参加の必要性を感じさせなくなったとすることができよう。さらに，ユーロ参加によって，金融政策ばかりか財政政策についても，安定成長協定などを通じて一定の縛りがかかるが，ブラウンは財政政策の機動性に対する縛りを嫌っているという見方もなされた（*The Observer*, 1 December 2002）。

　さらに，ブラウンの「消極性」の背景として，政治的判断を挙げる見

方もある。2002年1月1日のユーロ紙幣と硬貨の流通により、イギリス人がヴァカンスなどでユーロ圏を訪問し、実際にユーロを手にする経験を持つことになった。これにより、世論調査でユーロ参加反対が多数を占める状況も変わるのではないかという期待がなされたが、そうした期待は当てが外れることになった。ユーロ紙幣と硬貨流通から、ほぼ1年が経過した2002年12月の世論調査でも、ユーロ参加賛成が26％に対して、反対が58％と、反対が賛成をほぼ2対1でリードする状況に変わりなかったのである（*The Guardian*, 28 December 2002）。

将来、ブレアに代わって首相就任を狙うブラウンにとって、国民の多数が反対する中で、ユーロ参加をめぐる国民投票を実施することは好ましくなかった。もし国民投票で敗北すれば、労働党政権の基盤が致命的な打撃を被り、ブレアからの政権禅譲を狙うもくろみが破綻するおそれがあったのである。首相の座を獲得するという自己の政治的利害からしても、ブラウンにとっては、労働党政権の基盤を揺るがしかねないユーロ参加を、できるだけ先送りすることが望ましいという計算が成り立つわけであった。[2]

他方、労働党政権にとって、ユーロ参加をめぐる国民投票を再度先送りする決定にリスクはないと言えば、それは誤りであろう。たしかに、5つの経済的基準の項目ともなっている「長期的投資への影響」や「金融セクターへの影響」については、これまでユーロ不参加の影響はあまり見られなかった。ユーロ圏外に位置するにもかかわらず、イギリスは、外国企業からかなりの海外直接投資を獲得してきたし、また金融市場におけるシティーの支配的地位にも変化はなかったのである。しかし、これはイギリスが近い将来ユーロに参加するという期待に基づく部分が少なくなかった。もし、労働党政権が国民投票を再度先送りし、イギリスが近い将来ユーロに参加しないことが確定すれば、こうした状況が大きく変化するおそれがある。そして、すでに海外直接投資については、ユーロ圏外にあるイギリスを回避する傾向が見られ始めている（*The Independent*, 2 October 2002）。

ユーロ参加をめぐる国民投票の先送りは、イギリスの国際的地位にも

ダメージをもたらすおそれがある。EUのイニシアティヴは，フランスとドイツに握られている（仏独枢軸）としばしば言われるが，ブレア政権の下で，イギリスはEUの中である程度の影響力を確保することができた。これは，それまでの保守党政権の欧州統合に対する敵対的アプローチが，労働党政権の誕生によって協調的なアプローチに変わったことを，欧州委員会や加盟国が歓迎したということもあったが，イギリスが近い将来ユーロに参加するという期待に支えられていたとも見ることができる。しかし，もしイギリスが，かなりの間，ユーロというEUの中核プロジェクトのメンバーとならないことが明確になれば，影響力の低下は免れないと考えられるのである。フランス，ドイツと並んで，EUのリーダーシップ掌握を狙うブレアとしては，そうした状況はきわめて望ましくないものであった。

さらに，ユーロ未参加のスウェーデンとデンマークが参加を果たせば，イギリスはEU加盟国の中で孤立することになる[3]。2004年に予定されているEU拡大の実現によって，新たにユーロ未参加国が誕生することも，イギリスの慰めにはならないだろう。なぜなら，それは，ユーロ参加国と未参加国という2つのグループのうち，イギリスがポーランドやチェコなどの新規加盟国と同列に並べられることを意味するからである。

ブレアの政治的利害にとっても，ユーロ参加をめぐる国民投票の先送りはマイナスと見られる。もし国民投票を，再度次の総選挙後に先送りすれば，いかに理由付けして正当化しようとしても，それは必然的にブレアの臆病さのあらわれとして解釈されることは明らかであった。なぜなら，ユーロ参加に関する発言を通じて，ブレアが現議会期中のユーロ参加を求めていることは，ほぼ公然の事実となっていたからである。国民投票の先送りは，首相としてのブレアの権威低下をもたらし，ブレア政権が勢いを失い，下り坂に入るターニング・ポイントとなりかねなかった（*The Observer*, 29 December 2002）。

「イギリスはユーロに参加するか？」という問いに立ち戻るならば，筆者としては，以前に示した「21世紀の早い段階」での参加という予測を，基本的に変えるつもりはない。ちなみに，自由民主党党首チャールズ・

ケネディは，2003年1月初頭時点で，現議会期中にユーロ参加をめぐる国民投票が実施される可能性について，五分五分という予測を示していた（*Financial Times*, 3 January 2003)。もちろん，上記のようなさまざまな事情により，1998年時点で予想したよりもユーロ参加の可能性は減少していると考えられるが，国民投票の先送りを予測する悲観論の主張には，十分説得されないところがある。

イギリスのユーロ参加の可能性に関する悲観論の最大の根拠は，この問題についてのブラウン蔵相の「消極性」である。5つの経済的基準による検討を行う大蔵省の長たるブラウン蔵相は，イギリスのユーロ参加に関する事実上の拒否権を握っている。そのブラウンがユーロ参加に消極的であれば，現議会期中に国民投票を実施することができないというわけである。たしかに，ユーロ参加に関するブレアの発言と比べると，ブラウンの発言は，そのクールさが際立っている。しかしながら，ユーロ参加に消極的と解釈されてきたブラウンの発言は，ユーロ参加に関する労働党政権の基本的立場の枠内にとどまっており，決して現議会期での国民投票の実施を否定するものではなかった。

ブラウンの「消極性」については，一般の理解とは別に，以下のような解釈ができるように思われる。1997年10月にユーロ参加先送りの決定がなされて以降，ブラウンは5つの経済的基準の重要性を繰り返し強調してきた。そして，5つの経済的基準による検討は，厳密に行うことも強調された。その上で，ユーロ参加が，イギリスにとって疑いなく経済的利益になると判断されたときにのみ，国民投票を実施して参加の是非を問うとされていた。

このようなユーロ参加に関する厳密な判断者としてのブラウンの役割からすれば，ユーロ参加に積極的と見られるよりも，むしろ，消極的と見られる方が好都合であった。なぜなら，そもそも参加に積極的な人物が，ユーロ参加はイギリスの経済的利益に合致するという判断を下しても，国民の多くは，当然その主張を割り引いて受け取るからである。これに対して，参加に消極的と見られていた人物が，厳正中立な立場から見て，イギリスのユーロ参加が望ましいと判断した場合には，その意見

は，賛否を決めかねていた人々に対して，多大な影響力を持つことになるだろう。こうした推測があてはまるとすれば，2003年6月のデッド・ラインまでに，ブラウン蔵相が，5つの経済的基準はすべて満たされたという発表を行う可能性は否定できないように思われる。(4)

ただ，労働党政権が国民投票の実施を決めたとしても，有権者の間ではユーロ参加反対が賛成を約2対1の割合で圧倒している状況を考えると，国民投票の行方は定かとは言えない。(5)しかしながら，EC加盟をめぐる1975年の国民投票のように，世論の中でEC脱退論が優勢であった状況が，政府や指導的立場の政治家の努力によってEC残留論が優勢になり，結果としてEC残留が圧倒的多数で承認された例もある。

いずれにせよ，労働党政権，そして，ブレア首相にとって，2003年は決断の年となる。ブレアは，2003年の年頭メッセージにおいて，ユーロ参加の問題を，現世代が直面する単一の最も重要な問題として挙げていた（Blair 2003）。欧州統合とイギリスとの関係において，計り知れない重要性を持つユーロ参加の問題に関して，ブレアがいかなる選択をするのか注目される。(6)

(3) 欧州連邦の中のイギリス連邦

2001年の総選挙で再び地滑り的敗北を喫した保守党では，ウィリアム・ヘイグが党首の座を退き，党首選挙が実施された。今回の党首選挙は，前回とは異なり新しい選挙手続きによって行われた。それまでは，下院議員の間での投票によって党首が選出されていたが，今回は下院議員の投票の後に党員の投票という，2段階の手続きで選挙が行われた。まず，下院議員の投票により候補者を上位2名に絞り，その上で党員の投票を行い，多数票を獲得した候補が当選するというやり方であった。

決選投票に残った上位2名のうち，一方は閣僚経験豊富な欧州統合支持派のケネス・クラークであったのに対して，他方は閣僚経験はおろか，影の内閣でも主要ポストの経験を持たない欧州統合懐疑派のイアン・ダンカン・スミスであった。ただ，ダンカン・スミスは，メージャー政権の時期にマーストリヒト条約批准に反対するキャンペーンで一躍有名に

なったように，保守党の中でもいわば筋金入りの統合懐疑派だったのである。

決選投票の結果は，ダンカン・スミスの圧勝であった。ダンカン・スミスが155,933票獲得したのに対し，クラークは100,864票にすぎなかった（*The Guardian*, 14 September 2001）。保守党の党員は，約3対2の多数で，著名なクラークではなく，比較的無名のダンカン・スミスを選んだのであった。すでに，ヘイグの時期から，保守党の中で欧州統合懐疑派が大勢を占めるようになっていたが，それが2001年党首選挙において確認される結果となったと言えるだろう。

新しく党首に選出されたダンカン・スミスは，影の内閣のポストの大部分を統合懐疑派に与えることになった。統合支持派から入閣したのはわずか3名であり，しかも，彼らに与えられたのは主要ポストではなかった。ダンカン・スミスのリーダーシップ下で，保守党の影の内閣は，ヘイグの時期よりもさらに統合懐疑派によって占められることになったのである（Baker 2002, 325-326）。

イギリスのユーロ参加に関する保守党の立場は，ダンカン・スミスの下でさらに否定的なものになった。ヘイグの時期のように2議会期にわたってという限定なしに，原則としてユーロ参加への反対が表明されたのである。ダンカン・スミスは，2001年の保守党大会において，次のように述べた。「いつ国民投票が実施されようと，われわれはポンドを維持するために戦うであろう」（Duncan-Smith 2001）。

ただし，2001年選挙惨敗の教訓により，ユーロ参加問題を中心争点として労働党政権と対峙することは，注意深く避けられた。ユーロの問題を強調するのではなく，有権者が重視する医療や教育などの公共サービス改革に，力点が置かれるようになったのである。こうしたユーロ参加問題に対する抑制されたアプローチもあって，この問題をめぐる保守党内の対立も，以前ほど目立つものではなくなった。

しかしながら，ユーロ参加問題は，保守党にとって時限爆弾と言ってよい。もしユーロ参加をめぐる国民投票が実施されれば，この問題について保守党内に深刻な対立があることが，白日の下にさらされることに

なるのである。また，ユーロ参加をめぐる対立が，さらなる保守党からの離党者，あるいは，保守党分裂という事態を引き起こす可能性もある。1997年選挙後のエコノミスト紙の予測によれば，ユーロ参加問題をめぐる保守党分裂の可能性は，選挙惨敗によって低下するどころか，むしろ，増大しているとされたが，国民投票が実施されれば，分裂が現実のものとなるかもしれない（*The Economist*, 1 November 1997, 64）。

さらに，保守党指導部によるユーロ参加に対する否定的立場の採用は，保守党分裂の危険をもたらすのみならず，イギリス政治における保守党の権力基盤に深刻な打撃を与えている。なぜなら，イギリスにおいては，依然として欧州統合を支持するエリート間のコンセンサスが存在しているからである。外務省を中心とする官僚機構，産業界や労働界，そして，マス・メディアのかなりの部分が，欧州統合に対して積極的なコミットメントを有している。そのために，保守党がユーロ参加反対のように，統合に否定的な立場を強めていけば，イギリス政治社会の中で孤立化する危険がある（Gamble 1998, 27-28）。また，以前であれば保守党を支持してきたような，イデオロギー指向については保守的であるが，ユーロ参加については前向きな立場をとる人々から，保守党は完全に切り離されてしまっている。

いかに正しいと考える政策であっても，政党にとって，自己の重要な支持基盤との断絶をもたらす政策は，再考されるべきである。保守党の場合，ユーロ参加反対という立場を再考する契機は，国民投票における参加承認の結果かもしれない。それにより，穀物法成立後のベンジャミン・ディズレーリの例に倣い，ユーロ参加を過去の決着のついた問題として，新しい党首の下での保守党刷新が可能となるかもしれない。

アンドリュー・ギャンブルによれば，保守党再生の1つの道として，「欧州連邦政党（European Federal Party）」が考えられるとされた。「連邦」という言葉に対して，イギリスの保守党はアレルギーを持っており，その内容を，国民国家の解体を通じたヨーロッパ超国家建設と短絡的に結びつける傾向がある。しかしながら，ヨーロッパの文脈における連邦および連邦主義とは，中央集権に対する憲法的抑制と均衡を意味する。

連邦の意味をこのように解釈すれば，保守党は，国民国家の枠組に基づく欧州連邦を支持する政党として，EUの権限拡大などヨーロッパ・レヴェルでの中央集権の動きに対して，欧州憲法を通じた効果的な抑制を行使できるのである。

また，欧州連邦政党としての保守党は，国内においても連邦主義の原則を適用できる。第4章で概観したように，サッチャリズムの洗礼を受けた保守党は，集権主義戦略を追求する中で，中央地方関係において中央集権を進める一方，スコットランドやウェールズに対する権限移譲への反対を明確にしていた。しかしながら，保守党は伝統的に地方主義と多様性を尊重する政党であり，集権主義戦略の追求は，むしろ例外と見なすことができるのである。もし保守党が地方主義の伝統を再生させ，権限移譲と地方分権を推進する立場を明確にするならば，労働党政権の憲政改革の不備を批判して，有効な攻撃を加えることができるだろう。そうすれば，保守党は，中央に対する地方の擁護者として，地方政府において，政権奪回のための有力な足場を築くことができるのである。

このように，保守党の将来は，ヨーロッパ・レヴェルと国民国家レヴェルの両面で連邦主義を追求するという，連邦主義政党の方向にあるかもしれない（Gamble 2002, 62-66）。

さて，最後に，国内における分権化とEUにおける統合の進展を追求する労働党政権の分権主義戦略は，イギリスの政治制度にいかなる将来をもたらすのか考えてみよう。

イギリスの政治制度は，継続的な「進化（evolution）」の産物であり，一時的な「革命（revolution）」の産物ではないとよく言われる。本書で概観した労働党政権による分権主義戦略の追求も，イギリスの政治制度の歴史的な進化という文脈の中に位置づけることができるだろう。それは，ある一時期の革命的な変化ではなく，継続的でプラグマティックな改革として特徴づけられる。そうであるならば，現在進行中であるイギリスの政治制度改革の終着駅は，必ずしも明確なものではないと言わなければならない。

たしかに，労働党政権による憲政改革プログラムに対しては，一貫性

を欠いている，あるいは，イギリスの政治制度の複雑な相互関係について，十分な考慮を払うことなく改革に着手したという批判がなされる（Richards and Smith 2001, 164-166）。その意味では，労働党政権の追求する分権主義戦略も，戦略と呼べるほどシステマティックなものではなく，イギリス人がしばしば自嘲的に使う「その場しのぎ（muddle-through）」の1つにすぎないと言うことができるのかもしれない。

　労働党政権の分権主義戦略を検討する上で，連邦主義の概念が1つの示唆を提供する。先に保守党の将来について展望した際，ヨーロッパの文脈における連邦および連邦主義とは，中央集権に対する憲法的抑制と均衡を意味するということを示した。連邦国家にもさまざまあるように，連邦主義に基づく政治制度のあり方も多様である。しかしながら，連邦主義の概念の中心的要素は，政治権力の制度的分散である。言い換えれば，連邦主義の下では，政治権力は異なるレヴェルの政府の間で分かち持たれることになる。そして，それぞれのレヴェルの政府が持つ権限は，憲法に明記され，それが各政府間の関係を律することになる。憲法に明記された制度的枠組を廃止または変更する際には，異なるレヴェルの政府間の合意が必要となる。サッチャー政権が一方的に大ロンドン市を廃止したような事態は，連邦主義の下では認められないことになるのである（Henig 2002a, 24）。

　労働党政権の追求する分権主義戦略により，それまでイギリス政府に集中していた権限が，一部はEUレヴェルへ，また一部は地域レヴェルへと，一定程度分散する結果がもたらされた。労働党政権の閣僚が，しばしばEUの決定，および，スコットランドとウェールズ政府の決定に不満を示す場合があるが，それは政治権力の制度的分散のあらわれとして見ることができる。たしかに，純粋に憲法理論の観点から見れば，まだ議会主権が維持されており，EUやスコットランド，ウェールズ，北アイルランドに対する権限移譲は，ウェストミンスター（連合王国）議会の決定によって廃止することが，理論的には可能かもしれない。しかしながら，現実政治においては，それはほぼ不可能である。国民投票や住民投票を通じて，EUレヴェルや地域レヴェルへの権限移譲は確立されたも

のとなっており，その内容の変更は，関係するレヴェル間の合意なしに，もはや達成されないのである。また，新しく設立された議会を選出する選挙制度に，すべて何らかの比例代表制が採用され，連立政権が成立しやすくなっていることも，政治権力の実質的分散を促進していると見ることもできる。

　労働党政権の分権主義戦略に関する以上の見方に，ある程度妥当するところがあるとするならば，「欧州連邦の中のイギリス連邦（Federal Britain in a Federal Europe）」という将来像を提示することができるのではないか。もちろん，先に述べたように現在進行中であるイギリスの政治制度改革の終着駅は明確とは言い難いが，労働党政権の分権主義戦略によって，「欧州連邦の中のイギリス連邦」の実現に向けたいくつかの構成要素がもたらされたのは間違いない（Henig 2002b, 236）。

---

(1) 欧州委員会も，イギリスのユーロ参加に悲観的な見方を強めているという報道がなされていた。匿名のコメントではあるが，ユーロ参加の問題をめぐって，欧州委員会とイギリス政府との間で最近なされたコミュニケーションは，「ほぼゼロ」であることが明らかにされた（*The Observer*, 12 January 2003）。

(2) イラクに対する武力行使が，ユーロ参加に関する国民投票先送りをもたらすという見方もあった。イギリスは，アメリカとともに，イラク攻撃の主力部隊を構成すると目されていたために，一方で戦争を戦いながら，他方で国民投票キャンペーンに力を注ぐのは，不可能に近いと考えられたのである（*Financial Times*, 12 September 2002）。

(3) ユーロ参加をめぐるスウェーデンとデンマークの国民投票において，参加が承認された場合に，イギリスの国民投票キャンペーンにどのような影響がもたらされるかという問題について，欧州統合支持派と懐疑派の間で興味深い見解の一致が見られた。2002年10月から11月にかけて筆者が行ったインタヴューにおいて，ユーロ参加に反対するキャンペーン団体「反対運動（The No Campaign）」調査部のリチャード・カーター（Richard Carter）は，スウェーデンとデンマークの国民投票においてユーロ参加が承認されたとしても，「イギリスの国民投票キャンペーンに対する影響はない」としていた（Interview with the Author, 1 November 2002）。他方，ユーロ参加に賛成するキャンペーン団体「ヨーロッパの中

のイギリス (BIE)」のPR担当ダニー・アレクサンダー (Danny Alexander) も,スウェーデンとデンマークの国民投票において「Yes」の結果が出れば,「助けにはなるが,それほど大きな影響をもたらさないだろう」と述べたのである (Interview with the Author, 31 October 2002)。

(4) 現議会期中にユーロ参加に関する国民投票を実施することは,首相の地位を望むブラウンの野心にとって,都合が良いとも考えられる。ブレアは,首相として歴史に残る業績を達成することを熱望しており,それはイギリスのユーロ参加であると言われている。もし国民投票に勝利してユーロ参加を達成すれば,それに満足したブレアが,首相の座をブラウンに明け渡す可能性がある。また,万が一国民投票に敗北したとしても,政治的ギャンブルに失敗して傷ついたブレアが,早期に首相退任を行う可能性もある。これに対して,もし国民投票を先送りすれば,ユーロ参加の達成を求めるブレアが,いつまでも首相の座に居座るおそれもあるのである。また,ニュー・レイバーの中核であるブレアとブラウンの関係が,国民投票先送りにより,決定的に破綻する可能性もあるが,これはブラウンの将来的な展望にとって好ましいものではないのである。

(5) イギリスの有権者の多くは,依然としてユーロ参加に懐疑的であるが,政府や指導的政治家のリーダーシップが,国民投票結果に少なからぬ影響を与える可能性は考えられる。なぜなら,国民投票において政府がユーロ参加を強く勧告した場合に,どのような立場をとるか問われた際には,世論調査での賛成と反対の差が縮小する傾向が見られるのである。こうした点を考慮に入れれば,ユーロ参加をめぐって国民投票が実施された場合には,EC加盟をめぐる1975年の国民投票と同じようなパターンが見られることになり,結果としてユーロ参加が多数を占める可能性も少なくないだろう (Atkinson and Roger 1998)。なお,筆者とのインタヴューの中で,労働党欧州統合支持派で下院の行政特別委員会委員長でもあるトニー・ライト (Tony Wright) は,国民投票キャンペーンにおける経済的議論の重要性を強調していた。彼によれば,現在ユーロ参加に反対している有権者は,「固い意見」を持つ者もいれば,「柔らかい意見」を持つ者もいる。このうち前者はユーロ参加の問題について立場を変えることはないが,後者については,ユーロ参加の問題が彼らの職や生活に大きな影響を与えることを示すことにより,意見を変える可能性があるとされた (Interview with the Author, 5 November 2002)。

(6) なお,かつて欧州委員長まで務めた欧州統合支持派の重鎮ジェンキンズ卿 (ロイ・ジェンキンズ) は,イギリスのユーロ参加を熱望していたが,その実現を目にすることなく,2003年1月5日に82歳で亡くなった。ジェンキンズは大蔵大臣まで務めた労働党の主要政治家であったが,欧州統合に関する対立を1つの契機として,1981年に労働党を離党して

社会民主党を結成していた（*The Guardian*, 6 January 2003）。
(7) 欧州統合懐疑派の中には，連邦主義は「非イギリス的概念」とする者もいるが，それは誤りである。イギリスは，カナダやオーストラリアなど旧植民地諸国に，連邦主義に基づく統治システムを残すのに尽力した。また，第二次世界大戦後のドイツを，連邦主義国家として再建するのに尽力したのも，イギリスであった（Henig 2002a, 22）。

あとがき

　本書は、『イギリスの選択－欧州統合と政党政治－』（木鐸社，1996年）で取り組んだ、イギリスと欧州統合に関する研究の続編である。前著では、戦後半世紀にわたる長いタイム・スパンの中で、欧州統合に対する２大政党の政策展開を見るという、かなり巨視的な分析を行った。これに対して、今回は、ユーロ参加の問題をテーマに設定した上で、検討対象となる時期もかなり絞り込むことになった。ユーロ参加の成否は、欧州統合に対するイギリスのかかわりの鍵となるものであり、その意味では研究の意義も大きいと言えるかもしれない。しかし、決着がついておらず、常に動いている問題を取り上げたことには困難も多かった。本書がどれぐらい説得的な説明を提示し得ているか、読者の判断を待つことにしたい。

　本書の前半部分（序章，第１章～第５章）は、すでに公表した「欧州統合と政治制度：欧州通貨統合に対するイギリス２大政党の立場」（『北九州大学法政論集』（第26巻第１・２合併号，1998年）に、加筆修正を施したものである。一方、後半部分（第６章～第９章）は、本書のための新たな書き下ろしである。また、終章については、一部だけ上記論文の「むすび」に基づくところもあるが、基本的には書き下ろしに近い。

　本書を完成させるにあたって、数多くの方のお世話になっている。シェフィールド大学政治学科においてご指導いただいたアンドリュー・ギャンブル（Andrew Gamble）先生は、その後も折に触れて研究上の助言やコメントをくださっている。ギャンブル先生がはるばる九州までいらっしゃった際、湯布院温泉と黒川温泉という名湯にご案内する機会があったが、露天風呂での長話が少しでも本書に反映していれば幸いに思う。また、イアン・バッチ（Ian Bache），デーヴィッド・ベイカー（David Baker），

スティーヴン・ジョージ（Stephen George），パトリック・サイド（Patrick Seyd），マーティン・J・スミス（Martin J. Smith）各氏から，本書の議論について貴重なコメントを頂戴した。さらに，1996年4月から1997年9月にかけて行った，オックスフォード大学セント・アントニーズ・カレッジでの在外研究では，ジャック・ヘイワード（Jack Hayward），J・A・A・ストックウィン（J. A. A. Stockwin）両先生から，多大な知的刺激を受けた。

本書では各種議員や諸団体への聞き取り調査を行っているが，多忙な中，調査に応じてくれたダニー・アレクサンダー（Danny Alexander），リチャード・カーター（Richard Carter），ケルヴィン・ホプキンズ（Kelvin Hopkins），カラム・マクドナルド（Calum MacDonald），オースティン・ミッチェル（Austin Mitchell），ジャイル・ラディチ（Giles Radice），G・ロバート（G. Robert），リチャード・シェパード（Richard Shepherd），ショーア卿（ピーター・ショーア：Peter Shore），アラン・シンプソン（Alan Simpson），テディー・テイラー（Teddy Taylor），トニー・ライト（Tony Wright）各氏には，深くお礼申し上げたい。

京都大学大学院法学研究科でご指導いただいた的場敏博先生には，論文公表の重要性を教えていただいた。自己の研究水準を白日の下にさらす論文公表を恐れていては，研究者としての成長はあり得ない。拙いものであっても，まずは論文を公表し，他者の批判に謙虚に耳を傾けて研究を前に進めなければならない，という先生のお言葉は，今も筆者の座右の銘となっている。梅川正美，梅津　實両先生にはイギリス政治研究会において，児玉昌己先生には九州EU研究会において，興味深い議論を拝聴する機会をいただいた。大学院生時代からの長い付き合いである河原祐馬氏は，筆者に対して惜しみない助言や励ましをくれる貴重な存在である。岡本博志学部長をはじめとする北九州市立大学法学部，特に政策科学科の同僚のみなさんには，いつもお世話になっているばかりか，さまざまな機会に知的関心を触発していただき，厚くお礼申し上げる次第である。また，瀧澤信彦元学部長，中道壽一前学部長には，赴任以来筆者を暖かく見守っていただいたことについて，感謝の気持ちでいっぱ

いであることをお伝えしたい。

　前著で表紙のイラストを提供していただいたアンドジェイ・クラウゼ（Andrzej Krauze）氏に，今回も表紙をお願いした。クラウゼ氏は，エコノミスト，ガーディアン，ニュー・ステイツマンなど，イギリスの著名な政治経済誌で活躍するイラストレーターである。素朴なタッチで力強いインパクトを持つクラウゼ氏のイラストを，筆者はとても気に入っている。自著の表紙を，再度クラウゼ氏にお願いできたことは，筆者にとって望外の喜びである。

　なお，本書に結実する研究の過程で，各方面から財政的支援を受けた。セント・アントニーズ・カレッジでの研究については，公立大学等教育設備整備費等（在外研究費）の助成を受けた。また，聞き取り調査および資料収集については，科学研究費補助金（基盤研究Ｃ２）の助成を受けることになった。さらに，本書の出版にあたっては，北九州市立大学学術図書助成金，および，北九州市立大学法学部法政叢書刊行会助成金を受けている。ここに記して，心よりお礼申し上げる。

　最後に，前著に引き続き，今回も出版を引き受けてくださった木鐸社に感謝したい。また，編集の坂口節子さんには，原稿提出予定を大幅に遅らせるというご迷惑をおかけしたにもかかわらず，本書のタイトルについて貴重な助言をいただいた。

　本書を妻，今泉恵子に捧げる。怠惰な無骨者の筆者に，ワイン，クラシック音楽，南イタリアという人生の楽しみを教えてくれたのは恵子に他ならない。ささやかなものではあるが，本書の完成をともに祝えることを幸せに思う。

　　　2003年1月　イギリスのEC加盟30周年の年に

　　　　　　　　　　　　　　　　　　　　　　　　力久昌幸

参考文献

1　日本語文献

相沢幸悦『EC通貨統合の展望』同文舘，1992年。
池本大輔「欧州統合とウエストミンスターモデル」『国家学会雑誌』第114巻第9・10号，2001年，100－180頁。
伊藤修一郎「社会学的新制度論」『アクセス比較政治学』日本経済評論社，2002年，147－162頁。
犬童一男「ロンドンにおける市長と議会の実現：20世紀末イギリスの改革」『大阪経済法科大学法学研究所紀要』第31号，2000年，1－30頁。
梅川正美『サッチャーと英国政治1：新保守主義と戦後体制』成文堂，1997年。
梅津　實「野党党首としてのウイリアム・ヘイグ：1997年～2001年のイギリス保守党」『同志社法学』第53巻第8号，2002年，1－34頁。
大和田健太郎「変革期を迎えた英国の地方自治」自治・分権ジャーナリストの会編『英国の地方分権改革：ブレアの挑戦』日本評論社，2000年，1－38頁。
梶田孝道『統合と分裂のヨーロッパ：EC・国家・民族』岩波書店，1993年。
吉瀬征輔『英国労働党：社会民主主義を越えて』窓社，1997年。
──「＜ポスト社会主義＞時代における社会民主主義：トニー・ブレアの＜第三の道＞」『愛知県立大学外国語学部紀要（地域研究・国際学編）』第32号，2000年，39－65頁。
河野　勝『制度』東京大学出版会，2002年。
小舘尚史「スコットランド問題をめぐる政党政治：労働党と権限移譲」『国家学会雑誌』第114巻第7・8号，2001年，117－178頁。
小堀眞裕「1997年英国総選挙に関する一考察：ニュー・レイバーと戦後コンセンサスについて」『立命館法学』第253号，1997年，487－532頁。
近藤康史『左派の挑戦：理論的刷新からニュー・レイバーへ』木鐸社，2001年。
阪野智一「ブレア政権の内政と外交」『国際問題』第473号，1999年，17－33頁。
島野卓爾，岡村　堯，田中俊郎『EU入門：誕生から，政治・法律・経済まで』有斐閣，2000年。
関　嘉彦『イギリス労働党史』社会思想社，1969年。
ダウンズ，アンソニー著，古田精司監訳『民主主義の経済理論』成文堂，1980年。
田中素香編著『単一市場・単一通貨とEU経済改革』文眞堂，2002年。
田中友義『EUの経済統合』中央経済社，2001年。
豊永郁子『サッチャリズムの世紀：作用の政治学へ』創文社，1998年。

ドラッカー, H・M著, 望月昌吾訳『イギリス労働党論:その教義とエトス』中央大学出版部, 1982年。
福田猛仁「スコットランド・ナショナリズム運動と欧州統合」『日本EU学会年報』第22号, 2002年, 185-205頁。
福田 豊「労働党社会主義の変容」『社會労働研究』第44巻第2号, 1997年, 1-39頁。
藤井良広『欧州通貨統合』日本経済新聞社, 1991年。
堀越 智『北アイルランド紛争の歴史』論創社, 1996年。
待鳥聡史「経済学的新制度論」『アクセス比較政治学』日本経済評論社, 2002年, 128-146頁。
松井幸夫「イギリス憲法改革と1997年総選挙」『島大法學』第41巻第2号, 1997年, 83-121頁。
真渕 勝『大蔵省統制の政治経済学』中央公論社, 1994年。
村上直久『ユーロの挑戦:世界への衝撃』日本経済評論社, 1998年。
八木橋慶一「ヒース政権下における北アイルランド問題:サニングデイル協定(1973)に至る政治過程」『同志社法学』第53巻第4号, 2001年, 63-105頁。
吉永元信「欧州経済・通貨同盟への進展」国立国会図書館内EC研究会編『新生ヨーロッパの構築』日本経済評論社, 1992年, 67-89頁。
力久昌幸「経済政策形成をめぐる政治:イギリスにおけるケインズ主義の拒否と受容」『北九州大学法政論集』第22巻第3・4合併号, 1994年, 217-290頁。
―――『イギリスの選択:欧州統合と政党政治』木鐸社, 1996年。

2　英語文献

(1) 政府文書, 政党・団体文書等

The Commission to Strengthen Parliament (2000), *Strengthening Parliament: The Report of the Commission to Strengthen Parliament* (http://www.conservatives.com).

Confederation of the Socialist Parties of the European Community (1984), *Manifesto adopted by the XIIIth Congress of the Socialist Parties of the European Community* (Luxembourg: Confederation of the Socialist Parties of the European Community).

―― (1989), *Manifesto adopted by the XVIth Congress of the Socialist Parties of the European Community* (Brussels: Confederation of the Socialist Parties of the European Community).

The Conservative Party (1970), *A Better Tomorrow: The Conservative Manifesto 1970*, in F. W. S. Craig ed., *British General Election Manifestos 1959-1987* (Aldershot: Dartmouth, 1990), pp. 113-132.

―― (1974), *Putting Britain First: The Conservative Manifesto 1974*, in F. W. S. Craig ed., *British General Election Manifestos 1959-1987* (Aldershot: Dartmouth, 1990), pp. 213-239.

—— (1979a), *Conservative Manifesto for Europe 1979* (London: Conservative Central Office).

——(1979b), *The Conservative Manifesto*, in F. W. S. Craig ed., *British General Election Manifestos 1959-1987* (Aldershot: Dartmouth, 1990), pp. 267-283.

—— (1984), *The Strong Voice in Europe: The Conservative Manifesto for the European Elections 14 June 1984* (London: Conservative Central Office).

—— (1989), *Leading Europe into the 1990s: The Conservative Manifesto for the European Elections on 15 June 1989* (London: Conservative Central Office).

—— (1992), T*he Best Future for Britain: The Conservative Manifesto 1992* (London: Conservative Central Office).

—— (1994), *A Strong Britain in a Strong Europe: The Conservative Manifesto for Europe 1994* (London: Conservative Central Office).

—— (1996), *Strengthening the United Kingdom: The Report of the CPC National Policy Group on the Constitution* (London: Conservative Political Centre).

—— (1997), *You Can Only Be Sure with the Conservatives: The Conservative Manifesto 1997* (London: Conservative Central Office).

—— (1999a), *In Europe, Not Run by Europe* (http://www.conservatives.com).

—— (1999b), *The Common Sense Revolution* (http://www.conservatives.com).

—— (1999c), *Britain and the Pound: A Prosperous Future for Britain* (http://www.conservatives.com).

—— (2000), *Believing in Britain* (http://www.conservatives.com).

—— (2001), *Time for Common Sense* (London: The Conservative Party).

The Environment, Transport and Regional Affairs Select Committee (1999), *HC 232-I, Tenth Report: Regional Development Agencies* (http://www.publications.parliament.uk).

The Foreign Affairs Select Committee (2000), *HC 68-ii, Minutes of Evidence for Wednesday 7 June 2000 Feira European Council: The Rt Hon Robin Cook MP, Mr Emyr Jones Parry CMG, and Mr Nigel Sheinwald* (http://www.publications.parliament.uk).

Hansard's Parliamentary Debates, *House of Commons, Series 5 (1909-1980/81) and Series 6 (1980/81 to present)*, (London: HMSO); (http://www.publications.parliament.uk). [*HC Debs* (House of Commons Debates)] *House of Lords, Series 5 (1909 to present)*, (London: HMSO); (http://www.publications.parliament.uk). [*HL Debs* (House of Lords Debates)]

Her Majesty's Treasury (1997), *UK Membership of the Single Currency: An Assessment of the Five Economic Tests* (http://www.hm-treasury.gov.uk).

—— (1999), *Outline National Changeover Plan* (http://www.hm-treasury.gov.uk).

—— (2000), *Second Outline National Changeover Plan* (http://www.hm-treasury.gov.uk).

The Labour Party, *Report of the Annual Conference of the Labour Party* (London: The Labour Party). [*LPACR* (Labour Party Annual Conference Report)]
—— (1974), *Britain Will Win with Labour*, in F. W. S. Craig ed., *British General Election Manifestos 1959-1987* (Aldershot: Dartmouth, 1990), pp. 239-255.
—— (1983), *The New Hope for Britain* (London: The Labour Party).
—— (1984), *Labour's Manifesto for the European Elections* (London: The Labour Party).
—— (1987), *Britain Will Win* (London: The Labour Party).
—— (1989a), *Meet the Challenge, Make the Change* (London: The Labour Party).
—— (1989b), *Meeting the Challenge in Europe* (London: The Labour Party).
—— (1990a), *Looking to the Future* (London: The Labour Party).
—— (1990b), *The New Europe: A Statement from the European Parliamentary Labour Party* (London: The Labour Party).
—— (1991a), *Opportunity Britain: Labour's Better Way for the 1990s* (London: The Labour Party).
—— (1991b), *Labour in Europe* (London: The Labour Party).
—— (1992a), *It's Time to Get Britain Working Again* (London: The Labour Party).
—— (1992b), *Europe: Our Economic Future* (London: The Labour Party).
—— (1993), *Economic Renewal in the European Community* (London: The Labour Party).
—— (1994), *Make Europe Work for You: Labour's Election Manifesto for the European Elections, June 1994* (London: The Labour Party).
—— (1995a), *A People's Europe* (London: The Labour Party).
—— (1995b), *The Future of the European Union: Report on Labour's Position in Preparation for the Intergovernmental Conference 1996* (London: The Labour Party).
—— (1995c), *A New Economic Future for Britain: Economic and Employment Opportunities for All* (London: The Labour Party).
—— (1996), *A New Voice for England's Regions: Labour's Proposals for English Regional Government* (London: The Labour Party).
——(1997), *New Labour: Because Britain Deserves Better* (London: The Labour Party).
—— (2001), *Ambitions for Britain: Labour's Manifesto 2001* (London: The Labour Party).
Liberal Democrats (1997), *Make the Difference: The Liberal Democratic Manifesto 1997* (London: Liberal Democrats).
Parliamentary Papers,
—— (1996), *Cm 3181, A Partnership of Nations: The British Approach to the European Union Intergovernmental Conference 1996* (London: The Stationary Office).
—— (1997), *Cm 3658, Scotland's Parliament* (London: The Stationary Office).
—— (1997), *Cm 3718, A Voice for Wales: The Government's Proposals for a Welsh*

Assembly (London: The Stationary Office).
―― (1997), *Cm 3724, New Leadership for London: The Government's Proposals for a Greater London Authority* (London: The Stationary Office).
――(1997), *Referendums (Scotland and Wales) Act 1997* (http://www.hmso.gov.uk/acts/acts1997/1997061.htm).
―― (1997), *Cm 3814, Building for Prosperity: Sustainable Growth, Competitiveness and Employment in the English Regions* (London: The Stationary Office).
―― (1998), *Cm 3883, The Belfast Agreement: An Agreement Reached at the Multi-Party Talks on Northern Ireland* (London: The Stationary Office).
――(1998), *Cm 3897, A Mayor and Assembly for London: The Government's Proposals for Modernising the Governance of London* (London: The Stationary Office).
―― (1998), *Government of Wales Act 1998* (http://www.hmso.gov.uk/acts/acts1998/19980038.htm).
――(1998), *Scotland Act 1998* (http://www.hmso.gov.uk/acts/acts1998/19980046.htm).
――(1998), *Northern Ireland Act 1998* (http://www.hmso.gov.uk/acts/acts1998/19980047.htm).
――(1998), *Human Rights Act 1998* (http://www.hmso.gov.uk/acts/acts1998/19980042.htm).
――(1998), *Cm 4090, The Report of the Independent Commission on the Voting System* (London: The Stationary Office).
――(1999), *Greater London Authority Act 1999* (http://www.hmso.gov.uk/acts/acts1999/19990029.htm).
――(1999), *House of Lords Act 1999* (http://www..hmso.gov.uk/acts/acts1999/19990034.htm).
――(2000), *Local Government Act 2000* (http://www..hmso.gov.uk/acts/acts2000/20000022.htm).
―― (2001), *Cm 5511, Your Region, Your Choice: Revitalising the English Regions* (London: The Stationary Office).
The Party of European Socialists (1993), *Manifesto for the Elections to the European Parliament of June 1994* (Brussels: The Party of European Socialists).
―― (1999), *Manifesto for the 1999 European Elections: 21 Commitments for the 21st Century* (http://www.pes.org).
A People's Europe (1996), *Europe isn't Working* (London: A People's Europe).
The Trades Union Congress (TUC) (1988), *Maximising the Benefits Minimising the Costs* (London: The Trades Union Congress).
―― (1992), *Unions after Maastricht: The Challenge of Social Europe* (London: The Trades Union Congress).

（2）新聞，雑誌

The Daily Telegraph.
The Economist.
Financial Times.
The Guardian.
The Independent.
International Herald Tribune.
The Observer.
New Socialist.
New Statesman.
The Sunday Telegraph.
The Sunday Times.
The Times.

(3) 研究書, 論文等

Atkinson, Simon and Roger Mortimore (1998), "*Blair: One Year On*", *Paper Prepared for PSA Conference, University of Keele, April 1998* (http://www.mori.com).

Alderman, Keith (1996), "The Conservative Party Leadership Election of 1995", *Parliamentary Affairs*, Vol. 49, No. 2, pp. 316-332.

—— (1998), "The Conservative Party Leadership Election of 1997", *Parliamentary Affairs*, Vol. 51, No. 1, pp. 1-16.

Aughey, Arthur (1996), "The Party and the Union", in Philip Norton ed., *The Conservative Party* (Hemel Hempsted: Prentice Hall), pp. 224-233.

Bache, Ian (1999), "The Extended Gatekeeper: Central Government and the Implementation of EC Regional Policy in the UK", *Journal of European Public Policy*, Vol. 6, No. 1, pp. 28-45.

Bache, Ian and Stephen George (2000), *Administering the Structural Funds: Multi-Level Governance in Action?* (Sheffield: University of Sheffield).

Baker, David (2001), "Britain and Europe: The Argument Continues", *Parliamentary Affairs*, Vol. 54, No. 2, pp. 276-288.

—— (2002), "Britain and Europe: More Blood on the Euro-Carpet", *Parliamentary Affairs*, Vol. 55, No. 2, pp. 317-330.

Baker, David, Andrew Gamble and Steve Ludlam (1993a), "Whips or Scorpions? The Maastricht Vote and the Conservative Party", *Parliamentary Affairs*, Vol. 46, No. 2, pp. 151-166.

—— (1993b), "1846...1906...1996? Conservative Splits and European Integration", *Political Quarterly*, Vol. 64, No. 4, pp. 420-434.

—— (1994), "The Parliamentary Siege of Maastricht 1993: Conservative Divisions and British Ratification", *Parliamentary Affairs*, Vol. 47, No. 1, pp. 37-60.

Barnett, Anthony, Caroline Ellis and Paul Hirst eds. (1993), *Debating the Constitution:*

New Perspectives on Constitutional Reform (Cambridge: Polity Press).

BBC (1998), *Referendum Results* (http://news.bbc.co.uk/).

—— (2002), *English Devolution Part Four: Support for Assemblies* (http://news.bbc.co.uk/).

Berrington, Hugh and Rod Hague (2001), "The Further off from England: British Public Opinion and Europe", in Anand Menon and Vincent Wright eds., *From the Nation State to Europe? Essays in Honour of Jack Hayward* (Oxford: Oxford University Press), pp. 66-94.

Blair, Tony (1995a), *Speech by the Rt Hon Tony Blair MP, Leader of the Labour Party, at a Dinner at the Conrad Hotel, Brussels, on the Occasion of the 'Labour Working in Europe' Conference, January 10th 1995* (London: The Labour Party).

—— (1995b), *Speech to 1995 Labour Party Conference, News From Labour* (Brighton: The Labour Party Conference Media Office).

—— (1996a), *New Britain: My Vision of a Young Country* (London: Fourth Estate).

—— (1996b), *Speech by Rt Hon Tony Blair MP, Leader of the Labour Party, at the Labour Party Annual Conference, Tuesday 1st October 1996, Blackpool* (London: The Labour Party).

——(1997a), "A Tory Free Vote on the Euro is a Desperate Act", *The Independent*, 18 April.

—— (1997b), *Europe Working for People: Speech by the Prime Minister, Mr Tony Blair, at the Launch of the UK Presidency of the European Union, Waterloo Station, London, 5 December 1997* (http://www.fco.gov.uk/).

——(1999a), *The New Challenge for Europe* (http://www.number-10.gov.uk/).

——(1999b), *Britain in Europe* (http://www.number-10.gov.uk/).

——(2000), *Prime Minister's Speech to the Polish Stock Exchange* (http://www.number-10.gov.uk/).

——(2001a), *Britain's Role in the Europe and the World of Today* (http://www.labour.org.uk/).

—— (2001b), *Speech by Tony Blair, Prime Minister, Labour Party Conference, Brighton 2001* (http://www.labour.org.uk/).

—— (2002), *Speech by Tony Blair, Prime Minister and Leader of the Labour Party, Labour Party Conference, Winter Gardens, Blackpool* (http://www.labour.org.uk/).

——(2003), *Prime Minister's New Year Message* (http://www.number-10.gov.uk/).

Bogdanor, Vernon (1996), *Politics and the Constitution: Essays on British Government* (Aldershot: Dartmouth).

——(1997), *Power and the People: A Guide to Constitutional Reform* (London: Victor Gollancz).

——(2001), *Devolution in the United Kingdom* (Oxford: Oxford University Press).

Boyle, Kevin and Tom Hadden (1999), "Northern Ireland", in Robert Blackburn and

Raymond Plant eds., *Constitutional Reform: The Labour Government's Constitutional Reform Agenda* (London: Longman).

Bradbury, Jonathan and James Mitchell (2002), "Devolution and Territorial Politics: Stability, Uncertainty and Crisis", *Parliamentary Affairs*, Vol. 55, No. 2, pp. 299-316.

Brown, Alice, David McCrone and Lindsay Paterson (1996), *Politics and Society in Scotland* (Basingstoke: Macmillan).

Brown, Gordon (1996), *New Labour, Europe and EMU: The Road to a People's Europe* (London: The Labour Party).

——(1997), *Britain Leading in Europe* (http://www.hm-treasury.gov.uk).

——(2000), *Speech by the Chancellor of the Exchequer at the Mansion House on 15 June 2000* (http://www.hm-treasury.gov.uk).

—— (2001), *Speech by the Chancellor of The Exchequer Gordon Brown to the CBI Annual Conference Dinner* (http://www.hm-treasury.gov.uk).

—— (2002), *Speech by Gordon Brown, Chancellor of the Exchequer, Labour Party Conference, Winter Gardens, Blackpool* (http://www.labour.org.uk/).

Bulmer, Simon (2000), "European Policy: Fresh Start or False Dawn?", in David Coates and Peter Lawler eds., *New Labour in Power* (Manchester: Manchester University Press), pp. 240-253.

Bulpitt, Jim (1986), "The Discipline of the New Democracy: Mrs. Thatcher's Domestic Statecraft", *Political Studies*, Vol. 34, No. 1, pp. 19-39.

Burch, Martin and Ian Holliday (1992), "Conservative Party and Constitutional Reform: The Case of Devolution", *Parliamentary Affairs*, Vol. 45, No. 3, pp. 386-398.

Butler, David and Gareth Butler (1994), *British Political Facts 1900-1994,* 7th ed. (Basingstoke: Macmillan).

——(2000), *British Political Facts 1900-1997,* 8th ed. (Basingstoke: Macmillan).

Butler, David and Dennis Kavanagh (1997), *The British General Election of 1997* (Basingstoke: Macmillan).

——(2002), *The British General Election of 2001* (Basingstoke: Palgrave).

Butler, David and Martin Westlake (2000), *British Politics and European Elections 1999* (Basingstoke: Macmillan).

Clarke, Kenneth (1996), *A Speech by the Rt Hon Kenneth Clarke QC MP (Rushcliffe), Chancellor of the Exchequer, at the 113th Conservative Party Conference in the Bournemouth International Centre, Conservative Party News* (London: Conservative Central Office).

Coates, David (1975), *The Labour Party and the Struggle for Socialism* (Cambridge: Cambridge University Press).

Colomer, Josep M. (1996), "Introduction", in Josep M. Colomer ed., *Political Institutions in Europe* (London: Routledge).

Cook, Robin (1996), *Speech by Rt Hon Robin Cook MP to Labour Party Conference 1996*

(London: The Labour Party).

—— (1997), *The British Presidency: Giving Europe Back to the People, Speech by the Foreign Secretary, Mr. Robin Cook, at the Institute for European Affairs, Dublin, Ireland, 3 November 1997* (http://www.fco.gov.uk/).

Cowley, Philip (2002), *Revolts and Rebellions: Parliamentary Voting under Blair* (London: Politico's Publishing).

Cracknell, Richard and Joseph Hicks (2000), *House of Commons Library Research Paper 00/53, The Local Elections and a Elections for a London Mayor and Assembly: 4 May 2000* (http://www.parliament.uk).

Crawford, Malcolm (1996), *One Money for Europe? The Economics and Politics of EMU*, 2nd ed. (Basingstoke: Macmillan).

Cripps, Francis and Terry Ward (1983), "Planning Our Way to Jobs", *New Socialist*, No. 12, pp. 8-11.

Crosland, C. A. R. (1956), *The Future of Socialism* (London: Jonathan Cape).

Curtice, John (2001), "What We Think Now", in Martin Rosembaum ed., *Britain and Europe: The Choices We Face* (Oxford: Oxford University Press).

Curtice, John and Michael Steed (2000), "Appendix: An Analysis of the Result", in David Butler and Martin Westlake, *British Politics and European Elections 1999* (Basingstoke: Macmillan), pp. 241-256.

Denver, David, James Mitchell, Charles Pattie and Hugh Bochel (2000), *Scotland Decides: The Devolution Issue and the Scottish Referendum* (London: Frank Cass).

Dixon, Paul (2001), "British Policy towards Northern Ireland 1969-2000: Continuity, Tactical Adjustment and Consistent 'Inconsistencies'", *British Journal of Politics and International Relations*, Vol. 3, No. 3, pp. 340-368.

Downs, Anthony (1957), *An Economic Theory of Democracy* (New York: Harper & Row).

Drucker, Henry M. (1979), *Doctrine and Ethos in the Labour Party* (London: Allen & Unwin).

Duncan-Smith, Iain (2001), *Public Services Are Our Greatest Mission* (http://www.conservatives.com).

Featherstone, Kevin (1988), *Socialist Parties and European Integration: A Comparative History* (Manchester: Manchester University Press).

Gamble, Andrew (1994), *The Free Economy and the Strong State: The Politics of Thatcherism,* 2nd ed. (Basingstoke: Macmillan).

—— (1996), "An Ideological Party", in Steve Ludlam and Martin J. Smith eds., *Contemporary British Conservatism* (Basingstoke: Macmillan), pp. 19-36.

—— (1998), "The European Issue in British Politics", in David Baker and David Seawright eds., *Britain For and Against Europe: British Politics and the Question of European Integration* (Oxford: Oxford University Press).

——(2002), "Tory Blues", *Renewal*, Vol. 10, No. 1, pp. 59-68.

Garner, Robert and Richard Kelly (1993), *British Political Parties Today* (Manchester: Manchester University Press).

Garry, John (1995), "The British Conservative Party: Divisions Over European Policy", *West European Politics*, Vol. 18, No. 4, pp. 170-189.

Geddes, Andrew (2002), "In Europe, Not Interested in Europe", in Andrew Geddes and Jonathan Tonge eds., *Labour's Second Landslide: The British General Election 2001* (Manchester: Manchester University Press), pp. 144-163.

George, Stephen (1996), *Politics and Policy in the European Union*, 3rd ed. (Oxford: Oxford University Press).

Giddens, Anthony (1979), *Central Problems in Social Theory: Action, Structure and Contradiction in Social Analysis* (Basingstoke: Macmillan).

Grahl, John and Paul Teague (1988), "The British Labour Party and the European Community", *Political Quarterly*, Vol. 59, No. 1, pp. 72-85.

Hague, William (1998), *Conservatives Will Fight for The British Way* (http://www.conservatives.com).

—— (1999), *Speech to the 1999 Conservative Party Conference by The Rt Hon William Hague MP* (http://www.conservatives.com).

——(2000a), *Speech By the Rt Hon William Hague MP in St. Albans Market Square, at the First Keep the Pound Rally Wednesday February 16 2000* (http://www.conservatives.com).

—— (2000b), *Speech to the Conservative Party Conference 2000 by the Rt Hon William Hague MP, Conservative Party Leader* (http://www.conservatives.com).

——(2001a), *The Last Chance Election for Britain* (http://www.conservatives.com).

——(2001b), *Blair Won't Wait to Scrap the Pound* (http://www.conservatives.com).

Hall, Peter A. (1989), *The Political Power of Economic Ideas: Keynesianism across Nations* (Princeton: Princeton University Press).

—— (1992), "The Movement from Keynesianism to Monetarism: Institutional Analysis and British Economic Policy in the 1970s", in Sven Steinmo, Kathleen Thelen and Frank Longstreth, *Structuring Politics: Historical Institutionalism in Comparative Analysis* (New York: Cambridge University Press), pp. 90-113.

Hall, Peter A. and Rosemary C. R. Taylor (1996), "Political Science and the Three New Institutionalisms", *Political Studies*, Vol. 44, No. 5, pp. 936-957.

Hay, Colin (1994), "Labour's Thatcherite Revisionism: Playing the 'Politics of Catch-Up'", *Political Studies*, Vol. 42, No. 4, pp. 700-707.

—— (1997), "Anticipating Accommodations, Accommodating Anticipations: The Appeasement of Capital in the "Modernization" of the British Labour Party, 1987-1992", *Politics and Society*, Vol. 25, No. 2, pp. 234-256.

Hazell, Robert (2001), "Reforming the Constitution", *Political Quarterly*, Vol. 72, No. 1, pp. 39-49.

Henderson, Douglas (1998), "The UK Presidency: An Insider's View", *Journal of Common Market Studies*, Vol. 36, No. 4, pp. 563-572.
Henig, Stanley (2002a), "Introduction", in Stanley Henig ed., *Modernising Britain: Central, Devolved, Federal* (London: The Federal Trust), pp. 19-26.
—— (2000b), "A Summary", in Stanley Henig ed., *Modernising Britain: Central, Devolved, Federal* (London: The Federal Trust), pp. 231-236.
Hix, Simon (2000), "Britain, the EU and the Euro", in Patrick Dunleavy et al. eds., *Developments in British Politics 6* (Basingstoke: Macmillan), pp. 47-68.
Hix, Simon and Klaus H. Goetz (2001), "Introduction: European Integration and National Political Systems", Klaus H. Goetz and Simon Hix eds., *Europeanised Politics?: European Integration and National Political Systems* (London: Frank Cass).
Hooghe, Liesbet and Gary Marks (2001), *Multi-Level Governance and European Integration* (Maryland: Rowman & Littlefield).
Hughs, Kirsty and Edward Smith (1998), "New Labour-New Europe?", *International Affairs*, Vol. 74, No. 1, pp. 93-104.
Ikenberry, G. John (1988), "Conclusion: An Institutional Approach to American Foreign Economic Policy", *International Organization*, Vol. 42, No. 1, pp. 219-243.
Jenkins, Peter (1990), "Monetary Union Will Not Wait", *The Independent*, 21 June.
Johnson, Christopher (1996), *In with the Euro, Out with the Pound: The Single Currency for Britain* (Harmondsworth: Penguin Books).
—— (2000), "New Labour and the Euro: The Five Tests", in Stephen Haseler and Jacques Reland eds., *Britain and Euroland: A Collection of Essays* (London: Federal Trust).
Jones, Barry (1999), "The First Welsh National Assembly Election", *Government and Opposition*, Vol. 34, No. 3, pp. 323-332.
—— (2000), "Post-Referendum Politics", in J. Barry Jones and Denis Balsom eds., *The Road to the National Assembly for Wales* (Cardiff: University of Wales Press), pp. 176-193.
Jones, Tudor (1996), *Remaking the Labour Party: From Gaitskell to Blair* (London: Routledge).
Jones, Richard Wyn and Dafydd Trystan (1999), "The 1997 Welsh Referendum Vote", in Bridget Taylor and Katarina Thomson eds., *Scotland and Wales: Nations Again?* (Cardiff: University of Wales Press), pp. 65-93.
Kampfner, John (1998), *Robin Cook* (London: Victor Gollancz).
Kato, Junko (1996), "Institutions and Rationality in Politics: Three Varieties of Neo-Institutionalists", *British Journal of Political Science*, Vol. 26, Part 4, pp. 553-582.
Kellas, James G. (1990), "Scottish and Welsh Nationalist Parties since 1945", in Anthony Seldon ed., *UK Political Parties since 1945* (Hemel Hempstead: Philip

Allan), pp. 122-137.

Kenny, Michael and Martin J. Smith (1997), "(Mis)understanding Blair", *Political Quarterly*, Vol. 68, No. 3, pp. 220-230.

Keynes, John Maynard (1936), *The General Theory of Employment Interest and Money* (London: Macmillan).

Kinnock, Neil (1986a),"Is There a European Route to Economic Recovery?", *New Statesman*, 7 November, p. 13.

——(1986b), *Making Our Way: Investing in Britain's Future* (Oxford: Basil Blackwell).

Kodama, Masami (1996), "A Critical Analysis of the Phrase, "Oushu Rengou" to Indicate the European Union in Japan and the Political Nature of the EU", *Junshin Journal of Human Studies*, No. 2, pp. 95-107.

Koutrakou, Vassiliki N. (2000), "The British Presidency", in Vassiliki N. Koutrakou and Lucie A. Emerson eds., *The European Union and Britain: Debating the Challenges Ahead* (Basingstoke: Macmillan), pp. 44-77.

Krasner, Stephen D. (1984), "Approaches to the State: Alternative Conceptions and Historical Dynamics", *Comparative Politics*, Vol. 16, No. 2, pp. 223-246.

Leach, Robert (1996), *British Political Ideologies,* 2nd ed. (Hemel Hempstead: Prentice Hall).

Levitt, Malcolm and Christopher Lord (2000), *The Political Economy of Monetary Union* (Basingstoke: Macmillan).

Lijphart, Arend (1984), *Democracies: Patterns of Majoritarian and Consensus Government in Twenty-one Countries* (New Haven: Yale University Press).

Loughlin, John (2001), "The United Kingdom: From Hypercentralization to Devolution", John Loughlin ed., *Subnational Democracy in the European Union* (Oxford: Oxford University Press), pp. 37-60.

Ludlam, Steve (1998), "The Cauldron: Conservative Parliamentarians and European Integration", in David Baker and David Seawright eds., *Britain for and against Europe: British Politics and the Question of European Integration* (Oxford: Oxford University Press), 31-56.

Ludlow, Peter (1998), "The 1998 UK Presidency: A View from Brussels", *Journal of Common Market Studies*, Vol. 36, No. 4, pp. 573-583.

McAllister, Laura (1998), "The Welsh Devolution Referendum: Definitely, Maybe?", *Parliamentary Affairs*, Vol. 51, No. 2, pp. 149-165.

McCrone, David and Bethan Lewis (1999), "The Scottish and Welsh Referendum Campaigns", in Bridget Taylor and Katarina Thomson eds., *Scotland and Wales: Nations Again?* (Cardiff: University of Wales Press).

McSmith, Andy (1993), *John Smith: Playing the Long Game* (London: Verso).

Major, John (1993),"Raise Your Eyes, There Is a Land Beyond", *The Economist*, 25 September, pp. 23-27.

—— (1996), *A Speech by the Rt Hon John Major MP, Prime Minister and Leader of the Conservative Party, to the 113th Conservative Party Conference at the Bournemouth International Centre in Bournemouth, Conservative Party News* (London: Conservative Central Office).

—— (1997), *Our Nations Future: Keynote Speeches on the Principles and Convictions that Shape Conservative Policies* (London: Conservative Political Centre).

Mandelson, Peter and Roger Liddle (1996), *The Blair Revolution: Can New Labour Deliver?* (London: Faber and Faber).

Marquand, David (1988), *Unprincipled Society: New Demands and Old Politics* (London: Fontana Press).

Marr, Andrew (1995), *The Battle for Scotland* (London: Penguin Books).

Mawson, John (1998), "English Regionalism and New Labour", in Howard Elcock and Michael Keating eds., *Remaking the Union: Devolution and British Politics in the 1990s* (London: Frank Cass), pp. 158-175.

Mawson, John and Ken Spencer (1997), "The Government Offices for the English Regions: Towards Regional Governance?", *Policy and Politics*, Vol. 25, No. 1, pp. 71-84.

Meehan, Elizabeth(1999), "The Belfast Agreement: Distinctiveness and Cross-Fertilization in the UK's Devolution Programme", *Parliamentary Affairs*, Vol. 52, No. 1, pp. 19-31.

Miliband, Ralph (1972), *Parliamentary Socialism: A Study in the Politics of Labour*, 2nd ed. (London: Merlin Press).

Miller, William L. (1999), "Modified Rapture All Round: The First Elections to the Scottish Parliament", *Government and Opposition*, Vol. 34, No. 3, pp. 299-322.

Milward, Alan S. (1992), *The European Rescue of the Nation-State* (London: Routledge).

Mitchell, James, David Denver, Charles Pattie and Hugh Bochel (1999), "The 1997 Devolution Referendum in Scotland", *Parliamentary Affairs*, Vol. 51, No. 2, pp. 166-181.

Mitchell, Paul (2001), "Transcending an Ethnic Party System? The Impact of Consociational Governance on Electoral Dynamics and the Party System", in Rick Wilford ed., *Aspects of the Belfast Agreement* (Oxford: Oxford University Press).

Moravcsik, Andrew (1998), *The Choice for Europe: Social Purpose and State Power from Messina to Maastricht* (London: UCL Press).

MORI (1999a), *European Parliament Elections 1999: Public Attitudes* (http://www.mori.com).

——(1999b), *Party Support at the European Elections* (http://www.mori.com).

——(1999c), *Attitudes to Regional Government* (http://www.mori.com).

——(2001), *Voting Intention in Great Britain: 1979-present* (http://www.mori.com).

Morrison, John (2001), *Reforming Britain: New Labour, New Constitution?* (Harlow:

Pearson Education).
Neunreither, Karlheinz (2001), "The European Union in Nice: A Minimalist Approach to a Historic Challenge", *Government and Opposition*, Vol. 36, No. 2, pp. 184-208.
O'Leary, Brendan (1997), The Conservative Stewardship of Northern Ireland, 1979-1997: Sound-Bottomed Contradictions or Slow Learning?, *Political Studies*, Vol. 45, No. 4, pp. 663-676.
—— (2001), "The Belfast Agreement and The Labour Government: Handling and Mishandling History's Hand", in Anthony Seldon ed., *The Blair Effect: The Blair Government 1997-2001* (London: Little, Brown and Company).
Paterson, Lindsay, Alice Brown, John Curtice, Kerstin Hinds, David McCrone, Alison Park, Kerry Sproston and Paula Surridge (2001), *New Scotland, New Politics* (Edinburgh: Edinburgh University Press).
Pitchford, Ruth and Adam Cox (1997), *EMU Explained: Markets and Monetary Union* (London: Kogan Page).
Portillo, Michael (2000a), *Michael Portillo's Speech to Conference 2000* (http://www.conservatives.com).
Putnam, Robert D. (1988), "Diplomacy and Domestic Politics: The Logic of Two-Level Games", *International Organization*, Vol. 42, No. 3, pp. 427-460.
Rallings, Colin and Michael Thrasher (2000), "Personality Politics and Protest Voting: The First Elections to the Greater London Authority", *Parliamentary Affairs*, Vol. 53, No. 4, pp. 753-764.
——(2000b),*Speech to the Institute of Economic Affairs*(http://www.conservatives.com).
Rawnsley, Andrew (2001), *Servants of the People: The Inside Story of New Labour,* 2nd ed. (London: Penguin Books).
Redwood, John (1995), *John Redwood and Popular Conservatism* (London: Tecla).
Reif, Karlheinz and Hermann Schmitt (1980), "Nine Second Order National Elections: A Conceptual Framework for the Analysis of European Election Results", *European Journal of Political Research*, Vol. 8, No. 1, pp. 3-44.
Richards, David and Martin J. Smith (2001), "New Labour, the Constitution and Reforming the State", in Steve Ludlam and Martin J. Smith eds., *New Labour in Government* (Basingstoke: Macmillan), pp. 145-166.
—— (2002), *Governance and Public Policy in the UK* (Oxford: Oxford University Press).
Riddell, Peter (1991), *The Thatcher Era: And Its Legacy* (Oxford: Basil Blackwell).
Ridley, Nicholas (1992), *My Style of Government* (London: Fontana).
Rifkind, Malcolm (1996), *A Speech by the Rt Hon Malcolm Rifkind QC MP (Pentlands), Foreign Secretary, to the 113th Conservative Party Conference in the Bournemouth International Centre in Bournemouth, Conservative Party News* (London: Conservative Central Office).

Robertson, George (1988),"Forward from Delors", *The Times*, 26 September.
Rothstein, Bo (1990), "Marxism, Institutional Analysis, and Working-Class Power: The Swedish Case", *Politics and Society*, Vol. 18, No. 3, pp. 317-345.
—— (1996), *The Social Democratic State: The Swedish Model and the Bureaucratic Problem of Social Reforms* (Pittsburgh: University of Pittsburgh Press).
Routledge, Paul (1998), *Gordon Brown: The Biography* (London: Simon & Schuster).
Salomon Smith Barney (1998), *Economic & Market Analysis - Sterling Weekly: The UK and EMU, Difficult Hurdles* (http://www.mori.com).
—— (1999), *Economic & Market Analysis - Sterling Weekly: Not the End* (http://www.mori.com).
Santer, Jacques (1997), "Britain's Rightful Place", *The Economist*, 10 May, pp. 40-41.
Smith, Andrew (1996), *Economic Co-operation in Europe and Economic and Monetary Union: Labour's View* (London: The Labour Party).
Smith, Martin J. (1992), "A Return to Revisionism?: The Labour Party's Policy Review", in Martin J. Smith and Joanna Spear eds., *The Changing Labour Party* (London: Routledge), pp. 13-28.
—— (1994), "Understanding the 'Politics of Catch-Up': The Modernization of the Labour Party", *Political Studies*, Vol. 42, No. 4, pp. 708-715.
Sowemimo, Matthew (1996),"The Conservative Party and European Integration 1988-95", *Party Politics*, Vol. 2, No. 1, pp. 77-97.
—— (1999), "Evaluating the Success of the Labour Government's European Policy", *European Integration*, Vol. 21, No. 4, pp. 343-368.
Stark, Leonard P. (1996), *Choosing a Leader: Party Leadership Contests in Britain from Macmillan to Blair* (Basingstoke: Macmillan).
Stephens, Philip (2001a), "The Blair Government and Europe" *Political Quarterly*, Vol. 72, No. 1, pp. 67-75.
—— (2001b), "The Treasury under Blair", in Anthony Seldon ed., *The Blair Effect: The Blair Government 1997-2001* (London: Little, Brown and Company).
Surridge, Paula and David McCrone (1999), "The 1997 Scottish Referendum Vote", in Bridget Taylor and Katarina Thomson eds., *Scotland and Wales: Nations Again?* (Cardiff: University of Wales Press), pp. 41-64.
Taylor, Bridget, John Curtice and Katarina Thomson (1999), "Introduction and Conclusions", in Bridget Taylor and Katarina Thomson eds., *Scotland and Wales: Nations Again?* (Cardiff: University of Wales Press), pp. xxiii-xlii.
Taylor, Christopher (1995), *EMU 2000? Prospects for European Monetary Union* (London: The Royal Institute of International Affairs).
Thelen, Kathleen and Sven Steinmo (1992), "Historical Institutionalism in Comparative Politics", in Sven Steinmo, Kathleen Thelen and Frank Longstreth, *Structuring Politics: Historical Institutionalism in Comparative Analysis* (New York: Cambridge

University Press), pp. 1-32.
Thompson, Noel (1996), "Supply Side Socialism: The Political Economy of New Labour", *New Left Review*, No. 216, pp. 37-54.
Tomaney, John (2000a), "The Regional Governance of England", in Robert Hazell ed., *The State and the Nations: First Year of Devolution in the United Kingdom* (Thorverton: Imprint Academic), pp. 117-148.
—— (2000b), "The Governance of London", in Robert Hazell ed., *The State and the Nations: First Year of Devolution in the United Kingdom* (Thorverton: Imprint Academic), pp. 241-267.
—— (2001), "Reshaping the English Regions", in Alan Trench ed., *The State of the Nations 2001: The Second Year of Devolution in the United Kingdom* (Thorverton: Imprint Academic), pp. 107-133.
Tomaney, John and Peter Hetherington (2001), *Monitoring the English Regions, Report No. 2, February 2001* (http://www.ucl.ac.uk/constitution-unit/leverh/).
Tsoukalis, Loukas (1996), "Economic and Monetary Union: The Primacy of High Politics", in Helen Wallace and William Wallace eds., *Policy-Making in the European Union*, 3rd ed. (Oxford: Oxford University Press), pp. 279-299.
Turner, John (2000), *The Tories and Europe* (Manchester: Manchester University Press).
Webb, Paul (2000), *The Modern British Party System* (London: Sage).
Wilks, Stuart (1996), "Britain and Europe: An Awkward Partner or an Awkward State?", *Politics*, Vol. 16, No. 3, pp. 159-165.
Worcester, Robert and Roger Mortimore (2001), *Explaining Labour's Second Landslide* (London: Politico's Publishing).
Young, Hugo (1998), *This Blessed Plot: Britain and Europe from Churchill to Blair* (London: Macmillan).

事項索引

あ行

アイルランド共和国軍（IRA: Irish Republican Army）257-258, 260, 263-265, 278, 284, 286, 302-303
アムステルダム条約　149, 152-153, 190, 208
アルスター統一党　260, 262-265, 285
安定成長協定　41, 43-44, 100, 331
イギリス産業連盟（CBI: Confederation of British Industry）61, 155, 159, 331
5つの経済的基準　154, 156-157, 159-162, 170-171, 177, 180, 182-184, 188, 192-193, 276-277, 326, 330-332, 334-335
EU　11-13, 15-20, 25-27, 29, 31-35, 41, 43-44, 56, 58-64, 73, 85, 88-91, 93, 98, 100-101, 111-114, 135, 142-144, 149, 150-152, 157, 162-165, 167-170, 173-177, 179, 181-185, 187, 189-192, 194-195, 208, 212, 215-216, 218, 220, 222-226, 228, 232-233, 261, 308-309, 317, 327-328, 333, 338-339
――拡大　152, 165, 190, 317, 333
――条約　151-152, 168, 190-191, 212-223, 317
――脱退　31, 100, 177, 183, 193, 215-216, 218, 222, 225, 233
イングランド銀行　46, 118, 143-144, 150, 159
ウェールズ議会　31, 128, 139, 238-243, 245-255, 273, 276, 278, 281, 283, 293-300, 322, 328
ウェールズ国民党　121, 145-146, 173, 213, 215, 241, 243-244, 248-252, 254, 281, 283, 299-300
ウェールズにイエス　241
ウエストミンスター（イギリス、連合王国）議会　49, 71, 106, 225, 239-240, 247, 259, 266, 281, 284, 310-311, 339
West Lothian Question　106, 122, 241, 310

ヴェーナー・レポート　38
英愛協定　302-304
欧州委員会　25, 35, 37, 49, 51-52, 70, 91, 98-99, 149, 165, 181, 223, 308, 333, 340
――委員長　38-39, 58, 79, 149, 341
欧州議会　25, 49, 73, 76, 80, 91, 98-99, 152, 171, 212
――議員　58, 204, 211, 213-214, 216, 252, 274
――選挙　31, 47, 57-58, 69, 72, 76, 80, 87-88, 170-176, 181-182, 196, 211-222, 225, 233, 246, 284, 287, 316-317, 326
欧州共同体（EC: European Community）17, 37-38, 45, 69, 75-79, 81, 83-85, 97, 114, 123, 132, 142, 205, 226-227, 232, 308, 335, 341
欧州経済共同体（EEC: European Economic Community）37, 76
欧州人権条約　136, 279
欧州石炭鉄鋼共同体（ECSC: European Coal and Steel Community）37
欧州中央銀行（ECB: European Central Bank）11, 39-41, 47, 50, 71, 81-84, 90, 99, 114, 143-144, 164, 166-167
――制度（ESCB: European System of Central Banks）39
――総裁　165-167, 169-170
欧州通貨機関（EMI: European Monetary Institute）40-41, 166
欧州通貨制度（EMS: European Monetary System）38-39, 69, 76-79
欧州通貨単位（ECU: European Currency Unit）38-39, 48
欧州理事会　39, 41, 46, 49, 51, 60, 68, 71, 73, 82, 151-153, 155, 164-166, 168, 188-191, 195-196, 207
欧州連邦政党　337-338
欧州連邦の中のイギリス連邦　335, 340
オールド・レイバー　131, 134-135, 148, 321

か行

閣僚理事会　19-20, 49, 58, 71, 73, 91, 98, 191, 197, 228, 260-261, 285
為替相場メカニズム（ERM: Exchange Rate Mechanism）　38-39, 40, 43, 45-47, 49, 52, 54-55, 57, 59, 69-70, 76-81, 83, 85, 164
議会主権　50, 90, 101-102, 111, 113, 117, 119, 123, 142-143, 291, 339
北アイルランド議会　246, 255-256, 258, 262-263, 265, 278, 284, 301, 303, 322
競争通貨構想　48-49, 70
共通社会政策　51, 53, 71, 80, 83-84, 86-87, 98
共通農業政策（CAP: Common Agricultural Policy）　78
区切られた均衡　22, 34
経路依存性　21
ケインズ主義　24, 131
権限移譲　25, 27-28, 30-31, 35, 104-107, 110-111, 113-115, 117, 121-129, 133, 136-137, 139, 141-142, 144, 146-148, 225, 237-247, 252, 254-255, 259-260, 264-268, 270-271, 278-282, 284-285, 287-310, 312, 317-324, 327-328, 338-339
憲政改革　30-31, 101-102, 104-106, 119-121, 133, 136-140, 144, 148, 237, 256, 278-280, 287-290, 296, 309, 317-320, 327-328, 338
国民投票　34, 52-53, 62, 71, 136, 142-144, 208, 262, 278, 280, 291
　　イギリスのEC加盟をめぐる1975年の——　62, 97, 123, 205, 335, 341
　　イギリスのユーロ参加をめぐる——　50, 57, 61-63, 72, 89, 94-95, 100, 153-154, 162-163, 171, 176-178, 180-182, 184-185, 190, 192-194, 197, 212, 216-217, 228, 277-278, 330-337, 340-341
　　デンマークの——　32, 40-41, 52-53, 71, 86, 164, 187, 189-190, 226, 340-341
国民投票党　62, 215
国家中心モデル　25-27, 35
コンセンサス・システム　15-16

さ行

さあノーと言おう　241, 293, 295
再考せよ　240-241, 244, 291-294
サッチャリズム　102, 108-109, 117, 129-130, 133, 135, 327, 338
サニングデール協定　301-302, 322
作用／構造論争　23, 34
市場統合（単一市場）　32, 34, 39, 43, 45-46, 48, 69, 78-81, 92, 99, 157, 212, 222, 228, 308, 317
社会民主主義　75-76, 80, 88, 109, 131, 134, 136, 147-148, 171
　　新しい——　30, 133, 135-137, 139, 141-142, 144-145, 147-148, 328
　　——的コンセンサス　102, 109-110, 117, 120, 129, 138
社会民主労働党
　　スウェーデン——　23
　　北アイルランド——　260, 262-265, 285
集権主義戦略　30, 101, 103-104, 110-116, 119, 143, 289, 316-317, 319-320, 327, 329, 338
集権的制度編成　16-21, 30, 33-34, 101-102, 104, 106, 111, 115-117, 119-121, 123, 133, 136-138, 140-141, 144-145, 237, 289, 327-329
収斂基準　40-43, 60-61, 66, 70, 74, 86, 93, 161, 196
柔軟性条項　212-223, 225, 228, 232, 317, 326
住民投票　142, 279
　　イングランドおよびロンドンの——　128, 147, 267, 270-273, 278-279, 314, 320
　　北アイルランド——　237, 258, 261, 278, 320, 339
　　スコットランド——　123-124, 126-128, 143, 238-245, 272, 278, 281-282, 290-291, 294-296, 298, 299, 310, 318-321, 324, 339
　　ウェールズ——　123-124, 128, 143, 238, 240-245, 272, 278, 281-282, 290-291, 293-298, 300, 310, 318-320, 324, 339
自由民主党　52, 72-74, 127, 139, 173, 180-

182, 211, 213, 215, 223, 228, 240-241, 243-244, 249-251, 255, 275-277, 282, 295, 299-300, 314, 322-333
上院改革　136, 279, 319
小選挙区制　16, 18, 21, 101, 115, 127, 136, 173, 176, 194, 246, 248, 280, 287, 301, 320
除外条項　12, 32, 40, 42, 51, 57, 71, 83-84
新自由主義　30, 46, 102-103, 108-111, 115-117, 129-130, 132-133, 138, 147, 280, 327
シン・フェイン党　262-265, 303
親ユーロ保守党　173, 211, 213-219, 233
スコットランド議会　31, 105-107, 114, 124-128, 139, 238-248, 250-251, 273, 276, 278, 281, 283, 289-291, 294-299, 310, 322, 328
スコットランド憲政会議　127, 139, 146, 241, 247, 270
スコットランド国民党（SNP: Scottish National Party）　121-123, 126-127, 145-146, 173, 213, 215, 240, 243-244, 247-251, 281-283, 295, 299-300, 322
スコットランド前進　240-241, 291-292
スネーク　38-39, 45
政策遺産　28
政治戦略　13, 20, 22-24, 28-30, 99, 115-116, 144, 327, 329
制度論　14, 15, 18, 21-23, 32-33, 329
　合理的選択――　32-33
　社会学的――　33
　歴史的――　13-15, 32-33
政府間会議（IGC: Inter-Governmental Conference）　73, 90, 151-152, 261, 302-303
選挙制度改革　115, 136, 138-140, 142, 144, 148, 279-280, 287, 320
全国移行計画　177-178, 180-181, 183-184, 192, 197, 216, 277

た行

第三の道　164
第二順位選挙　174, 176, 196, 248
大ロンドン市（GLC: Greater London Council, GLA: Greater London Authority）　104, 271-273, 279, 286, 312-314, 318, 324, 339
ダウニング街宣言　302-304
多数決主義的システム　15-16
多層ガヴァナンス　24-25, 28, 30-31, 34-35, 99, 112-113, 116, 144, 279-280, 319-320, 327-328
　――モデル　26
タータン税　289-290, 321
単一欧州議定書　78, 308
単記移譲式投票制（STV: Single Transferable Vote）　258, 284, 287
地域会議　146, 269, 271, 278
地域開発公社（RDA: Regional Development Agencies）　237, 267-271, 278, 285-286, 311-312, 318
地域経済戦略（RES: Regional Economic Strategies）　268-269
地域政府機関（GORs: Government Offices for the Regions）　307-309
直接統治　237, 256, 265, 278, 286, 301-302, 304-305
通貨統合（経済通貨同盟, EMU: Economic and Monetary Union）　11-13, 15, 20, 28-32, 37-52, 54-57, 59-61, 65-66, 69-73, 75-86, 88-99, 111, 114-116, 140, 143-145, 148, 153, 156, 158-159, 164-165, 200, 226-227, 277, 280, 287, 316-317, 320, 325-329
敵対政治　140-141, 247
統治術　108-109
特定多数決　19-20, 31, 40, 58-59, 73, 91, 98, 152, 190-191, 259-260, 284-285
ドロール・レポート　39, 47-48, 51

な行

内閣の連帯責任制　56, 62, 205
二重首班　259, 263, 323
2層ゲーム　27
ニース条約　190-193, 228
ニュー・レイバー　30, 119, 129-138, 140-141, 143-145, 147-148, 151, 237, 328, 341
ネオ・ファンクショナリズム　11

は行

ハードECU 48-49, 70
パール・プラン 37
比例代表制 16, 19, 115, 127, 136, 138-140, 148, 173, 176, 214, 239-240, 246, 249, 258, 273, 287, 299, 301, 303, 323, 340
付加議員制 127-128, 139, 239-240, 246-248, 250, 273, 280, 283, 287, 299
分権主義戦略 30-31, 119, 121, 136, 138-145, 237, 276, 280, 328-329, 338-340
分権的制度編成 16-21, 34
ベルファスト合意 257-258, 260-265, 278, 304, 306, 318, 322-323
補完性原理 52, 112-113, 141-143
保守党
　——指導部 29-31, 45, 52-58, 60, 62-68, 70, 73, 86, 89-90, 95-100, 103-105, 110-111, 113-117, 142-143, 184, 206, 221, 225-226, 229-230, 234, 289, 298, 306, 315-321, 323-327, 329, 337
　——1922年委員会 201-202, 231
　——全国同盟 201
　——党員投票 210-211, 317
　——党首選挙 57, 59-60, 70, 84, 88, 186-187, 200-203, 205-207, 232, 335-336
　——の欧州統合懐疑派 29, 50-68, 70-73, 82, 86-87, 89-90, 95-97, 100, 117, 149, 156, 183, 200, 204-207, 209-210, 217, 222, 226-228, 230, 232, 291, 317, 325-326, 335-336, 342
　——の欧州統合支持派 29, 50-51, 53, 56-57, 61-63, 65-66, 68, 72, 90, 97, 182, 184, 190, 204-211, 214, 216, 219, 221-223, 225-227, 230, 234, 325-326, 335-336, 340
補充投票制 273, 287

ま行

マーストリヒト条約 12, 32, 39-42, 51-55, 58, 60-61, 70-72, 83-88, 92-93, 95, 97, 99, 112, 150, 153, 161, 164, 166, 196, 232, 335
マネタリズム 24, 116
緑の党 173, 176, 213, 215, 218, 250, 275-276
民主統一党 262-264

や行

UK独立党 173, 177, 197, 211, 213-218, 232-233
ユーロ（欧州単一通貨） 11-13, 28-32, 37-44, 47-51, 55-68, 70-74, 79, 81-84, 88-100, 142-143, 149-151, 153-173, 176-190, 192-197, 199, 203-234, 276-278, 280-281, 287, 316-318, 325-328, 330-337, 340-341
　——圏 12, 41-42, 158-159, 164, 168-170, 184, 187-188, 221, 331-332
　——評議会（——X，——グループ） 41, 165, 167-170
ヨーロッパの中のイギリス（BIE: Britain in Europe） 181-184, 223-225, 277, 340-341

ら行

労働組合会議（TUC: Trades Union Congress） 78-79, 84
労働主義 130, 134, 147
労働党
　——規約第4条 129, 131, 137
　——左派 77, 122-123, 271, 273
　——指導部 30-31, 80-81, 83, 86-87, 89, 92-94, 96-100, 121-122, 124-127, 129-133, 136-145, 148, 182, 185, 273-275, 280, 285, 290, 321, 326-329
　——全国執行委員会（NEC: National Executive Committee） 85
　——の欧州統合懐疑派 87, 92-93, 95, 97, 100, 148, 287, 326, 342
　——の欧州統合支持派 87, 97, 100, 148, 277, 326, 340-341
　——の政策見直し 30, 79-80, 83, 124-125, 129, 142, 147, 326
ローマ条約 37, 52

わ行

枠組文書 303-304, 322

人名索引

あ行

アイケンベリー，G・ジョン（G. John Ikenberry）　14
アシュダウン，パディー（Paddy Ashdown）　180-181
アーチャー，ジェフリー（Jeffrey Archer）　314-315
アトリー，クレメント（Clement Attlee）　120, 199
アンクラム，マイケル（Michael Ancrum）　292, 296
ウィルソン，ハロルド（Harold Wilson）　75-76, 205, 307
ヴェーナー，ピエール（Pierre Werner）　37-38
ウォルターズ，アラン（Alan Walters）　46-47, 69

か行

カリー，デーヴィッド（David Curry）　207, 210
キノック，ニール（Neil Kinnock）　75-77, 80, 82, 84-85, 88, 92, 97, 99, 129-132, 141, 185
キャラハン，ジェームズ（James Callaghan）　76
ギャンブル，アンドリュー（Andrew Gamble）　102, 108-110, 337
ギルモア，イアン（Ian Gilmour）　216-217
クック，ロビン（Robin Cook）　92-94, 150-151, 155, 172, 181, 185-189, 195, 223
クラーク，ケネス（Kenneth Clarke）　56-57, 61, 63-64, 66, 68, 72-74, 181-182, 184,202-208, 211, 214, 219, 222-223, 225, 227, 232, 335-336
クラズナー，スティーヴン・D（Stephen D. Krasner）　21-22
クリップス，フランシス（Francis Cripps）　77
グールド，ブライアン（Bryan Gould）　77, 84, 99
クロスランド，アンソニー（Anthony Crosland）　131
ゲイツケル，ヒュー（Hugh Gaitskell）　75, 131, 147
ケインズ，ジョン・メイナード（John Maynard Keynes）　24
ケニー，マイケル（Michael Kenny）　129, 133-134
ケネディ，チャールズ（Charles Kennedy）　181-182, 223, 334
コーツ，デーヴィッド（David Coates）　147
コール，ヘルムート（Helmut Kohl）　149
ゴールドスミス，ジェームズ（James Goldsmith）　62, 215
コロメール，ホセ・M（Josep M. Colomer）　16-17

さ行

サイモン，デーヴィッド（David Simon）　151
サッチャー，マーガレット（Margaret Thatcher）　46-51, 70-72, 81-82, 100, 102-103, 105, 108-111, 114-115, 117, 119-121, 123, 132-133, 138, 147-149, 202, 206, 216, 230, 233-234, 271, 280, 289, 302, 307, 312, 317, 325, 339
サンテール，ジャック（Jacques Santer）　58, 149, 181, 194
ジェンキンズ，ロイ（Roy Jenkins）　38, 280, 341
ジスカールデスタン，ヴァレリー（Valery Giscard d'Estaing）　38
シュミット，ヘルムート（Helmut Schmidt）　38
シラク，ジャック（Jacques Chirac）　93, 149
スティーヴンス，ジョン（John Stevens）

213-214
スミス, アンドリュー (Andrew Smith)　92
スミス, クリス (Chris Smith)　82
スミス, ジョン (John Smith)　80-81, 84-85, 87-88, 97, 129
スミス, マーティン・J (Martin J. Smith)　34-35, 129, 133-134, 147

た行

ターナー, アディア (Adair Turner)　155
ターナー, ジョン (John Turner)　204, 206
ダイシー, A・V (A. V. Dicey)　101
ダウンズ, アンソニー (Anthony Downs)　132
ダリエル, タム (Tam Dalyell)　106, 122, 241
ダンカン・スミス, イアン (Iain Duncan-Smith)　207, 335-336
チャーチル, ウィンストン (Winston Churchill)　45
ディズレーリ, ベンジャミン (Benjamin Disraeli)　45, 147, 337
テイラー, イアン (Ian Taylor)　210, 221, 225, 234
デーヴィス, ロン (Ron Davies)　238, 252-254, 283, 322
デューア, ドナルド (Donald Dewar)　238
ドイセンベルク, ヴィム (Wim Duisenberg)　166, 169
ドネリー, ブレンダン (Brendan Donnelly)　213-214
ドブソン, フランク (Frank Dobson)　273-275, 286, 315
トリシェ, ジャン・クロード (Jean-Claude Trichet)　166
トリンブル, デーヴィッド (David Trimble)　260, 263-265, 285
ドレル, スティーヴン (Stephen Dorrell)　207, 234
ドロール, ジャック (Jacques Delors)　39, 49, 58, 79, 99

な行

ノリス, スティーヴン (Steven Norris)　275, 315, 324

は行

バイヤーズ, スティーヴン (Stephen Byers)　185, 188
ハウ, ジェフリー (Geoffrey Howe)　46-47, 50, 70
ハード, ダグラス (Douglas Hurd)　47, 58, 223
パッテン, クリス (Chris Patten)　223, 225
ハワード, マイケル (Michael Howard)　68, 203, 205-206, 209, 290-291
ヒース, エドワード (Edward Heath)　45, 63, 114, 207, 211, 226, 301-303
ヒースコート・エイマリー, デーヴィッド (David Heathcoat-Amory)　63, 207
ファウラー, ノーマン (Norman Fowler)　207, 313
フォーサイス, マイケル (Michael Forsyth)　289
ブラウン, ゴードン (Gordon Brown)　91-92, 118, 150, 154-157, 160, 177, 180-182, 184-190, 192, 195, 197, 223, 276-277, 330-332, 334-335, 341
ブリタン, レオン (Leon Brittan)　70
ブルピット, ジム (Jim Bulpitt)　108-109
ブレア, トニー (Tony Blair)　68-69, 88-90, 92-93, 95, 97, 100, 129-133, 135, 141, 147-153, 155, 163-165, 168-172, 177, 180-183, 186-197, 199, 203, 208, 211, 218, 223, 237, 252, 254-257, 264, 269, 273, 277, 280, 283, 285, 289, 303-304, 318, 321, 325, 330-335, 341
プレスコット, ジョン (John Prescott)　268
ヘイグ, ウィリアム (William Hague)　171-172, 191-192, 196, 202-214, 216-228, 231-232, 234-235, 304, 310-311, 313, 315-316, 318, 321, 323, 325, 335-336
ヘーゼルタイン, マイケル (Michael Heseltine)　57, 61, 63, 68, 72, 181-182, 184, 202, 207, 211, 214, 219, 222-223, 225, 227

ベン，トニー（Tony Benn） 77, 148, 208
ヘンダーソン，ダグラス（Douglas Henderson） 151, 165
ポーティロ，マイケル（Michael Portillo） 56, 64, 71, 202, 224, 226-227, 231, 312
ホール，ピーター・A（Peter A. Hall） 14, 24

ま行

マイケル，アラン（Alun Michael） 253-255, 283, 300
マクドナルド，ラムゼイ（Ramsay MacDonald） 120
マクミラン，ハロルド（Harold Macmillan） 45, 75
マードック，ルパート（Rupert Murdoch） 162
マローン，シーマス（Seamus Mallon） 260, 263, 285
マンデルソン，ピーター（Peter Mandelson） 134-135, 139, 151, 185-187, 189, 264, 285, 287
ミリバンド，ラルフ（Ralph Miliband） 147
メージャー，ジョン（John Major） 47-48, 50-51, 53-61, 63-68, 71-73, 82-83, 87, 95, 103, 117, 149-150, 164, 196, 200-201, 203, 207, 209-210, 222-223, 232-234, 289, 291, 302, 304, 316-317, 325, 335
モーガン，ロドリ（Rhodri Morgan） 252-255, 300
モーラム，モー（Mo Mowlam） 257, 264

や行

ヤング，ジョージ（George Young） 207

ら行

ラモント，ノーマン（Norman Lamont） 57, 59, 70
リヴィングストン，ケン（Ken Livingstone） 271-276, 279, 286, 312, 315
リドル，ロジャー（Roger Liddle） 134
リフキンド，マルコム（Malcolm Rifkind） 64, 66, 74, 223
リリー，ピーター（Peter Lilley） 71, 203, 205-206, 321
レイプハルト，アーレント（Arend Lijphart） 15
レッドウッド，ジョン（John Redwood） 57, 59, 71, 203-206, 232
ロスシュタイン，ボー（Bo Rothstein） 23
ローソン，ナイジェル（Nigel Lawson） 46-48
ロバートソン，ジョージ（George Robertson） 79

著者略歴

力久昌幸（りきひさ　まさゆき）
1963年　福岡県に生まれる
1987年　京都大学法学部卒業
1993年　シェフィールド大学，M. Phil.（政治学）
1994年　京都大学大学院法学研究科博士後期課程研究指導認定退学
現　在　北九州市立大学法学部教授，博士（法学）
著　書　『イギリスの選択：欧州統合と政党政治』1996年，木鐸社
勤務先所在地　〒802-8577　北九州市小倉南区北方4-2-1

ユーロとイギリス：欧州通貨統合をめぐる二大政党の政治制度戦略

2003年3月31日第1版第1刷印刷発行©

（乱丁・落丁本はお取替致します）

著者との了解により検印省略

著　者　力　久　昌　幸
発行者　坂　口　節　子
発行所　(有)　木　鐸　社（ぼくたくしゃ）

印刷　アテネ社　　製本　関山製本社
〒112-0002　東京都文京区小石川 5-11-15-302
電話（03）3814-4195　ファクス（03）3814-4196
郵便振替　00100-5-126746番　http://www.bokutakusha.com

ISBN4-8332-2336-8　C3022